新世纪普通高校旅游管理系列教材编委会

总主编
　　李　锋　谢清溪
编　委
　　程遂营　刘坤太　申　思　李乐民　张金玲
　　宋军令　陈玉英　司艳宇　王忠丽　程金龙
　　陈　楠　段　冰　王伟红　靳　琦　李海燕
　　余永霞　袁海霞　侯天琛　廖晓静　史灵歌
　　朱青晓　潘　利　陶　宁　潘盛俊　刘　霞
　　高伟洁　毛　峰　邓军华

新世纪普通高校旅游管理系列教材

旅游公共关系学原理和实务

LÜYOU GONGGONGGUANXIXUE YUANLI HE SHIWU

主　编　李海燕　侯天琛

河南大学出版社
·郑州·

图书在版编目(CIP)数据

旅游公共关系学原理和实务/李海燕,侯天琛主编.—郑州:河南大学出版社,2013.9
新世纪普通高校旅游管理系列教材
ISBN 978-7-5649-1351-9

Ⅰ.①旅… Ⅱ.①李… ②侯… Ⅲ.①旅游业—公共关系学—高等学校—教材
Ⅳ.①F590.65

中国版本图书馆 CIP 数据核字(2013)第 230541 号

责任编辑	范　昕
责任校对	焦玉洁
封面设计	王四朋

出版发行	河南大学出版社			
	地址:郑州市郑东新区商务外环中华大厦 2401 号		邮编:450046	
	电话:0371-86059712(高等教育出版分社)			
	0371-86059713(营销部)		网址:www.hupress.com	
排　版	郑州市今日文教印制有限公司			
印　刷	开封智圣印务有限公司			
版　次	2013 年 12 月第 1 版		印　次	2013 年 12 月第 1 次印刷
开　本	787mm×1092mm　1/16		印　张	17.75
字　数	421 千字		定　价	36.00 元

(本书如有印装质量问题,请与河南大学出版社营销部联系调换)

总　序

蓬勃发展、生机无限的旅游业，给旅游高等教育带来了前所未有的机遇和挑战。旅游产业的转型升级以及旅游新业态的不断涌现，要求旅游高等教育根据旅游形势变化的新特点，不断调整人才教育指导思想，改进人才培养模式，革新教学实践方法，提高人才培养质量，以满足旅游业的发展需要。2012年教育部新颁发的本科专业目录把作为工商管理下属二级学科的旅游管理，上升为一级学科，这为我国旅游高等教育体系的构建和发展提供了新的平台和动力，进一步促进了众多旅游院校在课程设置和教材建设等方面的规范化和科学化。

然而，旅游高等教育在快速发展的过程中，依然存在一些比较突出的问题，如人才培养定位模糊、教材建设相对滞后、课程设置较为混乱、教学培养模式中理论和实践相脱节等。在这些问题中，教材建设无疑是最主要的问题。因为，教材是体现教学内容和教学方法的知识载体；是进行教学的基本工具；也是实现教育教学改革，全面培养学生创新能力、实践能力和就业能力的重要保证。鉴于此，河南大学出版社组织部分高校专家编写了这套兼具理论性和实践性的旅游管理系列教材，期望能有所创新，为推动教学改革贡献一份力量。

本套教材在编写过程中，吸收国际同类和国内现有教材的优点，根据当前旅游管理专业人才需求和旅游业的发展前景，以"创新型应用人才培养"为特色，调整课程内容及教学大纲，把知识学习和技能培养融入其中，加强应用性、先进性和创造性，以期达到提高学生就业竞争力的目的。其特色有以下几点：

第一，前沿性。本套教材在力求系统、完整和准确地介绍旅游管理专业基本理论和知识的前提下，突出资料全、观点新的特色，尽可能地将当前国内外旅游产业发展的前沿理论和热点、焦点问题吸纳进来，使内容既具有理论深度，又能反映行业最新动态。

第二，应用性。本套教材在各个环节有意识地体现出旅游管理专业应用性的特点。从学生就业所需的专业知识和实践能力着眼，在适度基础知识与理论体系的覆盖下，将理论知识模拟化、案例化和实践化，加强学生对其在实践中的操作应用能力。在内容设计上，既阐述理论，又联系实际；在体例设计上，增加了案例解析和延伸阅读等内容。

第三，可读性。本套教材摒弃传统教材知识点设置按部就班、理论讲解枯燥无味的弊端，改变其晦涩呆板的固有面貌，力求写作风格简洁凝练、新颖活泼，通过案例解析和实践引导的方式来增强教材的可读性，达到学生愿意读、乐意学的目的。

第四，完整性。本套教材的编写打破过去各科教材只对自身结构和内容进行孤立思考的局面,注重内容结构的整体性,在通盘调查研究和分析的基础上,明确各门课程间的衔接、交叉和分工,避免教材内容上的重复和逻辑上的矛盾。

本套教材不仅是高等院校旅游管理专业教育教学用书,也可作为旅游管理部门、旅游企业专业人员培训的参考书。我们希望本套教材能为旅游创新人才的培养作出一定贡献,也欢迎各位专家和读者对本套教材提出宝贵意见,以利于今后的不断修订和完善。

最后,借此机会感谢河南大学出版社为教材的出版所付出的辛勤劳动,感谢各位参与编写的专家和学者对其所作出的不懈努力!

编委会

2012 年 12 月 12 日

前　言

随着旅游业在我国的迅速发展,以及旅游业的市场化程度不断加深,越来越多的学者开始关注和研究旅游业,旅游业的行业地位和旅游管理学的学科地位有了明显提高,公共关系学的先进管理理念和形象策略在旅游业的发展中也显示出独特的魅力。为了适应我国旅游业发展变化的需要,旅游公共关系学的学科模式逐渐向开放型和市场型转变,旅游公共关系学的教学方法也需要改进,教学内容和环节设置需要与实践结合得更为密切。为此,我们精心编写了这本《旅游公共关系学原理和实务》,希望能为旅游专业的学生和旅游从业人员略尽绵薄之力。

公共关系学传入我国,最先进入的行业就是旅游业。在三十多年的实践过程中,公共关系学对我国旅游业的发展起了重要的推动作用。在公共关系学领域,先进的理论、新的研究方法和新的传播手段不断出现,促使旅游业快速发展,而现有教材的内容明显滞后于这种发展。另外,旅游专业培养模式的转变也迫使我们重新调整教材的结构和体系。本书正是本着探索理论研究前沿、紧密结合社会实践的宗旨,在参照前期学者研究旅游公共关系学的经验基础上,对近几年旅游业的一些典型案例进行了深入分析和探讨,希望达到理论和实践相结合的目的,加深理论学习的现实意义,提高旅游公共关系学的可操作性。

本书的主要特色体现在四个方面。一是吸收了国内外学者的最新理论成果,并加以分析整理,形成体系。二是注重新研究方法的介绍,力图展现旅游公共关系学这门学科的新进展,开拓新视野。三是重视理论与实践的紧密结合。书中引用了大量最新的国内外典型案例,并进行了深入浅出的剖析,力图将理论、实践和案例有机结合。四是注重学习者综合素质的培养。书中添加了相关知识和信息的介绍,设置了实训和模拟环节,增强了对意识培养、技巧掌握的要求,提高了旅游公共关系实务的可操作性。

本书的主编为李海燕、侯天琛,副主编为廖晓静。全书共十一章,参加编写的人员分工是:第一、二、五、六章,廖晓静;第三、四章,李海燕;第七、八、十一章,侯天琛;第九、十章,朱琳琳。本书的统稿工作由李海燕完成。

感谢河南大学出版社的大力支持,使本书得以顺利出版!感谢河南大学出版社的编辑们对书稿进行了认真的审阅,并提出了许多修改意见!感谢所有参编人员几个月来严谨负责的辛苦工作!鉴于我们能力有限,本书肯定还会有一些不足之处,在此诚恳地希望旅游专业的广大师生和旅游业的业内人士提出宝贵意见。

编　者
2013 年 3 月

目 录

第一章　绪论 …………………………………………………………（1）
　　第一节　公共关系的定义及本质属性 ………………………………（2）
　　第二节　公共关系的相关概念 ………………………………………（6）
　　第三章　公共关系的相关界定 ………………………………………（9）
　　第四节　公共关系的基本特征 ………………………………………（12）
　　第五节　旅游公共关系及其特点 ……………………………………（14）

第二章　旅游公共关系的产生与发展 ……………………………（20）
　　第一节　公共关系的产生与发展 ……………………………………（21）
　　第二节　旅游公共关系产生发展的社会历史条件 …………………（34）
　　第三节　旅游公共关系的兴起与发展 ………………………………（37）

第三章　旅游公共关系的主体 ……………………………………（45）
　　第一节　旅游公共关系的主体 ………………………………………（46）
　　第二节　旅游公共关系机构 …………………………………………（51）
　　第三节　旅游公共关系人员 …………………………………………（60）

第四章　旅游公共关系的客体 ……………………………………（72）
　　第一节　公众概述 ……………………………………………………（73）
　　第二节　公众的分类 …………………………………………………（77）
　　第三节　旅游特定目标公众 …………………………………………（82）

第五章　旅游公共关系传播 ………………………………………（94）
　　第一节　旅游公共关系传播的基础知识 ……………………………（95）
　　第二节　旅游公共关系传播的媒介分析 ……………………………（100）

第三节　旅游公共关系传播的效果分析………………………………………(107)

第六章　旅游公共关系工作的程序…………………………………………(119)
　　第一节　旅游公关活动调研……………………………………………………(120)
　　第二节　旅游公关活动策划……………………………………………………(125)
　　第三节　旅游公关活动实施……………………………………………………(130)
　　第四节　旅游公关活动评估……………………………………………………(135)

第七章　旅游组织的形象塑造………………………………………………(145)
　　第一节　旅游公共关系的功能…………………………………………………(147)
　　第二节　旅游组织的形象塑造…………………………………………………(152)
　　第三节　CIS 的特点与功能……………………………………………………(157)
　　第四节　CIS 要素在旅游组织形象中的应用…………………………………(159)
　　第五节　旅游组织导入 CIS 的时机和程序……………………………………(168)

第八章　旅游公共关系专题活动……………………………………………(182)
　　第一节　旅游公共关系专题活动概述…………………………………………(184)
　　第二节　新闻发布会……………………………………………………………(187)
　　第三节　会展活动………………………………………………………………(193)
　　第四节　庆典活动………………………………………………………………(201)
　　第五节　赞助活动………………………………………………………………(208)

第九章　旅游危机公关管理…………………………………………………(214)
　　第一节　旅游危机公关概述……………………………………………………(216)
　　第二节　旅游危机公关事件的预防……………………………………………(219)
　　第三节　旅游危机公关的处理…………………………………………………(221)
　　第四节　旅游投诉的处理………………………………………………………(228)

第十章　旅游公共关系礼仪…………………………………………………(236)
　　第一节　旅游公共关系礼仪概述………………………………………………(237)
　　第二节　旅游基础礼仪…………………………………………………………(239)
　　第三节　旅游服务礼仪…………………………………………………………(246)

第十一章　案例赏析——云台山景区………………………………………(261)
　　第一节　云台山景区简介………………………………………………………(261)
　　第二节　云台山景区案例分析…………………………………………………(261)
　　第三节　云台山景区的成功经验………………………………………………(267)

参考文献………………………………………………………………………………(269)

第一章 绪论

【教学要点】

知识要点	掌握程度	相关知识
公共关系的本质属性	掌握	传播沟通
公共关系的相关概念	熟悉	公共关系状态、公共关系意识、公共关系学
公共关系的界定	了解	公共关系与人际关系、庸俗关系
公共关系的基本特征	重点掌握	公共关系的目的、对象、手段、原则
旅游公共关系的特点	了解	复杂性、应变性、情感性、全员性

【导入案例】

这就是公关

1984年,北京长城饭店成立之际,聘请了美国达拉斯凯饭店富有经验的公关经理露西·布朗女士担任该店公关部经理。当时人们对公关一词还相当陌生,觉得很神秘。

一次,北京长城饭店有位服务员在打扫房间时发现客人的床头摊放着一本书,她没有挪动书的位置,也没有信手把书合上,而是细心地在书摊开的地方夹进了一张小纸条,以起书签的作用。事后,客人对服务员细致的服务备加称赞,并将此事告诉了同来的几十名同事,告诉了她认识的所有朋友。

布朗女士抓住这件小事,告诉大家:"这就是公关。"公关需要从细微处做起,所有饭店工作人员都应通过自己的一举一动体现公关意识,从各方面树立饭店完美的形象。

资源来源:百度文库 http://wenku.baidu.com

【思考】服务员打扫房间,没有挪动客人所读的书的位置,而是在书摊开的地方夹进一张小纸条,而布郎女士说:"这就是公关。"为什么?究竟什么是公关?

第一节　公共关系的定义及本质属性

学科体系是人们对客观事物运动发展进程的全面、完整的反映。每一门具体的学科体系,都只是对客观世界某一方面或某一领域的运动进程的全面反映。而学科体系发展成熟的程度,表明了人们对客观事物认识的程度。任何一门学科,只有当它形成体系的时候才便于人们学习和理解,才能够使人们掌握。旅游公共关系学作为公共关系学学科体系的一个应用分支,不能脱离公共关系学最一般的原理。我们首先要学习和研究公共关系学的一些最基本的概念、范畴、特征和理论,才能结合旅游业的基本特性,探索旅游公共关系的基本规律、方法和具体应用。

一、公共关系的若干定义

公共关系学是一门边缘性和综合性的学科,它在不断地发展和完善,对它的定义的讨论可谓众说纷纭,莫衷一是。众多的公共关系学学者、专家从不同的角度对公共关系学下了不同的定义,已构成公共关系学理论研究的一部分。其中最有代表性和影响力的定义可概述为如下几类。

（一）管理职能论

持管理职能论的研究者认为,公共关系学研究的是管理职能。

例如,国际公共关系协会曾给公共关系作过如下定义:公共关系是一种管理功能,它具有连续性和计划性。通过公共关系,公立的和私人的组织、机构,试图赢得同他们有关的人们的理解、同情和支持——借助对舆论的估价,尽可能地协调它们自己的政策和做法,依靠有计划的、广泛的信息传播,赢得更有效的合作,更好地实现它们的共同利益。这个定义非常鲜明地强调了公共关系的管理职能,其活动形式是"有计划的、广泛的信息传播",结果是"更好地实现它们的共同利益"。

美国公共关系研究与教育基金会主席莱克斯·哈罗博士召集 65 位公共关系权威人士、研究了 472 个不同的定义之后,提出了另外的定义,也是一种管理职能论:公共关系是一种独特的管理职能,它帮助一个组织建立并维持与公众之间双向的交流、理解、认可与合作;它参与处理各种问题与事件;它帮助管理者及时了解公众舆论,并对之作出反应;它明确并强调管理部门为公众利益服务的责任;它作为社会变化趋势的监视系统,帮助管理者及时掌握并有效利用社会变化,保持与社会变动同步;它运用有效的传播技能和研究方法作为基本工具。

美国学者卡特利普和森特也认为:公共关系是这样一种管理功能,它确定、建立和维持一个组织与决定其成败的各类公众之间的互惠关系。

（二）传播沟通论

持传播沟通论的研究者更多的是从公共关系的运作特点上来考虑,他们认为公共关系是社会组织与公众之间的一种传播沟通方式,强调的是公共关系的运用手段。

例如，英国著名学者弗兰克·杰夫金斯认为：公共关系就是一个组织为了达到与它的公众之间相互了解的目标，有计划地采取一切向内和向外的传播沟通方式的总和。

美国学者约翰·马斯顿讲得更为坦率：公共关系就是运用有说服力的传播去影响重要的公众。

（三）社会关系论

持社会关系论的研究者既不像管理职能论者倾向于公共关系的目标，也不像传播沟通论者偏重于公共关系的手段，而是认为公共关系是社会关系的一种，必须由此入手把握和分析公共关系的实质。此类定义较笼统、抽象。

例如，美国普林斯顿大学的切尔滋认为：公共关系是我们所从事的各种活动、所发生的各种关系的通称，这些活动与关系都是公众性的，并且都有其社会意义。

（四）现象描述论

持现象描述论的研究者与社会关系论者的偏重学理、抽象化不同，而是倾向于公共关系实务，他们抓住公共关系的某一功能或某一现象进行描述。例如：

公共关系是一种技术，此种技术在于增加大众对于任何一个人或一个组织的了解并产生信任。

公共关系旨在影响特殊公众的说服性传播。

公共关系是一门研究如何建立信誉，从而使事业获得成功的学问。

公共关系是争取对你有用的朋友。

公共关系是促进善意。

公共关系是信与爱的运动。

公共关系就是讨公众喜欢。

公共关系90%靠自己做，10%靠宣传。

广告是要大家买我，公共关系是要大家爱我。

此类定义直观形象、浅显明了、具体实在、便于记忆，但只揭示了公共关系的部分内涵，总体上来说，这些定义不够全面、准确。

（五）表征综合论

给一种复杂的社会现象和社会行为下定义是件困难的事情，有的研究者采用将公共关系的各种表征综合起来的办法来定义公共关系，如美国《公共关系季刊》详细罗列了公共关系的14个特征。

第一，公共关系是一种完整的职能，目的在于增进公司利益和达成其整体目标。

第二，公共关系并不制定政策，但是可以帮助管理者表白公司的政策。

第三，对于受公司措施影响的人们，公共关系人员会注意他们的印象和可能的反应，因此，重大的措施虽然表面上与公共关系无关，但也应在出台前先向公共关系部门咨询。

第四，行动比空言有力，所有的信誉都建立在行动而非语言文字之上，但如果要让他人知道并了解公司的行动，就得借助于语言文字。

第五，公共关系虽然是管理部门的职责，但也必须配备适当的预算及预算人员，这些人员所担负的任务必须限于公司公共关系范围以内的工作。

第六，公共关系人人有责，公共关系部门的最终目标是使每个人了解传播对于良好的管理是必要的。

第七,公司的形象是相对的,依某种公众对于公司的具体要求和兴趣而定,例如股东、金融界、政府、教育家及舆论界就各有各的看法。

第八,人们经常根据不完全的证据形成对公司的印象,例如公司的名称、与某一位员工通信或偶然的会晤,虽然这些都是小事,但应尽力为公司争取良好的印象。

第九,因为公司是在舆论所形成的环境下运营发展的,因此,对于任何人所具有的访问权均应尊重。

第十,人们通常对于了解最少的事物感到厌恶、恐惧或猜疑,如果不提出理由并加以解释,人们就会自行想象,因此透露、传播资料信息不要吝惜。

第十一,不可歪曲和夸大事实,公共关系的主旨在于陈述事实,以便他人对于公司能公平评估,引起公众兴趣,进而对公众产生影响。

第十二,少做做得好,比多做做不好要强。

第十三,在观念的领域中,要引起特别的注意,不是件很容易的事,公共关系的一项基本任务就是要引起别人对于公司的好感和兴趣。

第十四,公共关系艺术成分多于科学成分,这种艺术一定要以社会科学的崭新知识为基础,对于公众的组成及态度要作科学的评估,对于公司本身要有透彻的认识。

知识要点提醒

上述各种定义表明,公共关系学这门学科还处在建立、发展和完善之中,学术研究中允许有不同的见解。这些定义各有侧重,只是看问题的角度不同,都有其合理性,相互之间并不矛盾,这也反映出公共关系内涵的多维性。本书认为从什么角度下定义还不是最重要的,重要的是要把握和理解公共关系的本质属性,并能从不同层次上全面理解公共关系的概念。

二、公共关系的本质属性

公共关系一词源自英文 Public Relations,public 可译作公共的、公开的,也可译作公众,relations 则宜译作关系,因此,中文表述可称为公共关系,也可称为公众关系。译作公众关系更为准确、贴切,因为这个词的本义就是指一个组织与相关公众之间的关系。但是,公共关系一词已在国内广为流传,成为一种约定俗成的概念,而且公共一词与私人一词相对应,准确表达了公共关系与私人关系的不同性质。因此,我们仍沿用公共关系的译法,简称公关。

在讨论公共关系之前,先谈谈关系这个概念。从词义上讲,关系一词就是指事物之间的联系。从哲学的观点来看,任何事物都处在普遍联系之中,联系是指事物内部各要素之间以及事物和事物之间的相互作用、相互影响、相互制约的状态。唯物辩证法认为,客观物质世界处于普遍的联系之中,整个世界就是事物、现象的联系之网,任何孤立的事物都是不可能存在的。从性质上讲,关系是对人而言的,离开了人的存在和介入,谈关系就没有任何意义了。孤立的、脱离于社会之外的个人也是不可能存在的,正是人的主观能动性决定了凡是有人存在的地方,就有不以人的主观意志为转移的"关系"的存在;作为社会的一分子,人要介入和参与各种各样的社会联系与活动,就必然形成各种各样的"关系"。人就是处在与自然、社会、他人广泛的社会联系的群体之中,也就是处在社会关系之中。这就是"关系"的客观必然性。人是社会人,其本质是一切社会关系的总和。

社会关系是指人们在共同的社会活动过程中所结成的以生产关系为基础的相互关系的总称。人们在社会物质资料生产过程中所结成的相互关系是生产关系,这是社会关系的基础。因为物质资料的生产是人类社会存在和发展的基础。除此之外,还有各种政治关系、经济关系、行政关系、法律关系、道德关系、宗教关系、文化关系、艺术关系等。如果不考虑这些关系的内容和性质,仅从社会交往的范畴来研究和考察关系的特征,那么,各种社会关系可以简单地划分为两种类型:个体型社会关系和团体型社会关系。前者代表个人、家庭或家族间的利益关系,后者代表国家、集团、企业、机构等组织间的利益关系。

所谓公共关系也是关系的一种,而且是一种特殊的社会关系——特指一定的社会组织同相关的社会公众之间的社会联系的状态。即从广义的角度来说,公共关系属于"团体型"的社会关系,而不属于"个体型"的社会关系。公共关系的主体可以是任何一个社会组织(如党政部门、政府机构、事业单位、企业、军队、学校、饭店、旅行社、景区旅游机构等);公共关系的客体是与特定组织相关联的社会公众(包括个人、群体、组织三个层次);而公共关系主体与客体之间的联系要通过媒介,这种媒介则是信息交流的双向传播与沟通。所以,公共关系的三大要素相互结合才能构成公共关系,三大要素缺一不可,如下图所示:

图1-1 公共关系三大要素构成图

综合上面的分析,公共关系既不是个人与个人之间的人际关系,也不同于其他一般的社会关系,而是组织与公众之间信息交流的双向传播与沟通关系。组织的政治活动产生相应的政治关系,经济活动产生相应的经济关系,文化活动产生相应的文化关系,等等。而组织的传播与沟通活动则产生相应的传播与沟通关系——即通过双向的传播与沟通,建立组织与公众之间的信息交流,促进彼此之间的了解、认同,达成相互之间的共识、理解、信任与合作。这就是公共关系。

公共关系不同于其他一般的社会关系,但又渗透于各种社会关系之中,与各种具体的社会关系相伴随。无论是组织的政治活动、经济活动,还是文化活动,都需要通过信息的双向交流与沟通,争取公众对组织的理解和支持,借助良好的公共关系去实现其特定的政治、经济或文化目的。因此,无论是何种类型的组织或者何种性质的组织活动,都必然存在公共关系问题——这也是不以任何组织的主观意志为转移的客观现实。公共关系是渗透在各类组织的各种社会活动之中、伴随其他具体的社会关系而存在的一种双向信息交流的传播与沟通关系。

知识要点提醒

公共关系作为人类社会关系中的一种特殊形态,是任何组织与其相关公众之间都必然存在的一种信息交流的双向传播与沟通关系。首先,公共关系是组织层面上(而不是个人层面上)的关系,公共关系的行为主体是组织而不是个人,任何组织都是一个传播与沟通的主体;其次,公众是公共关系传播与沟通的对象,公众关系是由组织运行过程中涉及的个人关系、群体关系及组织关系所共同构成;最后,组织与公众之间通过信息的传播与沟通活动相互影响、相互作用、相互制约,双向传播与沟通是公共关系的形成过程和活动方式,由此组织与公众双方才逐渐达到分享信息、相互了解、达成共识、协调关系的目的。因此,传播与沟通是贯穿整个公共关系的一条线,是现代公共关系理论的精髓,是公共关系的本质属性,它渗透到公共关系原理和实务的各个方面,是准确理解公共关系的关键。

第二节 公共关系的相关概念

公共关系学中有几个使用率很高的概念,常常被用来直接诠释公共关系,我们需要分析和弄清它们的涵义及相互之间的关系,以从不同的层次和角度全面把握公共关系的基本内涵,从而更完整、透彻地理解公共关系这一概念。

一、公共关系状态

公共关系状态是指组织与公众之间客观所处的一种社会联系状况,是对公共关系静态角度上的理解。人类社会的任何组织都必然要面对特定的公众环境(个体、群体和组织),与社会各方面建立和保持各种社会关系。处在相应的公共关系状态之中,这是一种不以人的意志为转移的客观存在,即组织的公共关系状态是无形的,但又是不可回避的一种客观现实。然而,这种公共关系状态的良好与否却制约着组织的生存和发展,它构成组织积极的或消极的内外发展环境,无时无刻不对组织的生存和发展起着积极的推动作用或消极的制约作用。认识到公共关系状态的客观性和重要性,人们才能发挥主观能动性,自觉地、人为地、有意识地采取相应的措施和行动来不断改善组织这种客观存在的公共关系状态,创造一个更有利于组织生存和发展的内外公共关系环境。

对公共关系状态这一概念的阐述,还要涉及与其紧密相连的另外两个公共关系概念——公众舆论与组织形象。公众舆论是指社会公众对组织的政策、行为、人员、产品或服务所形成的看法和意见的总和,标志着大多数社会公众对组织的基本态度和行为倾向。舆论是无形的关系,因为人的意见、态度直接影响人的行为,人们相互之间的行为就构成关系。公众舆论好意味着公共关系好,公众舆论不好意味着公共关系不好。从一定意义上来说,公众舆论和公共关系是等价的,是同一事物或现象的不同表述。组织形象是指组织的总体特征和实际表现在公众心目中的整体印象和评价。组织形象体现了组织的公共关系状态和公众舆论状态的总和。良好的组织形象意味着良好的公共关系和良好的公众舆论,良好的组织形象意味着组织总体上能够获得公众的了解、理解、信任、赞许和支持。组织形象不是单一的某一方面的形象,而是包含一切内在和外在形象要素的整体形象。信誉是组织形象的核心。

组织的公共关系状态其实就是组织现实的公众舆论状态和组织形象状态，良好的公众舆论和良好的组织形象就形成了组织良好的公共关系状态。但是，有利于组织生存与发展的良好的公共关系状态不可能自动形成和保持，它每时每刻都潜伏着变化的可能性，既可能变好也可能变坏。从理论上来说，任何一个希望持续健康发展的组织机构，都必须开展一种目的在于建立和保持公共关系良好状态的活动，或是构建良好公众舆论环境和良好组织形象的工作，以主动把握组织的变动趋势——促使其变好并保持这种态势。唯此才是我们研究公共关系的根本目的。

二、公共关系活动

公共关系活动是对公共关系动态角度上的理解。从广义的角度来说，从事改善组织公共关系状态的活动就是公共关系活动。具体来说，一个组织及其代言人运用传播手段，进行双向沟通，塑造组织良好形象、优化组织公众环境的活动就是公共关系活动，也叫公共关系工作。公共关系活动是主观见之于客观的一种社会实践，只有自觉地、有计划地、创造性地开展有效的公共关系活动，才能构建现代组织生存与发展所必需的良好的公共关系状态。公共关系活动有自发与自觉、专职与兼职、单一与系列之别。现代公共关系活动的意义在于从自发到自觉、从无意识到有意识、从盲目到计划、从零散到系统、从经验到科学，成为一种在公共关系意识和理论指导下的，有目的、有计划、有系统、有规范的科学行为，这需要动用一定的资源，运用专门的媒介和技术，制定专门的目标和计划，由专门的职能机构和人员来实施。判断现代公共关系活动是否自觉和科学的一个重要标志就看它是否具有现代公共关系意识和科学的公共关系理论做指导。

三、公共关系意识

公共关系意识是现代组织及其人员对公共关系的能动反映。当公共关系状态的客观性及公共关系活动的重要性反映到人的大脑、经过人的思维之后，形成一种自觉的思想、观念及认识时，就产生了特定的公共关系意识或公共关系观念，具体包括形象意识、公众意识、沟通意识、协调意识、互惠意识、服务意识以及信息意识、整体意识、竞争意识、危机意识等。公共关系意识或公共关系观念是一种影响和制约组织政策和行为的经营观念和管理哲学，它不仅指导公共关系活动的健康开展，而且渗透到管理者日常行为的各个方面，成为引导、规范组织行为的一种价值观念和行为准则。公共关系意识不仅专业公关人员必须具备，而且是现代组织机构的管理者及其成员不可缺少的一种现代思想和观念。公共关系观念的系统化、理论化便形成了现代公共关系理论，公共关系学正是公共关系意识的理论表现。

四、公共关系学

公共关系学是以公共关系为研究对象，研究公共关系产生及发展的规律以及协调和处理公共关系的方法的一门学科。笼统地说，公共关系学就是研究公共关系理论及其运作过程的学科。

公共关系学是一门新兴的边缘性学科，也是一门实践性很强的应用性学科。公共关系学作为一门综合性的应用学科,应该说是管理学科和传播学科相结合的产物。它专门研究组织经营管理过程中的公众传播沟通问题,或者说,它用现代传播学的理论和方法来研究和处理组织的公众关系、公众舆论和组织形象问题。公共关系学是传播学在组织的内外经营管理活动中的具体应用。现代经营管理理论是一个开放的系统,随着组织条件和环境因素的变化,经营管理的理论和方法也在不断变化。在日益开放、竞争和信息化程度日益加剧的社会环境中,组织和社会环境之间的传播沟通活动日益活跃,到了一定的程度,就需要把这种组织传播沟通行为及方法规范化、职能化、系统化和理论化,这就逐渐形成了现代公共关系学。公共关系学在组织内部管理和外部经营活动中的广泛应用,反映了现代经营管理理论的时代特征,在现代信息社会和大众传播的时代,公共关系学是现代组织经营管理理论体系中不可缺少的重要组成部分。

公共关系学研究组织与公众之间的传播沟通问题,其基本内容包括:公共关系的基本概念(弄清公共关系是什么),公共关系的历史(揭示公共关系是怎么来的),公共关系的行为主体(了解公共关系由谁来做及公共关系的结构、特征和素质要求),公共关系的对象(了解公共关系对谁做),公共关系的媒介(掌握公共关系的工作手段是什么),公共关系的职能(明确公共关系的职责和功能),公共关系的管理过程(了解公共关系的工作过程),公共关系活动实务(了解公共关系工作主要做什么)。除此之外还包括公共关系的职业道德和法律约束,公共关系应用的国情和特色,公共关系的部门应用等。公共关系学的研究任务或目的就是弄清理论、指导实践、培养人才、服务社会。旅游公共关系学作为公共关系学的一个应用分支,属于部门公共关系,是借助公共关系学的一般原理和方法来研究旅游行业这一特殊领域的公共关系应用问题。

知识要点提醒

由上面的论述可以看出,公共关系的内涵非常丰富。静态上它是指组织的一种社会联系状态,动态上它是指组织的一种社会实践活动,意识形态上它是现代组织的一种思想观念,科学上它又是一门现代经营管理哲学。我们要理解和辨析公共关系多层次的指代意义。公共关系状态是任何组织与相关社会公众之间的一种客观社会联系状态,而研究公共关系状态发生发展的规律以及改善公共关系状态的方法的学科就是公共关系学。公共关系工作就是在公共关系意识支配下和公共关系理论指导下,通过有效的传播沟通活动,引导舆论、控制舆论、积极创造有利于组织的公众舆论环境,建立和完善组织的良好形象,以构建组织发展所必需的良好的公共关系状态。公共关系状态是组织的一种客观存在,公共关系活动则是组织的一种自觉的社会实践活动。公共关系状态既是组织开展公共关系活动的基础,也是组织公共关系活动形成的结果。一个组织总是在特定的公共关系状态之中(现实的公众舆论状态和组织形象状态下)去开展自己的公共关系活动的,并以形成和维持所期望的良好的公共关系状态为目标。因此,公共关系活动的结果便形成特定的公共关系状态,良好的公共关系状态是与卓有成效的公共关系活动紧密相连的。意识支配行动,卓有成效的公共关系活动必然要以公共关系意识的支配和公共关系理论的指导为前提。公共关系意识是开展有效公共关系活动的行动指南,是自觉构建良好公共关系状态的思想基础。公共关系学的系统学习和研究正是在于培养和强化人们的公共关系意识,其基本理论、方法与技巧能够指导人们更有效地开展公共关系实践活动。公共关系的相关概念之间的关系详见图1—2。

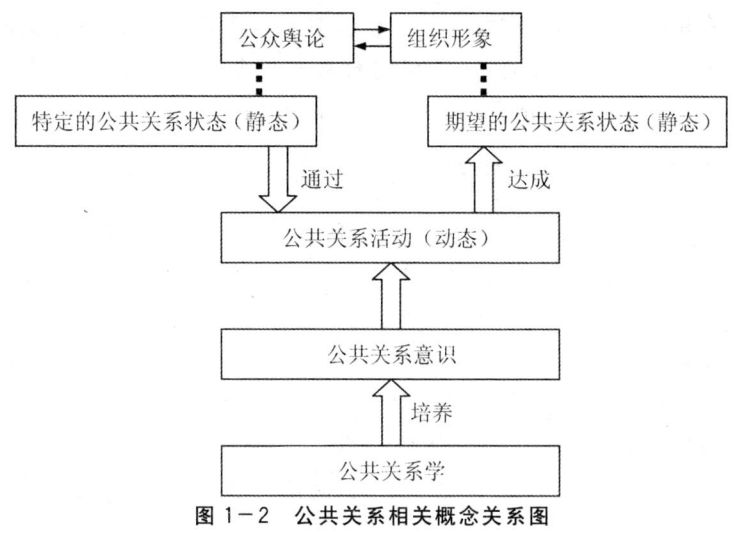

图1-2 公共关系相关概念关系图

第三节 公共关系的相关界定

公共关系作为一门综合性、边缘性及应用性学科,无论在理论还是实务方面都很容易与一些外围的相关概念发生混淆,辨析它们之间的联系与区别,有助于我们更准确地理解公共关系。

一、公共关系与人际关系

人际关系是指个人关系、私人关系,属于个体型的社会关系。从个体关系的角度概括人在各种社会联系活动中形成的相互影响和相互作用,是人际关系学研究的范畴。

公共关系与人际关系的区别表现在下面几个方面。第一,关系主体不同,人际关系的行为主体是个人,公共关系的行为主体是组织。第二,关系对象不同,人际关系的对象是与组织无关的个体或私人,而公共关系的对象是与组织相关的包括个体、群体以及组织在内的整体公众环境,因此,公共关系比人际关系的范围更广、内容更复杂。第三,作用不同,人际关系影响个人的生活、工作,公共关系则影响组织整体的生存与发展。第四,基础不同,人际关系以血缘、地缘、伦理、感情等为联系纽带,公共关系则以组织与公众之间的利益为纽带。第五,手段不同,人际关系以人际交往和人际传播为手段,公共关系则对媒介的依赖性更强,十分强调运用大众传播的方式实现远距离、大范围的公众沟通。可见,公共关系并不等于人际关系。

公共关系与人际关系既有区别也有密切的联系。首先,组织也好,公众也好,都是由人组成,公共关系最终要借助人际关系、通过人际交往活动来实现,即代表组织的个人与公众群体中的个人之间的人际沟通活动是公共关系活动的基本形式。公关人员需要具备良好的交际素养和较强的人际沟通能力。其次,良好的人际关系和公共关系的建立与发展都需要遵循相互尊重、相互信任、平等互利的原则。从某种角度来说,公共关系有助于人际关系的扩展,人际关系有助于公共关系的建立。

二、公共关系与庸俗关系

无论是个人还是组织,都必然处在一定的社会关系网络之中,即无论对个人还是对组织,关系的存在都是必然的。但庸俗关系是不正之风的代名词,其表现形式有请客送礼、走后门、拉关系、行贿受贿等,其手段都是以权谋私、损公肥私、损人利己,其目的都是为个人和小集团谋取好处,其后果都是使人腐败堕落,败坏社会风气,因而人们对它深恶痛绝。这种庸俗关系与公共关系有着原则性的区别。

(一)社会基础不同

从经济关系的角度看,公共关系是商品经济高度发展的产物,庸俗关系是封闭落后的自然经济的产物。科学技术的发展、信息媒介的现代化、商品生产的高度发展,必然导致社会关系的复杂多样和市场的激烈竞争,而且竞争的焦点也将逐渐由以质量、技术、价格等硬件要素为主转向以组织声誉、形象等软件要素为主。而公共关系正是适应社会发展需求的一种通过传播沟通、塑造组织形象、协调与公众的关系、提升组织竞争力的新型社会关系手段。在自给自足的自然经济条件下,生产力相当落后,处于商品和服务都极不充分的卖方市场,即使劣质的产品和服务,也往往供不应求,"皇帝的女儿不愁嫁",创名牌、求信誉等公关手段就显得不重要。

从社会关系的角度看,在自给自足的自然经济条件下,人们的交往活动多局限在固定、狭小的地域,因而社会关系具有明显的血缘关系、地缘关系的性质。人们习惯于在同乡、同宗、同族的熟人世界中活动,局限在熟人世界中建立社会关系,这种社会关系带有浓厚的私人色彩。熟人关系网对于外来人、生人来说就是一种特权。而外来人、生人要想介入这种特殊的熟人关系网,分享熟人世界中的特殊利益,就必须千方百计地拉关系、走后门。而商品经济高度发展的社会化大生产条件下,人们远距离、大范围的交往日益频繁,为了共同的发展,重视传播沟通、注重建立广泛的社会关系已成为一种普遍的社会需求。

从政治关系的角度看,封建社会有着森严的等级制度,形成森严的等级关系和等级观念,权利就意味着一切。而权利往往又可以用金钱来换取,以钱换权,以权谋私,便成了封建等级社会关系的重要特征。所以,庸俗关系也可称之为权利关系。

(二)目的不同

公共关系追求的是组织整体的利益,着眼于组织长远的利益和持久的发展。而且公共关系追求的是组织与公众相一致的利益,在不损害公众利益的基础上来谋求自身的发展。庸俗关系则是损公肥私,损人利己,最大限度地满足和谋取个人和小集团的私利。

(三)手段不同

公共关系的基本工作方式是在公开真相的基础上进行双向沟通。主要手段是利用大众传播向社会公众介绍自己的情况,解释自己的政策和行为,并广泛地征集公众的各种意见，以争取公众的了解、理解、信任和支持。公关人员的一切活动都是光明正大的，一切手段都是公开的、合法的和符合社会道德规范的。而庸俗关系的手段则是个人与个人的私下交易，偷偷摸摸地通过各种不正当的方式和手段，不顾社会道德，不惜违法乱纪，使对方分割出一部分利益来满足个人或小集团的私利。

（四）效果不同

公共关系因着眼于组织长远的发展和持久的利益，将本着互惠互利的原则，在满足公众、社会、国家利益的前提下来实现自身的利益，它追求的是组织利益与社会效益的和谐统一，其结果是组织、公众、社会和国家共同受益。庸俗关系虽然可以通过一些不正当的方式，攻破某些薄弱环节，得到一些眼前利益，但由于其手段是损公肥私、损人利己，其结果只能是个别人中饱私囊，国家、社会、集体和他人的利益受到严重损害，从而给社会带来各种矛盾，加剧人际关系的紧张，使人的灵魂腐化堕落，败坏社会风气，为党纪国法所不容。因此，它终究不能长期存在。

在公共关系实践中，判断和识别关系正当与否可用以下三个标准。

第一，法律标准。法律是每个公民都应遵守的行为规范，具有很大的强制性和权威性。任何社会交往活动，只要触犯了法律，理所当然应受到法律的制裁，比如行贿、受贿、走私等。

第二，纪律标准。虽然纪律的制约强度不如法律，但也对人形成一定的约束力。有些不正当关系虽然不犯法，但是违纪，也要受到党纪、政纪等有关纪律的处罚。

第三，伦理的标准。伦理标准是人们应遵循的共同的道德规范和道德准则。它既不同于强制性的法律制裁，也不同于行政性的纪律约束，而是良心和道德的制约，适应面很广。在日常社会生活中，道德的力量对谴责、控制那些不正当关系活动会起着相当强的内在约束力。

上述三种标准共同构成了一个划分正当关系和不正当关系的标准系统。

三、公共关系与广告

公共关系与广告都源于传播学，都以传播为主要工作手段，都服务于特定的主体，向特定的公众对象传播特定的信息。二者的不同之处表现在以下几个方面。

（一）传播目标不同

广告的传播目标是激发人们的购买欲望，让人们对产品产生好感，"让别人买我"。公共关系的传播目标是赢得公众的好感、信任、支持和合作，树立良好的整体形象，"让别人喜欢我"。

（二）传播原则不同

广告的传播原则是引人注目，使产品或服务广为人知，激发人们的购买欲望，达到扩大销售的目的。公共关系传播的首要原则是真实可信，绝不能有任何虚假，在真实可信的基础上再争取引人注目的效果。

（三）传播方式不同

广告为达到引人注目的效果，可采用各种新闻、文学、艺术的传播方式，甚至是夸张的手法，以激发人们的兴趣和购买欲望。公共关系的传播必须实事求是，不能虚构和夸张，多借助大众媒体及新闻报道的传播手段，讲究信息的真实性、客观性及内在的新闻价值，选择适当的时机，通过适当的媒介、采用适当的方式把适当的信息及时、准确地传播给目标公众。

（四）传播周期不同

广告的传播周期是短暂的、阶段性的，短则十天半月，长则数月一年，时间不会太长。公共关系的传播周期是长期的、持续的，其目标组织形象和信誉的构建不是一蹴而就的，急功近利的方式很难奏效。

（五）所处地位不同

广告在经营管理全局中处于局部性地位，其成败好坏不会对企业组织全局起决定性影响。公共关系在经营管理中处于全局性地位，贯穿企业组织经营管理全过程，公共关系的好坏决定组织的声誉和形象，决定组织的生死存亡。

（六）效果不同

广告的效果是直接的、可测的以及局部和战术性的，其经济效益显而易见。同时，它只局部影响某个产品或服务的销路，不会对企业组织整体效益产生长远的战略性影响。公共关系的效果是间接的、整体的和战略性的，其效益难以用经济尺度衡量，但当组织的良好形象和信誉一旦建立起来，会获得组织内外方方面面的信任和支持，带来经济、社会整体效益的协同提升，战略上有利于组织的长远发展。

四、公共关系与市场营销

公共关系与市场营销都是商品经济高度发展的产物，同属管理学科领域，是现代企业组织必备的管理科学。其区别在于以下几个方面。

（一）范围不同

市场营销仅限于经济领域，是企业生产流通过程中的经营活动。公共关系涉及社会各种领域，是各类组织机构（企业、机关、学校、政府等）所必需的特殊管理活动，比市场营销有着更宽泛的社会性和更宽广的应用范围。

（二）目的不同

市场营销的直接目的是促进销售，扩大盈利，着眼于企业的经济效益。公共关系的目的是塑造良好的组织形象，提升组织的公众信誉，追求组织的整体效益和长远发展。

（三）聚焦不同

市场营销主要着眼于与顾客的交换关系，通过交换满足顾客需求，赢得企业的经济效益。公共关系关注对组织发展有影响的各类公众关系，通过有效的传播与沟通，创造和维系组织长远发展所必需的良好的社会关系状态，公共关系更强调社会效益。

第四节　公共关系的基本特征

公共关系无论作为一种特殊的社会关系状态，还是作为一种特殊的社会实践活动，都是现代企业组织的一种经营管理工作内容,有其特定的构建原则和操作准则。掌握公共关系的基本特征,将会有效地开展公共关系工作并构建理想的公共关系状态。

一、以美誉为目标

美誉,即美好的组织形象。公共关系活动的根本目的是在公众心目中树立组织的良好形象。塑造形象是公共关系的核心问题,组织形象的美化是公共关系活动追求的直接效果。如果说搞好人际关系的目的是为了个人的生存与发展,那么,改善公共关系则是为组织广结良缘,促进组织的生存与发展。中国人历来讲究事业的成功有赖于"天时、地利、人和",但更有"天时不如地利,地利不如人和"的说法。公共关系活动塑造组织的良好形象,就是追求这种宽松和谐的"人和"境界,创造组织赖以生存和发展的"人和"条件。

二、以公众为对象

明确了公共关系的工作目标,还必须明确公共关系工作的方向。公共关系又称"公众关系",公共关系活动的目标是要针对组织的客体对象来开展工作,在组织特定的公众对象的心目中树立组织的良好形象,使组织获得公众的了解、理解、信任和支持,形成一种和谐的公众环境,以促进组织的发展。因此,任何组织的公共关系活动,都必须自始至终着眼于自己的公众对象,无论是公共关系活动的策划者、组织者和实施者,还是公共关系活动的评估者,都应将组织的相关公众作为自己的上帝。以公众研究为出发点,才能有的放矢,满足公众的需求与愿望,实现组织的公共关系工作目标。

三、以沟通为手段

从静态和动态两个角度考察公共关系,即公共关系状态和公共关系工作,这两者是目的和手段的关系。追求良好的公共关系状态是公共关系活动的目的,而公共关系活动的过程,总体上就是在组织与公众之间进行双向信息交流的一系列传播沟通过程。即一方面组织要吸取民意,了解公众的态度和反应,以调整和改善自身;另一方面要把组织自身的有关信息及时、有效地输出,争取公众的了解与合作。双向沟通是公共关系工作的基本工作手段。如果只注意内部信息的向外输出,忽视外部信息的采集和反馈,组织就无法预测社会趋势的变动,适应外部环境的需要;反之,如果只注意搜集信息、完善自身,而忽视信息的有效输出,组织就不能推销自我形象,会在优胜劣汰的竞争中失去竞争力。所以,双向传播与沟通是实现公共关系工作目标的桥梁和手段,是公共关系主体与客体之间建立良好关系的条件。

四、以互惠为原则

公共关系不是以血缘、地缘为基础,而是以一定的利益关系为基础。利益关系应该是相互的,它是一种相互依赖、相互交换、相互满足、相互促进的互惠互利关系。从长远来看,组织的稳定发展必须得到相关公众的支持,而要获得公众,组织就不能只单方面考虑自身的利益,而应当在自我发展的同时,对社会以及公众的利益给予充分的关注和满足。公共关系工作强调"和自己的公众对象一同发展"——既要实现组织目标,又要公众获益,这是公共关系工作必须奉行的互惠互利原则。如果违背这一原则,只强调组织单方面的利益,不尊重或损害他人利益,采取损人利己的短期化行为,必然损害组织的信誉和形象,不会得到良好的公共关系,最终必将损害组织自身的利益。

五、以长远为方针

构建和维持组织生存和发展所必需的良好的公共关系状态,是一种长期性的战略和行为。首先,塑造组织良好的形象不是一蹴而就的事;其次,良好的组织声誉即使建立起来,也需要时时加以维持、调整和发展。因而,公共关系要注重长期效益。

六、以真诚为信条

真诚是公共关系的生命所在。公共关系活动的实效就在于取信于公众,只有在传播沟通活动中贯彻真诚的精神,童叟无欺,才能塑造诚实的形象,才能取得良好的信誉。唯有真诚,才能赢得信任;唯有真诚,才能赢得合作。真诚是公共关系工作必须恪守的信条。

以上六个方面综合地、立体化地构成完整的公共关系的基本特征,只有对其全面、正确地理解和把握,才有助于深化对公共关系的本质的认识,也才能自觉、主动并有效地开展公共关系活动。

第五节　旅游公共关系及其特点

旅游公共关系研究旅游业中的公共关系问题,如旅游公共关系状态及旅游公共关系活动的影响、规律和方法等。它是公共关系的一般原理在旅游领域的特殊应用,是吸收公共关系学的基本理论并结合旅游业自身的特征而产生、发展起来的公共关系学的部门应用学科,也是旅游经营管理学科体系的重要组成部分。

一、旅游发展与公共关系

旅游公共关系是旅游活动日益大众化、社会化的必然产物。随着社会经济和文化的高度发展,旅游日益成为大众不可缺少的生活内容,甚至成为现代社会一种特殊的生活方式。这种生活方式反过来又促进了社会交往,赋予社会关系更丰富的内涵。旅游公共关系正以其特有的社会关系形态而客观存在,并呈现出特有的社会功能。旅游公共关系的行为主体——各类旅游组织(包括旅游行政和行业管理部门、旅游企事业单位、旅游社会团体等),同其客体公众(相关联的组织、群体及旅游者)之间的关系状态是否良好,不仅关系到各旅游组织自身的生存与发展,也关系到社会大众旅游生活质量的高低,关系到整个旅游产业的持续发展及其应有的社会经济文化贡献。因而,旅游公共关系活动以长远为方针、以真诚为信条、以互惠为原则,密切加强与社会各界公众之间的广泛沟通与传播,旨在建立行业信誉,塑造产业形象,提升旅游组织的知名度和美誉度,从而为旅游业的发展创造一种最佳的社会关系环境,以实现旅游组织、旅游公众以及社会整体的共同利益。旅游业发展涉及一系列的公共关系问题,旅游公共关系无论作为一门职业、一门学科还是一门经营管理艺术,都是旅游业发展的必然产物。

二、旅游公共关系的特点

旅游公共关系不仅适用公共关系学的一般原理和方法,同时受旅游产业特性的影响,也具备其特定行业公共关系的自身特征。

（一）复杂性

旅游业是一种关联性很强的具有高度依托性的服务性产业,旅游活动涉及方方面面,旅游公众复杂多样,由此决定了旅游公共关系内容、范围的多元性和复杂性。

首先,旅游业具有经济文化双重产业特性,它既是经济性文化产业,又是文化性经济产业,是社会物质文明和精神文明共同发展的产物。旅游业的兴旺涉及广泛的社会领域,离不开工业、农业、商业、运输业、气象服务、城市基础建设、邮电业、金融业、保险业、科学、教育、文化、卫生等多方面的整体推进和协调发展,而且旅游业本身又是集食、住、行、游、购、娱等于一体的综合性产业。所以,旅游供给是众多相互区别、相互独立、相互依存、相互补充的行业或组织机构共同运作构建的综合性服务产业体系。这种网络状的多层次、多方位的产业体系中的任一组织环节都需要面对错综复杂的公共关系问题,不同旅游主体公共关系状态的改善以及相互之间公共关系的整体协调是旅游业整体促进的基本保障。旅游供给的关联性决定了旅游公共关系的多维性和复杂性。

其次,从旅游需求的角度,就旅游公共关系的首要公众——旅游者来讲,包括不同国籍和地区的组织、团体和个人,带有复杂的政治、经济和文化背景,彼此间在思维方式、行为方式、性格特征、风俗习惯、传统时尚、宗教信仰、道德心理等方面的差别很大,其旅游目的和需求以及旅游消费方式和消费习惯也各不相同,从而给旅游公共关系活动带来操作上的挑战,使其传播沟通方式多元化、复杂化。

旅游公共关系主体的多元性和关联性以及旅游公共关系客体(主要指旅游者)的差异化,决定了旅游公共关系的复杂性。

（二）应变性

旅游业是十分敏感的行业。从旅游业内部来说,食、住、行、游、购、娱所涉及的各个部门之间都要协调运作,任何一个环节出现脱节,都会造成整个旅游供给失调,影响整体旅游质量和旅游效益。从旅游业外部来说,各种自然、政治、经济、军事和社会因素的影响,都可能对旅游业产生一定的甚至致命的影响。诸如自然因素中的地震、恶劣气候、流行疾病,经济因素中的经济危机,政治因素中的国家关系恶化、政治动乱、政变以及恐怖活动、战争等,所有这些都会导致一个国家或地区的旅游活动减少或停滞。再者,旅游是高层次的感性消费,而不是基本生活需求,任何一种内在或外在原因都可能致使旅游者取消原定的旅游计划。旅游业的敏感性特征决定了旅游公共关系要有超常的应变性,特别是要加强旅游危机预测意识,强化旅游危机管理能力,应对各种突发事件,旅游公共关系必须具有更强的危机预测和应对能力。

（三）情感性

21世纪,企业进入了"情感化"的经营时代——因为这是感性消费时代,消费者更注重心理、精神需求的满足,他们往往以感情杠杆作为衡量消费行为是否合理、商品是否具有吸引力的依据。在消费时,他们更希望追求体现个性、情趣、时尚、品牌的感性知觉,对商品和服务以喜欢或不喜欢作为评价标准。因此,有些市场营销专家认为,市场营销并非是产品之战,而是"知觉之战"。对于更多的以精神消费为特征的旅游消费来说,更是如此。旅游业属于劳动密集型的行业,是人对人、面对面的高接触性服务行业。旅游消费在实质上主要表现为对某种美好的特殊经历的追求,更强调舒适化、便捷化、个性化、时尚化、地位化、人文化等,强调旅游带来的一种耐人寻味的情感意境和难得的感性体验。正因如此,旅游公共关系要特别强调把情感作为一种重要的激励机制或动力因素纳入经营管理过程,以内部公众的情感经营为前提,拓展与外部公众及旅游消费者的情感沟通,把旅游营销的着眼点自始至终放在旅游消费者的感知上,进行整体形象促销而不是个别的产品推销。正如一些专家所说,"公关就是讨公众喜欢","广告是要大家买我,公关是要大家爱我","公关的竞争是一种情感的争夺战",等等。旅游业作为一种人对人服务的、以精神消费为主的产业,旅游公共关系就更应突出情感效应。

(四) 全员性

旅游业是服务性行业,旅游服务是通过相关工作人员直接向旅游者提供的,旅游服务产品的生产、销售和消费往往是在同时同地发生、同时同地结束,是工作人员与旅游者同时参与才能完成的。旅游组织中的大多数成员都是组织对外交往的触角,处在与旅游消费者或其他外部公众直接接触的第一线,提供各种接触性服务。他们就是组织形象的代言人,他们的言行举止、仪容仪表、外貌风度等都会影响公众对组织印象的好坏和评价的优劣。因此,旅游业的全员公关最为突出,上至最高领导,下至普通服务员、导游员、景区管理员等,都必须普及、强化旅游公共关系意识,提高旅游公共关系沟通技能。全员公关应是旅游公共关系最明显的特色。

【小结】

公共关系学作为一门新兴的边缘性学科,经过几十年的发展,已经成为一个相对独立的学科体系,其主要概念和特征已基本成熟。了解和把握这些概念和特征是学习和理解公共关系学的基础,也是研究旅游公共关系学的前提。

公共关系是一种特殊的社会关系,特指社会组织与相关社会公众之间信息交流的双向传播与沟通关系。传播与沟通是公共关系的本质属性,是现代公共关系理论的精髓。公共关系是一个内涵丰富的概念。它在静态上是指组织的一种客观的社会关系状态,动态上是指组织的一种自觉的社会实践活动,意识形态上是现代组织的一种思想观念,理论上又是一门现代经营管理哲学。从不同层次和角度把握公共关系的基本内涵,有助于我们从目标、对象、手段以及原则等几方面全面掌握公共关系的本质特征。公共关系既区别于其他一般的社会关系,又渗透于各种社会关系之中,与各种具体的社会关系相伴随。

旅游业的蓬勃发展也必然伴随复杂的公共关系问题。旅游公共关系作为公共关系学的应用分支,不仅适用公共关系学的一般原理和方法,同时也具备旅游这一特殊公共关系自身的特点,更体现复杂性、应变性、情感性及全员性。

【关键术语】

公共关系、公共关系状态、公共关系活动、公共关系意识、公共关系学、公共关系的本质属性、公共关系的基本特征、旅游公共关系、旅游公共关系的特点。

【习题】

一、名词解释

公共关系、公共关系活动、公共关系意识、公众舆论、组织形象。

二、填空题

1. 公共关系一词源于英文（　　）。
2. 公共关系（　　）其他一般的社会关系，又（　　）各种社会关系之中。
3. （　　）是公共关系的本质属性。

三、选择题

1. 公共关系的三大构成要素是（　　）。
   A. 主体　　B. 客体　　C. 社会组织　　D. 社会公众　　E. 传播沟通
2. 在公共关系实践中，判断关系正当与否可用以下（　　）标准。
   A. 社会　　B. 法律　　C. 纪律　　D. 伦理　　E. 政治　　F. 经济
3. 公共关系活动可分为（　　）之别。
   A. 自发与自觉　　B. 专职与兼职　　C. 单一与系列　　E. 公开与私下

四、判断题

1. 公共关系属于团体型的社会关系。（　　）
2. 公共关系属于个体型的社会关系。（　　）

五、思考题

1. 如何理解公共关系的本质属性？
2. 怎样多角度地理解公共关系这一概念？
3. 如何理解公共关系的基本特征？
4. 你对旅游公共关系有何理解？
5. 公共关系与人际关系及庸俗关系有何联系与区别？

【案例分析】

公关，在长城饭店

闻名海内外的北京长城饭店，是中国第一家中外合资的大型五星级饭店。饭店的高度是82.64米，有24层楼，外表全部用玻璃幕墙装饰，犹如一座水晶宫，高大而壮观。

饭店副总经理张志军曾说："在当今中国各大饭店云集、竞争激烈的局面下，要想立于不败之地，除了有完善的设施和优质的服务外，公关活动是至关重要的，凡是有眼光的企业家都非常重视。我们在饭店成立之际就设立了公关部，这在北京饭店行业中是第一家。我们招收和培训了一批高质量的公关人员，制定了一套公关活动计划和准则，把公关贯穿于饭店工作的各个环节,大至国家元首来访,小至一举一动,都要树立良好的形象。"

里根总统的答谢宴会

"里根总统把长城饭店包了。"北京人都这么传说。提起美国总统访华,人们自然联想到长城饭店。

1984年初,传来了里根总统访华的消息。长城饭店的经理和公关人员立即意识到,这是一个难得的机会。美国总统如能光临长城饭店,将给长城饭店带来极大的声誉,对饭店前途产生极大的影响。于是,他们制定了周密的公关计划,并全力付诸实施。

当时,饭店还未全部竣工,服务设施尚不尽完善,公关人员克服种种困难,夜以继日地做了大量准备工作。他们不厌其烦地带领美国驻华使馆的工作人员参观饭店,介绍设施与服务,接待上百名外国记者,为他们提供采访所需的材料和通讯设施,协助他们采访,做到有求必应。一名公关人员回忆说,那时他们常常工作到深夜,累得坐车都经常坐过了站。

经过努力,他们终于争取到了里根总统在长城饭店举行答谢宴会的机会。1984年4月28日,来自世界各地的500多名记者聚集在长城饭店,向全世界各地发出了里根总统将在此举行告别宴会的消息,这些消息无一不提到长城饭店。于是,长城饭店在全世界声名大振,许多外国人产生了好奇心:长城饭店是怎样一家饭店?为什么美国总统选择在这里举行宴会?后来,许多外国来宾一下飞机,就想到长城饭店住宿,此后,长城饭店的生意格外兴隆。据统计,开业的头两年,70%以上的客人来自美国,这不能不归功于那次极为成功的公关活动。

此后,长城饭店接待了众多国家元首和政府首脑,他们选择在长城饭店举行答谢宴会和记者招待会已成为惯例。

盛大的集体婚礼

作为一家经常接待外国元首的豪华饭店,长城饭店的客人98%是外宾,这在许多中国人的心目中形成"长城饭店是洋人出入的地方,中国人进不去"的误解。为了消除这种误解,公关部想出了一个好主意:举办一个集体婚礼,每一个普通的北京市民都可以报名参加,还可以带上15名亲友。这条消息在《北京日报》以广告形式登出后没有几天,名额爆满,来电话者、登门询问者应接不暇,公关人员忙得不亦乐乎。

当95对新婚夫妇和他们的近1500名亲友步入长城饭店大厅时,通过中央电视台和北京电视台,亿万中国人收看了这一盛况,并对此举进行了热烈赞扬。新婚夫妇们也为能在这里举行婚礼而备感荣幸。自此,许多企业、政府机构、社会团体也纷纷在这里举办各种活动,长城饭店在中国人的心目中变得更亲近了。

资料来源:《公共关系学》,熊源伟

案例思考:

1. 用公共关系原理分析张志军同志的一段话,能得出一些什么结论?
2. 里根总统访华,长城饭店经理和公关人员觉得这是一个难得的机会,为什么?善于抓住机会,对于一个组织机构来说有何意义?
3. 成功的公共关系活动,来自于成功的公共关系策划,长城饭店在策划里根总统答谢宴会的过程中,有哪些成功的经验?

4. 善于表现自己是塑造组织形象的关键,在这方面长城饭店给我们提供了哪些经验和启示?

案例解析:

一个外国总统结束国事访问,临别时要举行答谢宴会,按以往惯例,如此规格的宴会总是在人民大会堂宴会厅举行,而开业不久的北京长城饭店竟有"野心"请里根总统光临,这既反映了他们渴望出名的愿望,也体现了他们不落俗套的大胆构思。经过一番卓有成效的努力,终于把愿望变为现实,这充分体现了长城饭店公关部高超的公关艺术。

总结长城饭店在公共关系活动方面的经验,可以概括为下列几点。

1. 不落俗套,贵在创新

创新是组织生命力的象征,只有创新,才能使组织在竞争中立于不败之地。

不断创新是公共关系工作的基本特征之一。敢于创新,才能做到人无我有;善于创新,才能达到人有我新。离开创新,因袭俗套,公共关系的生命就会被扼杀。而一个好主意,一条新路子,往往能为公共关系工作增添绚丽的色彩,并为组织开辟一片新的天地。长城饭店的经验,生动地说明了这个道理。

2. 巧借新闻媒介,扩大组织声誉

开业不久的饭店,提高知名度是当务之急,但是,完全靠广告难以达到提高声誉的目的。聪明的"长城"人深谙巧借媒介的公共关系宣传之道,他们把里根总统"抢"到饭店来办答谢宴会,使饭店跟着这位知名人士跑遍了世界的每一个角落。

3. 从小事做起,树立形象

公共关系不是抽象的,而是具体的;不是神秘的,而是实在的。要让公众感受到具体和实在的东西,需要公关人员从细微处做起。长城饭店的工作人员能通过自己的一举一动体现公关意识,这是难能可贵的。一位普通的服务员能自觉地进入规定的公关角色,生动地体现了现代公共关系的全员公关原则。

长城饭店的工作表明,不论以何种方式与顾客联系,其间必然有公共关系。因此,无论是总经理,还是新来的服务员,都应把自己看成是公关人员。这种认识与做法,显然不止在宾馆、饭店,一切社会组织都应如此。

第二章 旅游公共关系的产生与发展

【教学要点】

知识要点	掌握程度	相关知识
公共关系的孕育	了解	准公共关系活动
现代公共关系	熟悉、掌握	公共关系职业化、学科化及发展规律
中国公共关系的进程	了解	中国公共关系的导入、推广与发展
公共关系产生的社会条件	了解	组织、经济、政治、技术、文化因素
旅游公共关系的必然发展	熟悉	目的使然、特性使然、发展使然

【导入案例】

华旗倒旗留下的"？"

天津华旗集团公司是以36万元的投资,从几百亩苇泽地上崛起的乡镇企业。自1991年5月20日投产以来,华旗集团两年就积累了4000万元资金,发展了6家分公司,果茶年生产量达4.5万吨,年销售额1.2亿元,社会上曾有"果茶因华旗而盛"的说法。正当他们要向年销售额2.5亿元的目标冲刺的时候,悲剧却降临了。

1992年10月,国家技术监督局对市场上的果茶进行了抽查。经检测,华旗果茶的各项质量指标均属上乘,但产品净含量一项不稳定,因而被列为不合格产品。1993年1月19日,国家技术监督局在北京召开新闻发布会,公布华旗果茶为不合格产品,并于3月9日向华旗集团发来了去年第四季度抽查不合格的通知。与此同时,轻工部办的《消费指南》杂志向华旗集团发来了认定华旗果茶为合格产品的广告征订函。因每年都要收到几千封这样要求掏钱参加活动、广告的信函,所以华旗集团没有理会。3月中旬,华旗集团针对"不合格"的通报开展整改工作,将净含量245毫升的标签全部作废,花了几十万元更换成240毫升的新标签。4月初,在北京技术监督局的市场随机抽检中,华旗果茶各项指标全部合格,被作为优质产品推荐参加了扶优限劣成果展。

4月16日,国家技术监督局委托《消费指南》杂志等单位再次举办新闻发布会,宣传优质果茶,公布去年第四季度对部分山楂果茶和凝固性乳酸饮料的抽查结果。这对华旗集团来说是至关重要的会议,但因为须交8000元费用,华旗集团没有参加。这样,承办单位在新闻发布会上对华旗集团的合格产品不予发布,并误导新闻界认为华旗果茶是不合格产品。同时,刚出版的《消费指南》第三期也将华旗集团的合格产品公布为不合格产品。随后,全国几十家新闻单位对已经整改合格的华旗果茶也做了不合格报道,在社会上引起轩然大波。华旗集团总部及各地办事处电话铃声不断,信函似雪片般飞来,客户不由分说,纷纷要求退货,终止供销合同。四五月份本来是果茶销售旺季,可仅在几天之内,华旗果茶的全国市场销售就削减一半,工厂被迫停产,1000多名工人放假回家,1000多吨红果存于冷库,以每月2%的损耗腐烂,不到一个月,各项直接损失就达3000多万元,间接损失超过1亿元。

资源来源:百度文库 http://wenku.baidu.com

【思考】中国公共关系史上的"华旗"事件带给我们怎样的思考？对中国现今的企业是否有启示？

第一节 公共关系的产生与发展

公共关系既是一门新兴的学科,又是一项历史悠久的活动。公共关系从一种专门化的社会职业,逐渐发展成一个较为系统和完整的学科体系,至今不过是百余年的时间。但是,公共关系作为一种客观存在的社会关系和社会现象,作为一种思想和活动方式,其历史却源远流长,可以说和人类社会的文明史一样长久。

一、古代公共关系的孕育

公共关系作为一种客观的社会关系,最早可以追溯到远古时代。原始社会氏族公社的成员们,为了抗争当时严酷的自然环境,不得不结成一定规模的社会群体,相互需要,结群而居,成队耕猎,互相依存,协调相处。在共同的生活和劳动中,公社内部成员之间以及公社组织之间都要保持思想和感情、意志和行动上的协调。这种原始的协作关系,既是人类各种社会关系赖以发生发展的基础,也是公共关系这种特殊的社会关系得以形成和发展的社会条件。

随着社会生产力的发展,由原始社会进入奴隶社会,社会生产力已从原始的单一形态逐渐变得更为复杂多样。特别是经过几次社会大分工,农业与畜牧业、农业与手工业、手工业与商业以及脑力劳动与体力劳动相互分离,人们生活资料以及生产资料的交换就成为必然。而交换活动的发展使得人们的交往活动不断繁荣,进而导致社会关系的复杂和多样。特别是由于社会分工的不断深化,带来社会组织化程度的日益提高,各社会团体组织在自身运行机制和功能日益专门化的同时,在共同的社会生活中(无论是经济活动、政治活动还是其他社会活动），必须通过交流、沟通、协调来改善相互间的关系，为自身的发展构建一种宽松的社会关系环境，这就使得公共关系作为一种思想、一种活动方式和技巧，伴随人类历史的不同时期和发展阶段得到不同程度的体现和发展。

许多国家都有人类早期各种准公共关系活动的记述。

据说，考古学家曾在伊拉克发现了公元前1800年前的一种农业公告，它告诉农民如何播种、如何灌溉、如何对付危害庄稼的老鼠、如何收获庄稼等等，很有点像现代社会某些农业组织公共关系部门的宣传资料。古代埃及、波斯等国的统治者都很懂得如何宣传自己，制造有利于自己统治的舆论。弗雷特里克·惠特尼在他的《社会大众媒介与大众传播》一书中说，古希腊的诗人就是公关人员。诗歌有韵，便于传诵，有钱的王公贵族为了给自己树立良好的形象，雇用诗人为他们写赞歌。而在罗马，诗歌还被运用到宣传政府的政策中去。著名诗人维吉尔的《田园诗》就是以歌颂乡村的美丽和人在大自然中生活的乐趣，巧妙地为政府的政策服务，因为政府希望人们回到乡村去生活，以便减轻因为人口集中为罗马城带来的压力。早在2300年前，古希腊著名学者亚里士多德在其经典著作《修辞学》一书中，详细阐述了修辞的艺术，即如何运用语言来影响听众的思想和行为的艺术。古希腊人认为，修辞能力是一个人参与政治的重要条件，因为政治家与公众之间的桥梁是靠修辞来建构的。因此，西方公共关系学家认为亚里士多德的《修辞学》是最早的公共关系理论著作。在古希腊，据说整个社会都很推崇沟通艺术，一些深谙沟通艺术的演说家往往因此而被推选为首领。据记载，古罗马的独裁统治者儒略·恺撒就是一位沟通艺术的精通者。面对即将来临的战争，他通过散发各种传单来开展大规模的宣传活动，以获得民众的支持。他为了标榜自己、宣传自己，还专门写了一本记载他历史性功绩的纪实性著作《高卢战记》，这本书为他成为古罗马皇帝帮了大忙。这本书曾被西方一些公共关系专家称为"第一流的公共关系著作"。再者，西方宗教的兴盛流传过程中，各种布道演讲、礼拜庆典、诵经祈祷等宗教活动，更浸透着公共关系宣传、沟通、制造舆论的技巧。

在中国，这样带有公共关系意识的典型事例也是不胜枚举。首先，在政治活动中，古代一些开明的帝王、统治者或政治活动家，已懂得如何运用诱导、劝说、宣传等手段来影响民众，树立形象，达到自己特定的政治目的。《左传·襄公三十一年》中有《子产不毁乡校》一文，文章通过子产不毁乡校的故事，说明他如何重视民众的呼声。春秋时代，乡校既是学生读书的学校，又是乡人聚会议事的地方，从那里可以获得许多关于政事的信息。对于乡人聚会议论政事的地方，然明主张毁掉，子产不同意，他说："其所善者，吾则行之，其所恶者，吾则改之，是吾师也。"用今天的话来说，子产把乡校作为反馈公众信息的场所，而且注重根据公众的意见，调整自己的政策和行为。子产执政后（公元前543年子产于郑国执政，任相），很重视听取百姓的议论，还把刑书铸在鼎上公告于世，努力疏通统治者与被统治者之间的关系，颇得百姓爱戴。加之子产推行的其他改革措施，郑国很快强盛起来，摆脱了晋楚双重压迫的困境。另外春秋战国时期盛行的养士（食客、门客）之风，可以看成是当时典型的准公共关系活动。各统治集团为了巩固政权，争当霸主，纷纷雇用专职人员四处游说，宣传各自的主张。这些专司游说宣传职责的"唇枪舌剑"者，就是当时所谓的"士"。这些"士"就是当时的公共关系活动人员，因为他们的主要职责就是树立各国君主的形象，协调各诸侯国之间的关系，为其主谋求本国军事、政治、经济的发展壮大。据记载,大官僚吕不韦权力显赫时养士达三千之众。战国时期齐国的孟尝君也礼贤下士,他门下有一个食客叫冯骥,在受命出游的时候擅自将孟尝君在某一领地无力偿还的债券付之一炬,以收买人心,后来孟尝君在政治上失意,落荒而逃,正是该领地的人民收留了他,使他能够重整旗鼓,东山再起。冯骥为巩固孟尝君的政治地位,采取"焚券"和"市义"的策略,从而使孟尝君"为相数十年,无纤介之祸"。从现代公共关系意义上说,冯骥是深谋远虑地为孟尝君作了公关投资。又如东周洛阳人苏秦,周游列国,宣传自己政治上的"合纵"主张,使当时的赵、齐、楚、魏、韩、燕六国结成同盟。而魏国人张仪则凭借自己的雄辩口才,宣传自己的"连横"主张,对东方六国采取了各个击破的策略,瓦解了六国"合纵"的军事同盟。无疑,苏秦、张仪所从事的那种"国际间"的游说、宣传、劝说和沟通工作,就十分类似现代的公共关系活动。再有《三国演义》中的刘备三顾茅庐、诸葛亮七擒孟获,都表明公共关系思想在人类早期政治、军事活动中的闪现。

其次,经济生活中,尤其是商业活动中,人们也运用各种传播手段和沟通技巧来建立信誉、招徕顾客,以实现一些特殊的经济目标。例如,汉代张骞通西域,实际上可以说是中国古代一次规模宏大、艰苦卓绝、富有成效的国际间公共关系活动,开辟了中西文化交流的新纪元。明代的郑和七次远航下西洋,历时28年,途经30多个国家。他率领的船队,每到一处就以瓷器、丝绸等物品与当地的产品相交换,并与亚非各国加强了经济以及政治上的交流与联系,这无疑也是典型的古代国际间的公共关系活动,在世界公共关系史上占有十分重要的地位。又如中国古时酒店门前的酒幌,像"如假包换"、"童叟无欺"、"百年老店"、"三碗不过冈"等五花八门的招牌,真是"酒店门前三尺布,过来过往寻主顾",很具有今天公关广告的色彩。另外,广为流传的"和气生财"的古代经商准则,更是古代商业活动中公共关系意识的集中体现。

最后,在人们的日常生活交往中,公共关系意识也得到了一定程度的体现。在《论语》中,孔子曰:"有朋自远方来,不亦乐乎!"这是以交友为乐,从交友中获得知识和信息。孟子也说:"天时不如地利,地利不如人和。"这是强调人与人之间的协调关系。孟子所追求的"人和",恰恰同现代公共关系活动中所遵循的基本原则及追求的美好目标相一致,那就是把创造一个良好的人事环境和组织环境放在首要地位。正因如此,有人把追求良好的公共关系称为一种追求"人和"的艺术。

虽然我们能列举大量中外历史上体现现代公共关系思想的事例,但由于历史条件的限制,当时人们对客观存在的公共关系及其发展的一般规律不可能有系统的认识和把握。因而人类早期还没有严格意义上的现代公共关系思想和活动,只是在人们的一些社会活动中表现出了一定的公共关系意识和趋向。因此,就其性质来说,它是一种类似现代公共关系的"准公共关系"。就其历史归属来讲,它可以看成是公共关系的前史或"前公共关系"。概括起来,人类早期的公共关系具有两个基本特征。首先,从自觉的程度来讲,当时人们还没有树立明确的公共关系意识,人们开展的各种沟通、协调活动均带有明显的自发性和盲目性,也就是说没有理论的指导,没有独立的分工,是一种不自觉的、非独立的社会职能活动。其次,从其发挥作用的社会领域和范围来看,由于当时社会生产力相对低下,经济还相当落后,人与人之间的经济关系还比较简单,人类早期的公共关系活动主要发生在政治领域,带有强烈的政治色彩和伦理色彩,即公共关系作用的社会领域比较狭小。但是,正是人类早期的这种"准公共关系"或"前公共关系",为现代公共关系的产生奠定了坚实的思想基础,并为现代公共关系事业的发展创造了必要的历史条件。

二、现代公共关系的起源

作为一种全新的思想、一种科学而系统的理论、一种新型职业的现代公共关系,发端于19世纪末至20世纪初的美国。美国是现代公共关系的发源地。

公共关系的最初发端可追溯到18世纪美国历史上的政治活动,如"独立战争"、"立宪运动"、"废奴运动"、"总统竞选"等,这些活动都具有明显的现代公共关系活动特征。以亚历山大·汉密尔顿为首的争取宪法获得批准的运动被称作"有史以来最杰出的公共关系工作"。至于美国的总统竞选,更可谓是在选民中进行"形象竞争"的公共关系最集中、最激烈、最有代表性的大表演。19世纪30年代登台执政的美国第七任总统安德鲁·杰克逊,可谓是最早利用报纸在政治竞选和主持政务的过程中开展公共关系活动的美国总统。他出身低微,也没有雄厚的经济实力,只能靠树立形象来获得社会各界的支持。于是,他选择作家爱莫特·肯德尔作为自己的新闻秘书,由肯德尔拟定统一的竞选纲领、负责撰写演讲稿、起草声明公告、发布通讯文稿、搞民意测验,还创办了隶属于美国政府的《环球报》,通过该报对杰克逊制定的政策、方针加以宣传解释,以取得广大民众对他的支持。所有这些,不仅使杰克逊1829年成功当选,并对杰克逊政府建立辉煌政绩发挥了重要作用。杰克逊后来又以高于对手5倍的选票再度当选。自此之后,历届美国政府形成了利用新闻机构开展政府公关的传统。特别是1888年美国总统竞选时,两党候选人面对当时社会各界公众对垄断资本的强烈不满,都以反对托拉斯为口号展开激烈竞争,力图以反对垄断组织的代言人的形象争取选民、捞取选票。这种有计划地加强与公众的联系,以争取公众理解和支持的活动,被看做公共关系的雏形。自此以后,美国历届总统竞选,其候选人的竞选班子都要大张旗鼓地开展各种宣传活动,如周游各地、发表演说、举行记者招待会、访问选民区、家访等,以在民众中进行公关形象竞争。可以说,美国总统竞选活动已是一种有目的、有组织、自觉的公共关系活动,但还不是一种独立的社会职能,而美国新闻媒介的发展以及美国经济的发展,加速了公共关系职能化的进程。

一方面,19世纪30年代,新闻报刊业在美国得到了社会各界的关注,开始了长足的发展。当时,由于蒸汽机广泛地应用于印刷行业,美国的报纸陡然降低价格,1美分就可以买到一份报纸,报纸读者群一下子扩大到一般大众当中。这时,由《纽约太阳报》领头掀起了一场"便士报"运动,在美国诞生了一大批以大众读者为对象的通俗化报纸,这便为那些急于宣传自己、扩大自身影响的组织和个人提供了有利的条件。报纸以低廉的价格和通俗的内容去争取大量的读者,由此报纸的发行量大增,随即广告费也迅速上涨。有些公司、组织为了省下昂贵的广告费用,便雇用一些人作为新闻代理人,在报纸上发表煽情性的新闻、故事甚至神话传说来扩大自我影响,而报纸为了迎合读者的趣味性需求,亦乐于接受。这种报纸的大众化与商业化相辅相成,便兴起了一场声势浩大的"报刊宣传运动",即企业、组织为了自身的利益,雇用报刊宣传员在报纸上进行宣传活动,以制造舆论,扩大影响。但早期的报纸宣传活动奉行"凡宣传皆好事"的信条,为了自身的利益可以肆意愚弄公众。菲尔斯·巴纳姆就是其中的典型代表。他是马戏团的老板,为了达到赚钱的目的,不惜无中生有,制造奇闻,哗众取宠。诸如说什么马戏团里有一个矮小的汤姆将军,当年曾经率领一群侏儒,赶着矮种马车前去觐见维多利亚女皇。他还制造过黑人女奴海斯曾在一百年前养育过美国第一任总统乔治·华盛顿的"神话"。这些"新闻"引起了美国社会的轰动。巴纳姆又趁势使用不同的笔名向报纸寄去"读者来信",人为地引起一场讨论。人们抱着好奇心纷纷到马戏团一探究竟,结果马戏团的票房收入猛增,每周可以从那些希望一睹海斯风采的观众那里获得1500美元的门票收入。作为这场骗局的策划者,巴纳姆"凡宣传皆好事"的实用主义哲学使得他不惜牺牲成千上万美国人的热情,以欺骗手段赢得了丰厚的利润,他达到了自己真正的目的,但后来骗局终被揭穿。这种置公众利益于不顾,利用新闻媒介愚弄公众的行径受到了谴责,也使整个巴纳姆时期在公共关系的历史上成为一个不光彩的时期,或称为"公共关系的黑暗时期",因为欺骗公众在根本上与公共关系的传播宗旨背道而驰。但是,也正是这种"神话式的宣传",让人们明白制造新闻式公共关系宣传的重要影响,也促使人们开始对公共关系的一系列道德原则问题进行思考。

另一方面,19世纪末至20世纪初,美国的经济有了很大的发展,已从自由竞争资本主义时代进入垄断资本主义时代。少数垄断寡头占有社会的绝大部分财富,控制了国家的经济命脉,如铁路、金融、钢铁、煤炭、石油等行业都出现了高度垄断和集中。这些垄断财团和寡头们为了攫取最大利润,采用欺骗、收买和暴力手段,甚至控制政府、干预政治,不顾一切地聚敛财富,残酷地榨取剩余价值,肆无忌惮地搜刮民脂民膏,全然不顾广大民众的利益和最起码的社会道德,真可谓一个个巧取豪夺的"强盗大王"。而这些强盗大王既不注意处理内部的公共关系,也不重视处理外部的公共关系,特别是对当时正在蓬勃发展的新闻媒介采取与邻为壑的态度。一个叫威廉·范德比尔特的垄断资本家,原本劳资关系就很紧张,有一次记者前去采访,询问他为什么单方面取消纽约至芝加哥的一班火车,他说因为赚不了钱,当记者表明公众对此很有意见时,他居然破口大骂:"该死的公众","让公众见鬼去吧",这种敌视的态度必然引起新闻媒介和社会公众的强烈不满。加之经济危机频频爆发,不仅广大民众的生活极度艰难,一大批中小企业也在垄断财团的疯狂兼并活动中惶惶不可终日。于是,整个社会阶级矛盾日益激化,各个阶层和集团之间的利益冲突也愈加尖锐,整个社会都充满了对工商寡头的敌意。这种不满和敌对情绪的酝酿,最终导致了美国现代新闻史上著名的"揭丑运动",又称"扒粪运动"或"清垃圾运动"。即一大批深受欧洲人文主义思想影响的新闻工作者,以追求社会公正和平等为信念,愤然以笔代枪,站出来揭露垄断巨头们的不法行径和不道德行为。他们自诩为"清垃圾者",在报刊上大量披露从各种途径搜集的这些垄断寡头的丑闻劣行。据统计,仅1903~1912年的10年间,就有2000多篇专揭丑闻的文章发表,并配有大量漫画和社论。这场揭丑运动的冲击,使许多大资本家身败名裂,声名狼藉。垄断财团企图用高压手段来控制舆论,最初,他们对新闻界进行恫吓,提出要起诉,说新闻界犯了诽谤罪;继而,又以不在参与揭丑运动的报刊上刊登广告相威胁。当这些都未奏效时,他们又变换手法,以贿赂为武器。一些大财团和大公司公开雇用记者创办自己的报刊,仿效19世纪报刊宣传运动的手法,杜撰有利于工商巨头们的耸人听闻的新闻神话,以图遮掩自身出现的种种问题。结果适得其反,公众的敌意与日俱增。面对企业与社会公众之间关系的日益紧张,企业舆论环境的日益恶化,以及企业形象严重危机的困境,一些有远见卓识的企业家开始意识到取信公众、取信舆论的重要性。

杜邦公司是一个典型的例子。杜邦公司是靠新兴工业炸药起家的，难免发生一些爆炸伤亡事件，对此他们一律封锁消息，不让记者采访报道。但大道不传小道传，爆炸消息还是不胫而走，而且流言越传越可怕，在社会上形成了可怕的印象：杜邦公司就是"杀人公司"。公司的创始人杜邦为此很苦恼，专门请教了一位在报界工作的老朋友，这位报界挚友建议他实行"门户开放"的政策，告诉他"流言止于智者"，遇事干脆让记者将真相告诉大家，公众了解了真相，也就不会再传播谣言了。杜邦采纳了朋友的建议，而且请他到公司担任新闻局局长。公司改变了原来封闭的做法，不光遇事注重沟通，而且平时也注意对外宣传，他们还专门设计了宣传口号叫"化学工业使您生活更美好"。这样，杜邦公司不仅很快止住了谣言，而且由此得到了前所未有的蓬勃发展。杜邦公司的成功，使企业界认识到企业不能再无视公众利益和社会舆论的作用，企业的生存和发展有赖于良好的公众环境和舆论环境。于是，不少企业纷纷效法杜邦公司，开始聘请一些懂行的人专门从事新闻宣传及改善与新闻界关系的工作，即"新闻代理活动"。他们为委托人做宣传，保持与报界的联系，邀请记者到企业参观访问，在新闻媒介之间进行游说，为公司的政策作解释和辩护等。这些懂行的"新闻代理人"也就是今天所说的最初的公关人员吧。

1860年，新闻代理人出现于美国实业舞台，他们为实业家们撰写和散发新闻稿件，吸引报刊和公众的注意。1883年后，新闻代理活动很频繁，不少有广告活动的企业，都开始设立专职新闻宣传人员。1889年，美国人乔治·威汀豪斯发明了交流电，为了推广这项成果，他专门雇用了匹兹堡的一名记者海因希斯为交流电进行宣传，反击直流电的鼓吹者。按照美国公共关系权威学者卡特利普的说法，此乃有案可查的企业公共关系活动之先例。

总之，19世纪中叶至20世纪初，美国报刊宣传运动的酝酿、揭丑运动的催化，导致了新闻代理活动的出现，这种有着一定组织性和明确目的性的传播活动，已不再局限于政治活动和思想宣传领域，而是逐渐与企业谋利的愿望紧密地结合在一起，为公共关系的迅猛发展奠定了基础。

三、现代公共关系的发展

（一）公共关系的职业化时期

新闻代理活动的出现，消除了企业与外界的隔离，企业从过去的"象牙塔"变成了"玻璃屋"，企业的透明度增强了。不过，早期的新闻代理活动仍然存在许多弊端，如大吹大擂、搪塞了事、混淆视听及隐瞒欺骗等现象普遍存在，在某种程度上，公众仍未摆脱被愚弄的情况。这时，有一个人开始致力于改变这种状况，他就是被后人誉为"公共关系之父"的艾维·李。

艾维·李是佐治亚州一个牧师的儿子，毕业于普林斯顿大学，在哈佛大学法学院就读过，曾任《纽约日报》、《纽约时报》和《纽约世界报》的记者。在他五年的记者生涯中，他敏锐地意识到尊重民众、真实坦诚地公布事实真相的重要性。他审时度势，于1903年与朋友派克合作成立了一家宣传顾问事务所，成为向客户提供咨询服务并收取一定费用的第一个职业公关人员。由此，一种专门代表客户利益、在客户与公众及新闻界之间进行沟通对话，以缓和矛盾、矫正客户形象和声誉的新兴职业应运而生，公共关系成为一种独立的社会职能，现代公共关系职业由此发端。1906年，艾维·李向新闻界发表了著名的阐述其事务所活动宗旨的《原则宣言》。宣言指出：我们的责任，是代表企业单位及公众组织，对与公众有影响且为公众所关心的问题，向报界和公众提供迅速而准确的消息。可见，公开性、真实性是艾维·李的基本思想和活动准则。他的公关信条是"公众必须被告知"。他认为，一个社会组织或企业要在公众中获得良好的声誉，就必须说真话、讲真情，如果真情的披露对组织不利的话，就应当调整组织自身的行为，求得社会与公众的谅解，而不是回避或隐瞒、欺骗。

艾维·李的公关信条付诸实施，先后成功地为多家巨型企业提供咨询服务、处理劳资纠纷和社会摩擦，成效卓著。如美国电话电报公司、无烟煤公司、洛克菲勒财团、公平人寿公司、宾州铁路公司等，都先后聘请他担任公共关系代理人。他在洛克菲勒财团因公共关系极端恶化而声名狼藉时，为其提供了成功的公共关系咨询。洛克菲勒的手下在科罗拉多州的工人罢工中枪杀工人，洛克菲勒因此被称为"强盗大王"，劳资之间以及社会公众与洛克菲勒财团之间的矛盾白热化。艾维·李受命于危难之际，为了改变财团的不良形象、平息工人罢工怒潮，他建议洛克菲勒财团邀请劳工领袖及社会著名工运专家来共同协商解决劳资纠纷，并广泛进行慈善捐赠，逐渐改变了洛克菲勒及其石油公司的不良形象。事后，洛克菲勒说："在科罗里达州的大罢工中，艾维·李扮演了一个十分重要的角色，为约翰·洛克菲勒家族的历史增添了十分重要的一页。"特别是1906年，宾夕法尼亚铁路公司的铁路主干线发生了一次严重的事故，许多人伤亡，开始铁路老板想把事情真相隐瞒下来，但受邀作善后处理的艾维·李坚持改变传统做法，反对遮遮掩掩，主张公开真相，因为"血已经撒在路上，伤者的悲泣是掩盖不了的"。他乘铁路特许专列赶到事故现场，并向记者介绍真实情况，回答他们提出的问题，为他们的采访工作提供方便；他提出检查事故原因，以保证不再有类似的事故发生；要求对死难者家属支付赔偿，对受伤者给予医治；同时向社会各方公开、真诚地道歉。新闻记者报道了事故情况及一切善后处理措施后，铁路公司老板惊讶地发现，公开报道使公司得到了有史以来历次事故中最公正、善意的评价。铁路惨案的成功处理，使艾维·李名声大振，成为蜚声社会的公共关系专家，并被誉为"公共关系之父"。

然而，艾维·李的公共关系咨询工作还存在许多不足，他只注意公共关系实务工作，凭经验、直觉开展工作，缺乏系统的理论指导，也从未进行过对公众舆论的科学调查。对此，有人评价他的工作是"只有艺术，没有科学"。艾维·李1934年去世，死前他曾受过美国众议院反美活动调查委员会的审查，因为20世纪30年代初他曾给纳粹德国的一家公司提供过咨询，当时的报纸上曾出现过"李是希特勒的报刊宣传员"这样的大字标题。一夜之间，李成了个臭名昭著的人物。尽管如此，艾维·李毕竟是现代公共关系的创始人，他在美国公共关系发展史上仍占据着重要的位置。

（二）公共关系的学科化时期

艾维·李虽然有丰富的公共关系实践经验，但没有提出系统而科学的公共关系理论。而公共关系职业的进一步发展，在客观上呼唤着理论研究和人才培养与之相适应。真正把公共关系推向理论化、科学化的人是另外一位现代公共关系先驱——美国著名的公共关系顾问爱德华·伯内斯。

爱德华·伯内斯原是奥地利人，1891年出生于维也纳，刚满周岁时随父母移居到美国。他的舅父是奥地利著名的心理学家弗洛伊德，他的思想受到弗洛伊德的很大影响。爱德华·伯内斯也有着丰富的公共关系实务经验。1913年他曾受聘于美国福特汽车公司，担任该公司的公关经理，为福特公司筹划并实施了一系列旨在发展公众福利及社会服务的计划，大大提高了该公司在公众及社会各界的影响，为促进公司的发展起了重大作用。第一次世界大战爆发后，他又在威尔逊总统成立的官方公关机构"公共信息委员会"中任职，负责向国外新闻媒介提供美国参战的背景和解释性材料。第一次世界大战结束后的1919年，他和夫人在美国开办了一家公关公司。伯内斯在大量公共关系实践的基础上进行了系统的理论总结，1923年，他出版了第一本论述公共关系理论的著作《公众舆论的形成》（也译作《舆论明鉴》或《舆论之凝结》）。这是被誉为公共关系理论发展史上里程碑的第一部经典专著，它标志着公共关系学的诞生。在书中，爱德华·伯内斯第一次提出了"公关咨询"的概念，并解释了它的双重作用：一是向工商企业推荐他们应采取的有益于社会公众利益的政策及行为；二是广为宣传这些有益于社会公众利益的政策和行为，以帮助企业赢得公众的好感和支持。这表明了公共关系的重要职责之一是向企业组织提供政策咨询，而不仅仅是向社会做宣传。同一年，他以教授的身份在美国纽约大学率先开设了公共关系课程，成为从事现代公共关系教育的先驱。在这之后，他于1928年写了《舆论》一书，1952年又写成了《公共关系学》，1955年又出版了《获得赞同》一书。在爱德华·伯内斯的努力和推动下，公共关系理论研究不断深入，公共关系教育也得到逐步发展，公共关系逐渐成为一个较为完整的学科体系。

爱德华·伯内斯的公共关系信条主要是他提出的"投公众所好"的主张。他认为，任何组织开展公共关系活动，都应该是有针对性的。首先必须了解公共关系对象即公众的需要与愿望，然后以此为出发点，有的放矢、投其所好地开展公共关系工作，并通过满足公众的需要来实现组织的目标。这种公共关系思想比艾维·李前进了一大步，把艾维·李的单向信息传播发展成双向信息沟通，从而为公共关系理论的确定奠定了基础。他强调指出，在一定科学理论指导下的公共关系活动会更有说服力。因而他非常注重运用各门社会科学的研究方法和成果。爱德华·伯内斯以自己的理论和公共关系实践在公共关系领域度过了将近60年生涯，他的杰出贡献，就在于把公共关系理论从新闻传播领域中分离出来，并对公共关系理论进行了较为系统的研究。从此，公共关系学作为一门充满时代特征的、具有强大实用性的新兴学科以其崭新的姿态崛起于学科之林。

由艾维·李将公共关系职业化到爱德华·伯内斯将公共关系学科化，公共关系从实践到理论都得到了一定程度的发展，并引起美国社会的极大关注。1924年，美国《芝加哥论坛报》发表社论，强调公共关系已成为一种职业、一门学科和一种管理艺术，提请社会各界对公共关系加以普遍重视。从此，公共关系开始流行开来。特别是1929～1933年，资本主义世界爆发了空前的经济危机，美国的大部分企业都受到严重的创伤。而那些大难不死的企业，往往不在于资金、技术、设备上的优势，而是有较好的内部与外部公共关系，从而得到多方的支持，渡过了难关，使企业顽强地生存了下来。危机过后的反思使许多企业普遍接受了公共关系的观念，并进一步意识到：企业不顾公众利益而一味追求利润，无异于自掘坟墓,企业组织的发展必须将自身的利益与社会公众的利益保持一致。这种意识的普遍形成标志着企业经营观念的重大转变,也推动了公共关系的进一步发展。

(三) 公共关系的现代发展时期

继爱德华·伯内斯之后,1937年,雷克斯·哈罗博士在斯坦福大学开设公共关系课程。1947年,波士顿大学成立了第一所公共关系学院,培养公共关系学士和硕士。1948年,美国公共关系协会成立,专业公共关系机构和从业人员有了相当的规模,许多公共关系的论著也相继出版问世。20世纪50年代后,以斯科特·卡特利普、阿伦·森特及弗兰·克杰夫金斯等为代表的一大批公共关系专家和大师,在理论和实践上把公共关系推向一个新的历史发展阶段。美国著名的公共关系专家斯科特·卡特利普和阿伦·森特在他们出版的《公共关系咨询》、《有效的公共关系》等著作中,提出了"双向对称"的公共关系模式,成为现代公共关系科学化的重要标志。他们认为,一个组织要谋取双向沟通和对称均衡的最佳生存发展环境,就必须一方面把组织的想法和信息传播给公众,另一方面把公众的想法和信息反馈给组织。也就是说,公共关系的最终目的,就是通过双向沟通,在组织与公众之间建立一种和谐而良好的关系,以实现组织与公众之间的利益平衡。这就在公共关系的目标上将组织与公众的利益置于同等重要的位置,在方法上坚持组织与公众之间的双向传播与沟通。同早期的公共关系不同,他们更强调与公众互利,对社会负责,而不是只注重自身利益及单向传播了。斯科特·卡特利普和阿伦·森特1952年出版的《有效的公共关系》不断再版,成为畅销书,在美国被誉为"公共关系圣经",他们也成为享有盛誉的公共关系理论权威。英国著名的公共关系专家和公共关系教育家弗兰克·杰夫金斯所著的《广告学》、《市场学和公共关系媒介设计》、《公共关系与市场管理》、《公共关系与成功企业管理》等大量著作,也丰富和发展了公共关系理论,促进了公共关系事业的发展。

第二次世界大战后,世界范围内新技术革命的深入发展,大大推动了产业革命,社会信息化以及传播、通信技术的现代化,促使公共关系在世界范围内获得了突飞猛进的发展。其基本发展趋势表现为以下几个方面。

1. 公共关系职业化程度日益提高

从1903年艾维·李创办世界上第一个公共关系事务所以来,公共关系作为一种全新而独特的社会职业,在社会各个行业和领域中发挥着越来越重要的作用,其从业人员和专职机构的数量与规模不断增加。专职教育的发展不断提升公关职业的职业水准,公关职业的社会地位亦日益提高,从而公共关系以其社会公认的实践技术日益成为人们尊重和向往的、不可缺少的独立职业和职能部门。

2. 公共关系理论日臻成熟和完善

从爱德华·伯内斯开创公共关系理论化和学科化道路以来,公共关系在广泛吸收各门相关学科研究成果的基础上,逐渐形成了自己完整的理论体系,真正走上了系统化、专业化和科学化的道路,从而使自身的综合性、交叉性和边缘性建立在整体系统性的基础上。

3. 公共关系技术手段日益现代化

公共关系作为一种智力密集性的新型职业,以传播为基本工作手段。现代传播技术的发展对电子技术、通信卫星、计算机系统等现代化信息传播手段的运用,大大提高了公关工作的科学性和有效性。

4. 公共关系社会功能多元化

公共关系作为一种独特的职业最早产生于美国的工商企业界并在经济领域发挥重要作用。随着公共关系自身的不断完善以及社会各界对它的需求不断增长,公共关系的服务范围已不再局限于工商企业等经济领域的各种盈利性社会组织中,而是在社会其他领域的各种非盈利性组织中也发挥着重要作用,因而不仅有企业公关、服务公关,还有政府公关、宗教公关、国际公关、科技公关、教育公关、旅游公关等部门公关问世。公关工作的职能也由接待处理公众意见和纠纷、推广和宣传产品,发展到更高层次的沟通协调、咨询建议、参与决策、建立信誉、塑造形象等。服务范围和职能作用的扩大,不仅增强了公关工作的针对性和有效性,而且也使公共关系在整个社会发挥的作用越来越广泛。

5. 公共关系国际化趋势日益增强

第二次世界大战以后,由于世界经济的发展和世界市场的活跃,公共关系在西欧和亚洲的发达国家和发展中国家迅速得到传播和推广,公关热由美国逐渐波及全世界。在社会上,公关职业成为受人注目、令人羡慕的时髦行业。在企业界成为企业家重要的经营管理哲学。正如日本的奥村纲雄所指出的,公共关系的学问,发源于美国,回顾当初的美国,所谓公共关系还只是企业家手上的小玩具,后来才发展成企业家所必须采用的政策,乃至变成企业家的重要哲学了。除了美国,世界范围内率先引进公共关系的是英国。1926年英国就有了第一个官方的公共关系机构——皇家营销部,大力推进公共关系。其次,与美国毗邻的加拿大,1947年就有了自己的公共关系协会。20世纪40~50年代,公共关系迅速传到了经济比较发达的一些国家和地区,如德国、法国、日本、荷兰、挪威、比利时、瑞典、芬兰等。1955年,国际公共关系协会在英国伦敦正式成立,这标志着公共关系已经作为一门世界性的行业而独立存在。之后区域性的公共关系协会也相继出现。比如,1959年欧洲公共关系联盟在比利时成立,1966年中美洲公共关系协会联会在阿根廷圣胡安成立,1967年泛太平洋公共关系联盟在夏威夷檀香山成立,1980年北美公共关系委员会成立。这一切表明,公共关系已在世界范围内成为一种真正的专门化职业、一门独立完整的新兴学科。特别是世界政治、经济和科学文化一体化趋势的日益加剧,要求不同的国家和民族必须不断加强相互之间在政治、经济和文化等各个领域的沟通和联系,国际性的公共关系业务往来不断增多,各个国家和地区普遍对公共关系给予高度重视,使其在各种国际国内事务中发挥着越来越重要的作用。

严格来讲,20世纪50年代后,公共关系面貌才发生了巨大变化,公共关系理论更加严谨科学,公共关系实践更加成熟完善。其理论研究和实践都进入了一个全新的现代化发展时期,公共关系真正走向科学化和规范化的道路。这一方面表现在公共关系已形成系统的理论体系,并在实践上有了科学化和规范化的操作程序;另一方面公共关系职业道德受到了足够的重视。1954年,美国公共关系协会制定出第一部公共关系道德准则,并于1962年专门设立了一个检查机构监督公共关系准则的实施。世界各地其他公共关系组织也相继制定了行为规范,如《国际公共关系道德准则》、《英国公共关系协会行为准则》以及《中国公共关系职业道德准则》等,从而强化了公共关系人员的道德观念,保证了公共关系的最佳服务和良好的社会效果。总之,科学化和职业道德规范化是这一时期公共关系的两个显著特点。

四、中国公共关系的进程

中国公共关系的兴起与公共关系的国际化趋势是一脉相承的。公共关系是踏着世界经济一体化的步伐迈入中国的。中国的公共关系与中国的改革开放更是同步而生，同步而长。

（一）中国公共关系的导入与传播

早在20世纪60年代的香港与台湾地区，由于政治经济土壤的特殊性，它们较早地接受了公共关系思想的洗礼。60～70年代，香港与台湾两地区的公共关系已进入职业化阶段。至70年代末80年代初，现代公共关系才作为舶来品真正导入中国大陆，可以说是姗姗来迟，比世界公共关系差不多晚了半个世纪。

1978年，党的十一届三中全会彻底打开了中国这扇封闭已久的大门，公共关系也趁此良机欣然入户。80年代初，公共关系主要是在改革开放最早的沿海经济特区（如深圳、广州、珠海、汕头等地）的一些外商独资或中外合资企业中率先出现的，这些公司或大或小在运作过程中参照了其海外母公司的经营管理模式，设立了公关部，培养了一大批公关从业人员，开始了早期的公关业务。继沿海经济特区之后，紧接着，公共关系由南向北推进，北京、天津、上海等地的中外合资企业公关部也开始陆续出现，特别集中在宾馆、饭店等行业，其公关部的作用尤其出色。如广州的中国大酒店和白天鹅宾馆、北京的长城饭店、天津的凯悦饭店、上海的锦江饭店等，可以说是80年代早期中国公共关系的先锋。他们参照合资企业国际规范化的管理，导入了公共关系的管理职能，并设立了相应的公共关系机构，演绎了一个个精彩的有中国特色的公共关系经典案例。像广州中国大酒店的首任公关部经理美籍华人田士玲小姐和第二任公关经理常玉萍小姐的公关业绩，在1989年拍摄播出的电视连续剧《公关小姐》中得到了生动再现，成为国人心目中的公关神话，既缩影了早期的中国公共关系历史，也有效地传播、普及了公共关系的观念和知识。虽然当时《公关小姐》的播出也带来了一些负面影响，很多人误以为公关人员就等于漂亮的脸蛋加时髦的打扮，经常出入酒吧、舞厅等繁华场所，但这只能算是公共关系长驱直入中国的一个小小杂音。同样，1984年4月28日北京长城饭店在其美籍公关部经理的策划下，成功上演了一出精美绝伦的大型公共关系活动。美国总统访华的答谢宴会从人民大会堂的宴会厅搬到了刚开业的北京长城饭店，来自世界各地的500余名记者把里根连同长城饭店一起推销到了世界的每一个角落，此案例可以称得上中国早期公共关系最精彩的一幕。

在中外合资企业、外国独资企业纷纷挂牌公关部，演绎一幕幕神话之时，我们一些具有超前意识的国有企业的企业家也不甘落后，奋起直追。特别值得一提的是，1984年广州的白云山制药厂率先挂出了国内第一块国有企业公关部的招牌，并斥资120万元，开展公共关系活动。实际上，在1983年，广州的白云山制药厂已拨出年产值的1%作为信誉投资，这是一个敢为人先的大手笔，在世界范围内，人们公认的卓越公共关系管理的信誉投资也不过企业年产值的8%。随后，白云山制药厂一发不可收，举办了广州"白云杯"城市国际足球邀请赛，广州歌舞团也收于白云山麾下。白云山制药厂的声誉也随着足球和歌舞团的南征北战而威名四方。1984年12月26日，《经济日报》刊载了题为《如虎添翼》

的长篇通讯,报道了白云山制药厂的公共关系工作,并编发了《认真研究社会主义公共关系》的社论。接着《人民日报》、《中国青年报》、《经济参考》、《文汇报》、《北京日报》、《世界经济导报》、《广州日报》等35家报纸先后载文报道或评论公共关系,阐述、评析了公共关系在中国兴起、发展的必然性和必要性。这就如"催产素"使公共关系这怀胎十月的婴儿呱呱坠地,于是我们的国有企业纷纷仿效,一时大江南北公关部如雨后春笋蓬勃生长。接着,中国早期的公共关系从业人员在这些或洋或中的公关部里开始出现,一个崭新的职业群体已经孕育而生。

随着我国改革开放向纵深发展,中国的经济发展开始引起全世界的关注。美国之音曾报道说"中国是一块肥沃的公共关系市场",于是国际大型公关公司开始摩拳擦掌,抢滩中国市场。捷足先登的是世界上最早(1927年)诞生也是当今世界第二大公关公司的希尔—诺顿公关公司,1984年10月率先在我们的首都北京设立了办事处。1985年8月,世界上最大的公关公司博雅(成立于1930年)也在北京设立了办事机构。在此基础上,1986年7月中国新华社下属的中国新闻发展公司同其签订合作协议,两家联手在北京特别设立了中国第一家公关公司——中国环球公共关系公司。与最早出现在中国内地的公关部相类似,最早的公关公司亦是全盘引进的,它所带来的新思路及新的国际操作规范,都极大地催发了我们本地公关公司的出现和成长。

(二) 中国公共关系的普及推广

经过近5年的传播,至20世纪80年代中期,公共关系在中国开始普及推广。其一,公共关系理论研究活跃。1986年11月,科学普及出版社出版了我国大陆第一部全面系统论述公共关系理论和实践的专著——中国社科院新闻研究所公共关系课题组编著的《公共关系学概论》;1993年8月,我国最大的一部公共关系巨著,550万字的《中国公共关系大辞典》问世。在这一时期,大量的公共关系译著、专著、教材、辞典纷纷登场。据不完全统计,截至1994年初,已超过300多种。在传媒方面,《公共关系报》是我国最早问世的一张公共关系专业报纸,1988年1月由浙江省公共关系协会创办;1989年1月,陕西省公共关系协会和中国公共关系专业委员会联合主办的《公共关系》杂志在西安面世;同年,《公共关系导报》在青岛创刊;1993年,《公关世界》在石家庄创刊。专业性的公共关系传播媒介的发展,极大地推动了公共关系在我国的普及和纵深发展。其二,公共关系教育培训层次多样化。自80年代中期开始,规范化、系统化的正规职业教育和学历教育逐步形成。1985年1月,深圳市总工会举办的公共关系培训班开创我国公共关系培训事业之先河;同年4月,北京师范大学开设公共关系讲座,6月北京大学研究生院举办公共关系讲座。1985年9月,深圳大学首先设立了公共关系专科,从此,公共关系学开始步入我国高等学府的讲坛。1987年,国家教委正式把公共关系列入行政管理、工业经济、企业管理、旅游经济、市场营销、广告学、新闻学等专业的必修课或选修课。1994年,经国家教委批准,中山大学创办了我国第一个公共关系本科专业,同时在行政管理专业的硕士点招收公共关系方向的研究生。这不仅填补了我国公共关系专业本科和硕士研究生学历教育的空白,也形成了我国高校从研究生、本科、专科、成人教育到函授培训班等多层次、多形式的公共关系教学与培养的体系,从而使我国公共关系的学科化建设迈上一个新的台阶。其三,随着公共关系实务、教育、理论研究工作的广泛开展,各种公共关系学术团体和行业协会也纷纷成立。1986年1月,中国大陆第一个民间公共关系学术研究团体——中山大学公共关系学研究会在广州成立;同年6月,第一家由官方组织的公共关系机构——上海市公共关系协会成立;1987年6月22日,中国公共关系协会在北京成立,安岗任协会主席,这标志着公共关系在中国得到了正式确认和接受;紧接着全国省市一级的公共关系协会、学会、研究会和俱乐部等社团组织先后成立。1991年4月26日,中国国际公共关系协会在北京成立,前任驻美国大使柴泽民任会长。据中国国际公共关系协会1999年第一期《通讯》发布的公共关系调查,至此,全国共有100多家公共关系协会或学会。这些学会在20世纪80年代中期积极发展会员,进行公共关系基本知识的培训与传播,对于推进公共关系事业的普及、促进公共关系职业的规范化、完善公共关系学科化做出了卓越贡献。

其四,国内外公共关系交流推广频繁。20世纪80年代中后期,随着我国公共关系研究和实践的迅速发展,在两大国家级公共关系协会的推动下,每年都召开公共关系理论与实践问题的研讨会,加强了学术界的交流,对公共关系理论的深化和完善,起到了促进作用。而由中国公共关系协会主办的每两年举行一届的"中国最佳公共关系案例大赛",始于1993年,每一届的获奖案例均汇集成册,由复旦大学出版社出版。这是对我国公共关系实务进行研究、总结和探讨,有效地促进了公共关系从业人员不断提高项目策划和实际操作水平。特别是中国国际公共关系协会自1991年成立以来,致力于加强中国公关界与国际公关界的联系和交流,本着"让世界了解中国、让中国走向世界"的宗旨,每两年一届的中国国际公共关系交流大会,取得了巨大的成就,对推动中国公共关系事业的国际化、规范化的健康发展,有深远的意义。

(三)中国公共关系的成熟发展

从1993年11月中国共产党十四届中央委员会第三次会议通过了《中共中央关于建立社会主义市场经济体制若干问题的决定》后,中国公共关系事业的发展呈现勃勃生机。公共关系作为一种管理功能被引入各行各业的管理领域,形象管理即无形资产管理的理念愈来愈受到人们的普遍重视。一大批国内外公关公司的成功运作,对中国公共关系市场的专业化、职业化、国际化起到了积极的影响;各种业余培训、函授教育、普通全日制教育、大学全日制本科教育以及高层次硕士研究生的培养,使我国公共关系教育基本形成了立体、多维的学历和非学历交叉并存的局面。全国公共关系从业人员已达十万以上,1999年5月,国家劳动和社会保障部正式将"公关员"的职业名称列入了《中华人民共和国职业分类大典》,1999年6月制定颁布了公关人员的国家职业标准和考核规范。2000年12月3日,在全国范围内举行第一次公关员职业资格上岗全国统一考试。这标志着国家已正式承认公共关系这一职业,我国的公共关系从此开始真正走上职业化和行业化的道路。

总之,随着改革开放的不断深入,我国的公共关系事业在实务活动、理论研究、教育培训以及职业化、规范化、国际化趋势等方面都取得重大进展,并渗透到各行各业的经营管理活动中,也给我国旅游公共关系的发展提供了积极的发展环境。

第二节 旅游公共关系产生发展的社会历史条件

旅游公共关系成为公共关系学的一个分支体系,并引起产业发展的高度重视,在西方起始于第二次世界大战以后,在中国起步于 20 世纪 80 年代初,这是依托公共关系整体发展的大环境,有其产生和发展的历史条件。

一、社会组织的高度分化

从人类历史的发展过程来看,人类社会的进步史在某种意义上就是一部社会组织不断分化和发展的历史。生产的发展以及与此相适应的各种社会分工的出现,推动着社会组织的不断分化,从而使人们所处的社会关系环境日益复杂多样,人们在特定的组织机构中扮演着特定的社会角色,同时又必须更加自觉、主动地去沟通、协调相互之间的人际关系和组织关系,以创造更有利于自身发展的社会环境。社会组织的分化和组织化程度越高,各种社会领域内进行自觉、有目的、有计划的协调、沟通与合作就更为重要,由此才能推动社会政治、经济、思想、文化、科学技术等方面的发展。公共关系正是适应这一历史发展的客观需要而产生的。特别是 20 世纪 50 年代以后,科技革命和产业革命使各国乃至整个世界的政治、经济、思想观念、生活方式发生了划时代的变化:一方面社会日益走向多元化和多极化,另一方面各种社会矛盾和对立日趋融通和缓和。任何一个社会组织和社会团体都在自觉、有目的、有计划地加强相互之间的沟通和联系,以促进共同的生存和发展。公共关系作为一种全新的思想观念和社会职业,从产生之日起,就顺应这一历史发展趋势而在社会各个领域发挥重要的作用。众所周知,第二次世界大战是世界旅游业发展的转折点,现代旅游随之产生。现代旅游与古代帝王巡游、宗教朝圣、文化寻根、商贸往来有许多差异。它首先是作为一种职业、一种行业而崛起,职业化、行业化必然导致规范化的要求,而规范化的产业发展必须依赖理论研究的指导及相关人才的培训。第二次世界大战以后,旅游理论以及旅游相关理论发展很快,这其中也包含着旅游公共关系理论。所以,旅游公共关系在西方正是顺应 20 世纪 50 年代后大众化、社会化旅游的发展需求而产生和发展起来的。在中国,改革开放后,旅游业作为一种蓬勃发展的产业导入,对中国经济的发展产生了极大的推动作用。

二、社会经济条件

商品经济的高度发展是现代公共关系产生和发展的社会经济条件。商品经济的高度发展,必然带来社会生产活动的高度社会化。社会分工日益深化,社会协作日益加强,社会交往日益频繁,社会关系日益复杂多样,于是,无论是个人还是社会组织,为了自身的生存和发展,客观上都需要一种良好的社会关系环境,需要得到社会的广泛认可和整体支持,需要一种新型的交往方式来改善相互之间的关系。这就为公共关系的兴起和发展创造了条件。就我国旅游业的发展来说,首先,党的十一届三中全会以后,我国的经济体制发生了很大的变化,由原来的计划经济转向社会主义市场经济,各类旅游组织特别是旅游企业在体制改革的大潮下,逐渐成为自主经营、自负盈亏、自担风险的独立的市场经营实体,能否保证市场交换的畅通和稳定,对旅游企业来说具有生死攸关的作用。因而在旅游市场开发和产品销售的过程中,旅游公关营销的手段往往具有重要的作用。其次,随着我国旅游经济的蓬勃发展和旅游市场的发育成熟,旅游市场的格局也发生了重大转变,逐渐由卖方市场转向买方市场,过去旅游企业是"皇帝的女儿不愁嫁",现在是旅游消费者"持币待购,货比三家",旅游消费者从满足基本需求为主转向满足选择性需求为主,因而旅游供给不仅要适销对路,还要取得消费者的好感和信赖。这就需要我们的旅游组织注重市场需求信息调查和与消费者的感情沟通,真正树立起"顾客至上"、"以消费者为导向"的具有现代公共关系意识的市场经营观念。不仅如此,买方市场必然导致市场竞争,特别是加入世界贸易组织后的中国旅游业要融入到国际旅游市场的大循环中去,市场竞争空前激烈,各级旅游组织不能仅停留在低层次的产品、质量、价格等硬件要素的竞争上,更要关注品牌、形象、信誉的高层次的软件要素的竞争。旅游公共关系作为一种经营战略,正是以知名度和美誉度这种无形资产的增值,来提升旅游组织的竞争力。最后,旅游业是一种高度依托性的行业,全球经济一体化的发展趋势,使得旅游组织必须在国内国际大融通的市场体系下参与竞争。而面对市场环境的不断变化,要在市场竞争中取胜,旅游组织一方面要不断提升自身的专业水平,另一方面还要注重建立跨行业、跨地区的横向经济联系,从而在相互合作、相互促进中求得共同的繁荣和发展。而公共关系的传播、沟通及协调功能的发挥,将对这种横向经济关系的建立和维持起着桥梁和润滑剂的作用。因而,旅游公共关系的产生和发展有赖于商品经济的高度发展,而不断发展着的旅游公共关系又将进一步推动旅游业在市场经济条件下的进一步发展。

三、社会政治条件

社会政治生活的民主化是公共关系赖以产生和发展的政治条件。从封建社会进入资本主义社会,是人类社会民主化进程中的一个重要里程碑。资本主义民主政治固然有其虚伪性和欺骗性的一面,但毕竟是历史的一大进步,因为它打破了封建专制政治那种君主主权神圣不可侵犯的信条。封建专制政治采用强权压制下的高压手段和愚民政策,老百姓是任人宰割的"草民",在"民怕官"的政治生活中,根本谈不上平等互利的公共关系。而大工业社会条件的资本主义社会,有组织的社会民众的民主意识日益膨胀,参政议政的倾向使民众成为政治生活中不可忽视的力量。这促进了民主政治的发展,并建立了能体现大多数人意愿的民主制度。而这种通过代议制、纳税制、选举制来实现的民主制度,保证的是一种"官怕民"的民主政治,它迫使统治者或管理者不得不注重自己的施政方针被公众信任和支持的程度。这就必须凭借良好的公共关系,进行双向沟通和对话交流,一方面了解舆情民意,调整施政方针;一方面要通过各种传播媒介向公众宣传、解释政策,争取公众的理解、信任和支持。

我国政治体制改革的主要目标就是要建立高度完善的社会主义民主制度。随着我国政治生活民主化进程的推进,政治体制改革不断深入,长官意志、沟通不畅、监督机制不完善的情况将会逐步转变,重视民意、重视舆论的公共关系意识日益强化。表现在旅游管理上则为尊重组织内外公众、顺应舆情民意、注重双向沟通、强调公众利益的民主管理作风会逐渐得到发扬光大。

四、社会技术条件

传播手段和通信技术的进步是现代公共关系产生和发展的必备的物质技术条件。20世纪中叶，科学技术日新月异，促进了交通运输和信息传播手段的飞速发展，从火车、汽车、飞机、人造卫星的出现到电报、电话、广播、电视以及光导通信等的相继问世和普及推广，使人们的社会联系和经济交往有了现实的可能性，也给以传播为特征的公共关系的发展提供了物质技术保证。我国改革开放后20多年的时间里，经济飞速发展，现代化的交通条件和通信传播手段日益完善，计算机的普及和互联网的导入、交通的畅达、信用卡的通行、出入境手续的日益简化，促使我国大众旅游迅猛发展。在推动我国旅游业发展进步的过程中，旅游公共关系也扮演着特定的角色。首先，旅游组织可以广泛地利用各种现代通信技术和大众传播手段，一方面对外传播沟通、展示形象，另一方面可及时、广泛地采集各种外界信息，预测环境趋势的变化，使旅游组织在瞬息万变的社会环境和市场环境中提高应变能力。其次，通信技术和传播媒介现代化的大众传播时代，公众舆论和组织形象对企业组织兴衰的影响要比以往任何时候更为强烈，一篇报道可以瞬间使你美名远扬，一篇报道也可以顿时让你臭名昭著。因而，利用旅游公共关系的传播控制机制来引导舆论、控制舆论，创造对旅游发展有利的舆论环境，是现代旅游管理的必要手段。

五、社会文化心理因素

现代公共关系产生于20世纪初的美国，有其社会文化心理因素。美国是一个文化根基很浅的移民国，个人主义、英雄主义、理性主义是美国文化体系的三大特征，因而美国人表现为自由浪漫、崇拜伟人、敢于竞争且重视数据和实效、遵循法制规章。美国理性主义文化的典型代表，是20世纪初以泰罗制为代表的纯技术管理。它以生产操作的程序化、标准化、科学化来控制生产，这种机械唯理主义的管理，虽然短期内提高了劳动效率，但它忽视人性、把人视为机器的管理方式，必然引起劳资关系的对抗，导致社会危机与动荡。特别是科学技术的进步和生产力的高度发展，使得生产开始从劳动密集型向智能密集型转化，迫使管理阶层不得不考虑员工的态度、情绪等心理因素，从而最大限度地调动他们的生产积极性。由此导致社会文化心理的嬗变——认识到纯理性主义文化的局限，重视人性的人文主义思想开始抬头。表现在管理上就是形成了以梅奥为代表的行为科学理论。20世纪30年代，梅奥在他著名的"霍桑实验"中提出，工业中的"新人"不再是"机器人"或"经济人"，而是富有感情和理智的"社会人"，管理者应尊重人性、尊重个人感情和个人尊严，应当注重人际交流与沟通，努力创造组织内部轻松和谐、积极进取的群体氛围，提高现代管理效能。这种尊重人性的、开放的人文主义文化心理，正是公共关系得以滋生和成长的土壤。而公共关系的兴起，正是这种重视内部公众沟通的"软管理"职能的延伸，并且公共关系又把这种内部沟通管理扩展到组织外部，最终形成了以与内外公众沟通为手段的全新的管理科学，从而大大丰富了管理学的内涵。

其实，中国几千年的传统文化思想中，如"精诚所至，金石为开"、"诚招天下客，誉从信中来"、"和为贵"、"和气生财"以及孔子"仁者爱人"、"博施于民而能济众"等儒家思想,都深深浸透着重视人、尊重人、理解人、讲人情的人文思想,这种民族传统与文化蕴涵,为旅游公共关系的产生与发展奠定了丰富的思想基础。而随着中国市场经济的发展,企业间的竞争无论是技术开发能力的较量,还是产品质量、价格、服务的竞争,或者组织整体形象的竞争等,最终都是组织成员整体素质的竞争。这就要求现代企业组织比以往任何时候都要更加关注、重视对人的管理。旅游业尤为如此,作为劳动密集型产业,如何利用一种更现代、更科学的管理模式来激发组织成员的工作热情和工作潜力,将直接影响到旅游组织管理效能的提高。西方管理史上由重视纯技术的"硬管理"到重视人性的"软管理"职能的转变,给我们很多管理思想以启迪。借鉴西方制度管理的理性管理思想,可以使我们中国旅游组织走上规范化管理的道路。但中国旅游组织可持续竞争力的提高,更在于能"激活人"的软管理手段的运用,因而旅游公共关系、旅游人力资源开发与管理等旅游管理学科的兴起势在必行。

第三节 旅游公共关系的兴起与发展

一、旅游公共关系发展的历史轨迹

现代旅游公共关系绝不是空穴来风。在国内外旅游业的发展历程中,公共关系作为一种客观存在的社会关系,均有充分体现。

英国人托马斯·库克是近代旅游业的创始人,旅游公共关系与他的整个职业生涯紧密相关。1841年5月5日,他组织了人类历史上第一次由500人参加的团队铁路旅行。在整个组织活动中,他开展了大量公关沟通工作:与铁路部门联系和磋商以取得支持和优惠;通过刊登报纸广告宣传以招揽游客;在由莱斯特市开往拉夫巴勒市的专门旅行列车上,往返20英里只收费1先令,却配有乐队、茶点特别是导游讲解服务。人类首次通过广告而组织的团队旅行活动因托马斯·库克的公关才能的充分施展而大获成功。

这之后,1845年,托马斯·库克先生组织长距离的旅行项目——"发现大英帝国",制作了第一批导游宣传小画册,这是有目的的现代公关策划工作;1851年,托马斯·库克为伦敦博览会的16万名参观者成功安排了旅行游览;1855年,法国举行博览会,库克又首次圆满完成了英国人出国旅行的重任;1865年,在20多年丰富的组织国内外旅游工作经验的基础上,托马斯·库克成立了以自己名字命名的大型旅行社(我们翻译成"通济隆旅行社"),并颇有公关意识地选址于英国各大报刊集中的伦敦舰队大街;1872年,托马斯·库克亲任导游组织了世界上的第一次环球旅行,并邀请许多记者、作家同行对其行程和见闻逐一报道,大大提高了知名度和美誉度,后人所著的《八十天环游世界》就是对这次旅行的生动记述。由此我们可以看出,伟大的近代旅游业先驱托马斯·库克,在其事业的开拓进程中,显示出公关技能的出色运用。

中国近代旅游业的发展,也同样浸透着公共关系的色彩。20世纪初,上海有名的民族银行家陈光甫先生,为了发展中国的旅游活动事务,于1923年8月在上海商业储蓄银行设立了"旅游部"。1924年,旅游部也以广告为先导,同铁路局合作,组织了由上海至杭州游览的铁路专线团,这是中国历史上的第一次现代旅行;1925年,旅游部又组织了中国第一批出国旅行团——20余名中国人首次赴日本专项旅游的"观樱团",经媒体报道,大大提高了旅游部的声誉;1927年春天,他们创刊了中国第一本旅游杂志《旅行杂志》,为旅游部做了大量公关宣传;1927年6月"旅游部"正式改组为"中国旅行社",此乃中国人自己建立的最早、规模最大的一家具有现代意义的旅行社。中国旅行社成立后的十年,规模和业务范围急速拓展,获得了飞跃性的发展。至抗日战争爆发,该社受到很大的破坏和打击,但为落实毛泽东为创立抗日统一战线而提出的"中国人不打中国人"的这一伟大公关口号,中国旅行社的积极分子纷纷投身到把物资和人员转移到大后方的工作中去。

中华人民共和国成立后,随着外事活动的增加,为招待各方来客,1954年4月15日,中国专门的国际旅游机构——中国国际旅行社成立。1957年4月22日,在全国各地纷纷设立华侨服务机构的基础上,华侨旅行社总社成立,中国旅游业组织又达到一个新的阶段。1964年7月22日,中国旅行游览事业管理局成立,标志着中国旅游业组织已初具规模,中国旅游业走上了正常发展轨道。1966年,中国发动史无前例的"文化大革命",旅游被视为吃、喝、玩、乐的资本主义生活方式而受到严重干扰和破坏,周恩来总理坚持"旅游工作要宣传自己,了解别人"的公关方针,保留下中国旅行事业管理局,而其他旅游服务机构都遭到不同程度的解体。1972年8月18日,中央批准恢复华侨旅行社总社;1974年,国务院批准成立了中国旅行社;"文革"结束后,特别是粉碎"四人帮"以后,澄清了思想,统一了认识,旅游事业重新受到重视。1980年,中国青年旅行社成立。至此,在我国形成了三大国营旅行社鼎立的局面。随后职工旅行社、妇女旅行社、天鹅旅行社、体育旅游公司等等众多旅游机构相继出现,旅游业开始引入竞争机制,旅游公共关系更发挥了不可或缺的作用。

知识要点提醒

通过上述讲解可见,中外旅游业的成长发展历程中,无不渗透着扩大交往、加强沟通、善于协调、相互促进的公共关系思想和技能的运用。旅游公共关系与旅游业可谓是相伴而生,并对旅游业的发展起着积极的推动作用。

二、中国旅游公共关系的必然发展

西方历史最长、最为完善和成熟的公共关系是工业企业公共关系和商业企业公共关系。第二次世界大战以后,第三产业开始独领风骚、突飞猛进,作为一种职业、一种行业的现代旅游业也随之崛起,酒店、旅游、服务行业的公共关系实务发展极快,旅游理论以及旅游相关理论也发展很快,这其中也包含着旅游公共关系理论。

中国内地的公共关系从实务到理论,发展得最早、最快的,是包括旅游业在内的第三产业的公共关系。如前所述,开创我国公共关系事业的先头兵,是沿海地区一些具有较高管理水平和经营水平的宾馆和饭店。1981年,广州白天鹅宾馆在中国大陆最先设立公共关系实务部门。继而由南到北,由东到西,公共关系就像一股热风,热遍中国,并从旅游行业迅速推广到各行各业。中国大陆公共关系发展最快的部门之所以是第三产业而不像当年美国是工业企业,这是因为:一是当年美国最发达的是工业企业,而20世纪80年代初中国沿海特区最发达的却是第三产业;二是公共关系对于不同性质的组织有着不同的意义,事实上,对于与公众关系密切、讲究"顾客至上"的旅游行业等第三产业的发展来说,公共关系的作用尤为突出。

旅游公共关系与政府公共关系、媒介公共关系、企业公共关系一样,是公共关系学的一个分支,是将公共关系理论和技巧运用到旅游行业,从而进一步为旅游事业的发展而服务的。所以,公共关系在旅游业的渗透,是学科特性和产业发展有效结合的历史必然。开放后的中国旅游业迅速振兴,经过入境游、出境游、国内游三个阶段的发展,形成了目前三驾马车齐奔(入境游、出境游、国内游)的强劲发展势头。中国旅游业经过20多年的飞跃发展,走上了健康稳定的发展道路。而旅游业的发展中所出现的许多问题,必然需要公共关系学提供全方位的指导服务。

(一)旅游业的目的使然

旅游业是为旅游者提供必要服务的行业,使旅游者满意是旅游业的目的。旅游公众是旅游部门的服务对象,主要是指游客。游客无疑是旅游部门的"上帝",没有游客的光临,一切旅游都无从谈起。怎么面对上帝?如何才能使旅游者满意?研究、分析、了解、协调目标公众,是搞好旅游服务的前提。

现代旅游已步入大众旅游的时代,旅游者是具有独特兴趣、爱好、性格、品位的个人的组合,已成为一个包容量很大的复杂群体。因此,使他们满意这一说法一旦落实在具体行为上,就会变得很难操作。从旅游景点的特性定位到对这种特性的修饰,从旅游饭店的选样到旅游交通的择取,从旅游商品的形式到旅游宣传的方式,从旅游服务的设置到导游工作的风格,方方面面,林林总总,都要使旅游者满意。这不是轻而易举的事,因为每一位旅游者都会有特殊的爱好和独特的要求,有的喜欢纯自然的、不加修饰的,而有的则喜欢精心雕琢的、独具匠心的;有的爱好宁静、闲适、超然尘世,而有的喜欢繁华、刺激、点到为止式的快节奏;有的喜欢丰富的旅游商品,认为这倍添游兴,有的认为这使游者又置身于商务之间,冲淡游趣;有的认为旅游服务要到家,导游应当无微不至,有的则认为多给旅游者一些自由支配时间,别说个没完、跟得太紧。真可谓众口难调。公共关系学的公众理论和沟通艺术,对此恰有直接的指导作用。公共关系就是公众关系,公共关系的公众理论(后面有专门章节详细讨论)认为,公众具有同质性、群体性、可变性等特点,应当努力分析公众,从而满足不同公众的愿望;应当努力争取公众,从而使潜在公众、未来公众成为现实公众;应当努力尊重公众,从而变逆意公众为顺意公众。将这些理论运用于旅游业,就应当首先细分旅游公众,比如,按照旅游动机(观光、度假、会议、体育、探险等),旅游者的年龄(老、中、青等),旅游者的文化层次、职业层次、兴趣特点等进行划分,继而对旅游者做深入细致的研究,尽量满足旅游者的多样需求。同时,努力争取想来旅游又有诸多顾虑的人实现旅游,使对旅游和旅游服务心存敌意、不满的人消除敌意,成为旅游的推广者和宣传者。旅游公共关系的理念就是强调要尊重旅游公众、了解旅游公众、协调旅游公众,应当花时间和精力开展与旅游公众的沟通以及对旅游公众的调查工作,通过各种游客喜欢的传播方式,建立各种方便的信息沟通渠道,了解旅游者的种种意愿和需求,协调各种不同的需要之间的矛盾,努力做到让各类游客满意。这是旅游服务和旅游公共关系共同追求的境界。

(二) 旅游业的特性使然

旅游业的特性不仅表现在与游客公众的沟通和协调,还表现在很强的综合性。旅游者出门在外,各方面的需求均需旅游部门为之提供。因此,交通、酒店、景点接待、导游服务、旅游购物等直接与游客接触的部门之间,以及景区规划、建筑、绿化、园林、文物、宗教、环保、能源供给、旅游地居民态度等涉及游客感知和利益的其他各部门之间都需要通力合作与协调。从公共关系的角度,这些部门都是旅游公共关系的工作对象。这些部门之间既像内部关系,因为它们利益与共,但又像外部关系,因为它们独立核算,常涉及利益的分割问题。这些关系的协调最终影响到旅游目的地的整体形象,而且也是我国旅游发展过程中深层次的、有难度的理论和实践问题,急待在"大旅游、大产业、大市场"观念的统一认识下对旅游体制进行深化改革、对旅游机制进行调整,这是影响旅游产业协调发展的根本问题。可以说旅游营销首先有个观念营销、体制营销的问题,而观念和体制的变革急待政府主导力度的加大,同时有针对性地加强与方方面面的公关沟通与协调也是不可或缺的手段——观念的转变、认识的统一、步调的一致、合力的形成、利益的共享,哪一个环节也离不开沟通、协调,再沟通、再协调。因此,在处理错综复杂的旅游关系上,公共关系是大有可为的。

(三) 旅游业的发展使然

随着旅游成为人们生活不可缺少的组成部分,旅游业发展迅猛,大旅游、大产业、大市场的格局势在必行。这无疑是件大好事,它能促进经济的发展、文化的交流、科技的进步和信息的流通,但是随之也会带来许多令人反思的副作用,如忽视环境效益和社会效益的功利主义思想已使众多旅游资源被人为破坏,许多动物和植物难以保护,交通拥挤,物价飞涨以及旅游文化中有悖于现代文明和道德的畸形娱乐活动泛滥,等等。因此,旅游业的可持续发展问题、旅游产业的价值取向问题,均需要我们从公共关系的思维方式中去探询答案。一方面,旅游需求与旅游供给要相互促进、互为条件、共同发展,并在加速度的发展动态中不断提高发展质量,这就必须在大旅游的发展格局下全面、辩证地处理、协调好旅游组织与公众间的关系,争取交通运输业、能源部门、酒店宾馆业、生态及文物保护等部门以及广大民众的大力支持,让社会各界和民众了解旅游业的意义,从心理上接纳、欢迎游客的光临,这是旅游业最为宏观的社会基础。另一方面,旅游之所以成为当今发展速度最快的产业,就在于其经济文化的双重产业特性,它能同时满足人们物质和精神的双重需要,能同时提升社会物质文明和精神文明,特别是弘扬和传承人文精神,旅游活动不仅是最适宜的载体,也肩负着必然的使命。但旅游业在实际发展中对其文化功能的淡化,必带来产业人文精神的缺失,使产业步入唯经济论的僵局。因此,旅游产业的发展不能仅强调其经济功能,而且随着旅游业发展重心的逐步转化,其社会功能、环境功能、文化功能及教育功能将得到更充分的体现,这就要从公共关系的角度,有效协调旅游经济效益与环境效益之间的矛盾、近期利益与长远利益之间的矛盾、局部利益与社会利益之间的矛盾,促使旅游业以一种志存高远的精神,站在整个产业和整个人类社会发展的高度来审视自身的价值取向,超脱单纯、狭隘的经济需求,履行传承优秀文化、弘扬人文精神、促进精神文明建设的职责,追求旅游与社会、环境的和谐互动,跳出产业发展的种种误区,推进旅游产业的可持续发展。

综上所述,无论从旅游业的目的、性质还是进一步发展的需要来看,公共关系都是不可或缺的。公共关系在中国旅游业的兴起势在必行,并正日益显现出对旅游产业发展不可替代的促进作用。

【小结】

公共关系活动和人类其他社会活动一样,都有一个从自发到自觉、从技巧到规律的历史发展过程。培根说过,历史使人聪明。马克思也说,不了解哲学史而谈论哲学,本身是不可思议的事情。公共关系学是当代管理学科领域最活跃的一门实践性学科,旅游业是现代产业领域中增长速度最快的行业。随着旅游业成为世界第一大产业,其竞争也日益激烈。旅游业发展中出现的许多问题,急待公共关系的引入。无论形象设计与定位、内外沟通与协调、还是系统管理与开发等,公共关系都可以全方位地为旅游业的进一步发展提供指导服务。因此,旅游公共关系的兴起是学科特性和产业发展有效结合的历史必然。我们需要追溯公共关系的源流,探寻其发生与发展的历史过程,掌握国内外公共关系现状,分析旅游公共关系产生的社会历史条件,探究旅游公共关系兴起的必然性,从而在科学和理性的角度系统认识现代意义的公共关系思想和公共关系活动,把握其规律,强化对旅游公共关系的现实意义和作用的充分认识,推动旅游事业的全面发展。

【关键术语】

准公共关系、现代公共关系、公共关系的职业化、公共关系的学科化、中国公共关系进程、公共关系产生的社会条件、旅游公共关系的兴起与发展。

【习题】

一、名词解释

报刊宣传运动、揭丑运动、菲尔斯·巴纳姆、新闻代理活动、艾维·李、爱德华·伯内斯、双向对称公关模式。

二、填空题

1. (　　)是现代公共关系的发祥地。
2. 早期的报刊宣传运动奉行(　　)的信条,(　　)是其中典型的代表。
3. (　　)是现代公共关系职业的创始人,被人誉为(　　)。
4. 现代公共关系职业发端于(　　)年。
5. (　　)年,美国《芝加哥论坛报》发表社论,强调公共关系已成为一种职业、一门学科和一种管理艺术。
6. (　　)的公共关系模式,成为现代公共关系科学化的重要标志。
7. 公共关系在旅游业的渗透,是学科特性和产业发展(　　)的历史必然。
8. (　　)和(　　)是公共关系现代发展时期的两个显著特点。

三、判断题

1. 艾维·李的公共关系信条是"投公众所好"。（　　）
2. 爱德华·伯内斯的公共关系信条是"公众必须被告知"。（　　）
3. 有人评价艾维·李的公共关系是只有科学而没有艺术。（　　）
4. 1955年，国际公共关系协会在英国伦敦正式成立，这标志着公共关系已经作为一门世界性的行业而独立存在。（　　）
5. 1987年6月22日，中国公共关系协会在北京成立。（　　）
6. 1991年4月26日，中国国际公共关系协会在北京成立。（　　）
7. 2000年12月3日，在全国范围内举行第一次公关员职业资格上岗全国统一考试，这标志着国家已正式承认公共关系这一职业。（　　）

四、思考题

1. 古代人类早期准公共关系的基本特点是什么？
2. 揭丑运动的历史意义和现实启示是什么？
3. 艾维·李对公共关系的历史贡献是什么？
4. 爱德华·伯内斯对公共关系的历史贡献是什么？
5. 阐述现代公共关系发展的基本趋势。
6. 阐释公共关系在旅游业兴起的必然性。
7. 阐释旅游公共关系产生发展的历史条件。

【案例分析】

"大苹果"——耀眼的纽约旅游形象

纽约以其特有的魅力，每年吸引1700多万游客前来游览，给美国带来超过24亿美元的收入。有近40万人在为纽约旅游业的发展工作着。

如今的纽约市是个游客趋之若鹜的旅游胜地，但谁能相信它曾经声名狼藉呢？在20世纪70年代初，几乎所有的人都相信，一切能干出来的坏事都会在纽约发生，纽约是地球上最肮脏、最粗暴、最拥挤的城市。报纸每天无休止地揭露着纽约的各个角落的丑闻，各种各样的讽刺、挖苦的话语铺天盖地，连没有到过纽约的人也告诫自己说："千万不能到那个鬼地方去。"屋漏偏遇连阴雨，严重的经济危机也在同时困扰着纽约。这时的纽约名声坏到极点，就连美国政府都不同情它的窘境，不愿伸出援助之手。

纽约形象恶劣的原因在于无孔不入的新闻界连篇累牍的破坏性报道，有些甚至夸大其辞，搞得沸沸扬扬，使人以为许多在任何地方都会存在的问题成了纽约的专利。但事实上，纽约并非如此。联邦调查局和其他独立机构的调查结果都表明，纽约从未在犯罪率上排行第一，相反，在1972年的一项调查中，纽约还被评为全美13个主要城市中最安全的一个。

纽约的问题很复杂，解决起来颇为困难，但纽约人终于找到了解决的办法。他们首先设法取得了政府的理解和支持，使经济危机得以缓解；接下来他们要做的也是更重要的，就是改变纽约的形象。

解决问题的第一步:要想找回人们对纽约的信心,让所有潜在的朋友和顾客相信纽约,就要先从 800 万纽约人做起。要完成这样一项艰巨的改造工作,没有纽约民众的支持和信任,成功就无从谈起。当时的纽约人对他们的城市的多种讽刺和控告已经习以为常,无动于衷。纽约会议观光局的领导者经过大量调研认识到,这座城市的积极方面一直被人忽视:纽约拥有世界著名的博物馆百余座,世界一流的最活跃的百老汇剧院 40 座,各式风味餐馆 25000 余家,饭店 100 多家,客房 10 万多套,商店数以千计。自由女神像、世界贸易中心、帝国大厦、洛克菲勒中心、联合国大厦等只是数不胜数的观光景点中的一小部分。尽管强调优势并不意味着把缺点和问题掩盖起来,但让 800 万纽约人充分认识到自己城市的优势是找回信心的前提,也只有告诉那些未来的旅游者和与会者,纽约是旅游和举办会议的理想地点,才能重现这个城市的辉煌形象。

纽约人非常明白,旅游业是个巨大的买方市场,众多的城市在与纽约竞争,取得成功并非易事。但任何城市或地区要想成功,首先要制定一个长远的计划,树立一种成功的概念,作为一切营销活动和开拓市场的基础。换句话说,产品必须有其形象,而且,毋庸置疑,应是个具有吸引力的形象。

对于纽约来说,这个成功的观念,或是耀眼的形象,被附在一个具有"魔力"的词上——"大苹果"。

作为这一整体公关营销计划的主题——"大苹果",纽约会议观光局选择的是一个可爱、积极的形象。对于生在美国、长在美国,以及所有熟悉美国文化的人来说,"大苹果"代表着成就、活力、异彩纷呈、激动人心的极致境界。早在 20 世纪二三十年代,"大苹果"只是"大时代"的代名词,常被爵士乐手、体育明星和娱乐圈内人士使用;还可以理解为:树上有许许多多的苹果,而当你选择了纽约,就意味着你把最大的一个摘到了手,你已身在这个雄伟的大都市——纽约。"大苹果"并不是什么新名词,关键在于纽约会议观光局在公关营销战略的运用中,赋予了它新的涵义。

于是,著名的纽约"大苹果"运动诞生了。

这一活动开展之后,纽约的旅游业开始稳步前进。尽管受到全球性因素,包括经济衰退、通货膨胀以及能源危机的严重影响,纽约的旅游业一直兴旺不衰。

如今,这个"大苹果"已举世闻名了。它常常出现在文艺作品、信笺、会议材料等官方的宣传工具上。纽约会议观光局为了鼓励它被广泛使用,还把它印在 T 恤衫、领带、珠宝首饰、围巾、眼镜、明信片、餐具等日常物品上。后来,甚至电台、电视台的播音员提到"大苹果"时,人们也知道这是指纽约。

由于这个公关营销计划的巨大成功,1983 年,纽约市荣获了美国旅游协会颁发的"全国旅游营销大奖","大苹果"也被广泛推崇为城市市场营销的典范。美国旅游协会颁发的奖状中指出:"它在改善产品形象方面取得了巨大成功,变衰败为兴旺,使一个城市再度获得了生命力。"

资料来源:《中国旅游报》,1996 年 4 月 27 日

案例思考:

1. 纽约 20 世纪 70 年代初曾经声名狼藉,被认为"一切能干出的坏事都会在纽约发

生",形成这种恶劣形象的原因在于"无孔不入的新闻界连篇累牍的破坏性报道",对此你有何感想?

2. 纽约问题很复杂,重要的是改变纽约的形象。而找回人们对纽约的信心,就要"先从800万纽约人做起",为什么?

3. 让800万纽约人充分认识自己城市的优点,告诉那些未来的旅游者和与会者,纽约是旅游和举办会议的理想地点,有何公关意义?

4. 旅游业是个巨大的买方市场,众多的旅游城市在与纽约竞争,取得成功的关键应是具有吸引力的形象,而这被纽约会议观光局附在一个具有"魔力"的词上——"大苹果",并最终使这一可爱、积极的"大苹果"形象举世闻名。结合后几章的学习,分析这一公关营销策划和实施运作对我国旅游业发展有何教益?

案例解析:

"大苹果"可以说是我们收集到的最佳旅游公关案例之一。在纽约市的发展历程中,这是可圈可点的公关营销力作。当20世纪70年代纽约市面临严重的形象压力和旅游业发展困境时,"大苹果"这一旅游形象的提出,迅速改变了纽约市在旅游者(包括潜在旅游者)心目中的形象。这一形象与许多美国人崇尚的积极的生活态度完全一致,它不仅使纽约市的形象焕然一新,而且使纽约旅游业变衰败为兴旺,让整个城市都重获新生。此案例生动地表明:无论一个国家、一个地区、一个组织还是具体到某一产品服务,形象的优劣是其成败的关键,而强烈的公关形象意识和卓越的公关形象运作,则能变衰败为兴旺,化腐朽为新生。因而,公共关系是现代旅游业发展必不可少的力柄。

第三章　旅游公共关系的主体

【教学要点】

知识要点	掌握程度	相关知识
旅游公共关系主体	熟悉	公共关系主体的构成
	了解	个人、社会组织、政府公关
旅游公共关系机构	熟悉	公共关系人员日常工作、基本素质
	了解	公共关系人员的基本能力

【导入案例】

一场奇特的舞会

一连数天,长春天气异常,阴雨连绵。由广州至长春的两架班机迫降在沈阳,另外两架至长春、延吉的班机也延误了。总共498位中外旅客同时滞留在沈阳航空港,有关方面猝不及防,旅客们吃住都遇到了极大的困难。一时间乘客满腹牢骚,怨声载道。沈阳机场客运公司的领导带领20多位服务员立即动脑筋,想办法,开展了一场特殊情况下的服务活动。她们到旅客餐厅和沈阳凤凰饭店、华厦饭店、沈海大旅社等处联系住宿,千方百计给旅客安排好日常生活。为了给顾客解除心头的懊恼和闷闷,她们还专门安排了录像节目,开放游艺室,为旅客提供乒乓球、桥牌以及各种棋类和其他游戏活动。为了解决少数旅客的困难,她们还提供婴儿车、婴儿床、奶瓶、三轮车、手摇车、担架等。尽管如此,旅客们的怨气也一时难以消除。有的说要赶到长春参加投标,误了大事怎么办?有的说要赶到长春开会,还有的说要赶回结婚……竟有不少旅客不相信长春天气骤然变化。沈阳机场的服务员们一边耐心地解释,一边热情地为旅客服务,问寒问暖。她们冒着寒风细雨,骑着自行车去邮局为旅客们拍电报、挂长途电话。

热情的服务使旅客们的怨气逐渐平息,但北方秋天的寒气却无法抵御。从广州来的250位中外旅客,衣着很单薄,有的还穿着夏天的裙子,秋风吹来,旅客们一个个冻得直打哆嗦。服务人员借来了毛毯、棉衣、羊毛衫、热水袋等物品,生活服务公司以及旅客小卖部的棉毛制品被旅客们争购一空,但还是解决不了这么多旅客的御寒问题。怎么办呢?"跳舞!"一位服务员灵机一动,提出了这一建议。对呀,一活动就发热,而且还会使低落的情绪活跃起来。这个建议立即得到了大家的一致赞同。霎时间,服务员们又紧张地忙碌起来。没有舞厅,就把候机厅里的沙发搬开,以候机厅为舞厅;没有乐队,就放乐曲伴奏;舞伴不够,服务员们亲自上场。一场特别的舞会就会这样开始了。舞场上,有人穿着风衣,有人披着棉袄,有人夹着热水袋,还有人披着一条毛毯……他们兴趣盎然,男男女女伴着乐曲翩翩起舞。

可是,旅客们怎能知道,为了使这场舞会能给旅客们带来温暖和快乐,服务员们有的放弃了轮休日,有的放弃了和恋人的约会,有的一连两天顾不得回家看一眼家中吃奶的孩子。他们眼睛熬红了,嗓子喊哑了,双腿跑肿了,但心中只有这样一个念头:自己怎么苦都成,一定要让误机的旅客满意。

一部分旅客改坐火车,服务员就一次次钻进飞机货舱里去为旅客找行李,一次次去火车站为旅客购车票。一位外国旅客的心脏病复发了,服务员及时找到了大夫给他医治,并送来了美味的病号饭。

一位80多岁的老人行动不便,服务员把他安排在贵宾室里,送来毛毯,打来饭菜,还时常端茶送水,一天跑来问候十几次。

"秋风阵阵凉,树叶渐渐黄,人心格外热,友谊传四方",当舞会进入高潮时,一位回国观光的华侨,用浓重的闽南口音唱出这四句发自内心的赞叹。更多的人卷入了跳舞的狂潮,一位美国旅客连声高喊"OK!OK!"

天气放晴了,几百位中外旅客笑容满面地登上飞机。临别时,他们与服务员一一握手告别,有的流下了泪水,有的留下了热情洋溢的感谢信。

资料来源:豆丁网http://www.docin.com/p-315309665.html

【思考】旅游企业面临突发公共关系事件时,如何围绕公共关系三要素开展有效的公共关系工作?

公共关系由公共关系主体、客体、媒介三个要素构成。公共关系的主体是主动开展公共关系活动的对象,客体是社会公众,连接主体与客体的媒介是信息的传播沟通。

第一节 旅游公共关系的主体

旅游公共关系活动的基本目的是使旅游公共关系活动的主体与公众相互了解和理解,使主体获得公众的信任、合作与支持,使旅游产业得以在良好的社会环境中生存和发展。从传播学的角度来分析,旅游公共关系的主体包括一切开展传播活动的对象,他们运用公共关系手段赢得公众,为旅游活动创造良好的生存和发展空间。因此,旅游公共关系的主体可以是个人、社会组织、政府,也可以是国家,而这些主体中最为大家熟知的是旅游社会组织。

一、个人

旅游公共关系主体中所指的个人主要是指组织的代言人。组织的代言人是指组织选择一些气质、形象与组织文化较吻合的人物,通过有计划的传播活动,提升组织的公共关系形象。组织代言人可以是真实的个人,也可以是虚拟的人物。

(一) 真实个人

日本的学者称个人公共关系为"人际资产学",它是个人获得社会认可,取得事业成功的重要基础和本钱。这些个人运用公关手段,彰显自己出类拔萃的、与众不同的特质,为自己谋求更广阔的发展空间。在真实的个人充当组织代言人的实践中,组织会选择一些气质和个人形象与组织形象相符的名人,经过沟通和适度的包装,使其成为组织的代言人。很多旅游组织愿意和名人联姻,利用名人的知名度和影响力,对组织起到宣传推广和形象提升的作用。比较常见的情况是直接聘请明星做组织的代言人。周星驰、女子十二乐坊就分别被宁波、杭州相中,成为它们的旅游形象代言人。阿杜、孙悦分别担任过新加坡、韩国的旅游形象大使。英国首相布莱尔、美国总统布什、韩国总统金大中、日本首相小泉纯一郎为宣传本国旅游资源也曾参与广告。

除此之外,还有一种真实的个人,他们的形象和组织的关系更为密切,他们的个性和传奇经历给组织带来了丰富的无形资产,是组织理所当然的代言人。例如,河南省开封市AAAA级景区翰园碑林的创始人李公涛先生,李先生对书法碑刻艺术的执著和不计个人得失的艰苦付出,最终促成了翰园碑林的诞生,翰园的成长与李公涛精神是分不开的。

好的个人形象可以为自己建立社会的广泛认同,对组织而言,则可以形成组织的形象资产,继而提升社会对组织的认同和信赖。但是真实的个人作为组织代言人也存在一些弊端,如代言人薪酬过高,或者名人也会过时,甚至会犯了错误或出现了不良事件而影响到组织的形象。

(二) 虚拟人物

虚拟人物也是旅游组织在代言人选择中较为青睐的对象,在旅游组织和大型旅游活动中担任重要角色。虚拟人物是旅游组织根据自身旅游资源文化和定位,按照其战略目标量身定做出来的,它具备组织所需要的最佳年龄、性格、职业等特征,力求达到旅游组织和旅游者的高契合度。例如,迪斯尼乐园就是启用了自己创造的虚拟人物——米老鼠和唐老鸭作为代言人来传达组织的形象和个性特征,使得组织由此得到了巨大的成功。

虚拟的人物对组织而言具有不可替代的优势:

(1) 不须支付任何报酬,还可以成为组织的无形资产,带来丰厚的利润。
(2) 虚拟人物所表现的组织形象更为丰富和完美。
(3) 虚拟人物是专属于组织的,具有独一性和排他性。
(4) 不受时空的限制。

二、旅游社会组织

旅游社会组织是指为满足旅游者的各种需求而提供有形或无形产品和服务的组织,如旅行社、饭店、旅游交通企业、景区景点、旅游商店等。众所周知,旅游是一种较为复杂的活动,参与的组织众多,有些是只针对旅游者提供旅游服务的专业旅游组织,有些是面向更为广泛的对象的一般组织。在这里,我们重点讨论专业的旅游组织。

从盈利的角度,旅游组织可以分为营利性和非营利性两类。营利性旅游组织主要有旅行社、盈利性景区、旅游饭店等;非营利性旅游组织有公益性景区、公益性博物馆、旅游行业协会等。

作为旅游公共关系主体的各类营利性旅游组织需要积极开展公关活动,以使旅游组织与旅游者之间相互沟通协调,同时与社会其他行业和部门广泛联系,树立良好的整体形象,加深公众对旅游组织的全面了解和理解,从而为实现旅游组织及旅游公众的共同利益,创造一种最佳的环境。在这一点上,非营利性的旅游组织公关活动的开展与营利性组织有所不同。因为非营利的旅游组织的性质使它没有资金进行频繁的公关活动,但是也正因为它是以服务社会为目的的,可以获得大众传媒的义务宣传,获得社会公众的普遍认同和支持。

案例 3—1

山东大厦的经营之道

于 2002 年正式营业的山东大厦是一家五星级酒店,是山东省委、省政府的接待中心,同时也是一座集客房、餐饮、娱乐、会议、接待、展览于一体的综合性多功能建筑群。十年来,酒店围绕品牌战略,将公共关系理论导入到企业的经营管理中,全方位、多角度开展公关活动。

1. 注重形象塑造,增强酒店的品牌竞争力

作为"好客山东"的优秀实践者,山东大厦是山东酒店业的一面旗帜。大厦非常注重在硬件改造上的突破,做到要么第一,要么唯一。2008 年,山东大厦先后对大堂、会议中心等区域进行升级,新建了可容纳 1300 人同时就餐的"金色大厅"。同时,着手修建独特的花园景观,让每个房间均成为观景房。2009 年,山东大厦为迎接第十一届全国运动会,又对客房进行了改造装修,改造后的客房集环保、生态、数字化为一身,舒适温馨,绿色环保,具有时代气息,被宾客誉为"21 世纪客房"。客房的品质不仅体现在客房本身,还体现在客房周围的环境和外面的景观,修建了"雀鸣苑"等 3 个水榭景观,培植了银杏、国槐等名贵树木 50 余种、3 万余株,使山东大厦内外焕然一新,成为生态园林。

在达到硬标准的同时,酒店更加注重软实力的建设。酒店将员工的个人素质、文化水平、价值观、人生观、服务意识、员工职业生涯规划等纳入到企业软实力建设中。公关部门还创办了属于自己的杂志——《山东大厦》,记录大厦的每件大事,也记录工作中的点滴。员工在杂志上交换工作经验、分享工作乐趣的同时,自觉树立起"大厦形象从服务做起"的公关风气,提高了服务质量,增强了酒店的竞争力。

2. 确立文化战略,打造酒店文化氛围

每一位客人在山东大厦都可以处处感受到齐鲁文化和山东大厦独特的服务文化。"让大厦处处显文化,时时见文化"是公关部提出的口号。走进宴会厅,服务人员身着传承了数千年历史的汉族特色服装——汉服,为宾客热情服务,宾客在享受美味佳肴的同时,

仿佛回到了古代大宴宾客的宏大场面,这是齐鲁文化和华夏文化的历史再现,是一种非同寻常的文化体验。大厦会议中心东西长廊两侧有一个齐鲁文化长廊。文化长廊由太公封齐、伯禽治鲁、孙子兵法、墨子破云梯、羲之求鹅、孔子讲学、孟子游说、清照词意、趵突胜景、南风神韵等十幅代表山东人物和风光的大型壁画组成,分别采用沥粉、景泰蓝、釉料彩绘等工艺绘制,制作精美,工艺精良。

此外,山东大厦还建立了介绍酒店成绩、管理特色、员工表现、名言警句的企业文化墙,而且各部门都建立了二级文化墙和班组的三级文化墙。文化墙不仅是员工了解酒店整体情况的窗口,还有利于员工自我反思、自我激励,为大厦营造了一个良好的企业文化氛围。

3. 推广"love 式服务",完善酒店管理体制

"love 式服务"是一种个性化、亲情化的体验式服务,它倡导每个公关人员都要视客人如亲人,视客人如爱人,努力在每一次服务中都给客人带来惊喜和感动。比如,时常把客人放在心上、记住客人的生日、了解客人喜欢和讨厌的事情等。这些比追求女孩子还要细腻用心的做法,长期以来,经过公关部门的精心策划后,已经成为山东大厦的一道留客招牌。

酒店公关部门还根据日本很多企业采用的"五常管理法",创新引入了包括常分类、常整理、常清洁、常维护、常规范、常检查、常自律在内的"七常法",形成山东大厦特有的一套管理体系。"七常法"21个字,包含了酒店日常管理的所有内容。简单几个字的改变,使管理内涵延伸到员工本身,领导告诉员工如何去做,员工自己也掌握了做事的方法,即员工自身也成了管理者,而他们要做的就是管好自己。员工从小事做起,通过上级检查,形成习惯,之后自觉执行规范,形成一种自律氛围。"七常法"吸引了许多酒店同行和教育部门前来"取经",目前,大厦已经成为"全国星级酒店首家'七常法'样板单位"。

4. 围绕各种活动,提高酒店员工素质

公关部门通过多方努力,组建了自己的足球队和篮球队,经常和同行酒店的球队组织体育比赛,加强了员工的身体素质,也增强了员工的情感交流。组织员工定期举行各种活动,如技能比武大赛、野外拓展训练、主持人选拔大赛、演讲比赛、《员工手册》知识竞赛等,很好地活跃了员工的业余文化生活。

公关部门充分认识到,提高员工文化素质和综合素质最有效的途径是员工培训。针对员工中年轻人比较多的特点,酒店不断进行跟踪培训,缺什么就补什么,使员工不断学习知识和技能,满足了青年员工对知识的渴求。山东大厦还成立了职工学校,创立了面对全体员工的整建制培训制度。2008年,山东大厦聘请山东旅游职业学院的教授进行了为期一周的培训,收到了很好的效果;之后,大厦又聘请南京旅游职业学院的专家团为员工授课。另外,山东大厦还制定了"小教员培训制度",由一线部门业务突出、工作技能娴熟、富有实践经验的佼佼者对员工进行培训。培训机制的建立,使员工不断地丰富自己,提高自己,可以安心在酒店工作。

资料来源:《中国旅游报》,2011年11月23日

三、政府

旅游业是我国政府重点发展的朝阳产业。在我国旅游业的发展过程中,政府一直是不可或缺的主体之一。这里所说的政府包括国家、省、市、区行政机关和国家、省、市各级旅游局,以及其他同旅游业相关的政府部门。这些政府机构对旅游活动中的各方面事务进行指导、管理、协调、监督、保卫、服务,例如旅游行业相关法规的制定与实施,国家旅游业的发展规划等。

在现代旅游业区域化竞争中,政府经常以旅游主体形象出现在旅游活动中。我们大家熟知的旅游城市的宣传和评比中,政府就是以一个整体形象出现在公众面前。"好客山东"这个响亮口号下突显的既不是曲阜孔庙,也不是东岳泰山,而是整个山东省,这就是典型的以政府为主体的行为。还有各地如火如荼的会展活动,哪一个不是政府在唱主角。四川省作为旅游大省,在2008年汶川大地震后,经历了一年的灾后重建,政府开始关注旅游业的复苏,各个部门通力合作,挖空心思,通过多种渠道,开展形式多样的宣传活动,力图在最短时间内让四川的旅游业重新焕发生机。

我们还可以从国家的层面上来观察,每一个旅游业发达的国家,在对外宣传上都是不遗余力的。例如,日本2011年地震导致核泄漏事件后,中国赴日游客锐减,日本旅游业受到重创,为此,日本政府迅速反应,短期内三次放宽我国居民赴日旅游的条件,并由政府出面组团来华进行多次旅游推介活动,力图挽救日本旅游业。

案例3—2

四川灾后旅游恢复打响"空中宣传战"

在枯燥乏味的空中旅途中,听美丽的空姐介绍成都几千年前的金沙文化,参加问答活动,还可以获得精美的礼品,这个名为"梦回金沙之旅"的文化宣传活动,由四川航空与成都金沙遗址博物馆联合举办,从2009年4月起在北京、上海至成都的航线上推出。

空姐会在航班上通过图片,向旅客介绍金沙遗址中出土的"太阳神鸟""金人面相""玉四节短琮""石跪人像"等文物,开展知识问答,向旅客赠送由金沙遗址博物馆送出的金人面相、太阳神鸟漆器等精美金沙文化纪念品。

据了解,灾后重建是今年全国各界关注的焦点,四川各部门和景区在对游客推出各种旅游"感恩优惠"的同时,也在想方设法宣传四川旅游,发展四川经济。

比如,九寨沟、峨眉山等四川数百个景区在5月12日免费开放;为感恩社会、促进旅游业恢复,成都市从24日开始发放2000万张旅游"熊猫卡",持卡人可在年内免费或半价游览成都11个国有重点景区,此举理论上将减免门票金额120亿元。

资料来源:新华网 http://news.xinhuanet.com/travel/2009—03/27/content_11080345.htm

第二节 旅游公共关系机构

旅游公共关系机构主要指专门从事公共关系工作,开展公共关系活动,帮助主体完成公共关系目标的专业部门或机构。

旅游供求两方面的情况都决定了旅游公共关系的多维性和复杂性。随着旅游业的不断发展,旅游组织所必须处理的各种社会关系日益繁多复杂,旅游公共关系工作亦日益职能化,迫切需要专门的机构和人员来开展专业性的公共关系工作。目前,从整体上看,专门从事旅游公共关系工作的组织机构主要有三类:一类是旅游组织内部设置的公共关系部门,一类是营利性的社会专业性机构——公共关系公司,第三类是非营利性的社会专业性机构——社团组织。

一、公关部

旅游组织公共关系部门(简称"公关部")是指在旅游组织内部负责本组织公关工作、由专职人员组成的专业职能机构,是为保证组织公关工作的科学化、职能化、经常化而设置的专门的公共关系机构。公关部对内代表决策层处理员工、部门之间的关系,对外代表组织协调与社会方方面面的关系,是组织运行的润滑剂。

就一个组织内部而言,由于各部门所处的地位不同,观察和分析问题的角度不同,有时会从各自的利益和立场出发处理问题,这会导致个体部分效能的相互抵消,从而影响组织的整体效能。所以设置公关部,让它从全局考虑,协调各部门的关系以及组织的对外关系,提高组织的整体效能。

而从公关工作本身的性质而言,它也是一些专业性很强的工作,客观上要求有与之相适应的组织机构来执行。建立组织信誉、树立组织形象、监测环境、采集信息、咨询协商、参与决策等工作必须由专门的公共关系机构来承担。

组建公关部是有效开展旅游公关工作的组织保证。随着旅游公关事业的发展,组织内部公关部的设立越来越受到社会各界的关注和重视。旅游公关工作开展得好的组织,都有一个显著特点,即组织内公共关系机构健全并且很好地发挥了作用。

(一)公关部在旅游组织中的职能地位

旅游组织要想在现代社会中更好地生存和发展,必须处理好组织与方方面面的关系,如与顾客、社区、政府、媒介、竞争对手、供应商、银行等之间的关系。这些大量而繁杂的沟通工作都需要专职的旅游公关部来完成。另外,公关部在提高旅游组织的知名度和美誉度、采集信息、辅助决策等方面都能起到十分重要的作用。公关部与其他职能部门一样,有其自身独特的职能地位。

1. 公关部是旅游组织的信息情报部

旅游组织公关部的首要职能就是采集信息,任何关系到组织生存、发展的信息都是它搜集的对象。公关部利用它与各类公众之间的广泛联系,从各种渠道搜集各种信息,比如搜集与旅游产品开发、设计等技术环节有关的信息,公众对旅游组织形象的种种评价、看法或态度的信息等。此外,还要掌握宏观社会政治、经济、文化、科技等因素的现状及变动,预测未来的发展趋势,帮助旅游组织知己知彼、了解现状、预测趋势、适应变化。

所以,旅游组织公关部要注重建立广泛的社会联系和通畅的信息网络系统,发挥组织耳目的作用。

2. 公关部是旅游组织的决策参谋部

公关部不只是一般的职能部门,它扮演着一种"边缘"和"中介"的角色,在旅游组织中可以说具有"多重中心"的身份。

公关部是"公众联系中心",它承担着旅游组织与各类公众联系、沟通和协调的任务;

公关部是"信息传播中心",它负责旅游组织对外的信息发布和信息反馈;

公关部是"资料存储中心",它负责搜集、分析和整理与旅游组织相关的各种信息;

公关部是"环境监测中心",它负责观察和监测对旅游组织有影响的社会环境的变化;

公关部是"趋势预报中心",它分析、预测与本旅游组织有关的各种发展趋势。

所以,公关部这种"多重中心"的地位,将使它不仅有资格为旅游组织的重大决策提供各种咨询和建议,而且有能力预测组织决策活动可能导致的影响和效能,并提醒和敦促有关部门依据社会价值及时修正可能导致不良社会后果的决策和行为,维持组织与外部环境的信息交换和动态平衡,因此能起到其他职能部门难以起到的决策参谋的作用。

3. 公关部是旅游组织的宣传部、外交部

现代旅游组织非常注重对外宣传,增加组织的透明度,以取得公众了解、信任和支持,这就有必要设立正式的对外发言人。公关部作为旅游组织的对外机构,要发挥组织"喉舌"的作用。公关部担负着向公众宣传、解释组织有关政策和行为、传递组织有关信息的重要职责,以使组织的方针、政策、行为能得到公众的理解和支持。其具体工作有组织各种展览、参观访问、联谊会、信息发布会、记者招待会、经验交流会及各种专题活动,编辑、撰写各种内部刊物、新闻报道、公告栏、年度报告,并制作各种声像节目等。

此外,旅游是一种包括多种需求的综合性活动,旅游活动的完成不仅需要旅游组织的经营管理,而且需要社会其他行业的支持。不同旅游组织既要加强相互之间的沟通与了解,还要与社会其他行业和部门加强联系,通过多方位的公关活动,实现与各方的协调及合作。

而且,任何组织的运作都不可能是一帆风顺的,旅游组织也是如此。旅游组织或因设施设备问题,或因产品项目问题,或因服务质量等问题引起顾客的抱怨和不满,形成危害旅游组织形象的危机事件,公关部应快速出击,采取积极、明智的策略,妥善处理,最大限度地弥补旅游组织在公众心目中的形象损失,并督促旅游组织加强管理,制定危机事件预防、处理的制度,减少损失。

所以,随着旅游组织与外界交往日益密切,需要专人负责对外联络和实际应酬。而当组织与外部发生摩擦和纠纷时,也需要进行协调。这样,公关部又充任了组织的"外交官"的角色。通过公关部的协调和交往活动,可以加强横向联系,减少摩擦,创造有利于组织发展的公众环境。公关部的具体工作还包括处理来信、接待来访、应付各种突发事件,组织各种谈判、洽谈活动以及开展广泛的社交活动等。

二、旅游组织公关部的设置原则

虽然我国公共关系起步于宾馆酒店业，但是在过去的二三十年中，甚至包括现在，我国不少宾馆酒店并没有设置公关部。组织的内外协调、舆论调查、媒介传播等公关活动也一直在实际开展着，但这些公关工作往往是由办公室、销售部（市场开发部）、宣传部等职能部门承担和实施的。随着我国人民生活质量的不断提高，旅游业得到前所未有的蓬勃发展，旅游组织要在激烈的市场竞争中生存和发展，组织形象的竞争作用越来越重要。因此，原来的组织机构设置已经不能适应旅游组织塑造形象的市场需求，过去盲目的、分散的、被动的公关活动必将被有目标、有计划、集中、主动的公关活动所取代，旅游组织公关活动专业化的呼声日益强烈，旅游组织公关部的设置也成为大势所趋。

旅游组织设置公关部应有利于公关职能的发挥，有利于旅游组织公关目标的实现，有利于旅游组织整体目标的实现。要做到这三个"有利于"，旅游组织在设立公关部时应遵循以下原则。

（一）专业性原则

公关部是专门开展公关工作的组织机构，它的任何一项工作都涉及旅游组织的形象和声誉。因此，旅游组织在组织机构上和工作内容上都要保证公关部的正规性。同时，还应有专业化的队伍，即公关部的成员应具有强烈的公关意识，受过一定的专业训练，具有一定的专业水准和能力，具有开拓创新精神。公关部的专业性是保证公关工作效能发挥的前提。

（二）精简的原则

精简的原则就是在机构规模和结构符合旅游组织公关工作实际需要的前提下，将人员减少到最低限度。精简的关键是精，机构精简，不重叠；人员精干，效率高，不人浮于事。精简的主要标志有：所配备的人员与所承担的工作与任务相适应；公关部内部分工适当、职责明确，做到因事设职，因职设人。

（三）协同性原则

公关工作可以说是一种群体工作，旅游组织公关目标的实现要依靠组织各职能部门的协作与配合，公关部主要起沟通、协调、组织的作用。这就需要在设立公关部时，要保证机构具有一定的权威性，具有协调其他职能机构的权力，能协调各方面、多层次错综复杂的关系。对内，能维系各方面关系的平衡，它要有代表最高决策层发布意见、做出决定的资格；对外，起到主动沟通的作用，有代表组织发布信息、处理业务的权力，只有这样才能有效开展公关工作。

（四）自主性原则

旅游组织公关部在整个组织中处于"中介"的地位，要接受组织最高领导层的领导，它无权指挥其他部门，其他部门也无权左右公关部；同时又要和组织各部门保持密切接触，及时搜集各种信息反馈给组织最高决策层，其工作宗旨是站在组织的整体利益和长远发展的角度为各部门服务。因此，旅游组织公关部的设立应坚持相对独立的原则，要保持相对独立的职能地位，在确定的责任范围内，有工作的自主权和灵活性，能自主地开展工作，以应付不断变化的客观环境，及时有效地维护组织各方面的动态平衡。

（五）针对性原则

组建公关部时，没有固定的模式，要根据组织自身的性质和组织面对的不同的公众对象来设置机构，安排人员，只有这样才能使机构富有特色，更加有效和实用。公关部模式和规模的设置一般考虑这几个因素：组织规模的大小，组织最高决策层对公关价值的认定程度，组织对公关工作的需求程度。

三、旅游组织公关部的设置模式

目前，我国旅游组织公关部的种类和设置模式没有一个统一的标准，各旅游组织公关部的设置均根据自身条件而定。

（一）按隶属关系设置——公关部在组织中的地位模式

总经理直属型：即公关部隶属于组织最高领导，直接向总经理负责。总经理直属型是最为理想的公关部设置模式，如图3-1所示。

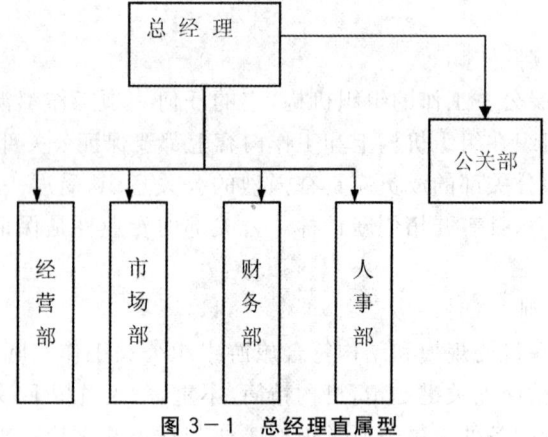

图3-1 总经理直属型

部门并列型：即将公关部与组织其他职能部门平行排列，处于同一层次，如图3-2所示。

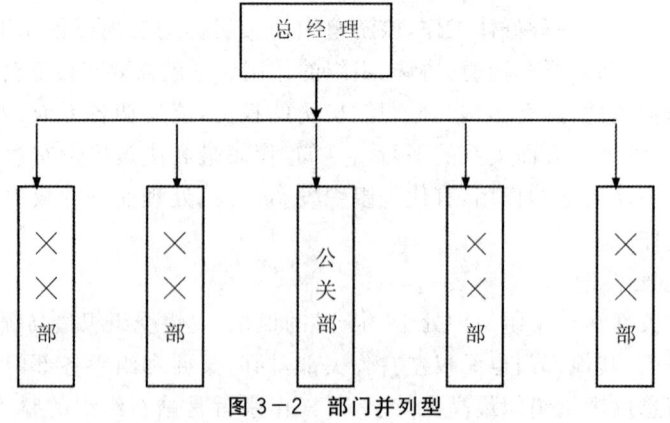

图3-2 部门并列型

部门归属型：即把公关部附属于旅游组织的某一职能部门，一般附属于市场拓展部或市场销售部，如图3-3所示。

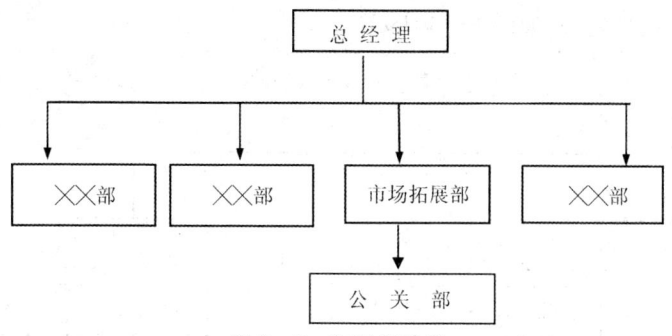

图 3-3 部门归属型

(二)按组成方式设置——公关部自身的结构模式

旅游组织公关部的工作内容可以按照其职能手段、工作对象、工作区域的不同来划分。

按照职能手段来划分,如图 3-4 所示。

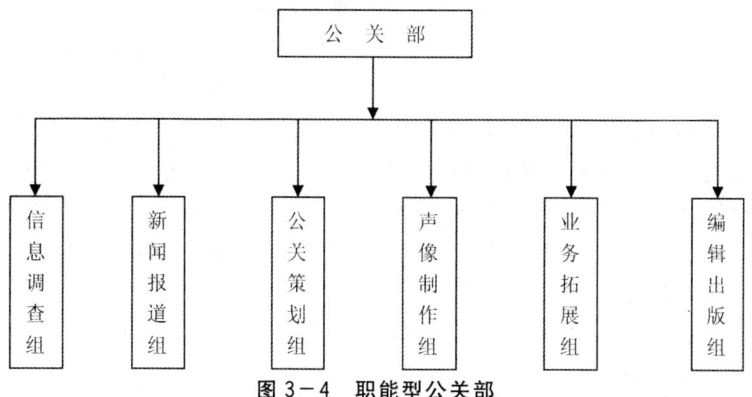

图 3-4 职能型公关部

按照工作对象来划分,如图 3-5 所示。

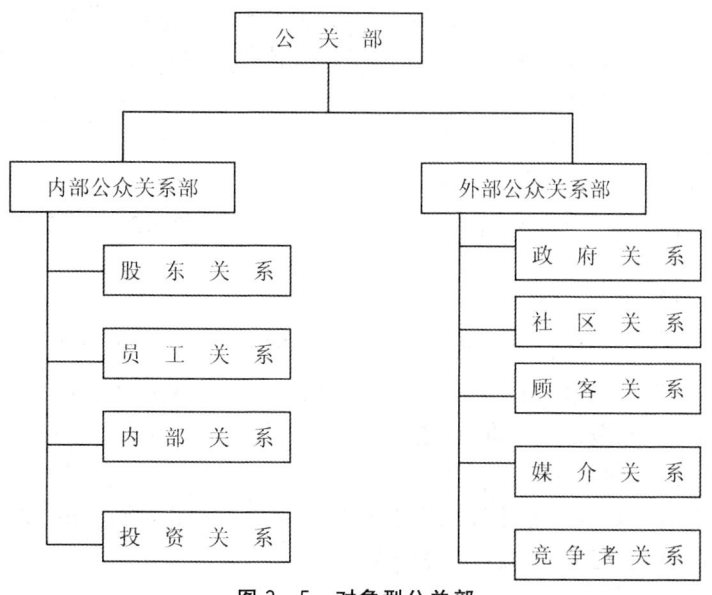

图 3-5 对象型公关部

按照工作区域来划分,如图 3-6 所示。

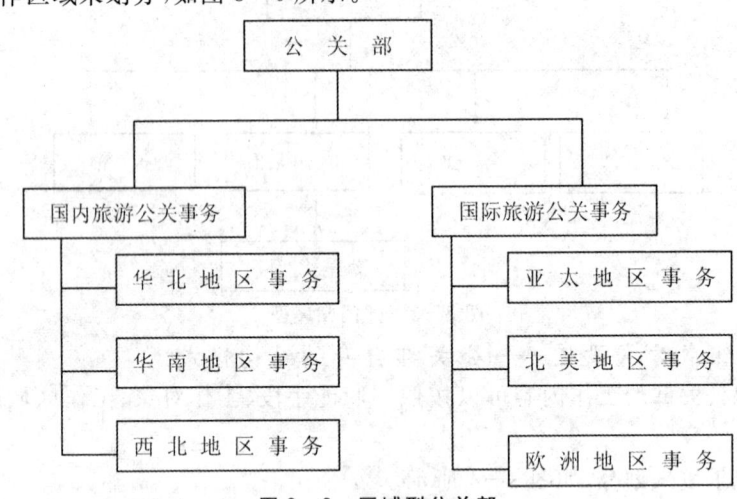

图 3-6　区域型公关部

四、公关公司

现代社会中,旅游组织既有相对的独立性,又与社会方方面面有着千丝万缕的联系。旅游组织的公关工作有时必须借助组织外部专业公关机构的力量才能完成。公关公司是独立于旅游组织之外的公关机构,是公关咨询公司、公关顾问公司、公关事务所等独立核算、自主经营的公关机构的统称,是由专业的公关人员组成的、专门从事公关咨询和公关策划并收取费用的服务性组织机构。

中国国际公共关系协会常务副会长兼秘书长郑砚农在第十八届世界公共关系大会发言中说道:进入 21 世纪以来,中国公关服务产业年增长率超过 35%。2007 年,根据对北京、上海、广州等内地主要城市公关市场的调查结果,公关公司数量超过 3000 家,营业额超过 100 亿人民币。公关公司之间的兼并收购、资产整合、战略合作时有发生,经过近几年的优胜劣汰,中国公关公司整体专业化水平和规范化程度持续提高。

（一）公关公司的特点

1. 能满足不同公众的需要

公关公司提供的业务能满足不同层次、不同类型组织的需要。公关公司无论在人力、手段,还是技术知识和经验方面都占有明显的优势,所以它能胜任公众提出的公关方面的各种要求。

2. 拥有的信息量大,对趋势把握准确

公关公司由于拥有专门从事调查研究的力量以及信息收集和分析专家,因而占有的信息量特别大,一般来说,公关公司就是一个信息库。正是因为公关公司占据了大量的信息,所以它对趋势的判断也比较准确,能够向顾客提供满意的服务。

3. 公关活动专业水准高

公关公司拥有一批具备专业技能和丰富经验的公关专家,所以服务的专业水准比较高,可以策划并实施高层次、大规模的公关活动。

4. 分析、决策客观中立

公关公司与一般的社会组织没有利害关系,不受社会组织的各种内外因素的干扰,因而可以客观地为客户进行分析,向客户提供服务。

5. 业务范围广

公关公司往往会在许多地方设立分支机构,它们可以与别的城市和国家的公关公司进行业务交流,使信息传播快,覆盖面广,因而,公关公司业务范围广泛。

(二)公关公司的类型

公关公司一般分为两种类型。

1. 专门为客户提供某种公关技术服务的公司

例如,为客户进行形象调查,搜集情报,提供资料,为客户制定和实施公关方案,设计公关广告,推行公关主题活动等。这类公司以其提供的特别技术和创造性的服务赢得顾客。

2. 专门为特定行业服务的公司

例如,专门为旅游业提供服务的公关公司,为工商企业和金融财政部门提供服务的公关公司,专为某一行业的客户诊断一些公关工作失调的原因的公司,利用自己的知识和经验向客户提出建议的公司,利用自己的专长帮助客户开展公关工作和提供资料服务的公司等。

3. 上述二类兼而有之的综合性公关公司

上述二类兼而有之的综合性公关公司或者与广告公司合营,或者本身就是一种全功能的综合性咨询服务机构。

以上三种类型的公关公司的规模大小各有差异,一般情况是,专门为特定行业服务的公司规模较小,提供综合性咨询服务的公司规模较大。例如,成立于1953年的美国博雅公关公司,是当今世界上最大的公关公司之一。它拥有一大批公关专家和2000多名经验丰富的公关专业人员,它在43个国家和地区设有办事处,组成了一张遍布世界各地的跨国网络,它为全球500多家地区性和国际性客户提供长年服务。

(三)公关公司的工作内容

公共关系公司的工作内容是对客户(即委托方)的公关工作进行指导、建议、实施以及监督等,给客户提供有关的公关服务。换句话说,公关公司要帮助客户沟通与其他公众之间的信息,为客户树立起良好的社会声誉和形象,以利于客户的发展。公关公司的业务比较广泛,这是因为它的功能比较全面,涉及政治、经济、金融、旅游、文化、传播等多种领域的一切咨询服务和代理业务,具体来说包括以下几个方面。

1. 提供决策咨询

公关公司凭借咨询、调查研究,为社会组织决策做参谋。公关公司受雇于各种社会组织,并被要求进行公关策划或对组织提供决策咨询。为此,公关公司必须进行调查研究,在掌握第一手材料的基础上,满足客户的要求,实现公司的目标。

2. 为组织与公众之间牵线搭桥

公关公司协助客户与有关公众联络及建立业务关系,为客户与有关公众的联系铺路架桥,并为促成组织与公众的联系和发展而努力。

3. 为组织发布信息

公关公司为客户撰写新闻稿件、与新闻媒介建立联系。公关活动离不开大众传媒，公关公司开展活动同样要经常保持与新闻媒介的联系，为客户撰写新闻稿件，并及时发出去，这是公关公司的一项重要业务。

4. 搜集信息

公关公司为社会组织搜集有关的新闻报道、市场信息及各种政治、经济、金融、旅游、文化情报等。公关公司应该是一个信息库，所搜集信息的门类要全，储量要大，这样才能在向客户提供咨询或建议时，做到客观、准确、及时。

5. 广告设计

公关公司为客户设计公关广告和商业广告。设计广告、创作广告是公关公司必不可少的业务，没有广告制作业务的公关公司是名不副实的。

6. 协助客户推销产品

组织的最终目标就是要借助公关活动为新产品打开销路，为现有产品拓宽、稳定市场，所以公关公司接受的大部分客户的要求恐怕都与产品的销售、服务的推广等有关。

7. 组织策划专题活动

为客户计划、组织大型会议、节日庆典活动、贸易展览会、产品展销会等公关专项活动。举办这样的活动应该成为公关公司的日常业务，也是他们的拿手好戏。

8. 编印组织刊物

公关公司为客户设计、编辑、印刷企业公关内部或外部刊物及其他宣传刊物。印制刊物、发布信息、沟通感情，这是常用的公关手段，也是常规性公关活动。

9. 制作视听资料

公关公司为客户制作影片、录像带及其他视听资料，这是强化公关活动效果，扩大传播范围所不可缺少的内容。

10. 教育培训

培训公共关系人员和传播媒介人员等。公关公司利用自身的人才优势及丰富的经验等有利因素，为社会有意识地培养公关专业人才，这既是为社会做了一件好事，又为自身的发展提供了人才上的准备。

公关公司按照合乎道德准则的方法去寻求他们认为能够帮助的客户，有时客户也会自己求助于公关公司。在一般情况下，公关公司对一个新客户的服务是从检查该客户所依赖的公众关系的状况开始的，有时这也称之为"公关诊断"。当这项工作完成以后，公关公司可能会就下列三种情况中的一种告诉客户：一是通过诊断，客户在为获得外界的支持所进行的传播交流活动中不存在什么问题；二是诊断出问题，但解决该问题已不属于公关公司的专业领域范围；三是诊断出有问题，可以采取适当的公关技术加以解决。

（四）公关公司的收费方式

公关公司应客户要求为其开展公关工作，劳务费是根据服务时间的长短、动用人员的多少、工作的难易程度收取的，也有按服务后的效益高低提取的。

公关公司收费的方式主要有三种：项目收费、计时收费、效益提成收费。项目收费包括咨询服务费、顾问的行政管理费与报酬及项目所需要的开支。计时收费即按参加服务的各类人员的不同标准,按工作时间收费。第三种收费的方式是公关人员为客户提供公关服务后,如果效益显著,则收费标准较高,或按比例提成。效益一般,收费标准也一般,没有效益,则不收取任何费用。

知识窗

博雅公关公司

创建于1952年的博雅公关公司在全球近43个国家和地区拥有近70多个办事机构和2000多名员工,其总部设在美国的纽约。博雅公关公司于1985年进入中国,于1992年成立广东博雅公关有限公司,并在上海和北京设立了办事处。目前,在美国《财富》杂志评选的世界500强企业中,有75%是博雅公关公司的客户。1999年在上海为英国维珍航空公司策划并实施的上海首航活动被《公共关系新闻》评为"最佳大型公关活动"。

(1)博雅公关有限公司的组织结构层次

董事总经理,一般为一个地区或业务部门的负责人,负责整个部门或地区的总体管理和发展。

总监,对公司的业务发展及财务目标负有责任,并需要在所在市场中推广博雅公关公司自身的知名度。

客户经理,需要对其工作项目的总体发展负责,与客户的中级、高级管理人员进行沟通,帮助下属人员的专业发展,并协助总监开发新业务。

高级客户主任,除日常的客户联络工作外,需要对活动策划书的制订、服务报价的形成有相当的了解。

客户主任,就具体活动内容与客户进行日常联络,负责日常的媒体联络等。

客户助理,一般为新近加入公司且没有公关工作资历的人员,在客户服务过程中尚处于入门阶段。

另外,博雅公关公司实行客户负责人制,每一个客户,无论规模大小,都有一个明确的客户负责人,负责与客户的联络、内部的资源协调以及相关的业务及财务管理工作。每年客户负责人都要就过去一年中与客户的业务关系、所积累的经验或教训、来年的业务发展空间等问题向公司管理层提交报告,确定业务发展计划。

(2)博雅公关有限公司的专业服务内容

企业传播:企业定位、企业形象沟通、大型活动策划及组织、建立与媒体的关系。

市场传播:产品及服务定位、市场营销支持、消费者权益保护、消费者普及、教育活动、建立与传媒的关系。

公共事务:政府关系、社会热点问题监控、社会公益及慈善活动。

危机管理:建立危机预警及传播系统、现场危机处理、建立与媒体的关系。

医疗传播:医疗产品及服务定位与推广、医疗保健知识普及、患者咨询活动。

企业改制沟通:企业文化、员工关系、社区关系。

财经传播:企业上市传播、金融机构企业形象传播。

新媒体传播:提供网络、多媒体等新兴媒体传播手段和技术支持。

传播技巧培训：为企业负责人进行公关技巧、媒体沟通、公开演讲等与传播有关的技能训练。

资料来源：《公共关系学原理》，陈先红

五、公关社团组织

公共关系社团（简称"公关社团"）组织是非营利性的群众组织，它主要从事公关理论研究、学术探讨、咨询服务、教育培训、国际交往等活动。旅游社会团体机构主要是各种民间旅游组织，是政府与企业的桥梁，如旅游协会、旅游学会、旅游管理教育研究会等。其公关工作的主要内容有：组织旅游行业内的沟通与交流，互通信息，相互交流，开拓市场，促进发展。它对推动会员积极参加公关活动，促进公关事业的发展起到积极的作用，公关社团组织有以下三种类型。

（一）综合型社团组织

综合型社团组织主要是指中国公共关系协会与各省市、地区公共关系协会，其主要任务是联络会员、组织专业培训、开展联谊活动、编辑出版刊物、建立公关网站等。如：上海公共关系协会开通上海公共关系网，设置了关于协会、申请入会、新会员单位、人物专访、组织机构、公关论坛、会员在线、品牌选介、协会动态、特别推荐等十大板块。

（二）学术型社团组织

学术型社团组织主要包括公关学会、公关研究会、公关教学研究会、公关研究所等学术团体。这些社团组织除聘请少量专职人员负责日常工作外，还聘请著名学者、专家、顾问担任理事、研究员、客座教授。学术型社团一般立足于服务社会，以人为本，注重思想建设，致力于公关教育与研究，积极开展科研活动，加强会员沟通联络，开展公益活动，自觉实践，推动公关的发展。

（三）行业型社团组织

行业型社团组织主要包括各行各业、各部门、各系统成立的社团组织，一般从属于各行各业的行业协会，主要开展适应行业公关发展需要的形象塑造、对外宣传、专业培训等各项活动。

第三节　旅游公共关系人员

旅游公共关系人员（简称"旅游公关人员"）是指旅游组织内外专门从事旅游公关工作的人员。旅游组织公关活动的专业水准和工作质量，与公关人员的素质和能力直接相关。随着公关的蓬勃发展，特别是旅游公关职业化程度的提高，社会对旅游公关人员的专业化要求也将日益提高。

一、旅游公关人员的日常工作

旅游公关人员的日常工作琐碎复杂，面广线长，既有一般的事务性工作，又有专业的技术性工作。

（一）了解组织信息

旅游公关人员要了解组织的全部情况，如了解机构运作状况、产品服务质量状况、资金周转状况、市场供需状况、员工素质状况、管理人员水平、行政事务效率等。

（二）反馈组织信息

旅游公关人员要及时与组织领导沟通信息，掌握组织存在的问题及主要矛盾，了解领导对组织今后如何发展的看法，并及时反映问题、汇报工作，为制订公关计划奠定基础。

（三）旅游公关调查

旅游公关调查可分为组织内部公众调查与组织外部公众调查。内部公众调查可了解旅游组织内部的情况，掌握员工的心态与动向，有的放矢地开展组织内部的公关工作。外部公众调查可了解旅游组织在社会公众心目中的形象，有计划地实施公关活动。

（四）制订公关计划

旅游组织在调查研究的基础上制订公关活动计划方案，提出具体的公关主题、工作程序、战略目标、项目负责人、项目所涉及的范围及各项公关工作的具体要求。

（五）与新闻媒介保持联系

旅游公关人员要坚持与新闻媒介建立友好关系，让新闻媒介及时了解组织，并主动向新闻记者介绍有关组织的新闻事件，以便得到新闻媒介的关注，扩大组织的影响。同时，还应负责宣传媒介的约稿和对新闻媒介的要求作出回答。

（六）撰写新闻稿件

撰写各种文章与稿件，如总结报告、计划报告、组织总体的新闻稿、组织的重大公关活动计划等。

（七）策划公关专题活动

如组织记者招待会，举办各种展览、展销会，组织参观浏览，开展各种庆典、纪念活动、资金筹集活动以及特殊的调查、竞赛和奖励活动，还包括组织各种旅游危机公关处理等等。

二、旅游公关人员的基本素质

什么是人的基本素质？从心理学的角度看，它是指一个人的心理状态、生理状态的外在表现；从管理学的角度来分析，它是指人的平常表现、气质、品格、修养、才华、学识等方面的基本品格。人的素质应该是一个多维的动态综合体系，既有先天遗传的神秘色彩，又有后天不断努力实践的烙印。旅游公关人员是设计、实施旅游公关活动的主体，其素质直接关系到旅游公关工作的成败得失、有效程度和创造活力。因而，研究旅游公关人员的素质培养具有重要意义。

什么是旅游公关人员的基本素质？首先它应该是一种现代人的全面发展的素质，例如，具有现代人的思维方式、现代人的知识和能力结构、现代人的观念等。此外，结合旅游公关职业的特点,它指一种整体职业素质,包括强烈的公关意识,自信、热情、开放的职业心理,完善的旅游公关专业知识结构和能力结构,以及良好的品德修养。

（一）旅游公关人员的公关意识

公关意识是旅游公关人员应具备的基本素质的核心。因为意识必然制约其行为,没有公关意识的人,即使他有再好的心理条件,或有很好的公关专业知识结构和能力结构,也不可能成为一个合格的旅游公关人员。他可能会在别人的思想的引导下,干一些实施性的公关工作,或机械地模仿别人的某些做法,但即使是做这些工作,他也可能会因缺乏公关意识而走入误区,更不要说创造性地完成实施性的工作。反之,具有良好公关意识的人员,才能主动并创造性地从事公关策划工作及实施工作。公关意识是一种综合性的职业意识,具体包括下面几个方面。

1. 形象意识

形象意识是公关意识的核心。公关人员能清醒地懂得知名度和美誉度对组织的生存和发展的价值,他会像保护眼睛一样维护组织的形象,甚至视它为组织的生命。

2. 公众意识

形象是在组织的特定公众对象中塑造的,离开了公众,孤立的组织形象是毫无意义的。作为旅游公关人员,只有具备服务公众的意识,才能真正明确旅游公关工作的方向,时时处处在满足公众利益和需求的基础上改善组织的形象。

3. 沟通意识

沟通意识实际上就是一种信息意识。旅游公关工作者必须具备双向交流的现代沟通意识,而且要掌握各种传播技能,才能有效地开展旅游公关工作。

4. 真诚互利的意识

真诚互利是公关的功利观。旅游公关工作强调组织与公众之间的互惠互利、共同发展。真诚透明、平等互利是旅游公关人员的又一思想基础。

5. 立足长远的意识

公关活动区别于广告和推销的地方就在于它立足长远,注重长期效益,而不是急功近利,只关注眼前的短期效益。立足长远的意识包含两层意思:一是旅游公关工作必须长期坚持不懈;二是旅游公关人员不能急功近利,不能为眼前利益而牺牲长远利益。

6. 开拓创新的意识

公关既是一门科学,又是一门艺术。作为科学,它有规律可循,有相对稳定的操作程序;作为艺术,它又有突破固定程式、追求无重复的创造性的特点。所以,旅游公关人员必须具备开拓创新的意识,才能在旅游公关活动的策划、实施中突破既有模式,实现超越,塑造出具有个性且又具备竞争力的组织形象。

（二）旅游公关人员的心理素质

不少公共关系方面的著作在论述公关人员的心理素质时,往往从人的性格的角度来分析,强调外向型性格的人适合干公关工作,而内向型性格的人不适合此类工作。其实这种分析未必恰当。可以说世上没有一个人有绝对完美的性格。心理学研究表明,典型外向型性格者善交际,喜聚会,有许多朋友;容易激动,行动常碰运气,凭一时冲动,不假思索;爱活动,闲不住,容易粗心大意,多变化;有攻击性,容易发脾气,这对公关工作是非常不利的。而典型内向型性格者安静；不善交际，朋友不多，除密友外与人常保持一定的距离；做事深思熟虑，有周密的计划，很少轻举妄动；不爱激动，喜欢用谨慎、严肃的态度处理事务；很少以攻击性的方式行事，极少发脾气，能够控制自己的感情。这种性格虽然有不适合公关工作的方面，但做事深思熟虑，能控制自己的感情，对公关工作又是非常有利的。因此，从人的性格角度来探讨公关人员的心理素质是不全面的。既然是探讨心理素质，还是应该从旅游公关工作对人的心理要求这个角度入手。根据旅游公关工作的实际需要，对旅游公关人员的心理素质要求有以下几方面。

1. 自信

古人云："自知者明，自信者强。"法国哲学家卢梭说："自信心对于事业简直是奇迹，有了它，你的才智可以取之不尽，用之不竭。一个没有自信力的人，无论他有多大才能，也不会有成功的机会。"自信是旅游公关人员职业心理的最基本的要求。一个人有了自信，才会产生自信力，并激发出极大的勇气和毅力，才敢于面对挑战，敢于追求卓越。缺乏自信，往往自认卑微，自我否定，社交中会畏缩不前，甘拜下风，这种心理障碍往往抑制自我才能的发挥，失去推销形象的机遇。当然，这种自信并不是盲目的自信，而是建立在理性调查分析基础之上的知己知彼、对自己能力充分且正确肯定的自信。尤其是当旅游组织遇到公关危机时，自信的公关人员会镇定自若，以稳健的姿态，凭借智慧、勇气、耐心和毅力，化干戈为玉帛，使组织转危为安。

2. 热情

公关工作不是一种很轻松的工作，而是一个既动脑又动手、既有学又有术的工作。与一个普通工人在生产线上按部就班地完成自己的任务不同，公关工作需要去创造、策划，要做到嘴勤、手勤、腿勤，需要付出大量艰辛的脑力和体力劳动。许多公关工作者头脑中几乎没有八小时工作制的概念，有的只是加班加点超负荷的工作习惯，没有这种高昂的工作热情，不能全身心地投入，就无法高质量地开展工作。热情的心理素质还能使旅游公关人员兴趣广泛，对事物的变化有一种敏感，充满想象力和创造力，工作主动而富有效率。再者，旅游公关人员在与公众交往的过程中，情绪会自觉不自觉地感染他人，有利于结交众多的朋友，以拓宽工作渠道。美国女企业家玛丽·凯·阿什说过，最具说服力的，就是一个人激起另一个人的热情。热情必须首先从你身上产生出来，如果你自己的热情泯灭了，那么你周围人的热情也只会泯灭。缺乏热情的人，对人对事都漠然视之，既不可能接受别人，也不可能为别人所接受。

3. 开放

旅游公关工作要求公关人员具有开放的心理素质。开放的心理使公关人员有强烈的求知欲，关心新事物，容易接受新知识、新观念，在工作中能够大胆创新。公关工作讲究个性张扬鲜明，要创新，要别出心裁，要出其不意，要敢于走前人没有走过的路，必然要承受巨大的心理压力。开放的心理能使公关人员在很多方面表现出一种高姿态，超脱狭隘的心界，冷静、豁达、乐观地面对困难与挫折，而不斤斤计较一时一事的得失。而且，具有开放心理的人，能宽容地接受各种各样与自己性格不同、风格不同的人，并善于异中求同，与各种类型的人建立良好的关系，这是旅游公关工作十分需要的。

（三）旅游公关人员的业务素质

旅游公关人员应掌握必要的公关专业知识和基本技能，这直接关系到旅游公关人员整体职业素质的提高，在很大程度上决定了公关人员的业务能力和思维能力。旅游公关人员的业务素质要在两方面下功夫。

1. 合理的知识结构

旅游业是和人打交道的行业，旅游公关更是一种带有较强的艺术性和挑战性的工作，不能仅凭经验和感觉。旅游公关人员应是旅游组织的"军师"，要足智多谋，为组织出谋划策，这需要广博的知识、超人的智慧。因此，旅游公关人员必须具备合理的知识结构，这包括两个层次：对旅游公共关系学基础理论和实务知识的掌握，对与旅游公共关系学密切相关的学科知识的了解。需要强调的是，旅游公关人员的知识结构应该是一种动态、开放的结构，旅游公关工作者应能随时吸收新知识，不断丰富和发展自己，才能胜任旅游公关工作。静态、封闭的知识结构是没有发展前途的，它会因环境和趋势的变化而被淘汰。总之，专而博是对现代旅游公关人员知识结构的必然要求。

知识窗

1990年，美国国际公共关系协会发布了一个"公共关系教育轮"，系统地提出了公共关系学的教育内容，如图3-7所示。

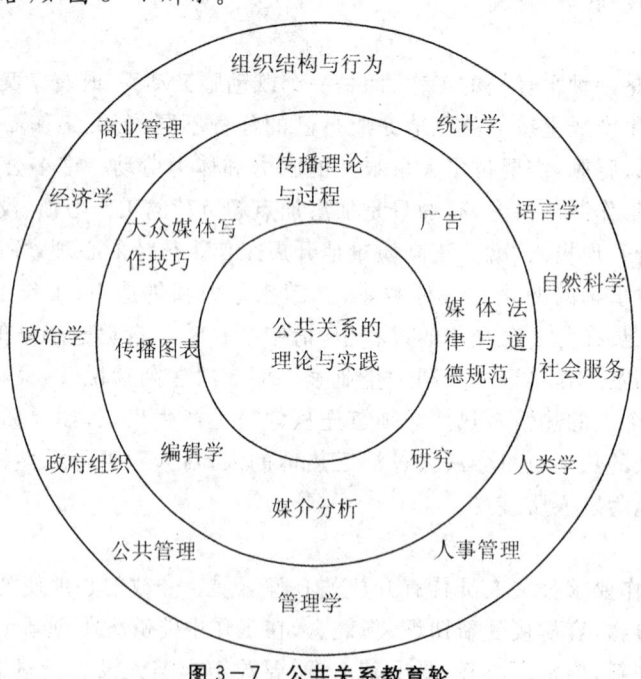

图3-7 公共关系教育轮

2. 完善的工作技能

旅游公关工作是项专业性很强的工作，因此，合格的旅游公关人员应具备较强的工作技能。美国公共关系学学者斯科特·卡特利普、艾伦·森特和格伦·布鲁姆在他们所著的经典性公共关系著作《有效公共关系》中，曾将公关工作概括为这样十大类：写作、编辑、与新闻媒介的联络、特殊事件的组织与筹备、演讲、制作、调研、策划与咨询、培训、管理。由此可见公关工作对从业人员的能力要求较高。当然,这并不意味着每一个旅游公关人员都要十全十美,什么能力都具备。旅游公关工作是一种群体工作,实际的情况往往是一个旅游公关人员只从事一部分公关工作,而非承担全部公关工作。因而,对大多数旅游公关工作者来说,他们只需要具备从事旅游公关工作的一些基本技能就可以了,只有少数旅游公关人员才需具备某些特殊的专门技能。旅游公关人员的基本技能主要包括下面几个方面。

表达能力:能写会说是旅游公关人员最基本的能力要求。旅游公关人员担负着对内、对外的传播沟通和塑造组织形象的任务,应当具备良好的语言与文字表达与传播技能。

旅游公关人员与人交往,需要较强的口头表达能力,要能清晰、简洁、明了地表达思想,发布信息能吸引人、打动人。不仅如此,为增强语言感染力,旅游公关人员还要善于发挥动作、表情等体态语的作用,这样才能收到更好的效果。口头表达是最直接的传播手段,一个人或组织的表达能力与其形象成正比,做得好是财富,说得好也一样是财富。古人评价口才时说:一人之辩,重于九鼎之宝;三寸之舌,强于百万雄师。西方人认为:口才、金钱、原子弹是人类生存的三大武器;口才、金钱、电脑则是人类生存的三大工具。还有一种说法:现代企业家的三件宝为口才、金钱和大脑。这些都说明口头表达的重要性。

旅游公关人员还要进行文字传播,需要撰写大量的文字材料,比如撰写新闻稿、演讲稿、报告书,起草活动计划、方案、公文稿、工作总结、信函、贺卡,甚至撰写临时的祝酒词等,这些都需要公关人员有扎实的笔墨工夫和较强的文字表达力。

不仅如此,外语能力在涉外旅游活动中也显得很重要。国际公共关系协会提出的口号是"联结全世界",充分说明现代公共关系国际交流的特征。因此,旅游公关人员还应当把外语水平当做表达能力问题中的一个重要方面来要求自己。

策划、组织能力:旅游公关人员的策划组织能力是指从事旅游公关活动时计划、安排、协调、控制等方面的能力。旅游公关人员要经常组织各种公关活动,筹备各种会议,需要将千头万绪、具体繁杂的事务做得有章有法、有条有理,使每个参加者都能在整个活动中感到心情舒畅,深感自己受到重视,对活动留下深刻的印象,从而在公众中建立起组织的声誉。这要求旅游公关人员有良好的策划、组织能力,不仅要善于策划组织公关活动的最佳方案,达到出奇制胜的效果,而且在任何一项活动中,都能事先周密计划和安排,细小方面考虑周到,突发事件沉着应变,发挥出良好的活动组织能力,若安排不当,定会影响组织声誉。

社交能力:旅游公关人员应是组织的社会活动家,要有较强的处世能力,能以自己独特的人格魅力和出色的社会交际能力为组织赢得公众的认可。公关人员在各种活动中要善于应酬,能在与形形色色公众打交道时应付自如、左右逢源。缺乏社会交往能力的人,往往人为地在自己与社会、自己与环境、自己与他人之间设置一道心理屏障,与周围格格不入,影响工作的开展。社交能力其实也是其他各种能力的综合体现,如表达能力、组织能力、应变能力、逻辑思维能力等。在旅游实际工作中,旅游公关人员所接触的人是很复杂、很广泛的,他们的国籍、籍贯、性别、年龄、职业、宗教、民族、思想、生活背景等各不相同,旅游公关人员既需要有善解人意的能力和友善的性格,有较强的感染力和吸引力,能受到别人的尊重与信任，又需要懂得各种不同的礼仪、习俗，善于排除一切人为的障碍，调动各种社交手段，建立广泛的交际范围，建设良好的工作环境，塑造一个美好的社交形象，以展示自己所代表的组织的形象。因此，社会交往能力是旅游公关人员打开工作局面的基本能力。

创新能力：任何一次成功的公关活动，都会显示出它的独创性，墨守成规、生搬硬套是搞不好公关工作的。例如，我国一次大型旅游商品交易会上，有家企业的展台被安排在五楼的一个角落，几乎无人问津。该参展负责人为吸引公众的注意，想出了一个新点子，他折了好多三角纸，上面写着"拾到者请到五楼××展览室，有八折优惠品酬赠"，在开展前撒在一楼大厅中。展览一开门，就有许多人拾到三角纸，纷纷向五楼展台跑去，没有拾到三角纸的人也在从众心理的作用下去看个究竟，结果这间展台挤满了观众。这就是三角纸的创新效应。由此可见，任何一次成功的公关活动，必然都是一次思维和行为的创新，也必然是一种新的工作方法的尝试。旅游公关人员必须富有创新精神和丰富的想象力，才能使旅游公关工作搞得新颖别致，出类拔萃。

观察反应能力：旅游公关工作需要公关人员经常对旅游组织状况进行调查研究，充当组织的"耳目"和"哨兵"。这就要求公关人员必须具备敏锐的洞察能力，善于从一些普通的资料、数据、信息或新闻报道中看出潜在的问题，善于掌握政策、理论，从平静的表象中发现潜在的变化，捕捉各种有价值的信息，从而把握组织和公众各方面的变化，及时提出对策，提高组织的应变能力。

自控和应变能力：旅游公关工作需要公关人员具备较强的自控和应变能力。

首先，某些情况下旅游组织与公众有可能发生严重的矛盾和冲突，但公关人员必须意识到，他的一言一行不仅影响个人形象，而且关系到所在组织的声誉。公关人员必须有耐心，有克制力，有韧劲，无论何种情况下都能表现出极强的涵养，以自己的冷静使对方平静，以自己的和颜悦色和理性态度来消除对方的冲天火气，既维护组织声誉，又达到以柔克刚的目的。公关人员如果没有较强的自控力，甚至性情急躁，动不动就发火，是难以处理好公关纠纷的。

其次，旅游公关工作极富挑战性，旅游公关活动中常常会遇到各种各样非程序性的难题和突发事件、危机，这就要求旅游公关人员能做到"每临大事有静气"，处乱不惊、沉着机智、冷静果敢、快速应变，有条不紊地化险为夷。在日常旅游公关事务的处理中，旅游公关人员也需要有活跃的思维、机智的谈吐和灵活的应变能力。

思维判断能力：人与人之间的差距，表面看来是技能的差距，实则是思维方式的差距。公关活动是一种智力活动，公关人员要对复杂的现象做综合分析，确定组织公关问题的症结所在，必须有健全的思维判断能力。

特殊的专业技能：旅游公关工作经常使用一些技术性强的手段，如编辑、绘图、印刷、摄影、美工、广告、民意测验、市场调研等。此外，有助于开展公关工作的技能还包括书法、跳舞、下棋、集邮、烹饪等。总之，广泛的兴趣、全面的技能、广博的知识，是旅游公关人员自我完善的方向。当然，公关人员不一定都能十全十美地掌握所有这些技能，但起码在某些方面比较精通且概知其他，才能在工作中应付自如。

优秀的公关人员应该是组织形象的设计师，为组织塑造品牌，积累巨大的无形资产。

一个组织的公关活动成效如何,与公关人员自身的素质、能力有直接的关系。一个合格的旅游公关人员应具备良好的心理素质、合理的知识结构、实用的能力技巧,并且还要具备良好的职业道德。

(四)旅游公关人员的品德素质

品德是指人的道德和品质。道德品质是调节人们之间以及个人同社会之间关系的行为规范的总和。它以善与恶、正义与非正义、公正与偏私、诚实与虚伪等行为规范,通过教育和舆论的力量,使人们逐渐形成一定的信念、习惯和传统,进而发挥作用。

职业是社会分工的结果。职业分工使得职业道德产生了需要和可能。由于职业的特点和社会的需要,不同的职业对从事该职业的人员有着不同的职业道德要求。正如医生要讲医德,教师要讲师德一样,公关人员塑造和维护组织的良好形象,更要讲公关的职业道德。公关人员往往是组织机构的代言人,直接代表机构与外界交往,在社会上活动时,机构对个人是难以详加约束的。因此,个人的不良品质会给机构带来消极的影响。所以,选拔公关人员应当非常注重其品德素质。而旅游公关工作比其他职业对从业人员的道德要求要更高一些,这是因为:第一,旅游公关通过公关活动实现组织经济效益和社会效益的统一,因而需要从事这一职业的人有高尚的道德品行;第二,旅游公关是全员公关,公关人员更是旅游组织的形象代表,其个人的职业道德会影响整个旅游组织。公关人员高尚的职业道德是塑造旅游组织的良好形象的基础。公关职业百年的发展使得它对从业人员的道德要求逐步成形,且不断趋于成熟,这些职业道德包括下面几个方面。

1. 公道正派,廉洁奉公

公关事业是高尚的事业,致力于这一事业的公关人员应有高尚的品德,要为人正直,办事公道,作风正派,公私分明,不拿原则做交易。旅游公关人员的工作性质和特点,决定了他们拥有较多的社会关系,且掌握着一定的权力。这些关系和权力不仅对组织有利,而且对个人也有用,因而公关人员不谋私利、不徇私情、廉洁奉公的职业道德十分重要。旅游公关人员利用职权只能为公众、为组织、为社会谋利益,而决不能损公肥私、营私舞弊。那种吹吹拍拍、投机钻营、圆滑虚伪、趋炎附势、个人主义、争功夺利、妒贤嫉能等思想行为,都是背离公关职业道德的。

2. 恪尽职守,实事求是

塑造旅游组织良好形象是旅游组织公关人员的基本工作和根本任务。因此,衡量一个公关人员是否具有职业道德,最重要的是看他对公关事业是否尽心尽责,对公关工作是否恪尽职守。那些玩忽职守、自由散漫、无组织、无纪律的思想和行为,都是不道德的。另外,不学无术、碌碌无为之士,决不能胜任工作,公关人员必须不断钻研业务,勤奋学习,积极进取,凭对公共关系理论知识和实务技能的全面掌握和熟练灵活运用来搞好工作。另外,旅游公关人员对待职业的态度要体现出实事求是的原则。真实是公共关系的生命所在。为我国培训了最早一批公关人员的美国公共关系专家露易·布朗说,耍花招和掩盖事实是公关的大敌。公关的真实性原则要求旅游公关人员要真诚,讲真话,讲实话,注重透明,注重公开,不可弄虚作假,欺上瞒下。旅游公关人员无论说话、办事、做人都要表里如一,实事求是,不可投机取巧,一切行为都必须经得起事实的检验和时间的考验。

3. 谦虚团结，宽怀大度

旅游公关工作是一种群体工作，合作、互助、团结、友爱、互相信任和互相尊重是工作有效、事业成功的可靠保证。因而，旅游公关人员在待人接物上应表现出耐心、谦虚和节制，举止、言谈、衣着都应得体而有分寸，应做到作风民主、平等待人、气度宽宏、容人之短、闻过则喜、知错必改。唯有如此，才能使人产生认同感和亲近感，建立起相互间的亲密关系。

总之，公关人员必须忠实地履行自己的职业道德，这是各种公关组织对其成员的一致要求。为使公关职业道德系统化、正规化和制度化，世界许多公关组织都制定了相应的职业准则，其中《国际公共关系道德准则》的影响最大。许多国家的公关组织都采用了该准则，或将此准则作为范例稍加变动，以适应各国的需要，如《英国公共关系协会行为准则》、《美国公共关系协会职业标准准则》、《中国公共关系职业道德准则》等。

知识窗

《国际公共关系道德准则》

《国际公共关系道德准则》是由国际公共关系协会名誉会员、法国的卢亚思·马特拉特起草，于1965年5月12日在雅典召开的国际公共关系协会全体大会上通过，所以又称《雅典准则》。1968年4月17日，国际公共关系协会德黑兰全体大会对该文进行了修改。

《国际公共关系道德准则》共有如下条款。

（1）为建立应有的道德、文化条件，保证人类可以享受《联合国人权宣言》所规定的诸种不可剥夺的权利做贡献。

（2）建立各种传播网络与渠道以促进基本信息自由流通，使社会每一个成员都有被告知感，从而产生归属感、责任感、与社会合一感。

（3）牢记由于职业和公众的密切关系，个人的行为（即使是私人方面的）也会对事业的声誉产生影响。

（4）在自己的职业活动中尊重《联合国人权宣言》的道德原则与规定。

（5）尊重并维护人类的尊严，确认各人均有自己做判断的权利。

（6）促使为真正进行思想交流所必需的道德、心理、智能条件的形成，确认参与的各方都有申述情况与表达意见的权利。

应该保证做到——

（1）在任何时候、任何场合，自己的行为都应赢得有关方面的信赖。

（2）在任何场合，自己均应在行动中表现出对所服务的机构和公众双方的正当权益的尊重。

（3）忠于职守，避免使用含糊或可能引起误解的语言，对目前以及以往的客户或雇主都始终忠诚如一。

应该避免——

（1）因某种需要而违背真理。

（2）传播没有确凿依据的信息。

(3) 参与任何冒险行动或承揽不道德、不忠实、有损于人类尊严与诚实的业务。

(4) 使用任何操纵性方法与技术来引发对方无法以其意志控制因而无法对之负责的潜意识动机。

《中国公共关系职业道德准则》

(1991年5月23日全国省市第四届公共关系组织联席会议通过)

总则

中国公共关系事业的发展,是中国改革开放的必然趋势,它以新型的管理科学,协调社会各方面的关系,密切党和广大人民群众的关系,调动各种积极因素,维护安定团结,促进社会主义建设。因此,公共关系工作者肩负着时代的使命,公共关系工作者必须具有高尚的职业道德作为完善自身形象的行为准则。

条款

(1) 公共关系工作者应当坚持社会主义方向,自觉遵守我国的宪法、法律和社会主义道德规范。

(2) 公共关系工作者开展公关活动首先要注重社会效益,努力维护公关职业的整体形象。

(3) 公共关系工作者在公关活动中,应当力求真实、准确、公正和对公众负责。

(4) 公共关系工作者应当努力提高自己的政治水平、文化修养和公关专业技能。

(5) 公共关系工作者应当将公共关系理论联系中国的实际,以严肃、认真、诚实的态度来从事公共关系教育。

(6) 公共关系工作者应当注意传播信息的真实性和准确性,防止和避免使人误解的信息。

(7) 公共关系工作者不能有意损害其他公共关系工作者的信誉和公关实务。对不道德、不守法的公关组织及个人应予以制止并通过有关组织采取相应的措施。

(8) 公共关系工作者不得借用公关名义从事任何有损公关信誉的活动。

(9) 公共关系工作者应当对公关事业具有高度的责任感。不得利用贿赂或其他不正当手段影响传播媒介人员真实、客观的报道。

(10) 公共关系工作者在国内外公共关系实务中应该严守国家和各自组织的有关机密。

【小结】

组织和公众是公关三大要素中的主体和客体,是旅游公关工作的基本范畴。

旅游组织在整个公关活动中始终处于组织、策划、实施、监控等主导地位,是旅游公关活动的主体。公关部在旅游组织中有着其他职能部门不可替代的作用;公关公司是帮助旅游组织开展公关工作的相对独立的专业公关机构;公关从业人员应具有较高的职业素质,包括开展公关工作必备的公关意识以及基本知识结构和能力结构、良好的职业心理素质、良好的品德素质等。

【关键术语】

公关部、公关公司、旅游公关人员的基本素质。

【习题】

一、名词解释

公关部、公关公司。

二、填空题

1. 目前,我国旅游组织公关部完全是根据工作需要并结合自身条件而设置的,按照隶属关系公关部大致有( )、( )、( )三种类型。
2. 目前,我国公关公司有( )、( )两种类型。
3. 旅游公关人员的知识结构应该是一种( )、( )的结构。
4. 一个合格的公关人员应具备良好的( )素质、合理的( )结构、实用的( )技巧,并还要遵守( )。

三、选择题

1. 与旅游组织内部的销售、人事、财务、工程、保安等职能部门处于平行并列地位的公关部属于( )。
   A. 部门并列型   B. 部门归属型   C. 对象型   D. 总经理直属型
2. 公关部在组织中的设置方式以( )最为理想。
   A. 部门并列型   B. 部门归属型   C. 对象型   D. 总经理直属型
3. 作为一种特殊的经营管理职能,公关工作的职责是管理组织的( )。
   A. 有形资产   B. 人事   C. 经营   D. 无形资产
4. 公关意识的内容包括( )。
   A. 形象意识   B. 公众意识   C. 沟通意识   D. 效益意识   E. 真诚互利的意识   F. 立足长远的意识   G. 创新意识   H. 质量意识   I. 成本意识
5. 公关部在组织中的设置方式有( )。
   A. 部门并列型   B. 部门归属型   C. 对象型   D. 总经理直属型

四、判断题

1. 旅游组织在公关活动中处于组织、策划、实施、监控等主导地位,是公关活动的主体。( )
2. 公关部对内代表决策层处理员工、部门之间的关系,对外代表组织协调与社会方方面面的关系,是组织运行的润滑剂。( )
3. 公关社团是营利性的群众组织。( )
4. 旅游组织公关人员的日常工作不需要与新闻媒介保持联系。( )
5. 公关意识是旅游公关人员应具备的基本素质的核心。( )

五、思考题

1. 为什么说公关部在组织中具有"多重中心"的身份?
2. 简述旅游组织公关部设置的原则。

3. 简述旅游组织公关部设置的模式。
4. 公关公司的工作内容有哪些？
5. 旅游组织公关人员的日常工作有哪些？
6. 旅游公关人员的能力素质如何体现？
7. 旅游公关人员的职业道德包括什么？

第四章　旅游公共关系的客体

【教学要点】

知识要点	掌握程度	相关知识
公众	熟悉	公众的概念和特征
	掌握	公众的分类方式
旅游特定目标公众	熟悉	全员公关
	了解	各类公众与组织的关系

【导入案例】

祸从口出

4月2日晚7时许，许小姐与同事到厦门东南亚酒店买蛋糕时顺便想上洗手间。这时，一位身穿制服的男员工拦住她，问她是不是住店的客人。许小姐如实说不是，并向他询问洗手间的所在。没想到那位员工说他们没有洗手间，并解释说洗手间是为客人服务的。许小姐提出异议："难道不能先上洗手间再消费吗？"男员工的回答竟是："你会在这里消费吗，你消费得起吗？"他的蔑视深深刺激了许小姐，她当即表示要找经理交涉，男员工表示："你要投诉吗？请便！"

第二天，许小姐就此事向酒店提出了抗议，酒店的解释是："火车站周边人员复杂，一些人的素质又比较差，酒店大厅洗手间经常发生设施损毁、东西被盗的事情，所以酒店的保安措施相对严格。"许小姐十分不解，难道管理严格就可以粗暴地对待客人吗？酒店称暂时没有找到当事人。在她的要求下，酒店答应进一步处理此事。

4月6日，许小姐就此事向《厦门晚报》投诉，酒店方面答复记者说，他们已经给那名员工警告处分。7日，许小姐接到一份以酒店名义传真来的道歉书。但许小姐对此处理十分不满，难道一封传真来的道歉书就可以换来一个人的尊严吗？

4月11日，《厦门晚报》在头版要位登出文章《"你能消费得起吗？"——市民向东南亚酒店的蔑视讨说法》。

这本来是一起可以避免的事件，却因酒店的消极态度而恶化，并使事态变得越来越复杂。

资料来源：豆丁网 http://www.docin.com/p-212058478.html

【思考】随着许小姐在整个事件发展过程中态度的变化，她和酒店的关系发生了怎样的变化？

第一节 公众概述

一、公众的概念

正确认识和理解公众是开展公关活动的前提和先决条件。准确把握公众这个概念，科学地对公众进行分类，对于把握公关的真谛，进而有效地开展旅游公关活动至关重要。

一般来讲，公众是指与特定的公共关系主体相互联系及相互作用的个人、群体或组织的总和，是公关工作对象的总称。作为公共关系学的概念，公众有其特定的解释：公众是与某一特定的组织机构相联系的、所处的地位相似或相同、具有共同的目的、共同的利益、共同的问题、共同的兴趣、共同的背景、共同的意识或共同的文化心理等合群意识的社会群体。如果缺乏合群意识，就不能称之为公众，只能称之为群或人群；而且不同的公关主体有着不同的客体对象。旅游公共关系的客体，则是指旅游公关的工作对象即旅游公众。所谓旅游公众，就是指与特定的旅游组织的利益相互关联、相互作用的个人、群体和其他相关组织的总和，是旅游公关传播沟通的目标对象的总称。

知识要点提醒

正确理解公众就要将公众与群众、人民、人群和受众等相关概念区分开来。

人民作为一个政治哲学及社会历史范畴，量的方面泛指居民中的大多数，质的方面指一切推动社会历史前进的人，其中包括劳动群众，也包括各个历史阶段中推动历史发展的阶级、阶层或集团。

群众包含于人民的范围之中，它的内涵比人民更具体、更稳定。人民是一个流动的概念，在不同的历史时期有着不同的内容，但其主体和稳定的部分始终是从事物质资料生产和精神资料生产的劳动者，这部分人就是群众。

人群是社会学用语，它的结构比较松散，凡是聚在一起的许多人均可称之为人群，而不一定要有合群的整体意识和牢固的联结纽带。

受众是传播学的概念，在新闻学、广告学中也通用，它的涵义和公众很接近，从传播沟通的角度上讲，受众的涵义就是指一些信息、资料的接受者，或者说是接受了信息的那部分公众群体。

相比之下，作为公共关系的客体要素——公众，是指与特定组织相关联的具有合群意识的社会群体,有其特定的涵义,应当具备一些共同特征。

二、公众的特征

公众的基本特征包括下面几个方面。

(一) 公众的同质性

所谓公众的同质性,即指公众内在的共同点、一致性或关联性,亦叫"群体意识"或"合群意识",如共同的问题、共同的利益、共同的目的、共同的背景等"共同点"。正是这些内在的共同之处,才使某一群人、某一社会团体或组织机构走到一起,具有相同或类似的态度和行为,形成某一组织的特定公众对象。例如景区来来往往的游客表面上没有什么直接联系,但由于旅游观光这一共同目的使他们具有内在的同质性,从而构成景区旅游组织一类重要的公众对象——游客。又如过度的旅游开发,导致旅游地生态环境被破坏、物价飞涨、交通拥挤等不良现象,严重影响了当地居民的生活质量和其他利益,表面上没什么联系的同一地区的居民、团体、组织,都面临着这种旅游非良性发展的负面效应,为求得这一问题的解决,共同的目的使他们不约而同有组织地针对当地旅游部门施加一定的公众压力、舆论压力,甚至采取对抗行为,形成当地旅游机构必须面对的社区公众对象,使当地旅游组织不得不重新考虑旅游可持续发展问题。

因此,某一公众的形成是由于公众成员遇到了共同的问题,而且这类问题将对公众成员的利益产生共同的影响。了解和分析组织的公众,必须了解和分析其内在的关联性、共同性,才能从公众整体中区分出不同的公众类别来。

旅游公众是由旅游组织的性质确定的,不同旅游组织有不同的公众对象。而同一旅游组织可能有许多公关问题同时出现,从而涉及各种不同的公众,也将形成若干类不同质的公众类别。这些不同质的公众都是相对不同的"共同点"而言的,而由某一"共同点"所关联的公众,其本身是同质的。

(二) 公众的整体性

公众的整体性指公众的复数性,即公众不是单一的个体,也不是单一的群体,而是与某一组织运行有关的整体公众环境。公众环境指组织运行过程中所有必须面对的社会关系和社会舆论的总和。组织的公众对象涉及范围很广,包括社会的方方面面,组织的里里外外,相互关联,构成复杂。例如,一家旅游饭店,既有内部员工、股东公众,又有外部的宾客、商品供应者、上级主管部门、政府机构、社区、新闻界等各种有关团体、组织或个人。公关工作不能只注意其中某一类公众而忽略了其他公众,对其中任何一种公众的疏忽,都可能致使整个公众环境的恶化,而公众环境的恶化必然影响组织的生存和发展。

因此,旅游公关工作必须将组织面对的公众视为一个完整的环境,并用全面、系统的观点来分析自己面对的公众对象。

(三) 公众的层次性

首先,公共关系的"公众"是个体的集合,公共关系是与群体发生关系,它要研究的是与群体有关的问题。正因为某个共同的问题而把一些人或一些组织联结在了一起,才形成了特定的公众对象,所以,一般情况下,公众都是以群体的方式出现的。即使在某些情况下，公关活动中的公众是以个人的形式出现的，对于开展公关活动的主体来说，这种单个公众也具有群体性的代表意义。譬如，旅游饭店对于投诉的客人不能视作孤立的个体，而应该认识到，投诉处理得好坏直接影响着饭店在顾客心目中的形象，投诉者代表着顾客公众群体——这是饭店企业最重要的外部公众。

其次，公众这种群体的具体存在形式不是单一的，而是复杂多样的，可以是个体、群体或组织三个层次。公众存在形式的多样性，决定了公关工作的日常工作对象包括各种各样的组织关系、群体关系或个人关系（当然这种个人应当理解成群体或组织的成员代表，而不仅仅是一个单一的个体）。即便是同一类公众，也可以有不同的存在形式，如旅行社面对的游客公众，可以是松散的游客个体，可以是临时个体集合成群体的散客旅游团，还可以是某一组织出面包团旅游的专门旅游团。

因此，公众的层次性决定了公共关系是一种立体的、多元化的社会关系，包括个人关系、群体关系、组织关系，这就决定了公关工作中的传播媒介和沟通方式的多样性。

（四）公众的相关性

公众的相关性表现在下面两个方面。

首先，公众不是抽象的，各组织"通用"的，而是具体的，与特定组织相关联的。旅游公关中的公众也总是相对于一定的旅游公共关系行为主体（旅游组织）而存在的。

其次，一群人之所以成为某一组织的公众对象，是基于一定的利益关系而与该组织具有相关性和互动性。即公众不仅和特定组织的利益相关联，而且彼此相互影响。公众的意见、观点、态度和行为对该组织的目标和发展具有现实或潜在的影响力和制约力，甚至决定组织的成败；同时，该组织的决策和行为也对这些公众具有现实或潜在的影响力和制约力，影响他们利益的实现、需求的满足、问题的解决等。

这种相关性是组织与公众形成公共关系的关键。旅游公关工作中，寻找公众、确定公众，很重要的就是寻找和确定这种相关性，并把它们揭示出来，分析清楚，从而确定旅游组织的目标公众。

（五）公众的可变性

公众不是一成不变、封闭僵化的对象，而是一个开放的系统，处在不断发展变化的过程之中。任何组织的公众对象，其组成、数量、形式、性质等均会随着公共关系主体条件及客观环境的变化而变化：有的关系产生了，有的关系消失了；有的关系扩大了，有的关系缩小了；有的关系稳固了，有的关系动荡了；甚至有的关系发生性质上的变化。比如，公众在不断扮演不同的角色：既可以是旅游组织的员工、社区居民、报社读者，还可以是商店的顾客、餐馆的食客、列车上的乘客等。所以有人比喻公众是一支游行的队伍，而不是立定不动的士兵。公众的形成取决于共同问题的存在及相互关联的利益维系。一旦某个共同问题得到解决，尽管作为社会群体的人群依然存在，但公关意义上的公众已不复存在，当新的公关问题出现时，又形成新的公众。例如，某旅游游乐设施质量事故或某宾馆服务质量事故所形成的公众，会因事故的妥善解决而消失，因此旅游公关工作要随着公众的变动不断地更换工作对象。旅游公众环境的变化必将导致旅游公关工作目标、方针、手段的变化。反过来，旅游组织自身的政策、产品、服务、促销行为等方面的变化也会导致旅游公众环境的变化，使公众的意见、态度或行为发生相应的变化，而这种变化的结果又反过来对组织产生相应的影响和制约。

可见,旅游公关工作中必须以发展的眼光来认识自己的公众。

(六)公众的可控性

公众的态度、动机和行为受到个体和环境两方面因素的影响,所以,旅游公关主体经常可以借助于对环境因素的改变来达到逐渐影响旅游公众态度和行为的目的。即让有利于旅游主体的公众行为发生,防止不利于旅游主体的公众行为出现。如果没有了公众的可引导性,旅游公关工作就失去了意义。信息传播、广告新闻发布、新形象效应等旅游公关活动,都是利用了公众的可引导性这一特点。

以上我们从同质性、整体性、层次性、相关性、变动性及可导性六个方面来概述了公众的特点,虽然公众的具体形式和结构是复杂多样的,但上述几条特征则是共同的。旅游公关工作为使旅游组织在变化的环境中求生存、求进取,就必须强化公众意识,认识公众对象、了解公众对象、把握公众对象。了解公众的一般特征,仅仅是认识公众的第一步,为了更好地把握公众,有的放矢地开展公关工作,还需要进一步熟悉和掌握各类公众的分类方法。

知识要点提醒

现代公众意识是现代公关观念的重要内容,也是现代经营思想和管理理念的重要标志。面对日益开放、日益多元化和信息化的社会环境,任何组织都不可能漠视公众对其具有的重大影响甚至是决定作用。任何组织必须树立现代公众意识,树立公众至上的经营思想和管理理念。这就要求组织无论在制定目标或政策时,还是在从事管理和经营活动中,都必须分析公众,研究公众,高度关注公众的利益,倾听公众的声音,满足公众的需求,加强与公众的沟通,争取公众的理解、信任、支持和合作。

树立现代公众意识,重视公众,在实践中体现为公关活动的主体,特别是现代市场竞争下的旅游企业、组织,因其产业关联性、综合性极强,公众关系将更加复杂多样,其决策者更应当能够在深入、正确理解领会公众涵义的基础上,运用适当的公众分类方法对组织所处环境中的公众进行分类研究。只有对公众进行准确的细分,旅游公关活动才不至于无的放矢,才能卓有成效。

三、公众的地位

(一)公众在传播中扮演双重角色

公关活动本质上是一种传播活动。公关主体通过传播媒介将信息传递给公众,在这个过程中,公众处于传播的终端,是信息的接收者,公关活动的成败就取决于公众对信息的接收程度。

但是,我们知道公关传播并不是单向的,它的双向性已经得到了学界的公认。公众在接收到信息之后,不会波澜不惊,他们会扮演信息的传播者,以自己为起点把信息再次传递出去,并且还会产生第二次、第三次传播。而这种情况正是组织希望看到的,在这些二次、三次传播中,公关效果在不断扩大,公关信息在不断回流,公关方案也得以不断完善。

（二）公众是公关方案的实践者

西方文学中常常把一切没有经过读者阅读和检验的作品称为"文本"，只有经过读者的参与和检验，才能变成真正的作品。而任何一个公关方案也是如此，策划的方案再完美也只是纸上谈兵，只有经过实施阶段，通过公众的参与和实践，才能最终完成，才能分出优劣。

（三）公众决定公关传播的成败

所有公关活动的最终目的都是希望通过信息的传播赢得公众的认可，但由于公众的复杂性特征，使其对信息的接收程度千差万别，因此组织只有尽可能地找出公众的共性需求，有的放矢，才能提高传播的效率。公众对组织信息的接收效果和认可程度是检验公关活动成败的重要指标，可以说，在很大程度上，公众决定了公关传播活动的成败。

除此之外，组织还要密切注意公众的二次传播，针对不同情况及时调整公关方案。

二次传播的信息内容与组织一致，态度积极主动。出现这种情况，说明公关传播活动很成功，此时应及时跟进，扩大战果。

二次传播的信息内容与组织不一致，态度暧昧不明。出现这种情况，说明公关传播活动存在问题，公众接收效果欠佳，此时应及时找出症结，调整方案，提高传播效率。

二次传播的信息内容与组织相反，态度冷漠或敌对。出现这种情况，说明公关传播活动失败，例如赵薇的"军旗裙事件"。此时组织应立即停止传播活动，阻止事态进一步扩大，迅速找出失败原因，并采取相应的补救措施，寻求公众的理解和支持。

第二节 公众的分类

不同的组织有不同的公众，而同一组织与各相关公众之间又有不同的利益关联点，涉及不同性质、不同层次的问题，所以任何一个组织都不会只面对一种类型的公众。公关政策的制定和公关方法的运用，都有赖于对不同的公众的具体的分类。因此，公众的分类是公关工作中的一项重要内容。同样，一个旅游组织经常面临的具体的复杂而又广泛的公众群体，必须根据旅游公关工作的具体目标，区别和选择公众对象，才能针对目标公众的特点采取适当的工作方法来开展旅游公关工作。

可以说，没有区别就没有政策，没有政策就没有方法。任何旅游组织在开展公关工作之前，都必须对所在组织的公众进行分类，即将所有的"关系户"排排队，根据不同的需要和角度设立公众分类档案，尽可能地熟悉自己的关系对象，明确旅游公关工作的轻重缓急，有针对性地开展公关工作，以确保公关工作的有效性。

一、按照隶属关系分类

根据公众与组织的隶属关系分类可以将公众划分为内部公众和外部公众两大类。

（一）内部公众

内部公众是隶属于组织的那部分公众，即组织将其内部成员作为公众看待。如旅游组织内部的员工、股东、顾问、董事会以及员工家属等,他们是一个组织"内求团结"的根本依靠力量,又是组织"外求发展"的重要支柱,是形成组织向心力和凝聚力的力量源泉。

(二)外部公众

外部公众是指组织内部成员以外的公众,即组织外部环境中的各种公众对象。包括旅游者、社区、政府、新闻媒体、竞争者和合作者等,我们在下文将专门讨论。外部公众对组织的生存和发展同样能产生重大作用。

鉴于上述公众分类方式,一个旅游组织的公关工作可分为两大部分:

内部公关活动——内求团结完善;

外部公关活动——外求和谐发展。

然而,现实中一些旅游组织的公关活动有所偏颇,似乎一提公关就是外部公关,即怎样处理外部公众关系,忽略了内部公众的协调。外部公关宣传、广告、交往热热闹闹,内部员工关系紧紧张张,内部公关活动冷冷清清。然而良好的内部公共关系状态是组织全方位公关工作的根本前提,特别是对劳动密集型的旅游机构来说,组织形象往往是通过员工的言行来传递的,如果组织内部没有凝聚力,对外就难以形成竞争力和令人信赖的优良形象。

二、按照重要程度分类

根据公众对组织的重要程度,可以划分为首要公众、次要公众和边缘公众三类。

(一)首要公众

首要公众,指对组织的生存、发展和事业成败有着决定性作用的公众,即决定组织命运的那部分公众。如旅游组织内部的员工、股东、旅游消费者等。他们同旅游组织的利益息息相关,是推动旅游组织正常运转、促进旅游组织发展的动力,为维持、改善和发展这部分公众同组织之间的关系,对这类公众需投入大量人力、物力、财力和时间。如旅游饭店宾客关系中的重要人物(VIP),像里根在长城饭店宴请,英国女王下榻白天鹅宾馆,里根、英国女王等要人就必须置于重要位置,重点接待、安排,稍有差错就会造成重大影响。

(二)次要公众

次要公众,指对组织的生存、发展有一定影响,但没有决定性意义的公众。如相对于员工、顾客来说,政府和社区百姓等就相对次要些。尽管这些部门对组织的生存和发展不直接产生影响,但他们从各个方面制约着组织。因此组织在做好首要公众工作的同时,要努力调节好与次要公众的关系,为组织的发展创造有利的公众环境。

(三)边缘公众

边缘公众,指与组织有一定的联系,但不影响组织正常运转的公众,如同行业的竞争者。

上述这种划分只是相对的,特定情况下三者可以发生转化。从投入与产出的效果来考虑,要保证首要公众,兼顾次要公众,不忽视边缘公众。

知识窗

在公众结构上,有一个著名的"8∶2模式",即80%的普通工人生产20%的企业效益,而 20% 的公众(员工或消费者)生产 80% 的企业效益。这其中,80% 的人是次要的多数,20% 的人是关键的少数。

三、按照公众态度分类

根据公众对组织所持的态度可以将公众分为顺意公众、逆意公众和边缘公众三种类型。

顺意公众,指对组织的政策和行为持赞同意向和支持态度的公众。

逆意公众,指对组织的政策和行为持否定意向和反对态度的公众。

独立公众,指对组织的政策和行为持中间态度或观点意向不明朗的公众。

这三种公众也是可以发生转化的,顺意公众和逆意公众可以相互转化,而边缘公众可以向两边转化。在公关活动中,顺意公众的意见、态度和行为对组织的目标和活动具有至关重要的意义,他们不仅在行动上支持组织,还可以通过他们的社会关系扩大组织在社会中的影响,提高组织的知名度和美誉度,所以,组织的公关人员要重视这一群体,他们是组织生存、发展的基本依靠对象,但公关工作不可忽视这一群体态度和行为上发生变动的可能性,要及时反馈信息并做出相应的调整,以防止顺意公众的逆转,进而对组织产生消极影响。边缘公众由于他们对组织各方面的态度不明朗,他们既可能转化为顺意公众,又可能转化为逆意公众,从公众构成人数的多寡来说,争取边缘公众这"沉默的大多数"常常成为公关工作的重点。对于逆意公众,公关人员要本着"多交友、少树敌"的原则,悉心研究逆意公众形成的原因,有针对性地开展公关工作,促使逆意公众放弃抵触情绪,逐渐理解组织的立场、观点和行为,进而争取实现与他们的合作。

四、按照稳定程度分类

根据公众构成的稳定程度可将公众分为临时公众、周期公众和稳定公众三类。

(一)临时公众

临时公众,是因某一临时原因、偶发事件或专题活动而形成的公众。如因飞机航班误点而滞留机场的旅客、景区发生意外事故受伤的游客、对旅行社进行投诉的游客等。这类公众往往事先难以预测,只在旅游组织遭受临时公众压力时,需公关部进行紧急应付。所以,现代旅游组织的公共关系机构必须具备应付临时公众的能力。

(二)周期公众

周期公众,是按照一定周期和规律而形成的公众。如每逢黄金周出现的游客、寒暑假乘车的学生旅客、传统节假日餐馆的食客、一年一度洛阳牡丹花会的各方来宾等。这类公众往往能够事先预测,可以事先制定出相应的公共关系工作计划,从而有准备、有针对性地开展公共关系工作。

(三)稳定公众

稳定公众,是具有稳定结构和稳定关系的公众。如老主顾、常客、社区居民、业务合作伙伴等。稳定公众是组织的基本公众,组织往往对他们采取额外的优惠政策和特殊的保障措施,以示亲密关系。从某种意义上说,稳定公众的多寡可以作为考察组织公共关系成熟度的一个标志。

上述公众类型的划分,是制定公共关系临时性对策、周期性政策和稳定策略的依据。

五、按照组织的态度分类

根据组织对公众的态度可将公众划分为受欢迎的公众、不受欢迎的公众和被追求的公众三类。

（一）受欢迎的公众

受欢迎的公众,是指迎合组织的需要并主动对组织表示兴趣和交往意向的公众,即与组织是两厢情愿的公众。如自愿的旅游投资商、赞助者、慕名前来的顾客、为组织采写正面宣传文章的记者等。这种关系因双方均采取主动的姿态,不存在沟通障碍,沟通的结果一般对双方都有利。

（二）不受欢迎的公众

不受欢迎的公众,是指违背组织的利益和意愿,对组织构成潜在或现实威胁的公众,即组织力图躲避的公众。如持不友好态度的记者,反复纠缠索要赞助的团体或个人等,这均是组织力图躲避不愿接触的公众。组织往往巧妙地设置障碍,制造困难,将其拒之门外,以减少对组织的威胁。

（三）被追求的公众

被追求的公众,是指符合组织的利益和需要,但对组织不感兴趣、缺乏交往意愿的公众,即组织对其一厢情愿的公众。如社会名流、著名记者、政府要员等,对任何组织都是一种求之不得关系对象,需要组织去主动追求,建立关系,扩大影响。对组织来说,把握这部分公众关键是要设法建立沟通渠道,讲究交往艺术,把握好传播时机。

六、按照人口基本结构分类

所谓按照人口基本结构分类,即按国别、性别、年龄、职业、经济状况、教育程度、政治或宗教信仰、种族和民族背景等方面进行分类。旅游企业、组织,如宾馆、饭店等机构,对自己的公众进行人口结构分析尤为重要。饭店的客人来自世界各地,应该把哪些客人作为公关工作的重点,需要依据对宾客基本状况的资料积累来分析。

以国别来讲,并非所有国家都是理想的旅游消费市场。那些人口多,国民有相当可自由支配的收入、经济稳定、交通便利且对旅游地感兴趣的国家和地区,像美、日、德等国,应该是旅游公关工作的重点。同样,对这些主要市场国公众的情况还应该作进一步的分析:美国有50个州,我们不可能把它们全部纳入工作范围,其实,美国出国旅游者大多来自纽约等几个州;日本出国旅游者大都集中在京都等东部地区。这样一分析,对国外游客公关工作的重点就明确一些了。

另外,按人口基本结构对公众进行分类,还需要注意这些结构间的纵横交错的复杂关系,不能简单化。年龄和国别的关系即应如此。如从日本游客看,其中青年所占比重较大,有98％的中学组织修学旅游,另外,日本每年还有77万对新婚夫妇,其中75％要到国外度蜜月,争取日本青年来华旅游观光则是我国旅游公关工作的重点。美国出国旅游者中青年所占比重也比较大,但来华旅游的则以中老年居多,主要原因是旅途遥远、花费大,没有经济收入或经济收入较低的青年人难以负担。因此,如果我们在美国市场也盲目地把重点目标对准青年人,则是不现实的。

七、按照公众的一般发展过程分类

按照公众发展过程不同阶段的特点,可以将公众分为非公众、潜在公众、知晓公众和行为公众四种。

(一) 非公众

非公众,是指同本组织不发生任何利益牵连的社会群体。它既不受组织影响,也不对组织产生影响。划分出非公众可以帮助我们将其排除在公关活动的范围之外,减少不必要的资源浪费,从而减少公关工作的盲目性。

(二) 潜在公众

潜在公众,是指由于组织的行为引起了某个共同的问题,但公众尚未意识到问题的存在,由于这种共同的问题而影响到的社会群体就是组织的潜在公众,也叫未来公众或隐蔽公众。对于潜在公众将要面对的问题,公关人员需要未雨绸缪,加强预测,及早发现问题,采取必要的预警措施,防患于未然,将问题解决在萌芽状态,避免酿成更大的麻烦,以维护组织的社会形象。潜在公众是公关工作中需要主动关注的对象。

(三) 知晓公众

知晓公众,是由潜在公众发展而来的,指那些已经意识到自己面临的问题和处境,并明确知晓该问题与特定组织有关,从而构成组织不可回避的现实公众。作为知晓公众,他们不仅已经意识到问题的存在,并且急于了解问题产生的根源及解决的办法,只是还没有付诸行动而已。此时,知晓公众对任何与他们所面临的组织及有关问题的信息都十分关注。对组织来说,应采取积极主动的公关姿态,及时沟通,主动传播,满足公众被告知的心理需求,使公众对组织产生信赖感,这对于控制舆论局势非常重要。若知晓公众不能从有关组织那里获得必要的信息,便会转而向其他信息渠道获取,各种不准确的小道消息将可能流传开来,局势的演变将难以控制,事后的解释将事倍功半。在公关工作中,能否以积极的态度、正确的方法,把握适当的时机,对知晓公众开展公关工作,往往是公关工作成败的关键,这一阶段的工作尽管不如潜在公众阶段工作那样主动,但也是机不可失,时不再来。

(四) 行动公众

行为公众,是指那些不仅意识到问题的存在,而且为了求得问题的解决,已经或正在采取某种实际行动的那部分公众。在这个阶段,公众已对组织构成压力,迫使组织必须采取相应的行动。无论公众的行为是积极的还是消极的,组织的反应都不能只停留在语言、文字上,而必须有实际的行动。也就是说,行为公众必然促成公关行为的发生。面对行为公众,组织公关工作已很被动,但除了采取积极的补救措施和行动之外,别无选择。当然,高超的公关行为会使行为公众的压力转变为动力,甚至可以把危机转变为对组织有利的契机,这是公关人员努力追求达到的最佳效果。

把公众划分为非公众、潜在公众、知晓公众和行为公众是一种纵向分类方法,其意义是把公众理解为一个连续发展的过程。

值得强调的是,对公众的分类还可以有其他一些方法,在实际旅游公关工作中,可以不拘泥于上述这些划分方式,具体问题具体分析,而且在有些情况下要综合运用分类方式。对公众进行分类的根本目的是帮助开展旅游公关工作。

第三节　旅游特定目标公众

旅游组织,无论是旅行社,还是饭店或其他旅游企事业单位,在每一次开展公关活动时,都有特定的目标公众对象。不同的公众类型有不同的特点和需求,掌握了这些情况组织才能更好地开展公关活动,协调双方的关系,寻求更好的发展。

一、内部公众

案例 4—1

山东大厦的经营之道

于2002年正式营业的山东大厦是一家五星级酒店,是山东省委、省政府的接待中心,同时也是一座集客房、餐饮、娱乐、会议、接待、展览于一体的综合性多功能建筑群。十年来,酒店围绕品牌战略,将公共关系理论导入到企业的经营管理中,全方位、多角度开展公关活动。

1. 注重形象塑造,增强酒店的品牌竞争力

作为"好客山东"的优秀实践者,山东大厦是山东酒店业的一面旗帜。大厦非常注重在硬件改造上的突破,做到要么第一,要么唯一。2008年,山东大厦先后对大堂、会议中心等区域进行升级,新建了可容纳1300人同时就餐的"金色大厅"。同时,着手修建独特的花园景观,让每个房间均成为观景房。2009年,山东大厦为迎接第十一届全国运动会,又对客房进行了改造装修,改造后的客房集环保、生态、数字化为一身,舒适温馨,绿色环保,具有时代气息,被宾客誉为"21世纪客房"。客房的品质不仅体现在客房本身,还体现在客房周围的环境和外面的景观,修建了"雀鸣苑"等3个水榭景观,培植了银杏、国槐等名贵树木50余种、3万余株,使山东大厦内外焕然一新,成为生态园林。

在达到硬标准的同时,酒店更加注重软实力的建设。酒店将员工的个人素质、文化水平、价值观、人生观、服务意识、员工职业生涯规划等纳入到企业软实力建设中。公关部门还创办了属于自己的杂志——《山东大厦》,记录大厦的每件大事,也记录工作中的点滴。员工在杂志上交换工作经验、分享工作乐趣的同时,自觉树立起"大厦形象从服务做起"的公关风气,提高了服务质量,增强了酒店的竞争力。

2. 确立文化战略,打造酒店文化氛围

每一位客人在山东大厦都可以处处感受到齐鲁文化和山东大厦独特的服务文化。"让大厦处处显文化,时时见文化"是公关部提出的口号。走进宴会厅,服务人员身着传承

了数千年历史的汉族特色服装——汉服,为宾客热情服务,宾客在享受美味佳肴的同时,仿佛回到了古代大宴宾客的宏大场面,这是齐鲁文化和华夏文化的历史再现,是一种非同寻常的文化体验。大厦会议中心东西长廊两侧有一个齐鲁文化长廊。文化长廊由太公封齐、伯禽治鲁、孙子兵法、墨子破云梯、羲之求鹅、孔子讲学、孟子游说、清照词意、趵突胜景、南风神韵等十幅代表山东人物和风光的大型壁画组成,分别采用沥粉、景泰蓝、釉料彩绘等工艺绘制,制作精美,工艺精良。

此外,山东大厦还建立了介绍酒店成绩、管理特色、员工表现、名言警句的企业文化墙,而且各部门都建立了二级文化墙和班组的三级文化墙。文化墙不仅是员工了解酒店整体情况的窗口,还有利于员工自我反思、自我激励,为大厦营造了一个良好的企业文化氛围。

3. 推广"love式服务",完善酒店管理体制

"love式服务"是一种个性化、亲情化的体验式服务,它倡导每个公关人员都要视客人如亲人,视客人如爱人,努力在每一次服务中都给客人带来惊喜和感动。比如,时常把客人放在心上、记住客人的生日、了解客人喜欢和讨厌的事情等。这些比追求女孩子还要细腻用心的做法,长期以来,经过公关部门的精心策划后,已经成为山东大厦的一道留客招牌。

酒店公关部门还根据日本很多企业采用的"五常管理法",创新引入了包括常分类、常整理、常清洁、常维护、常规范、常检查、常自律在内的"七常法",形成山东大厦特有的一套管理体系。"七常法"21个字,包含了酒店日常管理的所有内容。简单几个字的改变,使管理内涵延伸到员工本身,领导告诉员工如何去做,员工自己也掌握了做事的方法,即员工自身也成了管理者,而他们要做的就是管好自己。员工从小事做起,通过上级检查,形成习惯,之后自觉执行规范,形成一种自律氛围。"七常法"吸引了许多酒店同行和教育部门前来"取经",目前,大厦已经成为"全国星级酒店首家'七常法'样板单位"。

4. 围绕各种活动,提高酒店员工素质

公关部门通过多方努力,组建了自己的足球队和篮球队,经常和同行酒店的球队组织体育比赛,加强了员工的身体素质,也增强了员工的情感交流。组织员工定期举行各种活动,如技能比武大赛、野外拓展训练、主持人选拔大赛、演讲比赛、《员工手册》知识竞赛等,很好地活跃了员工的业余文化生活。

公关部门充分认识到,提高员工文化素质和综合素质最有效的途径是员工培训。针对员工中年轻人比较多的特点,酒店不断进行跟踪培训,缺什么就补什么,使员工不断学习知识和技能,满足了青年员工对知识的渴求。山东大厦还成立了职工学校,创立了面对全体员工的整建制培训制度。2008年,山东大厦聘请山东旅游职业学院的教授进行了为期一周的培训,收到了很好的效果;之后,大厦又聘请南京旅游职业学院的专家团为员工授课。另外,山东大厦还制定了"小教员培训制度",由一线部门业务突出、工作技能娴熟、富有实践经验的佼佼者对员工进行培训。培训机制的建立,使员工不断地丰富自己,提高自己,可以安心在酒店工作。

资料来源:《中国旅游报》,2011年11月23日

内部公众是组织内部沟通、传播的对象,是组织内部全体成员构成的公众群体。内部公众既是内部公关工作的对象,也是外部公关工作的主体,是与组织自身相关性最强的一类公众对象,是公关工作"内求团结,外求发展"的主要依靠力量。

加强内部公众沟通的目的,是培养组织成员的向心力、凝聚力,培养组织成员的主体意识和形象意识。内部公众关系的公关意义可以从两个方面来认识。

第一,旅游组织需要通过自身成员的支持来增强内聚力。在饭店服务业,有一句名言:企业有两个上帝,那就是客人和员工。一个组织的存在价值及整体形象在取得社会的认可之前,首先需要得到自己成员的认可;组织的目标和任务在赢得社会支持之前,首先需要赢得自己成员的配合与支持。否则,组织的价值和目标将会落空,组织将无法作为一个整体面对外部社会公众。因此,良好的内部公众关系是开展公关工作的起点。组织内部的公关工作首先要增强内聚力,将全体成员组合成一个有机整体。旅游业是一个通过提供服务来展示形象的窗口行业,每一位员工的服务都直接影响着客人对整体服务质量的评价。所以,旅游企业要通过一定的内部公关措施来提高员工的向心力、凝聚力,并由此使他们自觉做好本职工作,维护企业形象。而旅游组织要增进其凝聚力、向心力,就要处理好员工关系。处理好员工关系就要求组织的管理者尽可能地满足员工的各种需求。首先是重视员工的物质生活需求。具有吸引力的薪资报酬和优厚的福利待遇,可以解决员工的后顾之忧,让他们安心在岗位上工作,也能够使员工产生自豪感。其次是重视员工的精神需求。员工的工作积极性和聪明才智的发挥程度还受到工作氛围、人际关系、心理满足程度等精神方面的因素的影响。必须把企业的价值和发展目标与员工的个人职业设计结合起来,这样才能使企业始终保持一支稳定、高效、团结的员工队伍,企业的发展就有了人力资源的保证。要做到这些,就要创造条件让员工能够信息共享、参与组织决策,给员工更多的学习和发展机会。

第二,旅游组织需要通过全员公关来增强外张力。旅游行业具有最显著的全员公关特性。旅游组织的对外影响力有赖于全体成员的努力与配合,因为就人对人服务的旅游业来说,每个组织成员都会是组织与外部接触的触角。特别是普通员工,处在对外工作关系的第一线,组织的整体形象必须通过他们在各自工作岗位上的良好行为具体体现出来。在对外交往中,每一位组织成员都是非常重要的公共关系行为主体,这种主体性的发挥则有赖于他们对组织的认同感和归属感。组织的外张力与组织的内聚力成正比。一个组织如果希望它的成员能够时时处处自觉维护组织的形象,就应该时时处处善待和尊重自己的成员,将他们作为重要的公关对象,努力培养他们对组织的认同感和归属感、主体意识和形象意识。

知识要点提醒

所谓全员公关,是指组织每一位成员都要具备公关意识,并将公关意识渗透到组织经营、管理、生产、服务等每一个环节、每一个层面,在组织内部形成浓厚的公关氛围和文化。

作为一种经营管理职能,公关工作的职责是管理组织的无形资产。所谓无形资产是指不具备独立实物形态,但又通常依托于一定的实体,以价值形态存在和控制于特定主体,对生产经营发生长期、持续影响的经济资源。无形资产是与有形资产同样重要的经济资源,它已成为一种确定的生产要素,在竞争中的作用也将日益重要。通常情况下无形资产可分为以下四种类型:可确指的知识产权型无形资产,如专利权、商标权、著作权等;可确指的获得性特种权利资产,如土地使用权、租赁权、专营权、进出口权、产销权、优惠权等;不可确指的非知识产权型无形资产,如组织形象、商业信誉、科研能力、管理水平、员工素质等;不可确指的自然条件赋予的无形资产,如地理环境、人文环境、自然资源等。可见无形资产的这种无形性和宽泛性,大大增加了公关工作的难度。公关工作的成功不仅需要依靠组织内外的专职公关人员,而且有赖于组织各个部门和全体员工的整体配合。

旅游业是服务性行业,旅游组织中的每一个成员都处在生产服务的第一线,每一个人都是接触外部公众的触角,在旅游公关活动中,从创优质产品、提供优质服务到宣传引导公众舆论,都需要旅游组织内部员工的精诚团结和勤奋努力。因此,旅游业的全员公关是最突出的,可以说,在旅游组织中,上至最高领导,下至普通员工,都是有形无形的公关人员。

二、顾客公众

顾客公众是指购买、使用旅游组织提供的产品或服务的个人、团体或组织。顾客公众包括个人旅游消费者和团体旅游消费者,他们是旅游组织的首要外部公众。

市场经济发展至今,先后经历了产品观念、服务观念、定制化服务观念,到了今天有人说已经进入体验经济的时代。在买方市场时代,企业竞争的核心和实质越来越超出于产品本身,已提升到了文化、观念和价值观的层次上。这正需要在旅游生产者、经营者和一切为旅游消费者提供产品和服务的旅游从业者头脑中植入双赢战略、关爱公众、共同受益等公关思想观念。

具体来说,处理好与顾客的关系需要注意以下几点。

第一,要树立顾客至上的经营理念。旅游业内有一句名言,"顾客永远是正确的",这是一种很重要的具有哲学辩证思想的经营理念。

第二,要提供优质的产品和优良的服务,以及完善的售后服务。曾是美国最大的汽车销售商的乔·吉拉德有句名言:"我相信销售真正始于售后,并非货品出售之前"。凭着这种完美的售后服务,能有效赢得市场。旅游企业积极开展售后服务对于完善旅游组织的形象十分必要。

第三,妥善处理各种纠纷,认真对待顾客投诉。在服务行业,客人投诉是一件很难避免的事。公关人员在对待这一问题上应该做到诚恳、耐心、及时、认真,给客人满意的答复。相反,过去那种"货物售出,概不退换"的做法,实不足取。以景区为例,由于旅游景区环境复杂,景区服务内容丰富、涉及面广、实施困难,发生投诉事件在所难免。公关部门应充分了解游客投诉的主要原因,尽量减少游客的投诉,努力做到防患于未然。一般来讲,造成游客对景区投诉的原因主要包括:对景区人员服务的投诉、对景区产品的投诉和对景区硬件及环境的投诉,如游客在景区内购物遭到欺诈,引起不满而投诉;景区人员由于服务水平有待提高,与游客发生矛盾而被投诉;景区处在发展建设的初期,各项旅游设施未达到游客的满意度产生的投诉等。这些纠纷一旦发生,公关人员必须及时赶赴现场了解情况,与游客进行沟通,把握处理投诉的原则,做好安抚工作,真诚地解决问题,不可与游客争辩,同时应保护旅游景区的利益不受损害。公关人员处理游客投诉的方法包括:保持沉默,倾听游客诉说;相互理解,真诚赔礼道歉;明确意图,提出解决办法;双方协商,确定解决方案;善后处理,后续跟踪服务等五个步骤。

第四,正确引导顾客消费。顾客在消费时带有极大的盲目性,组织可以通过电子媒介展示、举办旅游知识培训活动、编印说明材料、免费尝试或折扣消费等种种措施来积极引导消费。若能引导旅游消费的潮流和时尚,也就实现了企业的营销目的。

案例 4-2

一个人的飞行

在日本东京机场,一架隶属于英国航空公司的波音747客机在跑道上静静等候,经过机场地勤人员对飞机机械设备的检查后,它将承载着191名乘客飞往英国伦敦。

然而,在候机大厅上空传来了播音员委婉的、反复的播报:"非常抱歉,乘坐008号航班的客人请注意,由于飞机机械故障,此次飞行需要向后顺延一些时间,给大家带来不便,为此我们深表歉意……"

众所周知,航空公司由于天气原因或机械故障而推迟飞行,是为了保证乘客的生命和财产安全,是很正常的事情。在随后的几个小时,故障仍未排除。这种情况下,为了不使乘坐008号航班的乘客耽误的时间太久,英国航空公司的工作人员开始劝导大家改签其他航空公司的班机。190名乘客接受了安排,纷纷换乘航班飞往伦敦。但意想不到的事情发生了,一位日本老太太无论如何也不愿意换乘其他航班,坚持要坐008号航班。随后,英国航空公司果断作出决定,放弃刚刚维修好的008号航班新承担的飞行任务,按照这位老太太的要求飞往伦敦。于是,20世纪飞行史上的罕见一幕开始了:东京至伦敦的洲际飞行,13000公里的超长距离,13个小时的日夜兼程,21名机组乘务人员的热情服务,这一切只是为了一名乘客。她不是航空公司总裁,也不是亿万富翁,更不是国家元首,她只是一位普普通通的日本老太太,名字叫做大竹秀子。这次只有一名乘客的飞行,也被公众认为是一次最伟大、最神奇、最人性的飞行。英国航空公司为此损失了10万美元,却从此迎来了络绎不绝的乘客。

英国航空公司想乘客所想,急乘客所需,获得了每位乘客的满意,事后换来的却是不小的损失,令人十分遗憾。塞翁失马,焉知非福,英国航空公司正是以"乘客就是上帝"的公关策略,用对乘客关怀备至的实际行动,在公众面前得到了很高的知名度和美誉度,树立了自己良好的组织形象,从此声名大振,财源滚滚。

资料来源:活动参考网 http://hzy8.banzhu.co/article/hzy8-50-3402888.html

三、社区公众

社区公众是指旅游组织所在地的地方政府、社会团体和其他社会组织以及当地居民百姓。社区关系又称为"区域关系"、"邻里关系"、"地方关系"。社区是一个组织赖以生存发展的基本环境,是组织的生根立足之本,对于任何一个旅游组织都非常重要。"公关始于门前"就是讲的这个道理。

社区关系直接影响着旅游组织的生存环境。社区如同组织扎根的土壤,没有良好的社区关系,组织就会失去立足之地。社区公众是由特定的活动空间所确定的,区域性、空间性很强。地方性组织的活动直接受社区的制约,需要利用本地的资源来发展自己。因此社区关系直接影响着组织其他各方面的关系,如员工家属关系、本地劳动就业问题、本地顾客关系、地方媒介关系、地方政府关系等。

社区关系还直接影响着组织的公众形象。社区公众涉及当地社会政治、经济、文化、教育等多个方面的不同阶层,类型繁多,涉及面广,对组织客观上存在着各种不同的要求和评价。由于处在同一社区,对组织的某一种评价和看法又极容易相互传播,形成区域性的影响,从而形成组织的某一种公众形象,所以尤其不可忽视。

处理好社区公共关系,旅游组织要做到这么几个方面。

第一,严格遵守有关的法律法规和规章制度,尊重当地社区著名的风俗特点和生活习惯,做到入乡随俗。

第二,旅游组织应主动关心社区建设,尽可能地给予社区支持和帮助。

第三,实行门户开放政策。经常邀请社区百姓参加旅游组织的活动,接待参观,听取他们的意见和建议,密切与社区的邻里感情。

旅游景区的开发往往遇到社区关系的困扰,若不能很好解决当地旅游区居民的生活、工作等相关问题,就会给当地旅游业的发展带来种种障碍,旅游地社区管理问题是我国旅游业发展必须研究的公共关系课题。例如,九寨沟之前的景区与村民的关系很紧张,乱搭乱建的情况都存在,当景区把利益关系协调好以后,九寨沟的村民就成为主动保持卫生、维护秩序的主力军了。很多时候,村民看到地上有纸会主动捡起来,因为一旦环境卫生出现问题,让旅游者不舒服,就会直接影响自己的收益。

四、媒介公众

媒介又称新闻界,指新闻传播机构及其工作人员,如报纸、电视、广播、杂志等部门及其编辑、记者。媒介关系是公关工作对象中最敏感、最重要的公众关系。

(一)媒介关系的特殊重要性

新闻媒介对于组织具有双重角色的特点。一方面,新闻媒介是组织与公众实现最广泛、最有效沟通的必然渠道,具有工具性的特点;另一方面,新闻界人士是组织需要特别重视的特殊公众,具有对象性的特点。媒介与公众合二为一的双重角色,决定了媒介关系是公关工作中传播性最强、最敏感、公关操作意义最大的一类公众关系。

1. 新闻媒介具有普遍性、社会性、公开性和组织性

新闻媒介的普遍性、社会性、公开性和组织性使得其传播的信息在可信度、权威性和时效性上有着先天的优势,而这些优势正是旅游组织可望而不可即的。旅游组织应努力争取媒体公众,利用其传播优势为组织服务。

2. 媒体公众决定了舆论的导向

媒体公众对某一问题的集中报道,极易形成社会热点,并影响舆论导向,因为人们总

是习惯按照媒体对于事件的关注度来分配自己的注意力。比如某个组织、事件如果被媒体关注，集中报道，便会成为整个社会的舆论焦点，拥有较高的知名度。如果是正面报道，则会迅速提高组织的美誉度，反之，则会使组织名誉扫地。

案例4—3

旅行社诚信经营的重要性

  2011年11月，由《温州晚报》发起的寻找旅游行业的诚信"带头大哥"评选活动，得到了广大温州市民的积极参与，最终温州海外旅游公司、温州精诚国旅旅行社有限公司、温州和平国际旅游有限公司、温州康辉国际旅行社、温州中青旅有限公司、温州瓯之旅旅游有限公司、温州新世纪旅游有限公司、温州富龙国际旅游服务有限公司、温州七彩虹旅游有限公司、温州盛世明珠旅游有限公司、温州中苑商务旅游有限公司、温州远方旅行社有限公司等12家旅行社获评"诚信旅行社"。

  与此同时，在安徽省旅游局质监所发布的2010年度旅行社诚信等级复核结果中，三家旅行社因被合肥市旅游局通报批评和处罚而被取消了诚信等级参评资格。它们分别是：安徽迎驾国际旅行社，因内部人员及旅游合同管理不规范，负面影响严重，被媒体和合肥市旅游局通报批评；安徽省中国旅行社，因某港澳游导游无领队证且未妥善保管业务资料，被合肥市旅游局处罚；安徽庐州旅行社，因与不具备经营资质的办事处开展委托业务，被合肥市旅游局处罚。

  同为旅行社，一边作为旅游业的典型，受到了公众的表彰和拥护，另一边却被通报批评、取消等级，让公众失望。不同的两个结局，说明了诚信是决定旅行社成败的关键。"诚"就是诚恳、真挚，"信"就是信誉、正直，"精诚所至，金石为开"。对于旅行社公关人员来讲，没有什么比信誉更重要，旅行社只有讲诚信，才能以优质的服务吸引消费者，树立良好的组织形象，建立优良的市场信誉，真正成为旅游者离不开的旅游专家。

资料来源：《中国旅游报》，2011年11月28日

  3. 媒体公众对组织形象的社会化起重要作用

  组织形象只有经过社会化即取得社会公众的认可，才能转化为实际的组织形象。这个过程就是组织的公关传播过程，而媒体公众的传播是范围最广、速度最快、效果最好的。由于媒体公众在社会公众中的信任度很高，可以使这个过程大大缩短，在社会公众眼中，组织的新闻形象往往代表了组织的社会形象。

  （二）正确处理媒介关系

  处理好媒介关系，是旅游组织公关工作的重要课题。要建立并保持良好的媒介关系，公关人员应从几个方面去努力。

  第一，要熟悉新闻媒介。旅游公关人员应了解并熟悉媒介组织的特点。不同的媒介组织有不同的业务性质和影响范围，对于这些，旅游公关人员都应该非常清楚。即使对于媒介组织的内部结构、各部门的职责和负责人，也应该掌握得越清楚越好。这样，当旅游组织需要通过新闻媒介进行公关传播时，就能有的放矢。

第二，要保持媒介渠道的畅通性。与媒介建立经常性的联络渠道，由专人负责，随时可以沟通联络。旅游组织的公关部门应该建立与媒介公众经常性的联系渠道，由专人负责此项工作。

第三，要正视新闻媒介的批评报道。对于内容属实的批评报道，组织应首先承认错误并表示感谢，其次要马上查清事情真相及其原因，并立即采取补救措施，再请媒体作正面的宣传报道，及时挽回影响。对于内容失实的批评报道，组织也应当保持冷静，诚恳地向新闻媒体提供真实的情况，以澄清事实真相，再请媒体做出相应的纠正。

第四，要掌握正确的交往原则。与新闻界人士要以诚相待，提供真实的新闻信息，不文过饰非；了解新闻界的职业行为准则，维护他们的职业尊严。切忌以经济性手段来影响新闻媒介的独立性和客观性，不能用金钱等物质利益手段诱惑对方按自己的意图进行报道，更不能将自己的观点强加于对方，迫使对方进行不合理的报道，这不仅有损新闻界的信誉，也同样是公关工作之大忌，背离了公关工作真实性的原则，最终会破坏双方真诚、持久的合作关系。

五、政府公众

政府公众是指政府各行政机构及其工作人员，以及旅游组织的具体上级管理机构和管理人员。任何社会组织都必须接受政府的管理和制约，因此需要与政府的有关职能机构和管理部门打交道，这是所有传播沟通对象中最具权威性的对象。旅游组织必须与政府各职能部门建立和保持良好的沟通，这是组织生存、发展的重要条件和保障。

旅游组织与政府保持良好沟通的目的，是争取政府及各职能部门对本组织的了解、信任和支持，从而为组织的发展争取良好的政策环境、法律保障、行政支持和社会政治条件。一方面，政府的认可和支持是具有高度权威性和影响力的认可和支持；另一方面，与政府建立良好的关系能够为组织形成有利的政策、法律和社会管理环境。通过良好的政府关系，旅游组织能够及时了解到有关政策的变动，能够较方便地争取到政策性优惠或支持，能够对有关本组织的问题在进入法律或管理程序之前参与意见，使之对旅游组织的发展有利。

因此，旅游组织需要主动建立和加强与政府有关部门之间的双向沟通。具体来讲，应该做到以下几个方面。

第一，旅游组织的公关部门应该详尽地分析、研究政府的方针、政策、法规，提供给本组织领导及各部门参考，使组织的一切活动都保持在政策、法规许可的范围内，并随时按照政策、法规的变动来修正本组织的政策和活动。

第二，旅游组织的公关部门应随时将实际工作部门的具体情况上传至政府有关部门，并根据本地区、本行业、本部门的特殊情况，主动提出新的政策设想和方案，并通过适当的渠道进行说服性的工作，协助发现及纠正政策执行中出现的偏差或失误。

第三，处理政府关系，还需要熟悉政府机构的工作范围和办事程序，并与各主管部门的具体工作人员保持良好关系，避免人为造成"踢皮球"和"公文旅行"的现象，提高行政沟通的效率。

六、名流公众

名流公众指那些对社会的舆论和社会生活具有较大影响力和号召力的有名望的人士,如政界、工商界、金融界的首脑人物,科学界、教育界、学术界的权威人士,文化、艺术、体育、影视娱乐圈等方面的明星等。这类关系对象的数量有限,但对传播的作用很大,能够在舆论中迅速"聚焦",影响力很强。公关活动中,通过社会名流去影响公众和舆论,往往具有事半功倍的效果。

旅游组织和社会名流保持良好的关系,是为了借助他们的知名度扩大组织的公共关系网络,扩大组织的公众影响力,提高组织的社会形象,这也正是"名人效应"的体现。旅游管理部门和旅游企业组织可以经常同各界名流联络和合作,借助社会名流的知识和专长,借助社会名流的优势关系网络,借助社会名流的社会声望,并利用公众崇拜名流的心理,提高本组织的在社会和公众心目中的地位。

七、国际公众

国际公众指旅游组织的业务、人员及其他活动进入国际范围,对别国的公众产生影响,并需要了解和适应对象国的公众环境的时候,该组织所面对的不同国家、地区的公众对象。国际公众对象具有与本组织完全不同的社会和文化背景,因此传播沟通活动有着显著的跨文化特征。

搞好国际公众关系的目的是争取国际公众和舆论的了解、理解与支持,为本组织及其政策、活动、产品和人员塑造良好的国际形象,创造良好的国际声誉。这在我国已经加入世贸组织的今天,具有非常重要的意义。

不论是旅游企业还是旅游管理组织,为了更好地参与国际旅游大循环,发展外向型旅游经济,都急需发展国际旅游公共关系。通过国际公共关系的方法,及时、准确地了解国际旅游市场的动向,了解国外的投资者、合作者和旅游者最新的需求;运用公共关系手段,向国外的游客、舆论和市场传播自己的信息,树立自己的形象,介绍自己的产品和服务,提高自己的国际知名度和国际信誉。所以,良好的国际公共关系有利于促进这些方面的交流与合作,有利于树立中国在世界旅游业中的良好形象。

由于国际公共关系是一种跨文化传播,在信息交流和对外交往方面,不仅要懂得运用外国的语言文字,还要了解对象国的历史文化、风俗习惯、公众心理,以及了解国际服务贸易和对外交往中的惯例,使传播的信息尽量符合当地的公众习惯。总而言之,各类旅游组织一定要抓住机遇,运用国际公共关系帮助自己走出国门,走向世界。

【小结】

各类旅游公众是旅游公共关系工作的客体对象。对旅游公众进行分析、分类,把握不同旅游公众的特点,采取不同的公关策略是旅游公关工作的实质内涵。熟悉旅游公关中公众的概念、特点及分类,把握旅游特定目标公众的分析方法,是开展旅游公关活动的前提条件。

【关键术语】

公众特点、公众分类、旅游目标公众、旅游全员公关。

【习题】

一、名词解释

公关意识、旅游公众、非公众、潜在公众、知晓公众、行为公众、顺意公众、逆意公众、边缘公众、内部公众、外部公众、顾客公众、社区公众、媒介公众、政府公众、名流公众、国际公众。

二、填空题

1. 一个组织只有正确地认识和分析自己的（　　），才能有的放矢地制定公关工作的目标、策略和方法。
2. 公众这种群体的具体存在形式不是单一的，而是复杂多样的，可以是（　　）、（　　）或（　　）三个层次。
3. 根据公众构成的稳定程度可将公众分为（　　）、（　　）和（　　）三类。
4. （　　）是公关工作对象中最敏感、最重要的公众关系。

三、选择题

1. 公众具有哪些特征（　　）。
   A. 整体性　　B. 共同性　　C. 层次性　　D. 变化性　　E. 相关性
2. 旅游饭店宾客关系中的VIP，就是（　　）的概念。
   A. 首要公众　　B. 中间公众　　C. 次要公众　　D. 重要公众
3. 对于许多组织来说，著名的记者、社会名流均可能是（　　）。
   A. 受欢迎的公众　　B. 被追求的公众　　C. 不受欢迎的公众　　D. 被拒绝的公众
4. 企业内部管理过程中形成的人事关系是指（　　）。
   A. 员工关系　　B. 媒介关系　　C. 顾客关系　　D. 股东关系
5. 下列提法正确的有（　　）。
   A. 管理干部是旅游企业内部团结的首要对象
   B. 建立良好的员工关系，可以形成旅游企业的向心力和凝聚力
   C. 旅游企业需通过全员公关来增强外张力
   D. 要争取员工的理解与支持，就需要将员工视作传播沟通的首要对象

四、思考题：

1. 怎样理解公众与人民、群众、人群、受众这组概念的关系？
2. 观察一家旅行社或旅游饭店，运用旅游公关目标公众分析方法进行简要分析。

【案例分析】

<h2 style="text-align:center">35次紧急电话</h2>

——纠正失误如同救火

一位名叫基泰丝的美国记者，来到日本东京的奥达克余百货公司。她买了一台索尼

牌唱机,准备作为见面礼送给住在东京的婆家。售货员彬彬有礼,特地为她挑了一台未启封包装的机子。

回到住所,基泰丝开机试用时,却发现唱机没有装内部零件,因而根本无法使用,她不由得火冒三丈,准备第二天一早就去奥达克余百货公司交涉,并迅速写好了一篇新闻稿,题目是《笑脸背后的真面目》。

第二天一早,基泰丝在动身之前,忽然收到奥达克余百货公司打来的道歉电话。50分钟以后,一辆汽车赶到她的住处,从车上跳下奥达克余百货公司的副经理和提着大皮箱的职员,两人一进客厅便俯首鞠躬,表示特来请罪。除了送来一台新的合格的唱机外,他们又加送了蛋糕一盒、毛巾一套和著名唱片一张。接着,副经理又打开记事簿,宣读了一份备忘录,上面记载着公司通宵达旦地纠正这一失误的全部经过。

原来,昨天下午4:30清点商品时,售货员发现错将一个空心货样卖给了顾客。她立即报告公司警卫迅速寻找,但为时已晚。此事非同小可,经理接到报告后,马上召集有关人员商议。当时只有两条线索可循,即顾客的名字和她留下的一张美国快递公司的名片。据此,奥达克余百货公司连夜开始了一连串无异于大海捞针的行动,打了32次紧急电话,向东京各大宾馆查询,均没有结果。再打电话问纽约美国快递公司总部,深夜接到回电,得知顾客在美国父母的电话号码,接着又打电话去美国,得知顾客在东京婆家的电话号码,终于弄清了这位顾客在东京期间的住址和电话。这期间的紧急电话,总计35次!

这一切使基泰丝深受感动,她立即重写了新闻稿,题目叫做《35次紧急电话》。

资料来源:《成绩是干出来的》,安欣

案例思考:

在公关工作中,能否以积极的态度、正确的方法,把握适当的时机对知晓公众开展公关工作,往往是公关工作成败的关键。结合本案例谈谈你的认识。

案例解析:

这个危机公关的应急处理,充分体现出企业强烈的组织形象意识、公众意识和有效传播意识。商场在经营过程中发生失误,与顾客发生纠纷,是常见的事情。按照一般的做法,等顾客找上门来再处理退换、索赔事宜也不晚。这则案例中,奥达克余百货公司采取了积极主动的方法,化不利为有利,将本来可能发表的"批判稿"——《笑脸背后的真面目》,变成了一篇最终发表的"表扬稿"——《35次紧急电话》,使形象得到维护和升华。

(1)火速纠正失误,避免危机的发生。奥达克余百货公司连夜打了35次紧急电话,甚至赶在基泰丝第二天一早动身之前打电话查找到她,目的就是要控制事态的发展,阻止基泰丝这一知晓公众向行动公众转化,以免造成不良后果。

(2)火速赶到顾客住所,避免顾客从知晓公众转化为行动公众,只是成功的一半;巧用公关手段说服顾客改变态度,由逆意公众转为顺意公众,才能取得这一公关事件的圆满成功。除了副经理带着随从和礼物表示赔礼道歉外,真正打动基泰丝的是一份具体事态的备忘录,即为寻找基泰丝而打的35次紧急电话。将付出的努力通过及时沟通有效地告知公众,将面对的困境求得公众理解,这也是公关活动中一贯坚持的沟通原则。

(3)现代公众意识是现代公关观念的重要内容,也是现代经营思想和管理理念的重要标志。分析公众,研究公众,高度关注公众的利益,倾听公众的声音,满足公众的需求,加强与公众的沟通,争取公众的理解、信任、支持和合作,在市场竞争中显得非常关键。本案例中奥达克余百货公司的做法就充分体现了公司上下强烈的现代公众意识。

第五章 旅游公共关系传播

【教学要点】

知识要点	掌握程度	相关知识
旅游公关媒介	熟悉　掌握	传播的基础知识、传播的媒介分析
	了解	传播的效果分析

【导入案例】

"中国成都"的城市形象传播

知名的旅游景点、可口的美食、各种节庆会展、大熊猫繁育研究基地等,都是"中国成都"的特色。多年国际化的持续传播,成都的城市品牌越叫越响。

"中国成都"的对外宣传意识很强,2004年就已经在央视进行投放广告。以推动旅游产业与优势产业发展,促进城市招商引资,提高对人才的吸引力为目标,2006年,与中视金桥合作,以在央视两大国际频道投放广告为主,为海外华人及所有外国人打开了了解成都、喜爱成都的一扇窗口。

2008年"中国成都"海外宣传以媒体先行,通过具有国际覆盖力的媒体先行一步,将成都的城市品牌信息传递给海外的旅游关注者、商务投资人士,展现成都城市品牌的独特性及品牌实力,培养成都城市品牌的权威度和信誉度。

2008年5·12汶川大地震让成都面临着前所未有的挑战,也迎来了外界极高的关注。但汶川地震对成都旅游行业总体发展影响有限,不会改变行业长期向好的趋势。而在这个特殊的历史时期,利用外界的正面评价与关注,通过系统的品牌塑造,让成都成为一个具有国际美誉度和影响力的大都市,正是成都进行城市形象提升和品牌塑造的重大契机。

在地震发生后的6月份,"中国成都"广告投放达到历史最高峰,借助国内外媒体对成都的高度关注和高曝光机会,并借鉴国际社会灾害应急处理经验,将公关危机转变为一次塑造城市品牌的行动,在恢复公众对成都信心的基础上,使成都的国际美誉度和影响力有了较大的提升,有力地促进了成都投资和旅游的发展,塑造了"创造奇迹的成都"的崭新形象。

从成都的投放频道比例来看,近两年中央4套是成都选择的主要频道,而2008年频道选择则趋于多样化和多重覆盖。其中中央1套投放费用最高,其次是中央2套、中央4套。中央9套与新闻频道也有所涉及。

在16个专业化频道中,在海外实现落地的仅有中文国际频道(CCTV－4)与英文国际频道(CCTV－9),而两大国际频道也以鲜明的国际化气质,成为世界了解成都的第一个窗口。选择全世界落地的CCTV－4/9,定位高端受众,面向海内外的所有旅游爱好者、爱国人士、高知阶层和商务决策者,提高这些高知人群对成都的广泛认可,对于全面提升成都的国际化水平,树立成都国际化的形象影响巨大。

事实证明,在全球化的背景下,"中国成都"坚持国际化的方向是正确的,选择国际化媒体进行广告传播是正确的,成都的国际化形象正在逐步提升,成都已经有了一张散发向全国、全世界的金色名片!

资料来源:中国城市发展网 www.chinacity.org.cn

【思考】成都是如何成功塑造城市形象的?

传播是公共关系的三要素之一,它在公众和旅游组织之间架起了理解和信任的桥梁,通过公共关系传播,旅游组织在公众中进行信息的交流和沟通,为自己树立良好的社会形象。

第一节　旅游公共关系传播的基础知识

一、传播的基本特征

"传播"(Communication)一词源于拉丁文Communi,其意是"共同",即在信息传播者和接受者之间建立共同意识。《大英百科全书》解释为"若干人或者一群人互相交换信息的行为"。我们认为,传播就是人与人之间信息双向交流与共享的过程。传播作为一种社会现象,作为信息交流的过程,主要具有以下特征。

(一) 普遍性和社会性

传播是人类社会关系得以形成的手段和工具。传播(Communication)与社会(Community)两词拥有共同的词根,这绝非偶然。可以说,传播活动是与人类社会共生共存的一种普遍现象。社会学家查尔斯·科利称传播是人类关系赖以存在和发展的机制,是一切智能的象征和通过空间传达它们及通过时间保存它们的手段。人类学家爱德华·萨皮尔认为在社会中,每一种文化形式和每一种社会行为的表现都或明或暗地涉及传播。一个人独自沉思默想是无声的传播,语言、声音、音乐是有声的传播,文字、图像、服饰是无声的传播,《论语》中"学而时习之,不亦乐乎"是时间上的传播,"有朋自远方来,不亦乐乎"是空间上的传播,两个人谈心是人际的传播,报纸、广播、电视是大众的传播。正因为社会生活中传播行为无处不在,有人将传播同衣、食、住、行并列为人类生活的五大需求。其实旅游活动本身就是一种开阔视野、愉悦身心、传播知识、沟通情感的集物质与精神于一体的传播沟通活动。

（二）双向性与动态性

传播活动以信息为材料,这些材料包括知识、意见、感情、愿望、消息、资料、情报等。传播活动就是传播者将这些信息传送给受传者,而受传者又可反馈给传播者,从而实现信息的共享,表现出明显的双向性、对称性和动态性,这是一个不断循环往复的过程。公共关系学中双向对称理论的提出就是吸收了传播学理论中的这一特性。旅游传播活动离开了这一双向动态过程,就无法实现旅游组织和相应公众之间的信息交流和沟通。

（三）多项性与复杂性

传播的正常进行需要一定的条件,其过程涉及多项要素——既包括基本要素也包括隐含要素。因此,传播过程中的信息分享活动不仅是传播者和接受者的问题,还要研究分析主客体背后的许多复杂因素。多项要素的影响和制约使传播过程必然是一种十分复杂的机理,因而对传播效果的控制应是多维的。

二、传播的基本类型

（一）自身传播

自身传播是指集传播者和接受者于一身的自我内在交流形式。美国社会心理学家米德将自我分为"主我"(I)和"宾我"(Me),自我的这两部分经常相互交流和对话,进行自身内部交流。如沉思默想、自言自语、自问自答、自我欣赏、自我陶醉、自我发泄、自我反思、自我安慰等。从某种意义上讲,自身传播是个体为适应环境变化而进行的自我心理平衡和调节,是一种内心思维活动,在很大程度上属于心理学范畴,由于它的客观存在而成为人类传播的基本单位。自我传播也被内部公共关系所利用,如有些组织为员工准备的"出气室"或"发泄室"等,就是利用自我传播而调节内部员工情绪和精神状态的可行手段。

（二）人际传播

人际传播是指个人与个人之间进行的沟通交流活动。这是最广泛、最常见的一种传播方式,分为面对面和非面对面两种传播形式,前者一般通过语言、表情、动作等媒介进行交流;后者一般通过电话、电报、信函等进行交流。人际传播具有个性化、灵活性、人情味、信息反馈及时、传播效果易于显现等特点。在以服务为特征的旅游活动中,人际传播应用得最广泛,如旅游服务人员、接待人员、导游员、讲解员与游客之间的交流沟通,游客与游客之间的交流沟通,企业内部员工之间的交流沟通等,都会影响到旅游公共关系的建立和完善。

（三）群体传播

群体传播是指在两人以上、松散的、非组织性群体中进行的沟通交流活动。如旅游信息发布会、旅游促销展览会、旅游专题演讲报告会、游客代表座谈会,以及与散客旅游团、组织内部非正式群体进行的沟通交流等,都属于群体传播形式。群体传播具有相对集中、面对面、易于反馈和调整等特点,是旅游内外公关常见的一种有效传播手段。

（四）组织传播

组织传播是指一个正式组织在其内部或外部开展的沟通交流活动。组织传播包括上情下达、下情上呈、平行交流、正式群体的传播、非正式群体的传播、单向传播、双向传播等各种形式。这是一种以组织为主体的具有目的性、层次性、有序性、可控性的传播形式，其传播对象复杂多样。组织传播是旅游公关活动中疏通组织内外沟通渠道、密切组织内外公众关系的重要传播类型。

（五）大众传播

大众传播是指借助职业传播者（如新闻、出版等单位），通过现代化的大众传播媒介（像报纸、杂志、广播、电视、电影、书籍等），将大量复制的信息传播给极其广泛而分散的受众的传播形式。大众传播具有传播主体高度组织化、专业化，传播手段现代化、技术化，传播对象众多，传播速度快、覆盖面广、影响性强等特点。大众传播的迅速发展是现代社会科学技术高度发展的产物。旅游组织在旅游公关活动中要远距离、大范围地进行有效信息传播、影响旅游公众态度、改变舆论导向、塑造组织形象，就必须经常借助大众传播手段。

知识要点提醒

传播的五种基本类型既自成体系，又相互涵容、互为补充，其关系如图5-1。在其树状的层次系统中，自身传播位于最底层，是最基础的传播形式。而大众传播则处于该系统的顶端，具有最大的传播规模和包容能力。在这个系统中，由下往上，传播特征出现以下变化：受众面越来越大，传受双方在感情距离上越来越远，信息的个性化越来越淡，组织系统和传播技术越来越复杂。

图5-1　五种传播类型关系图

三、传播的基础理论

（一）拉斯韦尔的5W模式

美国人哈罗德·拉斯韦尔1948年发表了《社会传播的结构与功能》一文而成为传播学的创始人之一。拉斯韦尔在该文中提出了界定传播研究范畴的经典模式——5W模式，此模式将传播行为简化为五个内容要素。

1. 传播者是谁(Who)
2. 传播内容是什么(Says What)
3. 传播渠道是什么(in Which Channel)
4. 传播对象是谁(to Whom)
5. 传播效果怎样(with What Effects)

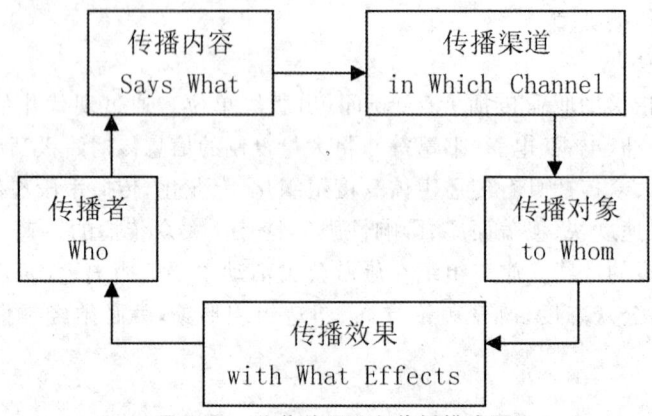

图5-2 公共关系双向传播模式图

旅游公共关系的传播可借鉴拉斯韦尔的5W要素所设计的双向传播模式图,如图5-2。图中涉及的5W要素也正是旅游公共关系所要讨论的五大问题:传播者是特定的旅游组织或其代言人,传播对象是相应的旅游公众,旅游公关工作实际上就是选择适宜的传播内容和传播渠道,传播旅游组织的信息,并收集、反馈旅游公众的信息,然后调整组织的传播行为,进一步通过更有效的传播来协调旅游组织和公众之间的关系,以最终取得双方的相互了解、信任与支持,实现旅游组织特定的公关目的。所以,拉斯韦尔所提出的五大研究对象也完全可以视为旅游公关传播研究的基本范畴,包括下面几个方面。

旅游公关传播的主体分析:旅游组织的声誉与形象,旅游组织代言人的权威性或影响力,旅游传播者的可信度及传播技能,旅游公关机构与人员等。

旅游公关传播的内容分析:旅游传播内容的真实性、新鲜性、刺激性、重要性以及与公众的相关性等。

旅游公关传播的媒介分析:旅游传播媒介的选择原则,传播媒介的特点,传播的分类,传播的符号,传播的主要途径等。

旅游公关传播的对象分析:传播对象的特点、类型、心理等。

旅游公关传播的效果分析:传播效果的类型,影响传播效果的因素以及基本理论分析等。

(二) 把关人理论

德国著名社会心理学家库尔特·卢因在1947年所写的《群体生活的渠道》一文中提出了"把关人"的概念。把关人又称"守门人",它是指在信息传播过程中,对信息的提供、制作、编辑和报道能够采取"疏导"与"抑制"行为的关键人物。把关人有时指个别人,有时指一个集体。把关人对某些信息准予流通便是疏导行为,对另一些信息不让其流通或暂时搁置便是抑制行为。把关人之所以对信息交流采取不同的态度和行为,主要是出于自己所谓的"预存立场"——即自己原有的观点、意见、经验、兴趣、精神状态等,以及周围信息的影响。在社会信息的提供、制作、编辑和报道的过程中,就有许多把关人。如新闻媒介及其工作人员对信息的审核以及对报导内容、报导方式、报导时间的控制等就是典型的把关行为。因此,旅游公关宣传活动中切不可忽视新闻媒介这种把关人的地位和作用,定当善待媒介关系,搞好媒介关系。

(三)两级传播模式

两级传播论是由美国著名社会学家拉扎斯菲尔德提出的。在两次世界大战之间的几十年内,对大众传播的威力流行着一种"魔弹说"或"皮下注射说",即认为大众媒介对受众具有一击中的的"魔弹"效果或类似药到病除的"皮下注射"效能,这无疑是一种大众传播的强效果论观点。1940年,拉扎斯菲尔德在美国俄亥俄州开展了一项有关总统选举的社会调查,但是,调查结果却使他开始对"魔弹说"产生了怀疑。调查结果显示,只有大约5%的人确认他们受了大众传媒的影响而决定投票倾向,而真正影响人们投票行为的仍然是个人之间的接触和方方面面的劝说。于是,他提出了"两级传播"的假设:观念总是先从广播和报刊传向"意见领袖",然后再由这些人传到人口中不那么活跃的部分。也就是说,信息的传播,是按照"媒介——意见领袖——受众"这种两级传播的模式进行的。这里提出的中间环节"意见领袖",其作用和意义举足轻重。意见领袖又称舆论指导者,指社会活动中的消息灵通人士或对某一领域有丰富的知识和经验的"权威专家"中,其态度和意见对广大公众影响较大的那一部分人。

在传播活动中,我们应当意识到:大众传播媒介的力量是巨大的,但不是法力无边的,我们在进行传播时,千万不可忽视那些卓有成效的以人际传播和组织传播方式所达到的传播效果,即千万不可忽略意见领袖的指导作用。在旅游公关传播中,我们也要十分重视意见领袖的作用。如旅游专家以其丰富的专业知识、旅游爱好者以其丰富的旅游经验成为出行者选择目标旅游地及相应旅游方式的意见领袖;参加某旅行社随团旅游归来的游客,会因其亲身的感受而成为与其接触的人是否再选择该旅行社出行的意见领袖;而旅游企业内部的"消息灵通者"、"智多星"、"主心骨"们会成为影响内部员工观点、态度、意向的意见领袖……如何发挥这些意见领袖的舆论指导,对旅游公关传播工作有重要意义。

(四)受众选择3S论

经过长期的观察和研究,传播学者发现受传者(传播对象)在接触媒体和接受信息时有很大的选择性,这就是受众心理上的自我选择过程。这个选择过程表现为三种现象,简称为"3S":选择性注意(Selective Attention)、选择性理解(Selective Perception)、选择性记忆(Selective Retention)。选择性注意是指人们的感觉器官在接受诸多信息的刺激时,不可能对所有信息的刺激一一作出反应,而只能是有选择地加以注意的心理状态;选择性理解是指不同的人对于同一信息作出不同意义的解释和理解,这与受传者原有的需求、态度和情绪有关;选择性记忆是指人们记忆上的取舍,即人们往往只记对己有利的信息,或只记自己愿意记的信息,其余的信息往往被忘记了。

以上所谈的信息受传者心理选择过程的三个环节,如图5-3,可以看成是受众(如旅游消费者)心理的三层防卫圈。信息如果不合受众的个人需求,则被挡在防卫圈之外。由此可见,公众对外部信息的刺激不是被动地作出反应,而是有着认知主体内部的心理过程,这对旅游公关工作有很大的启发。如为了强化旅游信息传播对公众的影响力,我们需要考虑信息传播适宜的刺激度强度、对比度、重复度、变化性以及版面位置和播发时间等,以及信息传播与受众原有的生活、工作、观点、态度、兴趣等是否接近。以公众为对象有针对性地选择传播内容、传播媒介和传播方式,才能提高旅游公共关系传播的有效性。

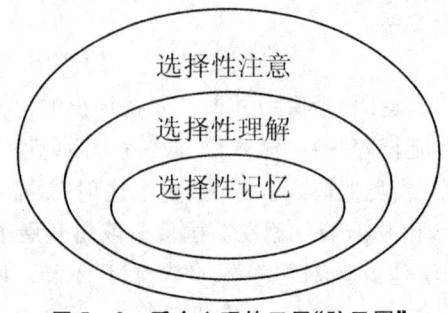

图 5-3 受众心理的三层"防卫圈"

（五）议题设置论

1972年,传播学学者麦库姆斯等经过科学调查研究认为,大众传播媒介具有一种选择并突出某种问题,从而使这些问题引起大众和社会重视的功能。即大众传播对某些议题的着重强调和这些议题在公众中受到重视的程度构成强烈的正比关系。或者说,在大众传播中越多次、大量地突出报道某一事件,就会使社会公众突出地议论这一话题,这便是"议题设置"。

议题设置是大众传播媒介的一个重要功能,这正是把关人的作用所在。在旅游公共关系传播活动中,通过大众传播媒介在社会中形成一个热点话题,让这个话题直接或间接地与组织及其产品或服务挂钩,从而能达到良好的传播效果。如1984年北京长城饭店策划的里根访华答谢宴会的新闻事件,无形中大大提高了长城饭店的知名度和美誉度;近几年有关媒体对河南省焦作旅游的频频报道,在业内掀起了"焦作现象"、"云台山现象"的热门话题,可以说焦作旅游形象的迅速崛起无不与借助新闻媒介议题设置功能的发挥有关。

第二节 旅游公共关系传播的媒介分析

一、一般传播媒介

旅游公共关系传播的媒介是公共关系借以沟通、传播信息的载体。一般传播媒介从物质形式上可分为三大类:符号媒介、实物媒介和人体媒介。

（一）符号媒介

符号媒介是信息传递过程中一种有意义的并能引起互动的载体。符号媒介是现代社会运用最广泛的传播媒介,也是公共关系传播中最主要的媒介。符号媒介可分为有声语言媒介、无声语言媒介、有声非语言媒介、无声非语言媒介。

1. 有声语言媒介

有声语言即自然语言,是发出声音的口头语言。在旅游公关活动中,需要大量有声语言媒介进行传播,如答记者问、与员工谈心、电话交流、内外谈判、各类演说、为宾客致迎送词、导游讲解等等。

有声语言媒介的特点是信息反馈迅速,形式灵活多样,可见机行事、投其所好,传播效果较易控制。旅游公关人员要频频与人交往,应当是驾驭有声语言艺术的高手。

2. 无声语言媒介

无声语言是有声语言的一种文字符号形式。在旅游公共关系传播活动中,多是通过印刷文字进行信息传递的,其方式有谈判决议、会议纪要、社交书信、调查报告、电文、简报、导游手册、景点文字介绍、标牌指示等。

无声语言媒介的特点是可超越时空,可字斟句酌,可记录保存,但信息反馈不如有声语言及时迅速。能说会写是旅游公关人员的两大基本功,扎实的笔墨功夫是旅游公关人员必须训练的传播技能。

3. 有声非语言媒介

有声非语言也就是"类语言"或"副语言",它是传播过程中一种有声而不分音节的语言,常见的形式有说话时的重音、语调、笑声和掌声。

有声非语言媒介的特点:第一,无具体的音节可分,其信息在一定的语言环境中得以传播;第二,同一形式其语意并不是固定不变的,比如同是以笑声为媒介,可能是负载着正信息,也可能是负载着负信息,又如掌声这种媒介,可以传递欢迎、赞成、高兴等信息,也可能是传递着一种礼貌的否定等。

4. 无声非语言媒介

无声非语言,指的是各种人体语言,它是以人的动作、表情、服饰等来传递信息的一种无声伴随语言。在旅游公共关系传播中,无声非语言是一种广泛运用的重要沟通方式。表现在视觉上可分为动态的和静态的两类,即势态语言和情态语言。势态语言指人的手、肩、臂、腰、腿、足等身体部位做出表现某种具体含义的动作符号;情态语言指人的脸部表情动作构成的语言,其中眼神和微笑是情态语言中重要的人际沟通手段。

无声非语言媒介的特点:第一,具有鲜明的民族文化性,比如人的有些动作,在不同的民族文化中所表示的语义信息完全不一样;第二,强化有声语言的传播效果,在交谈时,如果伴有适当的人体语言,会明显增强口头语言的表达效果。掌握无声非语言技能对提高导游员、景点解说员、饭店服务员与游客的沟通效能来说,很有实用意义。

上述符号媒介的分类,可用"语言——非语言"和"有声——无声"两个纬度进行划分,如下图所示:

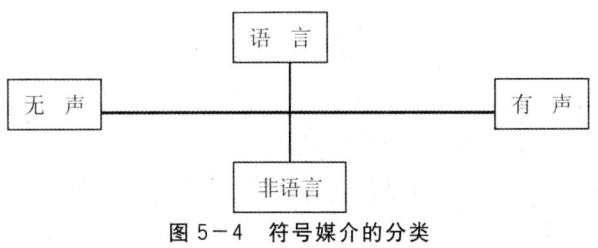

图 5-4 符号媒介的分类

(二) 实物媒介

实物媒介,指的是实物上包含有某种信息,实物充当了信息传递的载体,它包括旅游商品、象征物、公共关系礼品等。

旅游商品,其本身就是一种典型的实物媒介。旅游商品运载信息的要素有品牌、商标、包装、外表形态、内在质量、售后服务以及广告设计等。

象征物,如旅游企业组织的象征雕塑、店徽、店旗,带有企业徽标的购物袋、信笺,无不起着传递组织特定信息的作用。

公共关系礼品,包括两层含义:第一,非商品化,它必须是一种不进入(或尚未进入)市场流通的物品,常常需要旅游组织根据一定的公关目标设计制作,让其成为宣传组织信息的一种载体;第二,公共关系礼品的交际价值大于礼品的使用价值,因为其中还含有信息价值和情感价值的成分。

(三) 人体媒介

人体媒介借助人的言语、行为、服饰、素质、社会影响作为传递信息的载体,它包括组织成员(从领导到员工)的形象、社会名流、新闻人物以及能影响社会舆论的其他公众等。就旅游组织来讲,要高度重视培养组织成员的公关意识,注重仪容仪表和良好的言谈方式,注重个人形象对组织公共关系传播的影响和作用。

知识要点提醒

旅游公共关系的一般传播媒介从物质形式上可分为三种,其作用各有所长。符号媒介使用方便,运用广泛,信息反馈及时;实物媒介在这些方面虽然不及符号媒介,但可信度比较高,旅游商品、景观特色、饭店食宿等实物媒介所传递的信息,自然要比广告来得可靠;人体媒介的作用既不如符号媒介广泛,也不如实物媒介牢靠,但它容易实现传播双方的感情沟通。对旅游组织来说,只有恰到好处地运用这三种传播媒介,才能获得最佳的公共关系传播效果。

二、大众传播媒介

大众传播媒介是近现代科学技术发展的产物,在旅游公关活动中起着特别重要的作用,相比一般物质媒介来说,它传播范围广、速度快、影响性强,能引领甚至控制社会舆论,是不可缺少的公关传播媒介。从媒介的角度大众传播媒介可划分为印刷类和电子类两大类型。

印刷类媒介包括报纸、杂志、书籍等,其特点有以下几个方面。

记录性:在录音设备发明之前,言语交流受时间、空间的限制,无法记录,无法重现。文字则可以将信息资料记录下来,进行跨时空的传播。

扩散性:文字传播可以借助各种媒介(如甲骨、竹简、纸张等)传送到遥远的地方,扩散到大范围的公众中去,从而扩大了信息的影响力。

渗透性:文字信息可以长时间保存,可以对读者产生反复刺激和影响;而读者在接受信息时可以从容阅读、反复思考,因此文字传播的信息渗透性比较强。

准确性：文字媒介的信息在制作时可以字句斟酌，反复推敲、论证、修改，使信息的表达更具条理性、逻辑性和准确性。

电子类媒介包括广播、电视、电影、录像、光碟等，其特点有以下几个方面。

时效性：电子媒介具有最好的时效性，与印刷类媒介相比，它对信息的传播可以更迅速、及时，消息的报道与事件的发生、发展能够做到同步。

远播性：电子媒介通过电波作远距离的传播，不受空间的局限，不受气候的影响，即使相隔遥远，信息的报道也能及时、同步。

生动性：广播和电视通过声音、图像、色彩、文字的组合，使信息的传播比印刷类媒介更加生动，现场感比较强，更富于感染力。

技术性：与印刷类媒介相比，电子类媒介的科技含量更高，无论播发还是接受信息，都需要专门的技术设备，而且制作和播送信息的操作过程复杂，需要专门的技术人员。

可见，两类媒介各有所长。常见的公关大众媒介传播特点有下面几个方面。

（一）报纸传播的优势和劣势

1. 优势

读者有很大的选择余地。读者可根据自己的需要与兴趣挑选阅读内容，可精读、可泛读，在阅读时间上也可自由安排，可随时阅读。加之报纸携带方便，不受阅读时间和场所的限制，可随时随地阅读，读者有较大的灵活性和主动权。这一特点赋予报纸以极强的竞争性与生命力。

便于保存和检索。这是印刷媒介的独到之处，读者可以剪报储存，重复阅读，加深印象，并可长期、反复使用，使读者拥有分配时间与空间的相对自由。

可充分处理信息资料。报纸的容量较大，根据需要，可以增刊、增版，并可采用连载和专访等形式，提高信息的传播量和连续性，增强新闻报道的广度和深度。

制作比较方便，成本相对较低，易普及。

2. 弱点

报纸传播速度不如广播、电视迅速及时，印刷媒介都有一个采写、编辑、印刷、出版、发行的过程，因而会影响传播的时效性。

理解能力受限。受读者文化水平的限制，更无法对文盲产生传播效果，限制了读者数量。

直观感方面不够形象生动。报纸会因纸质和印刷的关系，色泽大都单调，插图和摄影不如杂志精美，更不能与视听结合的电视相比了，这会影响它对读者的吸引力。

（二）杂志传播的优势和劣势

1. 优势

杂志是以"深"和"广"取胜，不是以"快"取胜。杂志作为一种印刷媒介，可以说是报纸向深度和广度发展的产物。相对于报纸而言，杂志的内容更深入、细致，报道更详尽、完整、系统。

时效较长。相对于报纸而言，读者对杂志的保存意愿更强，从而阅读的有效时间较长，伴随这种长时期的保留价值，可持续不断地发挥其传播效果。

针对性强。每种杂志都有自己特定的读者群，传播者可以面对明确的目标公众制定有针对性的传播策略,做到对症下药,不仅节省传播费用,而且提高传播的有效性。

印刷精美,表现力强。同报纸相比,杂志印刷精美,图文并茂,色彩艳丽,更具有视觉吸引力和感染力,易于使读者产生心理上的认同。

2. 弱点

出版周期长。杂志也称期刊,根据发行周期长短,可分为周刊、旬刊、半月刊、月刊、双月刊、季刊和年鉴等。由于其出版周期较长,不能迅速、及时地报道消息,特别是对瞬息万变的信息更是束手无策。

传播声势受限。杂志也受读者文化水平的限制,特别是有些专业性较强的杂志,更要求读者有一定的理解力,因而普及性不如报纸。另外,受其版面和发行量的限制,杂志无法像报纸和电视那样造成铺天盖地的宣传效应,难以构成强大的宣传气势。

(三)广播传播的优势和劣势

1. 优势

传播速度快、范围大、影响性强。广播时间和收听时间可同步,而且还可以采用现场广播的方式,一般不受时空的限制,能迅速、及时、远距离、大范围地传播信息。广播使用有声语言传播信息,而声音的优势在于具有真实感,听其声如临其境、如见其人,播音员声情并茂的语言可调动听众的情感,有很强的鼓动性和感染力,因而广播是影响舆论、形成氛围的强有力的手段。

收听方便、对象广泛。广播以声音传播信息,只占时间不占空间,可主动向听众发动"进攻",传播方式较灵活,收听方便自由,不受收听状态的限制。广播也不受年龄、性别、职业、文化、空间等条件的限制。特别是不受文化水平的限制,从学龄前的儿童到白发老人都可收听,对文化水平低的公众,广播是主要的信息传播手段,听众对象十分广泛。

多种功能。广播从功能上来讲,能传播信息、普及知识、提供娱乐、指导教育;从其制作手法来讲,也是丰富多彩,如新闻联播、录音新闻、实况转播、演讲、对话、讨论、讲座、演唱等,从而使相同的传播内容取得丰富多彩的传播效果。因而广播能满足不同阶层、不同年龄、不同文化、不同职业听众的多方面的需求。

成本低廉。广播无论是筹建还是使用,成本均较低。广播设备简单,节目制作方便、迅速,且比电视、报刊费用低廉;收听广播则更为简便,花几十元钱便可长时间地享受到广播的收听。

2. 弱点

传播效果稍纵即逝。信息不便记录和保存,难以查询,无法给听众留下深刻的印象。

听众被动。广播是线性的传播方式,即内容按时间顺序依次排列,听众受节目顺序限制,只能被动接受既定的内容,时间和内容上都无法自由选择,亦不能反复收听。

(四)电视传播的优势和劣势

1. 优势

传播速度快、时效性强。电视与广播一样,用电波传送信号,能超越时空从四面八方把信号直接传送到观众家里,传播速度快,覆盖面大,特别是现场直播,具有很强的时效性。

多种功能,博采众长,具有真实感强、艺术性强、娱乐性强等特点。电视集形象、色彩、声音、文字于一体,图文并茂,音像同步,具有很强的艺术感染力,容易引起观众的共鸣;电视可真实、生动地再现或直播各种事件的发生、发展过程,时间上的同步性和空间上的同位性使其纪实性很强,给人以逼真、可信、深刻、亲切的印象,能使观众产生亲临其境的现场感和参与感;电视不受文化水平的限制,老幼皆宜,雅俗共赏,在目前仍然是最受欢迎的一种大众媒介。

2. 弱点

同广播一样,观众处于被动接受状态。电视传播也是稍纵即逝,不易保留,难以重复观赏;在收看时间和内容上也同样受限制,难以自由选择;加上受场地、设备条件的限制,信息的传输和接受都不如报刊、广播那样具有灵活性。

电视节目从制作、传送到收放,耗时耗资,成本较高。

三、互联网媒介

互联网是指全球最大的、开放的、由众多网络互联而成的计算机网络,以及这个网络所包含的全世界范围内的巨大信息资源。从网络的角度讲,互联网不仅是一个国际性的计算机网络集合体,即一种连接在一起的物理实体,更重要的是从信息资源的角度讲,互联网是一个面向全世界、全社会的巨大的信息资源,它能根据不同用户的不同需要提供诸多不同的信息服务。作为物理实体的计算机网络只是信息传播的载体,而巨大的信息资源才是互联网的生命力之所在,互联网的神奇、美妙和实用性就在于它拥有的信息资源本身。

互联网含有极丰富的信息资源,并能使处于异地的计算机方便地进行信息交流与资源共享。人们利用它可以进行科学研究、文档查询、联机交谈、电脑购物等。从公共关系传播意义的角度来讲,互联网是现代电脑技术、通讯技术的硬件和软件一体化的产物,代表了现代传播技术的最高水平,是人类传播史上的一个重要里程碑。它的出现,将根本改变人类的传播意识、传播行为和传播方式,并影响到人类社会生活的方方面面。旅游公关工作一定要掌握互联网这种全新的媒介技术,它同传统的大众媒介和其他电子媒介相比,具有如下传播特征。

(一)超越时空,范围广泛

互联网的传播是在电子空间进行的,能够突破现实时空的许多障碍和限制,真正全天候地开放和运转,实现超越时空的异步通讯。而且它是由无数个局域网(如政府网、企业网、学校网、公众网等)联结起来的世界性的信息传输网络,因此,它又是传播范围真正广泛的"无边界媒介"。

(二)高度开放,尽显个性

互联网是一个高度开放的系统,在这个电子空间中,任何人都可以利用这个网络平等地获取信息和传播信息。无论对传播者还是受传者来说,在互联网这一媒体中都享有高度的自由。在互联网上,无论信息内容的制作、媒体的运用和控制,还是传播和接受信息的方式、信息的消费行为,都具有鲜明的个性,使人际传播和大众传播都在高科技的基础上重放光彩。

（三）综合媒体，双向互动

互联网以超文本的形式，使文字、数据、声音、图像等信息均转化为计算机语言进行传递，不同形式的信息可以在同一个网上同时传递，使它综合了报纸、杂志、书籍、广播、电视、电话、传真等各种媒介的特征和优势。不仅如此，电脑互联网成功地融合了大众传播和人际传播的优势，能实现大范围和远距离的双向互动。不仅远距离、大范围地实现沟通，而且受众的主动性、选择性和参与性大大增强，使得传播沟通的双向性大大加强。

知识要点提醒

由于互联网具有以上与传统的大众媒体和其他电子媒体不同的传播特征，特别是它包含的巨大信息资源，双向交互式的信息传达方式，与公共关系学所倡导的双向交流与沟通的观点十分吻合。现如今，网上公关、网上广告对大多数组织与公众来讲，已是习以为常的传播手段了。作为旅游组织、企业、机构来说，如果不懂得运用互联网的强大功能从事网络公关活动的话，就可能成为信息化社会的落伍者。

早在 2000 年的第四届国际旅游研讨会上，世界旅游组织就呼吁：世界各国旅游企业应充分地利用网络优势，积极上网寻找市场。现在越来越多的游客利用网络制定自己的旅游计划，网络已成为他们选择旅行社和旅游景点的新兴方式。世界旅游企业委员会主任索雷达呼吁，如果一个旅游企业现在还不充分利用网络优势，那么不久的将来它将丢失市场，甚至被淘汰出局。各国大、中、小旅游企业都应上网巩固和拓展旅游市场，这是企业生死攸关的战略决策。让我们参考一组有趣的数字：收音机用户数量达到 1000 万，用了 40 年；电视机用户数量达到 1000 万，用了 15 年；然而在网络时代，著名电子邮件服务提供商 Hotmail.com 用了不到一年的时间，就拥有 1000 万的用户。网络高度的开放性和高速传播由此可见一斑。网络给旅游饭店、景点、旅行社的信息传播提供了巨大的空间和高效率、低成本的途径，加速、更新、强化各旅游企业网络建设，应是低成本、高效率旅游公关营销宣传的重要途径。

四、选择传播媒介的原则

在了解各类传播媒介特点的基础上，还要综合考虑不同的传播对象、传播内容，进行有针对性的媒介选择，才能使传播媒介发挥出理想的传播效果。旅游公关活动有效选择传播媒介的原则主要有以下几个方面。

（一）根据传播对象来选择

要综合考虑传播对象的经济状况、教育程度、职业习惯、生活方式以及他们通常接受信息的习惯等。比如，对经常加班加点的出租车司机来说，最好采用广播；对文化比较落后、又没有普及电视的偏远山区农民来说，采用有线或无线电广播较合适；要引起儿童的兴趣和注意，制作电视和卡通片效果最好；对普遍采用现代化办公条件的写字楼成员们来说，用互联网传播信息效果较佳；对思维活跃的中学生、大学生们来说，校园海报发布信息效果较为理想；对喜欢阅读和思考的知识分子，应多采用印刷类的传播媒介，因为阅读报刊、书籍已成为他们的生活方式。总之，以公众研究为出发点，不仅是选择传播媒介的基本原则,也是贯穿整个旅游公关工作的基本思想。

（二）根据传播内容来选择

对比较简短的快讯、通俗易懂的信息内容,可选覆盖面广、速度快、且对文化水平要求不高的广播;对内容复杂、需要人们反复思索才能明白或具有保存价值的信息内容,广播则显得力不从心,使用印刷类媒介则便于公众深入思考和反复使用;对趣味性强的信息内容或庆典活动、开张仪式、大型公关活动的盛况等,采用电子类媒介特别是电视则生动逼真,能产生轰动效应。因而,相应的传播内容赋予适当的传播媒介,才能得到最有效的传播。

（三）根据经济条件来选择

俗话说,看菜吃饭,量体裁衣。任何旅游组织公关活动经费都是很有限的,而越是现代化的传播媒介其费用越高。例如,电视旅游广告宣传效果最好,但费用最高,通常以秒计算。因此,旅游公关传播媒介的选择,从投入与产出的效果来考虑,一要注意组织的实际承受能力,二要注意实际效果,要争取花最少的成本,获得最大的传播成效。在互联网覆盖的旅游地区,选择网络公关营销无疑是低成本、高效益的有效传播方式。

第三节　旅游公共关系传播的效果分析

一、公关传播效果的四个层次

传播效果是传播过程的最终结果,也是对任何传播过程的总评价。古人云,良言一句冬日暖,恶语伤人六月寒。孔子也说过,一言可以兴邦,亦可丧邦。这些都从一定意义上说明了传播的效果。旅游公关工作其实就是一种传播沟通行为,其传播的目的是为了向公众传递信息,沟通感情,影响旅游公众的态度和行为,最终顺应组织的期望。因此,旅游公关传播的有效性,是以公众按照旅游组织意欲达成的结果而产生情感、思想、态度和行为方面的变化为依据。根据旅游公众对信息接受的不同层次,旅游公共关系传播效果可呈现不同的层次。分层次考查旅游公关的传播效果,可以帮助旅游人员明确公关传播工作在不同阶段的侧重点,以利于提高旅游公关的针对性,避免旅游传播的盲目性。一般来说,旅游公共关系传播的目的可分为四个层次:传达信息,联络感情,影响公众态度,引起公众行为。无论哪个层次上达到了目的,都可以说取得了一种传播效果。

（一）信息层次——分享信息

信息层次是旅游公关传播最基本的传播层次。许多旅游公关活动都是在这个层次上展开的。作为一个现代旅游组织,树立形象的第一步就是让公众了解自己,熟悉自己。因此,旅游公共关系工作最基本的内容就是想方设法把旅游组织的有关信息传递给公众,增加公众对组织方针、政策、产品、服务及各种信息的了解和感知。而旅游公关工作是否有效,就看旅游组织的基本信息是否通过各种方式和途径传送到相关公众那里,若公众及时、准确、充分地获得了所需要的信息,公关传播就是有效传播。

(二）情感层次——联络感情

情感层次上公共关系传播的目的,是力求引起公众对旅游组织产生感情上的共鸣和思想上的沟通。如一封感人肺腑的信函、一段情感真挚的欢迎词、一部打动人心的旅游宣传片、一场联欢、一次舞会、一次宴请等,所有这些,都可以在一定程度上密切公众的感情。以情感人、以诚动人,联络公众感情并增进他们对组织的积极情感,是公关活动的一项重要任务,这个层次的传播效果在于对内增强凝聚力,对外增强吸引力,从而为旅游组织创造和谐的公众氛围。

（三）态度层次——改变态度

公众是支持组织还是成为组织的异己力量,这是由公众的态度决定的。态度层次的公共关系传播旨在转变公众对特定旅游组织原有的不良态度和心理状态,强化或重建他们对组织的积极态度,将公众对组织的误解、敌意、冷淡转变为认可、理解、同情、信任和支持,为更深层次的传播奠定基础。

（四）行为层次——引起行为

一般的顺序是先有态度后有行为,行为层次是公共关系传播效果的最高层次。旅游组织公关活动的最终目的就是促使公众产生某种组织所期望的行为,如贯彻执行某项方针、政策,接受某项服务,购买某项产品等。当然,行为层次上的传播效果是以信息层次、情感层次、态度层次的效果为基础的。

事实上,不同旅游组织在不同的时期,由于公关传播活动的目的、要求不同,对传播效果的理解也应不同,不能统一地用是否引起公众的行为作为唯一的判断标准。如某一新的旅游产品服务项目首推时主要是告知公众相关的信息,当公众对某项产品服务不满时应设法转变公众的认知和态度,当公众疏忽了组织时则应采取措施加强与公众之间的情感沟通,当企业经济效益滑坡时则要促进旅游者对旅游产品或服务的消费。不管是哪种层次的传播活动,只要达到了旅游组织在某一时期公共关系传播的预期目的,都应该称之为成功的传播活动。

二、公共关系传播效果的影响要素

旅游组织利用传播手段进行公关宣传的目的是塑造组织的良好形象,提高组织的知名度和美誉度,争取社会公众和旅游者对组织的了解、理解、支持与合作。要取得理想的传播效果,要求旅游组织应在公共关系传播的各个环节创造有利的条件,排除各种干扰。因此,分析影响和制约传播效果的因素,创造最佳的传播条件,对取得良好的公关活动效果有着十分重要的作用。

影响传播的构成要素可分为两类:一类是传播过程的基本要素,包括信源、信宿、信息、媒介、信道、反馈等;另一类是影响传播的隐含要素,如传播活动中的时空环境,接受者的心理因素、文化背景和权威意识等。前者是公共关系传播的"硬件",后者是公共关系传播的"软件",其中的每一个要素,都会对旅游公共关系传播效果产生一定的影响。

（一）基本要素

1. 信源

信源指信息的发布者,也就是传播者。在旅游公关活动中,信源一般是指某一个具体的旅游主体——旅游组织或其代言人。

在传播过程中,信源是传播活动的起点,是有效传播的第一个重要条件。传播者是信息传递关系中的主动者,他发出的信息能否被公众接受,很大程度取决于传播主体的自身状况。美国社会心理学家卡尔·霍夫兰在耶鲁大学对大众传播及态度改变问题进行的几十年研究的成果表明,传播者的权威性、客观性及受欢迎的程度是影响传播效果的重要因素。因此,在进行旅游公共关系传播时,要特别注意根据情况的需要,或邀请有权威影响的旅游界专家,或邀请与公众感情接近的人士作为企业组织的代言人,尽量减少传播中的商业气息,把握公众的心理与情感,熟练地运用语言艺术,以客观、公正、权威、受公众欢迎的面貌来传播组织信息,这对强化公共关系传播效果能起到积极的作用。

2. 信宿

信宿即指信息的接受者,如旅游组织欲传播沟通的社会公众和旅游者。

作为接受信息的客体来讲,传播对象是一个能动的因素,他们在接受信息时不是消极被动地被灌输,而是具有较强的选择性。如传播对象的心理需求、团体背景、接受能力等情况不同,旅游公共关系传播必须考虑所传递的信息是否为对方所需要,考虑对方的知识水平、理解能力、思维能力、社会经验等带来的信息接受习惯和接受能力,考虑他们由于社会角色、社会地位、所在社会团体背景所形成的社会价值观、行为规范和准则等,只有全面了解公众对象,尽可能地投公众所好,才能做到有的放矢,取得良好的传播效果。

3. 信息

从哲学的观点来看,信息是指客观事物本身所具有的一种反应特性,它可以通过声音、运动、动作、形态、表情等多方面表现出来。从公共关系传播这一角度来看,信息是指具有新内容、新知识的消息,其中包括观念、态度和情感等,是传播者所要传播的内容。信息内容自身的一些特点也是影响传播预期效果能否实现的重要变量,这包括下面几个方面。

信息的新鲜性。信息就是指含有新内容、新知识的消息。因此,对传播内容来讲,首要的要求就是新鲜性,人们习以为常、尽人皆知的消息就没有传播价值了。旅游公共关系传播若总是一个面孔,没有任何新颖独到之处,就难以吸引公众的关注,不能被公众接受。

信息的重要性。现代社会是信息社会,人们每天被大量信息所包围,每时每刻都会受到大量信息的冲击,相对重要的信息才有传播价值。而信息是否重要可从这几个方面来考虑:影响性、显著性、发展性、异常性等。对受众影响大、传播效果显著的信息要及时传播;具有发展性和异常性的信息内容,容易引起公众的关注。因此,从传播价值大小和能否引起公众关注度的角度来说,如果信息本身重要,或设法使公众感到信息重要,就可能达到良好的传播效果。

信息的相关性。根据受众选择 3S 论的传播理论,传播对象对信息往往是选择性接受、选择性理解、选择性记忆。因而,旅游公关活动要考虑尽可能使传播内容与传播对象原有的观念、兴趣、生活、工作、需求相接近,与受众相关性越强,传播效果会越好。

信息的真实性。从公关活动的基本原则出发,真实是公关的生命所在。旅游公关宣传的信息必须真实、客观才会长期赢得公众的信任和欢迎,否则只能损害旅游组织的声誉和形象。失去公众和旅游者的信赖,就会最终失去旅游业的长远利益。

信息的趣味性。从心理学的角度,信息的相关性能吸引公众的有意注意,而趣味性则更能吸引公众的无意注意。在旅游公共关系传播的过程中,要重视信息传播的情趣和意味,以增强对公众的吸引力。当然趣味性也有高雅与低俗之分,低俗的信息传播也必然损害组织的声誉和形象。

信息的时效性。时效性包括时间限制和时间效率两个方面。旅游公共关系传播活动中,要注意有些信息本身可能很重要,但若不注重其传播时间的限制,就可能失去信息应有的传播价值。但是,信息传播也不能一味图快,还要考虑最佳时机的选择问题,时机不当,传播也会是低效或无效的。

4. 媒介与信道

媒介原意指中间物,即中介。从传播的意义上说,媒介是指用以记录和保存信息并随后由其重现信息的载体。媒介与信息密不可分,离开了媒介,信息就不复存在,更谈不上信息的交流和传播了。信道是指信息传递的途径或渠道。信道的性质和特点,将决定对媒介的选择。如谈话是以声波为交流信道的,则所选择的交流媒介只能是具有发声功能的物体、材料和技术手段。

旅游公共关系传播活动中,传播渠道和媒介的选择是很值得重视的技术性问题,不同渠道和媒介的选择都应以传播的有效性为依据。这必然以公众为对象,尽可能选择适合公众习惯、公众熟悉并为公众所乐意接受的传播途径和媒介。

5. 反馈

反馈指受传者对传播者发出的信息做出反应的过程。在传播过程中,这是一种信息的回流。传播者可以根据反馈的信息来检验传播的效果,并据此调整、充实、改进下一步的传播行为。旅游公共关系活动中,密切关注社会公众和旅游者对所在旅游组织信息的反馈,是提高旅游公共关系传播工作的针对性和有效性的基本前提。

(二) 隐含要素

1. 时空环境

时空环境包括时间和空间两个方面。

从时间角度看,真正衡量传播效果的是单位时间内所传播的有效信息量。这取决于是否遵时守信和是否讲究传播时机两种因素。传播的任何一方,或无故失约,或拖延时间,或姗姗来迟,都会使另一方对这次传播活动的态度和情感发生变化,其传播行为也会随之而改变,从而影响传播效果;而传播时机对传播效果也有一定的影响,应避免在连续紧张工作后或人们的体力、情绪都不佳时进行传播,因为这时人们的思绪比较零乱,难以有效接受信息。

从空间的角度来看,传播信息总是在具体的物理空间环境之中进行,不同的空间环境会使人对信息有不同的感受,并产生不同的传播效果。空间环境影响传播效果,一般体现在两个方面:一是距离位置的安排,一是交流环境的气氛。

首先,距离位置的安排要符合心理平衡的需要和传播目的的需要。

从心理平衡的角度来看,人具有一种本能的生物性的防卫意识,每个人身体周围的空间叫做身体领域,互相尊重彼此的身体领域,才能保持心理的平衡。因而,旅游公关活动中的人际交往距离的恰当把握很重要。初次交往不要急于缩短距离,否则使人感到不自然和不安,甚至讨厌,尤其是异性交往时更要注意,不要被人视为轻浮、不严肃,以至破坏自己及所在组织的形象。当然,随着交往的进展和熟悉程度的加强,双方会相互适应,若一直使相互之间的距离保持很远,又会使人产生冷漠和疏远感,搞不好会中断交往。这点在旅游公关活动中或对游客服务中尤为重要,应注意灵活把握。

应根据信息传播的目的来设置不同的就座方位。一般来说,如果是单向传播,不需要相互交流的(如演讲、报告等),应采取并排同向的教室型座位排列,以此避免听众之间的横向交流沟通,从而加强纵向传播效果。如果是双向传播(如讨论、座谈、举办联谊会等),则应采用围桌而坐的方式,以增加彼此之间的交往次数和表示友好的机会。

其次,交流的环境气氛包括音响、照明、室内温度和整洁程度等。实践证明,嘈杂、昏暗、脏乱的环境和安静、明亮、整洁的环境必有不同的信息互动。因此,无论是办公区、酒店、餐馆、旅游景区等,都不可忽视环境效应。

2. 心理因素

心理因素主要是指信息受传者的认知、情感、态度等方面的心理状态。在不同的心理状态下,人们接收信息的效果是不一样的。心理学原理揭示了这样一条规律:凡是在一定活动中伴随着使人愉悦的情绪体验,都能使这种活动得到强化,而伴随着不满意的情绪体验,则使这种活动受到抑制。因此,传播行为的发生、延续和发展都是建立在双方心理愉悦这一基础之上的。没有心理上的沟通,是无法获得最佳的传播效果的。比如,在旅游胜地的花园内、树林旁,向游客宣传"爱护花草树木"这一观点,同样的宣传牌上写不同的话语,效果就截然不同:

(1) 严禁摘花折枝,违者罚款!

(2) 除摄下美景,其他请别带走;除留下足迹,其他请别留下。

第(1)例是一些训斥性的词语,命令式的口气,不满意的情绪体验使人难以接受传播的观点。而第(2)例是一种语言艺术,并在传播过程中产生一种附加的诱因,其作用就在于唤起受传者肯定、积极的愉悦情感和行为上的接纳。因此,从传播者的角度,注意以积极的态度创造愉悦的情感,是促使传播取得成效的催化剂。同时要注意避免消极心理因素导致的沟通障碍:感情冲动时听不进不同的意见;感情压抑状态的人表现出孤僻、不愿与人交往的倾向,对一些信息有厌恶感。所以,当人情感失控时,传播往往难以奏效。旅游传播沟通过程中不仅公关人员,而且一线的接待人员、服务人员、导游人员、一般管理人员都要关注心理因素对传播沟通的影响。

3. 信誉意识

信誉意识包括两个方面:一是指传播内容的可信度,二是指传播者被受众所信赖的程度。

在传播过程中,信息内容的权威性越高,那么,受众对之就越信服,反之就很难使受众信服,进而影响传播效果。所以,对旅游产品的宣传,旅游企业往往利用旅游者自身的感慨和赞誉以及有关权威机构的认定、评价和获奖情况等来提高其宣传的可信度。

传播者对被传播对象的信赖程度,就如同其所传播的信息内容一样重要,它将极大地影响着信息传播的效果。受众对传播者所产生的信赖感,一般由三个因素形成:第一,权威效应,即传播者客观上是这一方面的专家、学者。第二,名人效应,即传播者虽然不是这一方面的专家,但由于他的职位、身份而带来的声望,增加了他的感召力;第三,首因效应,即传播者给受众的第一印象良好等。因此,旅游公共关系传播代言人的选择对传播效果有着不可忽视的影响。

4. 文化背景

传播是一种文化现象。在传播过程中,传播者与受传者双方的文化背景不同,必然会对传播效果产生一定的影响。不同的经济环境、风俗习惯、民族心理、性格特征、思维方式和价值观念以及语言差异等,使人们对同一信息内容可能产生不同的主观感受。

总之,不仅传播过程的基本要素,而且许多隐含要素都对传播效果有影响。了解这些不同的因素,注意消除沟通障碍,才能取得更理想的传播效果。当然,不同的影响因素有不同的排除方法,但总体上应注意缩小传播者与受传者之间的差异。在旅游公共关系传播活动中,不可能对社会公众和旅游者提出要求和指责,只能对策划传播的旅游公关人员以及一般旅游活动组织者自身提出要求,做好自己的工作,采取相应的沟通措施。例如,尽量减少与公众在态度方面的冲突,传播目的、内容尽量与公众利益相一致,以免引起抵触和反感;努力提高传播者的传播技术和水平,以准确、完整、清晰地表达本意;尽量选择适合公众的兴趣、口味和理解能力的传播媒介和传播方式,用公众乐意接受的媒介、语言或事例来说明所要传播的问题,不能自顾自地进行表达。总之,对旅游传播对象应当有的放矢、投其所好;对旅游传播者来讲,唯有自我调整,才能适应公众。

【小结】

传播是公共关系的三大要素之一,是旅游公关工作的基本范畴。

传播是组织与公众之间联系的纽带和桥梁,是现代公共关系的核心内容。没有现代传播技术的产生,也就不会产生现代公共关系;没有传播的理论指导,公共关系的实务活动也难以有效进行。旅游业是以旅游资源(吸引物)为凭借、以有形或无形的服务为手段的人与人打交道的行业,产业的兴旺很大程度上取决于信息的传播沟通是否到位和有效。有效的传播沟通才能在旅游组织同广大公众及旅游者之间建立起充满好感、信任的良好合作关系,并为各方利益的实现架起互惠互利的桥梁。可以说,如何把握传播的基本特征?怎样选择传播方式和传播媒介?能否将传播理论恰当应用?是否了解传播效果的各种影响因素?正是诸如此类的基本传播问题处理得不好,才会产生旅游业发展中的诸多问题、矛盾和困境。因此,旅游公关工作必须高度重视和认真研究传播问题,旅游公关工作者必须熟悉和全面掌握传播的基本理论和应用技能。

【关键术语】

拉斯韦尔的5W模式、把关人理论、两级传播模式、受众选择3S论、议题设置论、一般传播媒介、大众传播媒介、互联网络媒介。

【习题】

一、名词解释

"意见领袖"、人际传播、大众传播、符号媒介、实物媒介、人体媒介。

二、填空题

1. 新闻媒介对于旅游组织具有（　　）和（　　）双重角色特点。
2. 五种基本传播类型的树状的层次系统中，由下往上，传播特征出现以下变化：受众面越来越（　　），传受双方在感情距离上越来越（　　），信息的个性化越来越（　　），组织系统和传播技术越来越（　　）。
3. 两极传播理论认为，信息传播是按照"媒介——（　　）——受众"这种两级传播模式进行的。
4. 受众选择3S论认为受众心理上的自我选择过程有三种现象，即：（　　），（　　），（　　）。
5. 选择传播媒介的原则是（　　）；（　　）；（　　）。
6. 传播过程的基本要素包括（　　）、（　　）、信息、媒介、信道、和反馈等。
7. 人际传播距离位置的安排要符合（　　）的需要和传播目的的需要。

三、选择题

1. 符号媒介包括（　　）。
   A. 无声语言媒介　　　B. 有声语言媒介　　　C. 有声非语言媒介
   D. 无声非语言媒介　　E. 实物媒介　　　F. 人体媒介
2. 互联网的传播特征是（　　）。
   A. 超越时空，范围广泛　　　B. 高度开放，尽显个性
   C. 综合媒体，双向互动　　　D. 普遍性和社会性　　　E. 多项性与复杂性
3. 信息内容本身的这些特点（　　）会影响传播的预期效果。
   A. 信息的新鲜性　　　B. 信息的重要性　　　C. 信息的相关性
   D. 信息的真实性　　　E. 信息的趣味性　　　F. 信息的时效性

四、判断题：

（1）电子类媒介的特点是记录性、扩散性、渗透性和准确性。（　　）
（2）印刷类媒介的特点是时效性、远播性、生动性和技术性。（　　）
（3）广播和电视的传播劣势是受众被动以及信息稍纵即逝。（　　）
（4）旅游公共关系传播效果可分信息、情感、态度及行为四个层次。（　　）

五、思考题：

1. 传播的基本特征是什么？
2. 传播的基本类型有哪些？
3. 借助哈罗德·拉斯韦尔的5W模式图，如何画出公共关系双向传播模式图？
4. 把关人理论带给你怎样的公共关系传播思考？
5. 旅游公共关系传播中如何看待意见领袖的作用？
6. 议题设置论带给你公共关系传播的思考是什么？
7. 请思考哪些因素对传播效果有影响？怎样克服这些影响因素？

【案例分析】

小燕子的信

日本古都奈良在青山环抱之中,既有金碧辉煌的名胜古迹,又有迎春摇曳的小白长红的樱花,加之现代化的文化娱乐设施和世界一流的旅馆,殷勤周到的服务,每年春夏两季游人如织。四月以后,燕子也争相飞到旅馆檐下,筑窝栖息,繁衍后代,好客的店主人和服务员小姐也为小燕子提供营巢的方便。

可是,招人喜爱的燕子却有随便排泄的不懂事之处,刚出壳的雏燕更是把粪便溅在明净的玻璃窗上、雅洁的馆廊上。服务员尽管不停地擦洗,但燕子的我行我素使旅店总会留下污渍。于是,客人不高兴了,服务员抱怨了,经理也烦恼地锁上了眉头。燕粪的有碍观瞻成了奈良旅馆业的难题。一天,这家宾馆的经理终于想出了解决的妙方——以燕子的名义给客人写一封信。

女士们、先生们:

我们是刚从南方赶到这儿来过春天的小燕子,没有征得主人的同意,就在这儿安了家,还要生儿育女。我们的小宝贝年幼无知很不懂事,我们的习惯也很不好,常常弄脏你们的玻璃窗和走廊,致使你们不愉快。我们很过意不去,请女士们、先生们多多原谅。

还有一事恳求女士们和先生们,请你们千万不要埋怨服务员小姐,她们是经常打扫的,只是擦不胜擦,这完全是我们的过错。请你们稍等一会儿,她们就来了。

你们的朋友:小燕子

寻找欢乐的游客们见到小燕子的信,都给逗乐了,肚里的怨气也在笑声中悄然散去。每天他们再看到窗上、走廊上的点滴燕粪,便自然而然地联想起小燕子那番亲切有趣的话语,就会忍不住笑了。

案例思考:

奈良旅馆消除公众意见、转变公众态度的公关活动巧在哪里?这种沟通方法为什么比公关人员直接登门道歉更有效?

案例解析:

奈良旅馆小燕子的光顾,既给游人增添了新的游趣,也给游人带来了意外的烦恼。怎样消除小燕子的粪便给客人造成的消极情绪,是摆在奈良旅馆经营者面前的一道公关难题。消除公众意见、转变公众态度是组织经常性的公关工作,而传播方式和传播媒介的不同往往带来不同的沟通效果。奈良旅馆成功的公关活动使他们摆脱了困境,也给我们带来了有效传播沟通的启示。

首先,奈良旅馆巧妙地选择了小燕子作为传播主体,让"肇事者"变成了奈良旅馆的"公关使者",在以小燕子的名义给游客写的信中诚恳检讨,这种新奇而充满趣味性的沟通方式及坦诚的待客态度,不仅巧妙地化解了客人的不悦之情,使客人能给予谅解,而且"第三者"小燕子的"出面"让客人获得一种意外的情趣,增添了与客人之间的情感效应。

其次,"请你们千万不要埋怨服务员小姐,她们是经常打扫的,只是擦不胜擦",巧借小燕子之口,告知公众真情,消除客人有可能埋怨服务小姐打扫不勤的误解,是非常必要的公关环节。组织与公众之间往往会因为信息不畅而产生种种误解和矛盾,因此公关传播的一个重要作用就是及时沟通信息,增进了解和理解。

最后,小燕子情文并茂的信充分发挥了文字传播从容、详尽、阅读方便、可反复使用、反复理解的优势。若由公关人员分别登门对客人一一解释,则可能产生对客人的不期打扰、公关人员的费时费力、口头表达的不准确或不一致等不良效应,因而选择这种致信的方式与客人沟通是很贴切的,避免了人与人直接沟通时的一些不利因素和可能的尴尬。

解密大堡礁旅游公关成功的DNA

澳洲的东北海岸,有一个总面积约34.8万千平方公里,1981年被联合国教科文组织列为世界遗产名录的世界最大的珊瑚礁群,这就是澳大利亚的大堡礁。就是这样一个被誉为世界七大自然奇观之一的旅游胜地,2009年之前,如果随意问一个中国人知道澳大利亚的大堡礁吗?十之八九的回答是不知道。但多数人知道袋鼠、悉尼歌剧院。

但这一切自2009年3月后就改变了,因一则不一样的招聘广告。

2009年3月,澳大利亚昆士兰州旅游局为了推广风光独一无二的大堡礁,在全球范围内招聘小岛管理者。广告文案的全部内容如下。

◆招聘职位:澳大利亚昆士兰州大堡礁看护员
◆工作时间:2009年7月1日至12月31日
◆职位薪酬:15万澳元/半年
◆其他待遇:提供豪华住宿,来回工作地及申请人居住城市的机票、合约期间内的保险、工作期间往来大堡礁水域其他群岛的交通等费用。
◆申请条件:年满18周岁,英语沟通能力良好,热爱大自然,会游泳,勇于冒险尝试新事物。申请人须上网填妥申请表,上传自制60秒英文短片,说明自己是该工作最适合人选的理由。
◆工作内容:
(1) 当选者每日与白沙、碧水、艳阳为伴,探索大堡礁各个岛屿;
(2) 每周通过更新博客和网上相册、上传视频、接受媒体采访等方式,向外界报告自己的探奇历程;
(3) 看护员还需要喂海龟、观鲸鱼,并担任兼职邮差,这可以让他或她有机会乘坐水上飞机从高空俯瞰大堡礁美景。另外还有帆船航行、潜水等多项活动。

这一份全球招聘广告发布以后,立即成为全球热点新闻,全球主流媒体纷纷报道,并被炒成"全世界最幸福的工作",当然,大堡礁也在一夜间闻名全球,可以说所有热爱旅游的恐怕无人不知,否则真得OUT了。

一则招聘广告为什么能引起如此巨大的公关营销力量?

资料来源:《销售与市场》,2010年第6期

案例解析：

一、迎合社会语境的策略选择

昆士兰州旅游局在为大堡礁策划这起公关营销时可谓用心良苦，表面上看只是一则招聘广告，但蕴含着深邃的眼光。首先在策略运用上，启用招聘护岛员。众所周知，2009年是全球金融危机暴发的一年，其发展之快，数量之大，影响之巨，可以说是人们始料不及的。由此欧美诞生了大量的失业人口，发展中国家的企业也纷纷裁员以降低运营成本，澳大利亚也是此次金融危机受冲击比较大的国家之一。就在"失业"、"找工作"成为2009年度社会关键词，就在大量的失业人口苦苦寻觅一份稳定、幸福的工作时，大堡礁面向全球高薪招聘护岛员，并且人人都有机会获得这让人羡慕的工作。招聘广告不但非常诱人，而且迎合了社会语境。

招聘广告中对薪资的承诺是半年薪水高达15万澳元，约合65万人民币。15万澳元的薪水到底有多高呢？在澳大利亚，年薪5万～6万澳元已经算是中产阶级了。而在金融危机之下，很多澳大利亚人都没有全职工作，很多都是同时拥有几份按小时计工资的兼职。因此，工作半年15万澳元，对于澳大利亚人来说绝对是高薪，而且工作如此轻松，那绝对是诱人的"金领"工作。这也就不难理解全球海选刚开始第二天，昆士兰州旅游局为海选开通的官方网站就瘫痪了。

二、瞒天过海的文案策略

广告界有一条金科玉律，那就是好的广告文案抵得上一万个优秀的推销员。而好的广告文案的核心就是独到的文案策略，即"说什么"和"怎么说"的问题。大堡礁的这则招聘广告，乍看上去和普通的招聘广告没什么不同，都是把招聘职位、工作时间、薪酬待遇、申请条件、工作内容一一列清楚，但实质上，却是简约而不简单，集中表现在下面几个方面。

1. 很强的互动性

在申请条件一栏中要求申请人须上网填妥申请表，上传自制60秒英文短片，说明自己是该工作最适合人选的理由。对于求职者来说这是一个十分平常的要求，却让求职者与大堡礁官方网站形成点对点的互动。因为，要想求职就必须上大堡礁官方网站填写申请表，并上传自制60秒英文短片。可想而知申请人一旦登陆大堡礁官方网站，不会仅仅填写完申请表就完事，总会浏览网站中大堡礁的自然风光、主要旅游项目、食宿条件等内容，因为如果不做这些工作，他就不能在自制60秒英文短片中说清楚自己为什么是合适这份工作的。据官方数据统计，仅发布广告的当天，就有超过30万人上网了解这份为期6个月的工作，网站每小时点击量达2.5万人次，致使网站因访问量突升而瘫痪。

2. 瞒天过海的广告文案

大堡礁的这则招聘广告的独特表达策略就是把岛上的特色旅游项目以受聘人的工作内容展现了出来，从自然风光到特色旅游项目，再到住宿以及一些拓展性的多元活动。比如，广告中对于工作内容这样写道：当选者每日与白沙、碧水、艳阳为伴，探索大堡礁各个岛屿；看护员还需要喂海龟、观鲸鱼，并担任兼职邮差，这可以让他或她有机会乘坐水上飞机从高空俯瞰大堡礁美景。另外还有帆船航行、潜水等多项活动。无论是喂海龟、观鲸鱼，还是乘坐水上飞机、帆船航行、潜水等项目，都正是大堡礁的主要旅游项目，也是大堡礁景区的吸引游客的特色旅游项目。白沙、碧水、艳阳恰恰说明了大堡礁美丽、纯净、原生态的自然环境。看似一则景区的用人招聘广告，实质上又是景区的公关广告，而且又是如此的天衣无缝，真可谓明修栈道，暗度陈仓！

三、步步为营的媒体传播

再好的公关策略，如果没有严谨的传播计划，其效果仍然会大打折扣。大堡礁的公关营销的成功，除策划迎合社会语境的公关策略之外，更加得益于其步步为营的媒体传播计划。

1. 广告开道，大开传播声势

大堡礁的此次公关营销，在传播层面上首先用广告开道，这表现在广告发布的媒体选择上。招聘广告的第一轮发布，以电视媒体和报纸媒体为主，而且选择的都是发布国家的主流媒体。以中国为例，广告以新闻的形式发布在CCTV新闻联播节目，以及新闻频道的滚动的整点新闻节目上；报纸媒体方面，大堡礁选择了《南方周末》、《精品购物指南》等精英阶层偏爱的都市媒体。在发布国的选择上，大堡礁首先选择了亚洲的国家，因为随着亚洲近几年经济的发展，外出的旅游人数大幅度增加。从招聘广告的描述来看，又特别地把目标放在吸引中产阶级以及白领身上，因他们有点钱，又有点闲。

2. 线上互动，构建传播引力

招聘护岛员只是大堡礁的表象，其本质是要向全球推广自己的自然风光和特色旅游项目。那么广告发布后，如何让所有对这份工作感兴趣的人对大堡礁有更深层次的认知呢？答案是互动，只要让受众与大堡礁产生互动就可以。因此，招聘广告中明确要求申请人必须登陆大堡礁官方网站填写申请表，并上传自制60秒英文短片。对申请人来说，这个看似很小的要求产生的互动传播量是惊人的，甚至是可怕的。因为，假使全球有10万人对这份高薪而又轻松的工作感兴趣，那么就至少有10万人登陆大堡礁官网填写申请表并上传视频短片；而这10万个申请人，如果每个人又拥有5个朋友去欣赏他的自制短片，以及关注他申请该职位的进展，那么就会有50万人次浏览大堡礁的官方网站。

3. 线下炒作，营造持续传播

为了让此次招聘公关持续地传播，能够引起公众持续的关注。除了线上互动传播外，在线下大堡礁采取了火上浇油的传播策略。一方面对整个海选过程进行递进状的发布和炒作，让受众持续关注整个海选过程。比如对50名候选人的包装、宣传，其中还特别筛选了3名中国应聘者入选，更是引起了华人界的轰动；还有对一位俄罗斯女选手因艳照被踢出局进行大肆炒作，以此彰显此次招聘的严肃性。另一方面利用各种传媒对大堡礁进行多角度、多层次的宣传，诸如《探寻大堡礁幸福的传说》这样的专题稿一时间占据了全球主流媒体的重要版面。就在34岁的英国小伙本·索撒尔最终成为获选者，公众认为大堡礁这出公关大戏拉上帷幕之时，不曾想本·索撒尔在大堡礁的生活再次被包装成传播热点，昆士兰州旅游局为此而特意向媒体公布本·索撒尔与女友在大堡礁汉密尔顿岛的幸福生活组图顿时又成为一个热门话题，昆士兰州旅游局借此机会又推出《走，去大堡礁度蜜月》的话题，一时间引得各大旅行社门庭若市。

大堡礁招聘护岛员耗时半年，从全球30万申请人中进行海选，澳大利亚昆士兰州旅游局如此兴师动众，醉翁之意不在"聘"，而在于"销"，销的是大堡礁的自然风光和特色旅游项目。

不得不承认,这样一次全球招聘成了全球最增值的公关营销案,而且是一次教科书式的旅游地公关营销,它以低成本、高效率、高传播的方式,使大堡礁一夜成为全球瞩目的休闲旅游目的地。数据显示,澳大利亚昆士兰州旅游局以170万美元的低成本,收获价值1.1亿美元的全球宣传效应。而自海选活动开始,到大堡礁旅游度假的人数超过去年同期的两倍。

目前,昆士兰州旅游局中国区经理沈俐也向媒体透露:"这就是一次旅游公关营销,目的在提升大堡礁群岛在国际上的知名度。"通过这个低成本的营销策划,通过媒介的有效传播,使得这次公关事件营销的价值已经过亿,极大地促进了景区知名度的提升,带动营销迅速增长。

这就是旅游公关营销的力量和魅力。相对于很多旅游目的地和旅游景区在营销推广时用大量的广告,公关营销为旅游者创造了与旅游目的地亲密沟通的机会,也能够吸引外界传媒、旅游者在旅游目的地上找到对自己有效的热点,从而引发注意和共鸣,让目标旅游者对旅游目的地的关注由被动变为主动,由淡漠变为积极,传播层度自然较广告更深远,传播效果也更加明显。

第六章 旅游公共关系工作的程序

【教学要点】

知识要点	掌握程度	相关知识
公共关系活动调研	熟悉	公共关系调研内容、调研方法
公共关系活动策划	掌握	公共关系活动策划程序
公共关系活动实施	重点掌握	公共关系活动模式
公共关系活动评估	了解	公关活动评估的意义、方法

【导入案例】

公关无事可做

有一家宾馆新成立了一个公关部,配备了豪华的办公室,迷人的公关小姐,现代化的通讯设备,但该公关部经理却发现无事可做。后来这位公关部经理请来了一位公关顾问,向他请教应该怎么办。于是这位顾问一连问了以下几个问题:

"本地共有多少宾馆?总铺位有多少?"

"旅游旺季时,本地的外国游客每月有多少,国内的外地游客有多少?"

"贵宾馆知名度如何?在过去的三年中,花在宣传上的经费共有多少"

"贵宾馆最大的竞争对手是谁?贵宾馆潜在的竞争对手将是谁?"

"过去一年中因服务不周引起的宾客不满事件有多少起?"

对这样一些极其普通而又极为重要的问题,这位公关部经理竟张口结舌,无以对答。于是,那位被请来的公关顾问这样说道:"先搞清这些问题,然后再开始公关工作,就有事可做了。"

资料来源:《公共关系案例精选精析》,张岩松、王艳洁、郭兆平

【思考】公关工作作为一种职业化的工作,是否有其科学化的工作程序和操作步骤?

对于一个刚刚成立的旅游组织公关部,或对于一个新上任的旅游组织公关人员来说,如何着手开始公共关系工作(以下简称"公关工作"),这是首先面临的问题。一般来讲,旅

游公关工作由两部分内容交替组成:一部分是具体细致、甚至多少有点单调的日常业务,一部分是生动活泼、丰富多彩、科学性和艺术性相结合的具有创造性的专题专项的公关活动。所谓专题专项公关活动,是指公关部门或旅游组织机构为了实现某具体的、特定的公关目标,在某段时间内有计划、有步骤地集中开展的公关活动。正是通过创造性地开展各种专题专项的公关活动,从而不断地、科学而有效地传播与沟通,才能逐一实现旅游公关特定目标,使旅游组织的公关状态日益完善,形象日渐更新。

因此,不仅要胜任旅游公关的日常工作,而且要善于策划、组织和实施专题旅游公关活动,这是旅游公关人员需要掌握的一项基本功。如果说开展日常的公关活动没有必要千篇一律、循规蹈矩,但开展较大型的、专题专项的公关活动则应该而且必须遵循一定的工作程序。只有遵循一定的程序,有步骤、分阶段地连续进行公关活动,才不至于一开始工作时,"老虎吃天,没处下嘴"。本章我们按照美国著名公共关系专家柯特利普和森特提出的四步工作法来阐述旅游公关工作的基本程序:即调研、计划、实施、评估。按照彼此衔接、相互协调的四大环节开展旅游公关活动,可保证整个旅游公关工作的计划性、连贯性、节奏性和有效性。

第一节　旅游公关活动调研

旅游公关工作的前期调查研究是任何旅游公关活动的始点,也是公关活动基本程序的第一阶段。旅游公关很重要的职能就是采集旅游信息、监测社会环境,为旅游组织决策提供充足的公关信息服务。然而要提供信息,首先要寻找信息,公关人员应随时、随地了解和掌握与本组织运营有关的各方面信息,所以,公关调研是公关部门的一项日常业务。不仅如此,开展专项公关活动也不是盲目的、随意进行的,亦要本着"先有事实、后有公关"的活动原则,首先通过大量的调研工作对有关情况进行充分的把握,即了解那些受到组织行为和政策影响的人的观点、态度和反应,同时也包括了解旅游组织存在的问题是什么,急需解决的问题又是什么,从而为制定有针对性的旅游公关活动计划提供依据。所以,在整个旅游公关活动过程中,调查以及对调查结果的分析研究是工作量较大、亦是科学性较强的一个步骤,它是保证公关活动有的放矢、取得成功的必要前提。

一、调研的内容

(一)旅游组织自身情况调研

包括旅游组织的发展历史、现状以及发展趋势和前景,如旅游组织有哪些重大历史事件,目前的经营目标、经营方针、管理方法、财务制度、市场份额等;旅游产品,如旅游商品、旅游服务的种类、质量、价格等;员工队伍情况,包括管理人员的能力、员工的基本素质、员工的年龄结构、文化程度、专业特长等;旅游组织的文化内容,如员工的信念、价值观、工作态度等。

（二）旅游组织公众情况调研

即对旅游组织的公众形象进行普遍调查和分析，从整体上把握组织的客体要素，包括组织内外公众的类型、特点、性质，公众的分布范围和对本组织的重要程度，内外公众的态度、需求和行为等。

（三）旅游组织社会环境调研

因为旅游组织的生存和发展受社会条件和社会发展趋势的影响，所以旅游公关部门必须对社会环境进行调查，协调本组织和社会环境的关系，使组织适应社会环境的变化，从而获得持续不断的发展。

对社会环境的调查，主要包括与旅游组织有关的国家政府部门、法律部门的方针政策、法律原则等方面的政治环境，市场状况及变化趋势、金融情况、社会经济形式等方面的经济环境，本组织在同行业中的地位、所在社区情况、社会时尚潮流等方面的人文环境，资源、地理、气候等方面的自然环境等。

（四）旅游组织形象调研分析

旅游组织形象调查与分析是公共关系调查的一个重点，尤其是开展专项公关活动之前要进行这步工作。这亦是和公关工作的直接目的相联系的，公关工作的直接目的就是要在公众中树立良好的组织形象。旅游组织形象是社会公众对一个旅游组织的总体评价，是公众对旅游组织在各种情况下整体行为的综合性客观映像。组织形象的评价包括旅游组织对自身的了解和社会反馈形象的了解两个方面，我们可以对旅游组织形象做出如下几方面的分析。

1. 旅游组织自我期望形象

旅游组织自我期望形象是指旅游组织自己设计的最佳目标形象，即自己希望所具有的社会形象。旅游组织期望的目标形象是组织行为的内在动力，自我期望形象的要求越高，自觉做出努力的可能性就越大。每个旅游组织都可根据自身的性质、特点确定自我的目标形象。然而，对旅游组织目标形象的分析和设计，公关人员必须调查了解三方面的要素。首先，应调查领导层对组织形象的期望，因为领导层作为整个组织的决策者，决定和掌握着组织的总目标、发展方向和重大的工作项目等，他们对组织形象的选择、设计、规划和建立具有决定性作用。其次，要调查员工对组织形象的看法和期望，因为全体员工的共识和齐心协力是最终实现组织目标形象的根本依据。最后，要了解组织的实际状况和基本条件。只有完整地掌握旅游组织各方面的基本资料，包括工作状况、财务状况、市场开发状况、公众态度状况、人事组织状况等，才能在此基础上依据组织领导层与全体员工对目标形象的期望，确立出既能激励组织全体成员、又能顺利实现的可行性目标形象。

2. 旅游组织实际社会形象

旅游组织实际社会形象是指社会公众对旅游组织的实际评价，它可用知名度和美誉度两项指标衡量。知名度是旅游组织名声的大小，即公众对旅游组织了解和关注的程度。如公众是否知道旅游组织的名称和标记、旅游产品的种类和服务内容，是否了解本组织的领导人，知道和了解的范围程度以及途径是怎样等等。美誉度是旅游组织的名声的好坏，即公众对该组织信任和赞许的程度。如公众对旅游组织信誉的看法如何，对本组织的方针政策、管理水平、工作效率、社会活动、重大决策和事件，以及人员、产品或服务形象的评价如何,这种评价与竞争对手有何不同等。

要了解旅游组织的实际社会形象,就必须通过民意调查来分析旅游组织在公众中的知名度和美誉度。公关人员可利用形象评估工具图来对旅游组织的形象做出定量的分析和比较,这主要由三种图表组成。

第一种:旅游组织形象地位四象限图

旅游组织形象地位四象限图亦称旅游组织知名度和美誉度形象地位图,如图6-1所示。

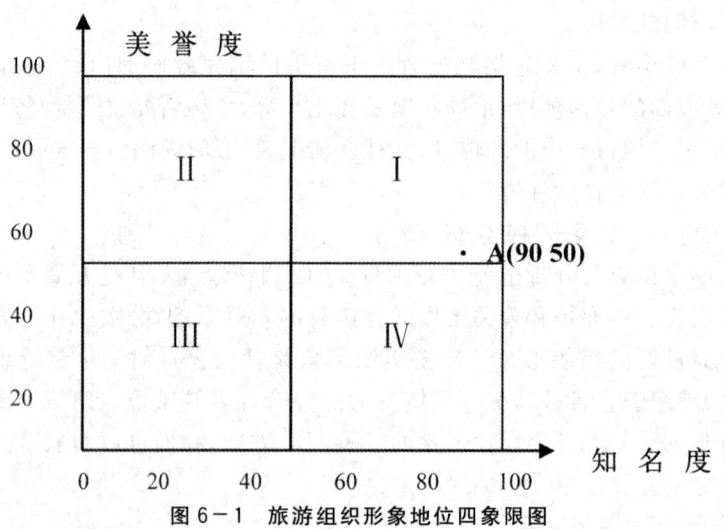

图6-1 旅游组织形象地位四象限图

整个图区分为四个象限。象限Ⅰ高知名度、高美誉度,象限Ⅱ高美誉度、低知名度;象限Ⅲ低知名度、低美誉度,象限Ⅳ低美誉度、高知名度。

例如,就某酒店的形象对100人进行抽样调查,结果90人对该酒店表示了解和关注,那么其知名度为90%;这90人当中有45人对该酒店表示赞许和信任,其美誉度为50%。在图中该酒店的形象地位就处在A(90,50)点处,可见该酒店的形象有待改善。

旅游组织形象地位四象限图能够比较直观地显示旅游组织已有的形象地位,帮助公关人员找出本组织在形象方面存在的问题,从而采取有针对性的措施进行改善,在努力提高组织的美誉度的基础上,进一步扩大组织的知名度,争取最终进入象限Ⅰ。但是,此图仅概括了公众对旅游组织的总体评价和态度,若要分析公众形成不同态度和评价的原因,还需要依靠下面两个图表。

第二种:旅游组织形象要素调查表

旅游组织形象要素调查表所反映的是旅游组织获得某种形象的具体原因。首先,由于旅游组织形象的内容是全面的,而旅游形象构成要素是具体的、复杂的,不同性质、不同类型的旅游组织其具体形象内容不一样,公关人员应首先根据其所在组织的实际情况,确定出本组织的形象内容要素。其次,运用语意差别分析法来制作调查表格,作为分析形象要素的工具。其方法是:将所确定的形象要素,分别以其语意的两极为两个极端,在这两段之间再设置若干程度的档次,制作成五等分或七等分的表格,以表示这些要素属性的程度差别。如该组织的服务态度:非常诚恳,非常不诚恳。再次,请被调查者就自己的看法在要素的语言档次中进行选择、评价。最后,公关人员对所有调查表进行统计,计算各个档次中持某种意见的人在调查总人数中的百分比,并将百分比数字填入表内,就能比较直观地了解公众对旅游组织所持有的看法、态度和评价的具体原因。例如,就某旅游酒店的形象对100人进行的抽样调查,得到以下结果,如表6-1所示。

表6-1　旅游组织形象要素调查表

评价调查项目	非常	相当	稍微	一般	稍微	相当	非常	评价调查项目
服务方针正确	70	25	5					服务方针不正确
办事顺利快捷		10	20	65	5			办事不顺利快捷
服务态度诚恳				15	20	65		服务态度不诚恳
业务时有创新					20	70	10	业务缺乏创新
管理顾问有名气						10	90	管理顾问没名气
酒店的规模大				25	55	20		酒店的规模小

该调查表所反映的酒店形象是:该酒店服务方针正确,办事效率一般,服务态度不诚恳,业务缺乏创新精神,酒店的管理顾问没有名气,酒店规模过小。总的形象是:一家知名度和美誉度都低的酒店。

第三种:组织形象差距图

组织形象差距图是用来反映旅游组织自我期望形象与实际社会形象之间差距的图表,它能使二者之间的差距形象化。其方法是:将旅游组织要素调查表中的各项要素属性的档次数字化,例如:0~10为非常不诚恳,10~20为相当不诚恳,20~30为稍微不诚恳,30~40为中间状态,40~50为稍微诚恳,50~60为相当诚恳,60~70为非常诚恳。然后根据旅游组织形象要素调查表的统计结果计算平均分数。计算方法以服务态度一项为例:其中15人认为一般,其分值为(15×40);20人认为稍微不诚恳,其分值为(20×30);65人认为相当不诚恳,其分值为(65×20)。

服务态度项目平均分值=〔(15×40)+(20×30)+(65×20)〕÷100
　　　　　　　　　　=25(即公众评价平均值为25)

将这一平均值标定在旅游组织形象差距图中的服务态度要素横线标尺上即可。其他要素的平均值以此类推,并分别标在各要素横线标尺的相对位置上,最后连接各点,即成为旅游组织实际形象要素曲线,见图6-2。

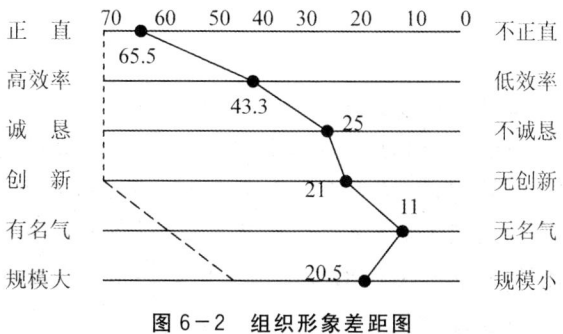

图6-2　组织形象差距图

(注:图中实线为某酒店的实际社会形象;虚线为酒店自我期望形象)

将图中实线与曲线进行对比,理想组织形象与实际组织想象的差距就直观形象地呈现在我们眼前。找出差距,发现问题,是旅游公共关系调查的重要任务之一,也是确立旅游公关工作的目标和努力方向的必要前提。

二、调研的方法

(一) 调研程序

第一,确定调查任务。首先根据不同的调查内容确定不同的调查任务。即着手调查之前必须明确这样一些问题:通过这项调查,企图达到何种目的;能给组织解决哪些问题;有什么作用;向谁报告调查的情况等等。调查任务不同,调查中所使用的方法、技术手段和测量指标也有所不同。

第二,制订调查方案。首先,根据调查任务的需要,设计一个详细的调查提纲,将调查任务具体化、指标化;其次,确定具体的调查范围、调查对象以及调查对象的选取方法;最后,还应给出具体的调查方法,说明用哪种方法或哪几种方法进行调查。

第三,收集调查资料。这实际上是调查方案的实施过程。在此过程中应注意技术手段的恰当、合理运用,这将影响所要收集资料的数量和质量,以至最终影响所得结论的准确性。

第四,处理调查结果。这是公关调查的最后一步,它包括这样几项内容:其一是整理调查资料,其二是形成调查结果,最后是评价、应用调查结果。即首先对调查过程中所取得的全部资料进行检验、归类、统计等;其次将统计结果列成图表,并进行必要的文字分析,以形成一份完整的调查报告;最后对调查结果和整个调查过程进行一次总体评价,阐明其科学性和准确性,并及时将调查结果提供给有关部门和人员使用。

(二) 具体方法

调查的具体方法是多种多样的,调查者应根据所调查的具体内容和实际情况来选择适当的调查方法。一般旅游公共关系调查的主要方法有资料引证分析法和民意测验法两种。前者通过文献资料(如报纸、期刊、图书、会议、文献、档案资料、研究报告等)和声像资料(如广播、电影、电视、录音、图片等)来了解组织的公共关系现状和预测组织的公共关系前景。后者则是直接了解公众意向和态度的主要方法,其调查方式有全面调查、重点调查等,更多的是抽样调查,所以旅游公关人员对有关的抽样方法和抽样技术要掌握。民意测验的具体实施方法有访谈法(如座谈、面谈、一次性访谈、跟踪访谈等)及问卷调查法。

知识要点提醒

旅游公共关系调查工作是一项细致、复杂且要讲究科学的工作,其具体内容有专门章节论述,这里不再细谈。值得强调的是,首先,调研工作不应随心所欲,应由专门的制度给予保证,长期不断地进行;其次,未经整理的资料是没有多大用处的,因此,调研资料一经收集,要及时分析整理、分类存档,一来方便使用,二来可以作为以后的参考资料。有人说,公关工作是否做得好,从资料工作就能看出一半来,此话也有其道理。

第二节　旅游公关活动策划

一、策划的意义

在经过广泛、深入的公关调查研究、取得大量有用资料之后,就要着手制定专项旅游公关活动计划,这是"四步工作法"的第二步,也是难度最大的一步。旅游公关计划是具体实施公关工作的行动指南,计划制定的恰当与否,直接关系到公关工作的成效。

确定专项旅游公关活动计划也叫做旅游公关策划,所谓旅游公关策划,是指对未来一定时期内旅游公关活动的预先规划和安排,它包括两项内容:确定旅游公关活动的目标以及为实现这些目标必须采取的对策与措施。公关活动策划最能代表公共关系的特色,从某种意义上讲,旅游公共关系工作主要就体现在创造性的旅游公关策划上,公关活动策划水平直接决定公关活动的效果。

二、策划的程序

（一）确立公关目标

在调研的基础上,对旅游组织形象的现状及成因有所了解,找到了问题的差距。缩小这种差距,解决这些问题,追求组织更完善的形象,就是要确定的公关目标。公关目标是旅游公关工作的方向,是指导和协调全部公关活动的依据,也是最后检验和评价公关活动实施效果的标准。因此,确立目标,并依此来规划和安排各项具体活动,是搞好旅游公关工作十分重要的一环。

公关确立的目标必须与旅游组织的总目标、总任务联系起来,不同组织有不同问题的公关目标,同一组织不同时期也有不同的公关目标。在确立目标时,对组织存在的各种问题应分出轻重缓急,从而确立哪个是主要目标、哪个是次要目标、哪个是近期目标、哪个是长期目标,以确定一个线索清晰的目标体系。当然,公关目标体系包含不同类型的各种目标,从时间上有长短之分,从程度上有主次之分,而按其作用将任何组织的公关目标都可分为四类:传播信息、联络感情、改变态度、引起行为。无论确立什么样的公关目标,总体上应把握如下原则,

1. 一致性

公关部门作为旅游组织整体结构的有机组成部分,其工作目标应与组织总目标保持一致,应有利于促进组织总目标的顺利实现;同时,为了维护组织良好的整体公众形象,公关目标的确立还要符合社会公众的利益。因此,恰当地选择组织利益与公众利益的相交点,既考虑组织的发展利益,又考虑社会公众的要求,努力追求二者间的有效结合,追求组织与公众相一致的利益,乃是确立公关目标的一个首要原则。

2. 具体性

旅游公关目标越明确、越具体越好,含义要十分清楚、单一,不能使人产生歧义;内容

要具体、可直接操作，不是泛泛而谈的抽象概念。如果目标不具体，那么就等于没有目标。传播信息总是传播具体的信息，联络感情总是联络一定阶段的感情，改变态度总是改变具体的态度，引起行为总是引起具体的行为。只有提出明确、具体的目标，才既有利于计划实施，又有利于活动效果的检测。

3. 可控性

旅游公关目标的实现是在特定环境和现实条件下进行的，既有可知性、稳定性因素，也有未知性、变动性因素。快速变动的社会环境中会出现一些意想不到的偶然事件，给旅游公关工作带来额外的难题，因此，旅游公关工作的工作量是难以准确计量的，它是涉及面广、多变量、机动性强的工作，在确立目标时，要有一定的弹性，时间上应留有充分的余地，以备条件变化时能灵活应变，免除被动。

4. 可行性

制定旅游公关活动目标必须适宜可行，具有现实性。即不能过高，也不能太低。既要考虑实施效果，又要考虑组织自身及环境的实际能力和现实条件。

（二）确定公关主题

当旅游公关目标确立之后，往往被分解为一系列较小的、具体的活动项目来共同或逐项实施。如同每一部交响乐都有一个主旋律，使各个乐章都围绕着它发挥、展现和扩充一样，每个较大型的旅游公关活动也应有一个主题来统率整个活动，联络所有项目，形成一个有机系统，使所有活动都围绕一个中心展开。例如，国家旅游局以"2000年神州世纪游"为主题，各地旅游部门组织了一系列海内外旅游公关促销活动。在海外方面，国家旅游局加强了对美国、日本、德国等重点市场的旅游公关宣传，并配合江泽民主席出席联合国千年首脑会议，参加了"中华文化美国行"活动；北京市旅游局主办的"东方古都，长城故乡"的欧洲宣传活动在德国、法国效果颇佳；国内市场方面，全国各地都围绕"2000年神州世纪游"主题开展了为期一年的丰富多彩的节庆及促销活动，如甘肃敦煌的"百年黄河风情旅游节"等。"2000年神州世纪游"这一简洁、鲜明的主题使全国的各个具体活动项目贯穿为一个整体，保证了全年各种活动无论发展到什么阶段，进行到哪个项目，都能万变不离其宗，始终围绕明确的中心进行，而不至于使活动支离破碎、杂乱无章。可见，任何大型专项旅游公关活动之前，确立一个理想的主题是非常必要的。我国国家旅游局正是有计划、有步骤地每年推出一个旅游公关主题，统帅全国各地的旅游活动，才富有成效地推动了中国旅游事业整体一步步朝前迈进。

因此，主题是对公关活动内容的高度概括，它可以是一个口号，也可以是一个简短的陈述或表白。一个理想的主题词应该满足观点鲜明、含义清楚、诚实中肯、简单好记的原则，切忌空泛、雷同或华而不实。

公关部门在确定公关主题时，应把握综合性、市场化、通俗化和特色化的原则，可以从旅游资源本身去挖掘，也可以从文化角度去创新。比如云南著名的旅游景区——泸沽湖风景区因其秀丽的山水风光和独特的人文风情享誉中外。当地的摩梭人至今仍然保留着古老的母系氏族婚姻制度，过着男不娶、女不嫁的原始走婚生活，这在中国是绝无仅有的，因而该景区的主题被确定为"最后的女儿国"。

（三）确立目标公众

公共关系专家杰夫金斯指出：公关工作并非针对全体公众，而是针对经过精挑细选的全体公众中的某一特定集团。这就是说，公关工作是以不同的方式针对不同的公众，而不是像做广告那样，通过新闻媒介把各种信息播放给大众市场。可见，公关专项活动都必须针对特定的、具体的目标公众。

旅游公关工作目标及主题确立之后，还必须将其所涉及的目标公众确定下来，部门还要针对组织所满足的客源市场进行定位，通过对客源市场细化，分析公众的消费特征和消费习惯，与旅游组织产品进行对比，并就组织产品能否满足公众需求形成一定的判断，对目标公众进行重新筛选。确定目标公众的范围后，还要详细了解目标公众的各类资料。一般要掌握公众的四类资料：背景资料、知晓度资料、态度资料及行为资料。即目标公众的姓名、性别、年龄、民族、职业、住址以及文化程度、经济状况、家庭情况等；目标公众对有关问题、事件、形势、计划等的知晓程度；目标公众对相关问题的看法或意见，包括价值观念、思维方式、对社会事物及有关组织的态度；目标公众对某一问题、某个组织已经或正要采取的某种行动。把握这四类材料，就可了解公众的构成、类型及活跃程度，从而确立旅游公关工作的对策及传播方式。

例如被誉为"岭南第一名园"的桂林雁山园景区地处雁山大学城附近，具有丰富的自然、历史、文化和艺术资源，周边有桂林旅游高等专科学校、广西艺术学院、广西农学院、广西师大、桂林理工、漓江学院等六所高校，在校学生近四万人，构成了一个庞大的潜在客源市场，在调整了景区目标市场，明确将学生群体作为主要目标公众后，雁山园景区很快提高了知名度并带来了可观的经济效益。

（四）选择传播渠道

要有效地实现既定的旅游公关工作目标，不仅要确立目标公众，还需要据此来选择恰当的传播渠道。每一类目标公众都有自己喜欢和习惯的传播方式和传播媒介，每种传播方式和传播媒介也有自己的风格和特点。因此，制订旅游公关工作计划时，既要考虑传播效果及组织自身的能力和条件，更要针对目标公众的类型、特点和爱好，选择与之相适应的具体的传播渠道。

因此，选择传播渠道，要考虑以下几方面因素。

1. 各种传播渠道都有各自的功能及特点

要根据旅游公关工作的目标和要求，选择具有不同影响力、不同传播速度和不同覆盖面的传播渠道。可供选择的传播渠道主要有下面几种。

人际传播渠道。这是个人与个人之间的交往和传播，这种传播渠道对象明确，能深入、细微地解决一些特殊问题。但传播面较窄，适用于针对个别特殊公众或关键公众。比如面谈、书信往来、电话联系等。

群体传播渠道。这是面对一个群体所进行的传播，可针对一群人的特殊要求、特殊问题进行传播沟通。比如报告会、座谈会、演讲会、信息发布会，以及茶会、宴会、舞会等。

大众传播渠道。这是利用大众传播媒介进行有效的传播活动。主要有印刷类媒介和电子类媒介两大类。其传播速度快、辐射面广、影响力大，有利于解决共性问题。

2. 目标受众的差异性

文化背景、生活环境、职业习惯、年龄层次结构、受教育程度等都决定了目标受众对传播渠道的选择性和适应性。因此,旅游公共关系传播渠道的选择应考虑公关工作对象的特征。比如,对经济不发达、文化层次不高的农村地区,采用广播形式较好;对文化程度高的地区,则采用报刊、电视、网络等媒体渠道均可。

3. 传播内容的差异性

根据传播内容的特点来选择适当的渠道。比如,对于内容多而复杂的景区宣传促销,可采用容量大、技术性强的印刷品、光碟或聘用专职导游现场讲解示范;而对于内容较少的酒店开业信息,可采用广播、电视广告等形式。

选择有效的传播渠道不是件很容易的事,需要旅游公关人员对各种活动方式、传播媒介以及运用它们的方法有深入、全面的了解,才能运用得当。

(五)选择活动时机

选择适当的时机实施旅游公关活动计划,往往能提高活动效能,并扩大组织的影响。因此,在确立具体的公关活动项目时,应考虑社会环境及旅游组织自身有哪些重大节日或活动可以充分利用,能借助哪些机会来扩大影响,同时又需要避开哪些冲突以免事倍功半。例如,在有全国性或国际性重大新闻时,若向报界投寄新闻宣传稿,极可能被挤掉。因此,要确定适当的公共关系活动时机,不仅涉及公关活动的策略,还涉及公共关系人员灵活的公关技巧。对旅游公关人员来说,应周密细致地考虑影响行动时机的因素,既不能盲目从事,也不能贻误战机。例如,在 2004 年春节期间,洛阳餐饮业的龙头老大洛阳酒家有限责任公司新翻杨柳,利用中国人最注重吃的新春佳节,在传统名吃洛阳水席的基础上,以"绿色、文化、营养"为主题,从大年三十到大年初七,推出猴年新菜系列,不仅让市民大快朵颐,企业也名利双收。此例表明,抓住适当的时机搞公关活动,不仅得体、自然,还可以收到意想不到的效果。

(六)确立活动条件

确立旅游公关活动的具体实施条件,具有很强的实用性和机动性。若没有对人力、财力和物力各方面的调查、分析和准备,可能会闭门造车,执行起来很难收到预想的效果,甚至还会给组织及公众带来很大的损失。例如,根据旅游公关活动目标分析,应怎样选派或从哪里挑选符合条件且数量结构恰当合理的人员来完成公关工作;怎样具体、周密地预算整个公关活动时间及单项活动的起止时间;从投入产出效果上考虑,怎样合理安排、使用组织需要支出且能够投入的资金;从实际的场地和设备情况出发,活动项目的实施是在室内还是室外进行;具体的场地面积、流动通道情况怎样;家具(如桌椅、餐具、茶具等)的数量、质量及档次怎样;电子设备(如电话、扩音器、灯光等)的配置及使用效果怎样;另外,需要同周围哪些部门(如交通部门、治安部门、水电部门等)取得联系并争取得到支持等等。凡此种种,旅游公关活动的具体实施条件都须预先认真、全面地调查、了解和准备,准备得越充分、越细致、越周到,旅游公关活动就越有成功的保障。

(七)编制活动预算

开展旅游公关活动,实施旅游公关计划,必须有一定的财力作保证。编制预算,既能预测公关的单项活动及全部活动的成本,以便事后核对和考察绩效,又能将旅游公关计划具体化为一张可以进行成本核算的清单，便于监督执行。

旅游公关预算的基本构成一般包括以下各项开销。

1. 劳动报酬

劳动报酬包括主管部门人员和工作人员的工资、奖金及其他福利补贴。公共关系的基本活动是人和人打交道，不可用机器代劳，在国外，无论是自设公关部，或外聘公关顾问，大约三分之二的预算要用于工资报酬。

2. 行政经费

行政经费包括水电费、电话费、办公费、设备维修费、清洁费、房租等。

3. 媒介、设备费用

媒介、设备费用指开支在各种传播媒介（如报纸、杂志、广播、电视等）上的费用，以及制作各种旅游印刷品、宣传品、旅游纪念品和使用各种设备的费用（如摄影设备、多媒体器材、美工用品等）。

4. 实际活动费

实际活动费用包括各种会议、专题活动、公关广告、公关赞助、接待应酬及公关人员的交际、交通活动费用。

5. 其他费用

旅游公关是一种灵活性很强的工作，各种未知因素、突发事件或偶然事件，都可能导致临时增加或改变公关计划及预算。因此，在预算中最好设置其他机动、风险及应变费用，从财力上保证公关工作的应变能力。

编制旅游公关预算的主要方法有以下两种。

1. 固定比例法

固定比例法即按一定时期内企业的总销售额或总利润额，抽取一定的百分比作为公关预算。这种方法的优点在于预算方便，简单快速。缺点在于预算不一定能够符合实际需要，缺乏弹性，公关部门若想按实际工作需要临时增加某项已经核定的预算，固定比例法则爱莫能助。

2. 目标先导法

目标先导法即根据已经制定的旅游公关目标及工作计划，具体列举和估算完成这些目标和任务所需的费用，并将各项费用之和作为公关预算的总额。目标先导法的优点在于计划性强，弹性较好。但须提取一定的风险基金（如5%），以备偶然事件的发生。另外，这种方法须事先预测准确，否则可能超支、短缺或浪费。

上述两种方法各有利弊。由于情况和需求不同，同一种类、同样规模的旅游企业，公关工作可能完全不同，其预算也就不同；同一旅游组织的公关需求和预算亦会随时发生变化。因此，需要同旅游企业的整体运营计划结合起来决定公关预算。

（八）起草书面报告

职业化的旅游公关工作必须建立自己完整的文书档案系统。每一具体的公关计划都必须见诸文字，这不仅便于工作对照实施及回顾检验，以便发现问题，予以纠正、修订和补充，而且也可以以此向旅游组织的决策层报告，使他们心中有数，给予配合、协调和支持。

报告的内容包括如下几项内容。

1. 背景

背景概述旅游组织的公关现状,指出组织所存在的问题、差距及其原因。

2. 目标

本次公关工作的具体目标是什么?预期达到怎样的效果?活动主题是什么?

3. 措施

措施是由目标决定的。根据公关活动目标,逐项列出具体活动项目及措施。包括活动名称及目标,活动的负责人、实施者及各自的责任,活动涉及的关系对象及必要的分析,活动的筹备及实施程序,活动所需媒介、设备及环境情况,活动的成果考核标准及考核办法等。

4. 预算

列出费用、人员、时间预算表。包括总预算及具体项目所需的人力、费用和时间,均要详细列出来。

第三节 旅游公关活动实施

旅游公关计划被采纳以后,将计划所确定的内容变为现实的过程称之为实施。旅游公关活动能否获得预期效果,不仅要看旅游公关活动计划制定得是否可行,更重要的是看计划实施情况如何。如果说旅游公关计划的制订是研究公关问题的过程,那么计划的实施才是直接地、实际地、具体地解决公关问题的过程。仅有旅游公关计划,即使它是完美无瑕的,不去实施,也只能是纸上谈兵。

一、旅游公关专题活动模式

将旅游公关工作计划付诸行动,需要运用各种公关活动方法和技巧。所谓旅游公关活动模式,是指旅游公关工作的方法系统,它是由一定的旅游公关工作目标和任务以及这种目标和任务所决定的数种督促检查方法和技巧构成的有机体系,有其具体的适应性,适用于特定的公关目标和任务。不同类型的旅游企业,或同一旅游企业的不同发展阶段,或同一阶段针对不同的公众对象,都会有着不同的旅游公关工作目标和任务。因此,需要根据旅游企业自身的特点和发展的特定要求、社会环境提供的具体条件及不同公众类型的不同要求,选择不同的旅游公关活动模式进行工作。

(一)战略性公关活动模式

任何一个旅游组织,其成长过程都是一个不断发展变化的过程,加上它所处的社会环境也在不断的变动之中,因此其公共关系绝不是一成不变的。适者生存,旅游企业只有适应不断变化的社会环境,随时调整自己的公共关系状态,才能顺应发展潮流。根据旅游企业组织与环境之间的适应程度,从战略的角度,我们可以将旅游公关活动归为以下五种模式。

1. 建设型旅游公关活动

建设型旅游公关活动模式的主要功能是提高旅游组织的知名度,启发、诱导公众对组织的认识、理解和支持。它特别适用于旅游组织的开创阶段,以及旅游产品或服务的初创、问世阶段。建设型旅游公关活动主要采取较多的宣传和交际的高姿态传播方式,如开业广告、开业庆典、免费招待、折价酬宾等,向社会公众主动作自我介绍,主动结交各方朋友,努力让更多的人知道组织、了解组织、接近组织。其特点是采取集中力量打歼灭战的办法,取得一时的轰动效应,以在尽可能短的时间内创出名气,提高旅游组织的知名度。

2. 维系型旅游公关活动

维系型旅游公关活动模式致力于维持知名度、巩固美誉度,保持旅游组织已有的形象和声誉,它比较适用于旅游组织稳定发展的阶段。通过各种传播媒介和沟通方式,以较低的姿态,持续不断地向目标公众传递旅游组织的各种有关信息,久而久之,使组织的形象潜移默化地留在公众的长期记忆系统中,从而长期赢得公众的理解和支持。维系型旅游公关活动模式的特点是:用渐进的方式向目标公众施以影响,通过细水长流的方式(而不是轰轰烈烈的一次性效应)来达到目标。例如,通过新闻宣传、专题连续报道来保持一定的见报率,通过树立在高大建筑物上的旅游标志、旅游服务形象等巨型广告,或通过逢年过节的专访、慰问、联欢以及给老顾客适当的优惠或奖励等方式,不断在公众耳边"吹风",使旅游组织的形象慢慢地渗透到公众的心目中,起到"随风潜入夜,润物细无声"的作用。

3. 防御型旅游公关活动

防御型旅游公关活动模式的功效在于防患于未然,适用于旅游组织出现潜在的公关危机的时候。当旅游组织与外部环境不相适应,与公众关系出现某些摩擦的苗头的时候,通过及时调整旅游组织的服务、产品、方针政策或经营管理方式等,以适应环境的变动,适应公众的需求。其主要特点是发挥组织内部职能。旅游组织的公关人员,应及时向组织决策部门和各业务部门提供外部信息,特别是反映批评和建议的信息,提供改进的参考方案,协调内部职工关系及各部门关系,增强组织的凝聚力,共同做好组织的公关工作。总之,防御型旅游公关活动模式特别适用于旅游组织发展过程的战略决策,它重在考虑组织的长期发展,是一种具有战略眼光的、预防为主的旅游公关工作方式。

4. 矫正型旅游公关活动

矫正型旅游公关活动模式是在旅游组织的公共关系严重失调,组织形象发生严重损害的时候,立即采取一系列的有效措施,配合组织的其他部门改善被损害的形象,挽回组织的声誉。它一般有两种情况,一种是由于外在的某种误解、谣言甚至人为的破坏以及疫情等,损害了旅游组织的形象。此时,公关部门应迅速查清原因,公布真相,澄清事实,纠正或消除损害形象的因素。另一种是由于旅游组织内在的不完善造成的,例如由于组织工作失误,在产品质量、服务态度、环境保护、管理政策、经营方针、伤亡事故等方面出现问题,从而导致旅游公共关系失调。这时,旅游公关人员应当本着实事求是、有错就改的态度,坦诚地检讨组织的过失,向公众表示歉意,而不是应付公众的抱怨和指责。同时采取有效的补救措施,一方面设法暂时降低组织的知名度,把影响面减小到最低限度,并立即把外界舆论反馈给决策层及有关部门,提出内部改进措施,协助有关部门解决实际问题;另一方面利用各种公关方式向舆论界和社会公众公布改进措施和整顿情况,以表示组织的诚意,求得公众谅解,平息风波,恢复信任。

5. 进攻型旅游公关活动

进攻型旅游公关活动模式是在旅游组织与外部环境发生某种实际冲突和摩擦的时候,以攻为守,抓住有利时机和有利条件改变决策,迅速调整,积极主动地适应环境,开创新局面。其具体方式包括三种情况,一是避免受环境的消极影响。如不要过多地参加各种社会活动或社会组织,以免承担过多的责任、义务和不必要的社会关系的牵制。二是改变组织对现有环境的依赖关系,创造新的环境。如不断拓展新服务、新项目,转移和开拓新的市场,寻找新的顾客群;或建立组织的分支机构,或采取同其他旅游机构合并的方式,改变对原有社会环境的过分依赖。三是与环境变通相协调,如建立同业联合会,开展协作交流,以此尽量降低与竞争者之间的摩擦等。

(二) 战术性公关活动模式

根据旅游公关工作方式的特点,还可将旅游公关活动分为以下五种战术性活动模式。

1. 宣传型旅游公关活动

宣传型旅游公关活动的目的,就是利用各种传播媒介迅速将旅游组织内部消息传递出去,直接向社会公众表白自己,以加强社会公众对组织机构的了解程度,形成有利的社会舆论。其具体活动形式有:发新闻稿,进行公关广告,印刷发行公关刊物和制作各种公关宣传视听资料,举办记者招待会、旅游交易会、旅游产品展览会、旅游信息发布会及各种旅游公关专题活动等。宣传型公关活动的特点是主导性强、时效性强、沟通面广,能比较主动、迅速、有效地利用传播媒介沟通旅游企业与内部及外部公众的关系。但它也有间接性的局限,往往使沟通停留在认知的层次。

宣传型旅游公关活动应注意坚持双向沟通的原则,既要将内部信息告知外部公众,又要注意收集信息,沟通内外公众的意见。宣传时还应把真实性放在第一位,决不能出现浮夸不实之词。要掌握火候,不要引起公众的逆反心理。

2. 交际型旅游公关活动

交际型旅游公关活动的目的,是通过无媒介的人与人之间的直接接触,为旅游组织广结良缘,建立广泛的社会关系网络,以形成有利于旅游组织发展的人际环境。其活动方式包括社团交际和个人交际,如宴会、茶会、招待会、座谈会、工作午餐会、慰问和专访活动、接待应酬等社交形式,以及个人间的交谈、拜访、祝贺、个人署名、信件往来等等。这种活动类型具有直接性、灵活性的特点,并且具有人情味,能使旅游组织与公众间的沟通进入情感的层次。

需要注意的是,社会交际只是旅游公关工作的一种手段,而绝不是旅游公关活动的目的。不可把一切私人交际活动都作为公关活动。开展交际性公关活动时要强调"以情动人"、"以诚感人",坚决杜绝使用各种不正当的手段,不能为了讨人欢心,搞拉拉扯扯,违法行贿,应防止交往过程的庸俗化,避免交际型旅游公关活动陷入庸俗关系的泥潭。

3. 服务型旅游公关活动

服务型旅游公关活动应当是旅游业最具行业特色的公关活动,其目的不仅是促销,更在于以各种真诚的、实惠的服务为媒介,向公众提供各种实在的服务,以取得公众的了解和好评,建立、改善旅游企业的形象,提高企业的美誉度。例如,旅游消费的教育和指导,旅游行业的优质服务,其最显著的特点在于有实实在在的行动,以具体行动来证实企业组织的诚意。所谓公共关系就是90%要靠自己做得好,其含义即在于此。服务型旅游公关活动能有效地促成旅游组织与公众间的沟通达到行为层次,这是一种最实在的旅游公关工作。但由于它往往与一个旅游组织的业务密切渗透,因此不能仅靠公关部门去进行,而要依靠企业中所有成员、所有部门的共同努力来实现。从这个意义来说,它所体现出来的是组织机构的整体风貌和素质。

4. 社会型旅游公关活动

社会型旅游公关活动是旅游组织利用举办各种社会性、公益性、赞助性活动,从而达到扩大组织影响,建立组织良好形象的活动模式。其具体形式有:赞助社会文化、教育、体育、卫生、环保等事业,支持社会福利事业、慈善事业,参与国家、社区重大活动并提供赞助等。社会型旅游公关活动具有公益性、非营利性和文化性的特点,不拘泥于眼前的得失,而着眼于组织的整体形象和长远效益。

5. 征询型旅游公关活动

征询型旅游公关活动是以采集社会信息为主的活动模式,通过采集信息,了解舆情民意,从而为旅游组织决策提供公关问题方面的咨询和建议。其具体形式有:开办各种咨询业务、建立热线电话、开展有奖民意测验活动、建立来信来访制度和相应的接待机构、接待和处理投诉等。征询型旅游公关活动的特点在于细水长流、日积月累、持之以恒。它需要我们旅游组织有足够的耐心和诚意,才能逐步形成良好的信息网络。

上述五种旅游公关活动模式反映了公关工作的不同特点。旅游组织的公关人员可以根据需要选择一种或几种去实施旅游公关工作计划。

以上各种旅游公关活动模式,实际上都是由一系列具体的工作方法、技巧和手段组成的。只有熟悉和掌握了旅游公关工作的方法和技巧,才可能恰当地运用不同的模式。

二、旅游公共关系日常工作内容

旅游组织的公关部门除了为一定时期的特定公关目标而策划、实施一些专项公关活动外,日常业务中还有许多细致、繁杂的公关工作要做,大致包括如下内容。

1. 收集信息与传播信息

旅游公关人员作为旅游组织与公众之间的"中介",充当组织的"耳目"与"喉舌"——一方面经常、及时、科学、全面地将组织内外公众的意见、观点、态度及各种社会动态信息反馈给组织,使组织了解现状、掌握趋势、适应变化;另一方面把组织的各种有关信息迅速、有效地传递给目标公众,增进社会公众对组织的了解和支持。因此,收集信息与传播信息是旅游公关人员日常性的业务,具体内容有以下几个方面。

利用各种渠道采集、整理、归纳信息资料。

写作各种报告、稿件、说明书、解说词等。如调查报告、年度报告、股东报告、新闻宣传稿件、演讲稿、发言稿、产品或服务说明书、影视录像解说词等。

编辑各种刊物、宣传材料。如组织内部的各种简报、通讯、员工手册,组织的对外刊物、画册、宣传手册、年鉴等。

制作各种视听材料。如电影、电视、录像、新闻图片。制作旅游公关广告及旅游公关宣传品和赠品等。

交际。旅游企业公关人员要与政府有关部门、主管部门、法律部门、新闻界及社会各阶层人士保持密切的交往、联系,为组织建立广泛的社会关系网,开拓信息渠道,并提高对外宣传沟通的效率。

2. 策划各种会议和活动

旅游公关人员日常工作中需要筹划各种会议和活动,以此来扩大所在组织的影响,增强公众对组织的了解和亲近感,从而为组织创造和谐融洽的社会关系环境。这些会议和活动包括下面几种形式。

举办记者招待会、新闻发布会,以此向新闻媒介提供新闻素材。

举办各种展览会、展销会、新产品或新服务介绍会,以促进销售。

举办有关座谈会、洽谈会、研讨会,以扩大交流。

举办开业典礼、就职仪式、签字仪式、周年纪念等活动,以扩大组织的影响,提高组织的知名度。

举办各种文艺活动、体育活动、知识竞赛、书法比赛、摄影比赛等;举行联谊会、聚餐会、茶会、舞会、电影招待会、慰问走访等活动,以联络感情,融洽气氛,创造祥和的组织环境。

举办各种公益赞助活动、义卖活动,以组织强烈的社会责任感来赢得公众的好评。

需要指出的是,旅游公关人员不仅要筹划本组织的上述各种会议与活动,同时应尽一切可能的机会积极参加社会及其他旅游组织举办的各种会议和活动,以掌握各种动态信息,为本组织机构服务。

此外,举行旅游组织的内部公关培训活动,强化全体员工的公关意识,提高他们的业务技能,也是旅游公关部门的一项经常性工作。

3. 协调与公众的关系

接待来访,处理投诉,举行谈判活动,从而化解组织与公众间的误解、矛盾与冲突,以达成共识,协调关系。

4. 处理突发事件

突发事件的特征是:突然发生,常常令人始料不及;来势迅猛,常常令人措手不及;后果严重,危害极大;影响范围广,易给整个社会带来恐慌和混乱。例如,地震、火灾、空难、车祸、大规模的食物中毒、爆发性疫情等。为维护组织的声誉,必须妥善处理各种突发事件,旅游公关人员平时应有这方面的思想准备和应变能力。

面临突发事件,旅游组织的公关人员应当保持头脑冷静,应用自身的经验和各种公关技巧,或释冰为水,或化干戈为玉帛,起到"消防队员"的作用。首先迅速掌握事态全貌,其次尽快提出对策,妥善处理事件。一位日本公共关系专家介绍,面临突发事件时,在传播沟通中应注意六个问题。

5. 实事求是地发表消息

不清楚的情况要坦率地告诉对方,不要把主观臆测混在其中。

发表的时机很重要。不能因过于慎重而贻误时机,以致使流言、谣言产生,引起混乱。

发表消息时应尽量统一形成文字,因为口头讲话容易被误传。

为防止外界误传,宣传中要统一口径,不可随便发表言论。

有些社会影响大的问题发表消息越早越好。

应有专人联络新闻界,把情报工作抓起来,尽快平息混乱。

第四节　旅游公关活动评估

评估是旅游公关活动的最后一个程序,它与第一阶段的调研可谓首尾相连,很可能前一个旅游公关项目的评估就是下一步旅游公关活动的调研,它对旅游公关工作计划及实施效果起着总结、衡量和评价的作用。

一、评估工作的意义

旅游公关活动要与公众打交道,其工作具有较大的弹性,且公关活动效益具有分散性、间接性、滞后性、隐蔽性等特点,评估工作有一定的难度,不能以数量指标来衡量其结果,易使人忽视或轻视公关工作,因此,一定要充分认识、明确旅游公关活动评估的重要性。

通过评估,可将旅游公关活动的成效及时报告给组织决策层,以进一步获得上层领导对公关工作的重视和支持。

评估工作可鼓舞士气。一般来说,内部员工很难对公关活动情况有全面、深刻的了解和认识,旅游组织的公关人员将某项旅游公关活动计划的目的、措施、实施的过程和效果向组织内部员工以阐述和说明,可增强全体人员的公关意识,也可提高旅游公关人员工作的信心。

通过评估,衡量公关活动的人力、物力、财力的耗费,可判断旅游公关活动的效率。

通过评估,可以对旅游公关活动有一个准确的判断,并有助于发现新问题、新情况,找出新对策,以利于下一轮旅游公关活动的开展。

总之,旅游公关评估工作是改进旅游公关工作的重要环节,也是开展后续旅游公关工作的必要前提。

二、评估工作的程序

一般来说,旅游公关活动评估工作可分为四个阶段。

（一）重温旅游公关目标

评价某项旅游公关工作是否有成效,其标准就是看既定公关活动目标是否实现了,因此,首先要重温一下旅游公关目标。如果原先的旅游公关目标就是向公关传达关于某一问题的信息,那么"是否传达到了这一消息"便是评估的尺子,既不要抬高标准,也不要降低标准。若旅游组织的公关目标在于减少游客对本组织的投诉,那么评价的标准便是游客的投诉率是否下降到预期的目标。

（二）收集和分析资料

收集和分析资料是在实施了旅游公关计划之后,重新评估旅游组织公关现状,即公关人员利用第一阶段调研中所采用的方法——利用形象评估工具图来了解组织的现实形象,然后分析对比,看哪些达到了原来的目标,哪些还没有达到,哪些甚至超过了预期的效果,从而判断差异程度,了解目标的实现程度。因此,从某种意义上讲,这是在更高层次上重复第一步的组织形象调查与分析。

(三)向决策层报告分析结果

旅游公关活动效果如何,很大程度上视旅游组织管理层的评价而定。为使最高管理者对旅游公关的活动效果做出恰当的判断和评价,公关人员必须定期向领导层提出科学的总结报告。因此,每当旅游公关活动计划实施后,负责评价工作的公关人员必须如实地将分析结果进行整理、总结,以正式报告的形式传达给决策部门以及组织的最高决策层。评估报告中应包括以下内容:基本工作过程,目标完成情况,预算执行情况,成绩和经验,不足与教训,下一阶段工作的任务和重点,以及评价所采取的方法和步骤等等。评估报告要注意把对旅游公关工作的评价与组织的总目标、总任务联系起来,并尽量引用具体可见、可测的结果,或引用有影响力的外界评价,来说明旅游公关工作的重要性和应有的地位,以增强领导层对旅游公关工作的了解、重视和支持。

(四)把分析结果用于决策调整

把分析结果用于决策调整是旅游公关活动评估工作的最后一个阶段,也是它的最终目的。分析结果可以用于两方面的决策和调整:一方面用于别的或下一轮将要制定的旅游公关活动计划的决策和调整,另一方面用于旅游组织总任务、总目标的决策和调整。

开展旅游公关活动,无非是三种结局:一是效果较佳,达到甚至超过了预期目标;二是有点效果,但离预定目标还有不少差距;三是毫无作用,甚至出现某些偏差。如果属于二、三种情况,旅游公关人员应对其形成原因进行认真的分析。是组织的内外部环境变化了?是目标定得不准?或是措施不当、检验评估失实?公关人员要提出自己的意见,并连同上述结论和分析一起及时反馈给本组织的主要领导,以供他们在调整计划、决定下一步做法时参考。旅游组织的决策人在收到旅游公关评估报告后,要认真审阅,准确判断,并根据实际情况,调整公关计划,指导下一步的工作。

三、评估工作的方法

(一)自我评估法

自我评估法即由主持和参与旅游公关计划实施的人凭自我感觉评价工作效果。这种方法既有亲自参加的可靠性,又有其主观片面性。

(二)专家评估法

专家评估法即聘请旅游公关专家对旅游组织的公关工作进行评价。他们的肯定或否定意见都将是有价值的建议,可使评估工作有较强的客观性,因此,这种评价法很值得重视。

(三)舆论评估法

舆论评估法即依据公众反映的社会舆论评价旅游公关活动的效果。通过调查研究公众的反应,在一定程度上确认旅游公关工作在特定公众中产生了什么样的影响。这种评估法有着现实意义,应给予足够的重视。

上述三个方面的评估应相辅相成,兼顾使用。具体的评估方式有下面几种。

1. 观察反馈法

观察反馈法即公关人员通过亲自参加旅游公关活动,观察其进展情况并估计效果,这是最为直观的一种方法。

2. 目标管理法

目标管理法即以预先设定的目标作为评估分析的主要依据,这就要求在确定旅游公关目标时,尽量使目标具体化、数量化,以便于使效果和目标对照考核,进行衡量。

3. 舆论和态度调查法

舆论和态度调查法即在旅游公关活动前后分别进行一次舆论调查,以便于比较旅游公关活动对公众在态度、动机、心理、舆论等方面的影响。

4. 内部及外部监察法

内部及外部监察法即由组织内部有关部门或人员及组织外部的专门人员对旅游公关活动进行检查和评价,这两方面一般是相互结合使用的。

5. 新闻报道分析法

新闻报道分析法即根据旅游企业在新闻界的见报情况来评估旅游公关活动效果的方法,它以新闻报道作为评估工具。

总之,各种评估方式都有自己的特点,不同的旅游组织应根据自身的实际情况具体选择和应用这些方法。

知识要点提醒

综上所述,旅游公关活动的开展是按"调研——计划——实施——评估"这四大步骤一环扣一环并不断循环的。每次循环都是一次进步,都将使旅游组织的公关工作进入一个更高的层次,达到一种更为良好的公共关系状态。

【小结】

旅游公关工作不仅在旅游组织的各项管理活动中有其特殊的地位和作用,是一种独特的管理职能,而且从管理学的角度,应当将旅游公关工作本身也视作一个完整的管理过程,将纷繁无序的公关工作纳入系统的管理轨道,使其成为一个有目标、有计划、有步骤、有秩序的管理过程,目的是提高旅游公关工作的科学性和有效性。

随着旅游事业的发展,现代旅游公关工作要加强系统管理,不能再滞留于松散的、盲目的和纯经验的状态,而应成为有目的、有计划、有系统的科学行为。也就是说,旅游公关工作不能随心所欲,头疼医头,脚疼医脚;想起来就抓,想不起来就不抓;哪个部门都能兼,哪个部门又都可不兼。缺乏旅游公关工作的计划性和连贯性,就谈不上旅游公关工作的科学性和有效性。

因此,旅游公关工作按照调研、计划、实施、评估这一科学的操作程序进行,是加强旅游公关工作系统管理的重要体现。

【关键术语】

旅游公关调研、旅游组织形象调查、旅游公关活动计划、旅游公关活动模式、旅游公关活动评估。

【习题】

一、选择题

1. 下列属于旅游公关工作程序的有（ ）
   A. 调查研究　　　B. 制订计划　　　C. 实施计划　　　D. 评估分析
2. 旅游组织公关调研时要了解（ ）
   A. 旅游组织自身的情况　　　　　　B. 旅游组织的公众情况
   C. 旅游组织所处的社会环境状况　　D. 旅游组织的竞争对手
3. 旅游公共关系的调研程序（ ）
   A. 确定调查任务　　　　　　　　　B. 制订调查方案
   C. 收集调查资料　　　　　　　　　D. 处理调查结果
4. 赞助社会文化、教育、体育、卫生、环保等事业属于哪种旅游公关活动模式（ ）
   A. 宣传型旅游公关活动　　　　　　B. 社会型旅游公关活动
   C. 征询型旅游公关活动　　　　　　D. 维系型旅游公关活动
5. 下面选项属于旅游公关的评估工作阶段的有（ ）
   A. 重温公共关系目标　　　　　　　B. 收集和分析资料
   C. 向决策层报告分析结果　　　　　D. 把分析结果用于决策调整

二、填空题

1. 旅游组织实际社会形象可用（ ）和（ ）两项指标衡量。
2. 确定组织的公共关系目标，总体上要把握一致性、（ ）、（ ）、可行性原则。
3. 旅游组织形象要素调查表所反映的是组织获得某种形象的（ ）。
4. 根据旅游公关工作方式的特点，可将旅游公关活动分为以下五种模式：宣传型旅游公关活动、（ ）旅游公关活动、（ ）旅游公关活动、社会型旅游公关活动和（ ）旅游公关活动。
5. 旅游公关评估工作的方法有：（ ）、专家评估法及（ ）。

三、判断题

1. 旅游公关目标是公关工作的方向，是指引和协调全部公关活动的依据，也是最后检验和评价公关活动实施效果的标准。（ ）
2. 旅游组织要反映组织的自我期望形象与实际社会形象之间的差距，用组织形象地位四象限图最好。（ ）
3. 报告会、座谈会、演讲等属于群体传播渠道。（ ）
4. 宣传性公关活动具有主导性强、时效性强、沟通面广的特征。（ ）
5. 社会性公关活动是致力于维持知名度、巩固美誉度、保持组织已有形象和声誉的旅游公关活动方式。（ ）

四、思考题：

1. 公关工作程序有哪几大阶段？这几个阶段之间有什么关系？
2. 公关调研包括哪些内容？如何分析、调查组织自我期望形象及实际社会形象？这种调查与分析的意义何在？
3. 如何确立公关活动目标？针对目标如何制定切实可行的公关活动计划？
4. 公关预算有哪些内容？
5. 公关活动的实施模式有哪些？如何正确选择合适的公关活动实施模式？
6. 公关评估工作的意义及方法是什么？

【案例分析】

老字号　新辉煌

——全聚德135周年店庆大型活动公关

项目背景

全聚德作为我国餐饮业驰名中外的老字号企业，自清朝同治三年（公元1864年）创立至今已有135年的发展历程，经过几代人的努力，全聚德形成了以烤鸭为代表的系列美食精品和独特的饮食文化。全聚德这家百年老店已成为国家领导人宴请国际友人的主要场所，成为国际、国内朋友了解、认识北京的窗口。

改革开放以来，我国餐饮市场迅速发展。面对日趋激烈的市场竞争和国外餐饮业的挑战，全聚德于1993年5月组建了以前门、和平门、王府井全聚德三家店为基础，包括50余家联营企业的大型餐饮企业集团，结束了过去长期形成的一家一店、分散经营的不利局面，全聚德集团成为全聚德商标的唯一持有人，从而开创了全聚德这一北京传统名牌集团化经营发展的新阶段。

截至1999年初，全聚德集团在国内已注册了11个商标，涵盖25大类124种商品或服务项目；同时在世界31个重点国家和地区注册了全聚德商标。1996~1998年度全聚德商标连续两届被北京市工商局评为北京市著名商标；1999年1月全聚德品牌又被国家工商局认定为中国驰名商标，它是我国首例服务类驰名商标。21世纪即将到来，全聚德老字号正演绎着它发展历史上的第二个百年。全聚德品牌战略的成败，是决定这个企业在新世纪能否保持旺盛生命力的关键。

项目调查

面对即将到来的21世纪，全聚德品牌的发展同中国的餐饮业乃至中国商业、服务业一样，面临着良好的机遇和严峻的挑战。

面临的机遇：

（1）随着市场经济的发展和人们消费水平的提高，名牌效应日益明显，使用名牌、享受名牌逐步成为一种时尚，久负盛名的全聚德将进一步得到社会与消费者的推崇与青睐；

（2）全聚德国有企业改革的推进，现代企业制度的确立，企业经营机制的完善，为全聚德企业形象的提升奠定了良好的制度保证；

（3）全聚德全体员工对全聚德具有深厚的感情，对弘扬品牌、发展品牌具有崇高的历

史责任感和社会责任感,成为全聚德企业形象公关的思想基础;

(4)全聚德品牌形象在社会公众心目中占有较高的地位。1998年3月,北京电视台《北京特快》栏目组与中国人民大学舆论研究所就哪些产品最能代表北京的品牌形象这一话题采用问卷方式进行调查。调查问卷要求被访者具体写出四种最能代表北京经济形象的产品,结果被提名的北京产品有四五十种之多,其中全聚德烤鸭名列榜首,被一致认为是最能代表北京经济形象的标志性产品。北京果脯、北京吉普、牡丹彩电、二锅头酒、北京小吃、燕京啤酒、大宝化妆品、王致和腐乳、联想电脑、同仁堂中药分列第2～11位。

遇到的挑战:

(1)从买方(消费者)的角度看,随着人民生活水平的提高和生活方式的改变,广大消费者对全聚德餐饮的品位提出了更高的要求;

(2)从卖方(生产者、经营者)自身看,全聚德集团特许经营管理体系的运作,要求统一企业形象;

(3)从现在国内餐饮竞争者来看,国内餐饮业持续发展,单就北京市目前以北京烤鸭命名的烤鸭餐馆就有400多家,兼营北京烤鸭这道菜的饭店、餐厅更是数以千计,竞争更加激烈;

(4)从未来潜在竞争者、替代者方面分析,全球经济一体化进程加快,我国加入世界贸易组织后,洋餐饮将更加无障碍地长驱直入,对国内包括全聚德在内的餐饮业的生存与发展将会构成威胁。

为了抓住机遇,迎接挑战,积极参与市场竞争,创造具有中国文化底蕴、实力雄厚、品质超凡、市场表现卓越、享誉全球的餐饮业世界级名牌,集团公司决定以1999年全聚德建店135周年为契机,全年推出一系列的多层次的企业形象公关活动。

项目策划

公关目标:

发扬全而无缺、聚而不散、仁德至上的企业精神,对外弘扬全聚德民族品牌,树立全聚德老字号的崭新形象,以店庆造市场,以文化兴市场,对内强化全聚德烤鸭美食的精品意识,丰富全聚德企业文化内涵,激励全聚德集团的全体员工以百倍的信心迎接新世纪的挑战。

公关策略:

为了达到这一目标,准备举办全聚德杯有奖征集对联、全聚德烤鸭美食文化节、全聚德品牌战略研讨三项大的活动。这些公关活动的媒体选择以报纸为主,兼有电视台、电台,并辅以本公司的宣传刊物。

具体计划:

全年系列公关活动分为三个阶段,从序曲到高潮。

第一阶段:在含有元旦、寒假、春节、元宵节等节假日的第一季度与《北京晚报》、北京楹联研究会联合举办全聚德杯新春有奖征集对联活动(以下简称征联);面向全社会(包括集团员工)开展《我与全聚德》征文;着手整理资料,编辑、出版《全聚德今昔》一书。

第二阶段:在农历六月初六,即全聚德创建日的7月18日举办全聚德建店135周年店庆暨首届全聚德烤鸭美食文化节开幕式。

第三阶段:在金秋的10月份,借新中国五十华诞举办全聚德品牌战略研讨会。

项目实施

年初,集团公司在工作会上针对全年公关系列活动进行动员。每一活动分别成立了由总经理或副总经理牵头的、由不同业务部室有关人员组成的专门工作组负责具体实施。

(一)序曲:全聚德杯新春有奖征联活动(1998年12月~1999年3月)

下面是此次活动期间《北京晚报》五色土版的媒体宣传报道:

1998年12月22日 刊登本报副刊中心、全聚德集团、北京楹联研究会联合举办全聚德杯新春有奖征联活动通知。【引起注意】

1999年1月10日 刊登全聚德杯新春有奖征联评委会名单。【突出权威性,以引起读者重视并吸引读者参与】

1999年1月16日 全聚德杯新春有奖征联作品选登之一。【6天后,首次活动提示】

1999年1月22日 全聚德杯新春有奖征联作品选登之二。【6天后,再次提示活动正在进行中】

1999年1月26日 全聚德杯新春有奖征联作品选登之三。【4天后,第三次提示活动截稿日期将至】

1999年2月15日(农历除夕)公布全聚德杯新春有奖征联活动获奖作品及名单。【选在大年三十这一天公布,一来读者比平日多,二来也算给广大读者送上新春文化礼物,以示祝福】

1999年2月25日 刊登全聚德杯新春有奖征联活动获奖作者名单。【答谢广大读者及社会各界的关注】

1999年3月12日 刊登全聚德杯新春有奖征联颁奖会消息。【宣布活动圆满结束】

1999年3月16日 北京人民广播电台《企业文化》栏目播放全聚德杯新春有奖征联颁奖会记者现场采访录音。

第一阶段征联活动结束后,为更好地开展第二阶段店庆活动,集团公司及时进行总结,并于1999年3月30日以书面形式正式下发《关于庆祝全聚德建店135周年系列活动的安排》的通知,将每项活动进一步分解落实。

向全社会开展《我与全聚德》征文;

着手整理资料,编辑《全聚德今昔》一书,在全聚德135周年店庆日当天举行首发仪式;

请具有权威的资产评估机构对全聚德无形资产进行集团成立以来的第二次价值评估。以1999年1月1日为基准日的全聚德无形资产价值为7.0858亿元人民币,是1994年第一次评估的2.63倍(不仅使全聚德国有有形资产保值增值,而且使无形资产也增值)。这一消息放在全聚德135周年店庆日当天通过新闻媒体向社会公布。

(二)主旋:全聚德建店135周年店庆暨首届全聚德烤鸭美食文化节开幕式

1999年7月18日上午9:30~11:30,在前门全聚德烤鸭店一楼大厅举办了隆重的开幕仪式。来自国家内贸局、北京市委市政府有关委办局、所辖区委区政府的领导和负责同志、新闻单位的记者及全聚德成员企业代表二百余人出席了本次活动。具体安排:

(1)唱《集团歌》

(2)集团董事长致辞

(3)北京市商业联合会致贺词

（4）向集团总厨师长、副总厨师长、各企业厨师长授聘书、绶带【展示全聚德雄厚的技术力量】

（5）新编《全聚德今昔》一书首发式【传播全聚德历史文化】

（6）第135号全聚德冰酒珍藏仪式【展示全聚德品牌延伸产品】

（7）请有关方面的领导讲话

（8）打开老墙，重现老铺——全聚德老墙揭幕仪式【向现场来宾再现历史，追溯往昔，给人留下深刻的印象】

（9）第1亿只全聚德烤鸭出炉仪式【第1亿只烤鸭出炉成为新闻记者争相报道的热点。在11点钟，全聚德第1亿只烤鸭出炉之前，十几名摄影记者早早等候在烤鸭炉前，占据最佳拍摄位置。烤鸭出炉时，记者们迅速按下快门，用相机记录下这一有意义的历史时刻。《北京晚报》的记者为了抢得第一新闻，顾不上吃午饭，立即返回报社发照片，当天下午的《北京晚报》就在第一版刊发新闻照片，使《北京晚报》成为第一家报道这一活动的媒体】

（10）第1亿只全聚德烤鸭片鸭仪式。【由原市政府副秘书长、全聚德集团第一任董事长杨登彦先生片下第一刀。这只烤鸭奖给了当天中午来全聚德就餐的一对法国夫妇】

为了报道这次活动，中央电视台还对集团董事长进行了独家采访。出乎预料的是，还有一些国外的新闻记者不邀自来。如当天上午活动期间，南斯拉夫电视台闻讯赶来，进行现场拍摄；活动结束后，《香港商报》的记者对未能进行现场采访而深感遗憾，事后专门来公司进行了追访。

全聚德特色菜品推出仪式(1999年7月18日)

时间：下午15:00～18:00

地点：和平门全聚德烤鸭店208房间

出席：集团公司领导、各成员企业代表、有关部室负责人

内容：

（1）集团主管副总介绍推出全聚德特色菜的重要意义及安排【统一菜品质量，实施精品战略】

（2）集团总厨师长讲解全聚德特色菜品的制作、口味特点【菜品量化定标，提高科技含量】

（3）打通一楼，亮出大厅揭匾仪式【重新装修的一楼大厅——中华一绝重新开张】

（4）来宾观摩特色菜品的制作过程，并品尝用餐

美食文化节活动(7月18～25日)期间推出的活动还有：

（1）精品烤鸭优惠销售【真诚回报消费者】

（2）国际烹饪大师巡回献艺

（3）亚洲大厨、获奖名厨精彩绝活表演

（4）发放全聚德会员卡

（5）赠送全聚德135周年店庆纪念品

（6）开展由顾客参加的趣味性烹饪、服务技能、全聚德知识竞赛活动。

（三）提升：全聚德品牌发展战略研讨会(1999年10月16日)

9:00～12:00在和平门全聚德烤鸭店500会议室邀请中国商业经济学会、中国商业

文化研究会、中国社会科学院、中国人民大学、首都经贸大学、北京工商大学、北京工业大学、北京财贸管理干部学院的专家、教授、副教授与集团全体领导及有关部室负责人就全聚德品牌战略进行研讨。【借助外脑进行分析,理论指导实践】

项目评估

1999年全聚德集团企业形象公关活动达到了预期的公关目的。

(1) 全聚德杯新春有奖征联活动,历时两个月,共收到应征楹联作品3954副,它们来自北京、河北、辽宁、内蒙古、山东、江苏、安徽、江西、湖南、贵州、广东、海南等12个省市自治区,使全聚德的品牌遍及大江南北,长城内外。作者中年龄最小的为14岁的初中生,最大的为82岁的老人。还有的老者率领全家老少三代参与撰写,甚至还有几位福利工厂的盲人请同事代笔,参与热情之高,是我们始料未及的。

经过专家评委的初评、复评和终评,从中评选出一等奖5名,二等奖10名,三等奖20名,鼓励奖135名。此次活动把迎春与商业宣传融合为一体,把树立全聚德品牌形象与中国传统楹联文化有机地结合起来,营造了以文化树品牌、以文化促经营的新闻热点,弘扬了全聚德饮食文化、品牌文化,在社会上引起较大的反响。

(2) 提高了全聚德品牌的知名度和美誉度。众多新闻媒体都对全聚德建店135周年暨美食文化节做了全面报道,报道的形式有新闻、照片、侧记、专访。据对有关新闻媒介及宣传报道次数的统计,这次活动的媒体报道率是相当高的,不仅国内形成一股全聚德企业形象的冲击波,而且通过海外一些媒体把全聚德135周年庆典活动的新闻消息传出北京,飞向世界。全聚德成为人们普遍谈论和关注的话题,使全聚德品牌的知名度和美誉度进一步提升,强化了全聚德品牌形象。

(3) 全聚德集团通过135周年店庆活动取得了良好的经济效益。由于全聚德135周年店庆暨首届全聚德烤鸭美食文化节活动的拉动作用,国庆节期间(10月1~7日)集团公司10家直营店共完成营业收入703.5万元,接待宾客76325人次,日平均营业额达100.5万元。到1999年11月底集团公司营业收入、利润均已提前完成全年的计划任务,其中利润达到全年计划指标的110%。1999年下半年和平门店、前门店日均营业额均比上年同期增长了20%左右。

(4) 全聚德品牌发展战略研讨会明确了全聚德品牌战略目标,即以全聚德烤鸭为龙头,以精品餐饮为基业,通过有效的资本运营,积极审慎地向相关产业领域延伸,创造具有中国文化底蕴、实力雄厚、品质超凡、市场表现卓越、享誉全球的餐饮业世界级名牌。

全聚德的战略研讨又引发首都的专家、学者对以全聚德为代表的京城老字号发展的内在规律的探索与研究。参加过全聚德品牌战略研讨会和曾经参与全聚德有关活动的专家学者就老字号怎样迈向新世纪为主题又多次开展大讨论。专家们认为:发展老字号品牌食品是历史重任,老字号要发扬品牌优势,紧跟时代步伐,立足传统,创新发展。

(项目策划和实施单位:中国北京全聚德集团有限责任公司)

资料来源:《中国食品报》,2000年1月20日

案例思考:
从四步工作法的各个环节,你对全聚德135周年店庆的大型公关活动有哪些思考?

公关系活动策划与实施对现代旅游组织有何意义和作用?

案例解析:

(1) 全聚德集团有限公司是一家具有悠久历史和文化传统的京城老字号餐饮企业。面对改革开放和市场经济的浪潮,全聚德集团进行了重组,成为全聚德商标的唯一持有者,并在国内外进行了商标注册。截止1999年初,集团已在国内注册了11个商标,涵盖25大类124种商品和服务项目,同时在世界31个重点国家和地区注册了全聚德商标。1999年1月1日,经权威资产评估机构对全聚德品牌评估,全聚德品牌价值7.0858亿元人民币。在此基础上,全聚德集团开始全面实施名牌战略工程,以确保企业在新世纪继续保持旺盛的生命力。本案例充分显示,全聚德集团领导高瞻远瞩,具有较强的市场意识,通过实施名牌战略工程将全聚德百年老店的金字招牌全面推向第二个百年。

(2) 大型活动是公关活动最常见的一种形式,也是企业最容易达到公关目标的手段。它社会影响大、针对性强、沟通效果好,同时实施难度也较大。全聚德135周年店庆大型活动是全聚德集团实施名牌战略工程的一个重要对外传播案例,本案例从策划、筹备、实施和提升历时近一年,涵盖全聚德杯新春有奖征联活动、首届全聚德烤鸭美食文化节、全聚德品牌发展战略研讨会等三项大型活动,这些大型活动又包括系列专题。在本案例中,全聚德针对不同目标公众,巧妙设计公关活动,并与传播手段相结合,取得了良好的公关效益,如针对一般消费群体,采用新春征联、烤鸭文化节活动,并配以大众媒体宣传;针对重要目标公众,邀请有关领导、社会名流参加全聚德135周年店庆暨首届全聚德烤鸭美食文化节开幕式;针对专业人士,采用研讨会形式进行沟通交流。同时我们也看到,每项活动除了针对不同目标公众外,传播信息也具有很强的针对性。应该说,本案例的实施难度非常大,涉及集团众多部门,对于一家传统国有商业企业来说更是如此。为确保项目的顺利实施,集团总裁亲自挂帅,相关部门分工负责,按计划逐一落实,可以说大型活动的实施除了需要严密的计划外,还需要强有力的执行。

(3) 第1亿只全聚德烤鸭出炉及片鸭仪式是本次大型活动最吸引人、最具新闻价值的活动,全聚德抓住这一亮点大做文章,而《北京晚报》记者抢新闻的劲头,说明活动创意策划到位,这是本案例的画龙点睛之处,也是众多媒体报道的一个重要主题。

(4) 在本案例中,全聚德集团对大众媒体的宣传非常重视,就全聚德135周年店庆暨首届全聚德烤鸭美食文化节开幕式一项活动就有24家媒体参与报道,报道量达56次之多;另外《北京晚报》对新春征联活动互动式的追踪报道,将征联活动不断推向高潮,为全聚德135周年店庆活动作了很好的铺垫。新闻媒体的积极参与反映出全聚德集团平时与媒介能保持良好的合作关系。

(5) 本案例充分反映了全聚德集团在大型公关活动策划和实施上已具专业化水准,整个策划实施,一环扣一环,既有前奏,又有后续。前期铺垫为店庆高潮作了良好的准备,后期升华将全聚的品牌战略推向深入。当然,仍有一些不足之处,整个活动策划有点刻板,传播信息相对不是特别集中,有所干扰,另外文案写作仍须提高。相信经过不断的公关实践,全聚德集团的企业品牌会像全聚德著名商标一样名扬海内外。

第七章　旅游组织的形象塑造

【教学要点】

知识要点	掌握程度	相关知识
旅游公共关系的功能	熟悉	旅游公共关系的主要功能
CIS 战略	了解	CIS 的含义、特点和功能
	了解	CIS 的由来及发展
	熟悉	CIS 的构成要素及其关系
	重点掌握	视觉识别系统的应用要素设计

【导入案例】

麦当劳的形象塑造

从 1940 年迪克和马克兄弟在美国创建"Dick and Mac McDonald"餐厅到 1960 年行政总裁克罗克将其更名为"McDonald's",并组建麦当劳公司,经过了 70 年的发展历程,麦当劳公司已经在全世界 121 个国家和地区开设 32000 家快餐店,拥有员工 42 万人,年收入达到 227 亿美元,麦当劳利用自己独特的公共关系理论和成功的形象塑造在全球演绎着最大快餐集团的汉堡传奇。

广告宣传,扩大影响

麦当劳非常重视广告宣传工作,从收音机、报纸、邮政、电视到各分店的宣传片、宣传品、展板、POP 以及服务人员的销售等,都取得了很好的营销效果。以广告运营模式为例,麦当劳建立了联合广告基金制度,即让众多加盟店联合起来各出一部分广告费,可以共同筹集出一笔丰厚的广告费用,从而加大广告宣传力度,效果极佳。麦当劳拥有 165 个广告基金,雇用 65 个独立广告公司,每年共同使用 6 亿美元的广告费。此外,麦当劳在不同时期曾使用过多个广告主题和口号,如"今天你该休息了"、"麦当劳和你"、"是去尝尝麦当劳的好时候了"、"物有所值"、"你今天休息了吗?"、"为快乐腾点空间"、"我就喜欢"等,体现了在不同的时代背景下,麦当劳从经济、职业、家庭、年龄等不同层面迎合了消费者的心理。

投身公益，广结朋友

投身公益、回馈社会是麦当劳的一项重要的经营原则，各个加盟店的公关部门都在自觉参与本地区的公益活动。比如，在教育方面，利用世界儿童日的到来，通过向慈善机构捐赠来支持贫困孩子的学习；在体育方面，倡导公众健康积极的生活方式，支持运动会、马拉松赛跑、奥林匹克长跑活动；在保护环境方面，号召员工不使用氟氯化碳制冷系统和包装以及其他设备以保护大气层，将10%的废品制成动物饲料和其他副产品，注意对废旧电池的回收和利用，鼓励员工积极参加植树绿化活动和社区卫生清洁劳动等，通过公益活动结识了社会有识之士，赢得了公众的赞誉。

教育引导，检查监督

部门经理和普通员工都可以在汉堡大学进行基本操作和高级操作的学习，以获得在产品制作方法、生产及质量管理、营销管理、法律常识、财务分析和公共关系等多方面的提高。他们在接受了课程培训并通过考核后可以得到学分，通过一系列竞争和激励机制，有机会调整到更高一级的岗位工作。此外，麦当劳公司的公关部门还建立了一套非常严格的检查监督机制，包括常规性月度考评、公司总部检查和抽查三个环节，其中检查的指标有柜台检查、运营评价、账目检查、月报表、现金库、重要档案、食品检查、卫生检查、设施检查和服务检查等，为树立公司品牌形象提供了可靠的保障。

处理危机，化解矛盾

作为全世界最大的快餐连锁店，麦当劳也是面临危机事件最多的知名公司之一。包括制造包装废物、出售不健康食品、针对儿童的广告和宣传等指责和批评在公司的发展壮大过程中从未间断。公司的公关部门在面对突发危机时，积极主动地采取措施，以人为本，始终将顾客的利益放在第一位，遵循公开、诚实、及时和补偿的原则，从而很好地化解了矛盾，维护了公司的品牌形象。

塑造形象，赢得赞誉

产品形象。麦当劳的核心产品有汉堡、可乐、薯条，仅此而已，但麦当劳看中的是细节。为维护产品形象，公司从优秀供货商购进上等的原材料，配合严格的检验制度，总结出一套科学的加工、制作工艺。如厚度17毫米、气泡0.5毫米的汉堡入口味道最佳，在4℃时的可乐口感最好，仅牛肉饼的制作就要经过40次的质量检查方可过关等。

经营形象。麦当劳将"顾客至上，顾客永远第一"作为自己的经营理念，秉承"品质、服务、清洁、价值"的经营原则，即 QSC&V 原则。Quality 指食物的品质高、质量好，例如，汉堡包在出炉后20~30分钟、炸薯条在出锅后7分钟内若无人购买则丢弃不卖，必须将精瘦肉作为牛排的原材料，要按直径为98毫米、厚度为6毫米、重量为44克的标准进行加工，在任何时间或地点提供的食品都是同一品质；Service 指员工要按照细心、精心、关心的原则进行服务，提供快捷、周到、热情的服务；Cleanness 是指麦当劳必须严格遵守清洁、卫生的标准，为顾客留下干净、清爽的好印象；Value 代表价值，即物有所值，体现了麦当劳"向顾客提供更有价值的高品质的食品"的经营理念。

员工形象。按照麦当劳管理手册的规定，每个员工都必须接受严格的岗前培训，通过后才能上岗工作。随后，要根据岗位工作检查表的要求，掌握操作规程、岗位职责、在岗注意细则等重要内容，为客人提供快速、准确的服务。麦当劳的服务要求保证顾客排队时间不超过2分钟,在50秒内要制作出一个牛肉饼、一份炸薯条和一杯饮料。员工要时刻保持微笑状态,主动询问顾客有何需求,比如,当发现客人选择的食物缺少饮料时,工作人员就会面带微笑地问道:"请问,要不要来一杯我们的果汁或咖啡呢?"所以,围绕着敬业的态度、优质的服务以及严格、统一的行为规范形成员工形象,是麦当劳公共关系理论应用的又一成功之处。

环境形象。首先,麦当劳保证食物的安全、卫生,采取不锈钢餐具,每天下班后都要对其进行彻底清洗和消毒。其次,店内的环境必须整齐、干净、优雅,桌椅、地板、橱窗要做到一尘不染;餐厅内不许吸烟;每天清洗垃圾箱,随时打扫卫生间,消毒后不能有异味。最后,员工要穿着统一的制服上岗,必须注意保持自身良好的卫生习惯,使用杀菌洗手液后才能开始工作;不许留长指甲;当双手接触到头发、制服后,应重新清洗。

标志形象。麦当劳有着独特的"M"作为视觉标志,标准色为金黄色,十分耀眼醒目,就像两扇打开的黄金色双拱门,吸引着世人的眼球,它寓意着麦当劳的品质、服务、清洁和价值,如磁铁一般吸引着世界各地的顾客走入欢乐之门。再配以红色为辅助色,更能体现出麦当劳热情、大方的待客之道,象征着麦当劳作为社区的一分子,永远是顾客的朋友。

资料来源:麦当劳360百科http://baike.so.com/doc/5329582.html

【思考】畅销世界的麦当劳快餐之所以能够深入人心,成为公众最熟悉的世界著名品牌之一,赢得经济效益和社会效益的双丰收,其重要原因莫过于麦当劳公司在生产经营的过程中成功塑造了组织形象,并将公关的各项功能发挥到了极致。我们可以从麦当劳成功的现象中充分体会到,旅游公关是形象塑造的基础,塑造旅游组织形象要以公关的各项功能作为动力,同时,旅游组织的形象塑造有助于公关活动的开展和延伸,使得公关活动更具体、更有方向性,两者交织在一起,相互融合、密不可分,共同发挥着巨大的作用。

第一节 旅游公共关系的功能

旅游公共关系的功能是指公共关系对旅游业及其各组织所发挥的积极、有利的作用和效能。旅游公共关系的目标是塑造旅游组织良好的形象,赢得公众的支持和信任,围绕这一目标,在开展的具体活动和工作中所发挥的能力和作用构成了旅游公共关系的功能。因此,全面、系统地阐述旅游组织各种公关功能,有利于完善旅游组织的各项公共关系工作。总体来讲,旅游公共关系的功能包括以下几种。

一、信息搜集、参与监测

信息是对各种客观事物特征和变化的反映,作为一种潜在的资源,信息已经成为现代社会组织生存和发展不可或缺的物质基础。在科学技术和生产力高度发达的今天,信息爆炸,真伪难辨,如何从纷繁复杂的信息堆中发现对旅游组织有用的信息,并经过搜集、加工、整理以供组织利用,就成为发挥旅游公共关系功能的关键环节。旅游公共关系先要发挥信息搜集、参与监测的功能,公关部门要对旅游组织形象信息、旅游组织产品信息、公众信息、旅游环境信息等四类信息进行搜集。

(一) 旅游组织形象信息

旅游组织形象信息是公众对旅游组织机构及成员总体的印象和评价。旅游组织形象信息的具体内容包括公众对组织方针政策、经营管理水平、机构完善程度、服务质量、宣传形象、组织文化、人员道德修养、工作能力、个人素质、精神面貌、领导艺术、创新意识、威望与可信度等方面的反映和评价。旅游组织机构需要根据这些评价来调整和完善自身形象。

(二) 旅游组织产品信息

旅游组织产品信息是旅游组织的产品和服务在公众心中的印象和评价,也是旅游组织与公众之间发生关系的最根本原因。旅游组织产品信息一般包括相关公众对旅游产品的价格、性能、服务、质量、用途等主要指标的反映。旅游组织的公关人员可以直接和公众接触,了解并搜集他们对产品的意见和建议,并根据搜集的信息情况,不断改进和开发新的旅游产品。旅游组织产品信息与旅游组织生存、发展直接相关,旅游公关部门一定要尤为注重这方面信息的搜集。

(三) 公众信息

公众是旅游市场的主体,旅游组织要与公众建立良好的关系,是旅游公共关系开展的必要前提。旅游组织只有重视对公众信息的搜集,才能赢得公众、赢得市场。公共信息范围很广,包括内部公众信息和外部公众信息。一方面,了解内部公众信息是旅游组织得以运转的基本前提,他们的个性心理、家庭状况以及他们对组织经营管理的看法、对组织产品服务的建议等,公关部门都要及时掌握;另一方面,外部公众信息更不可忽视,比如来自于顾客、公众人物、行政单位、上级主管部门、竞争对手、合作伙伴、媒体舆论和投资者等方面的信息,也应该详细了解。

(四) 旅游环境信息

旅游环境指在公众公关活动开展的过程中,所依托的自然、政治、经济、文化、科技等外部条件的总和。它可以直接或间接地影响到旅游组织发展战略的制定和修改,搜集、分析这些信息可使旅游组织与社会环境的变化保持平稳对接。旅游环境信息包括党和国家有关旅游的各项方针政策、旅游立法和当地政府的法令法规,还包括自然资源、国际环境、经济金融、旅游市场、科技动态、民风民俗、时尚潮流、舆论热点等动态信息。

公关部门要科学地监测旅游组织环境,还要将上述信息进行深入的分析和研究,做出科学的解释和评价,并找出旅游组织目前存在的问题和将来的发展趋势,从而提出各种建议。所以说,信息搜集和监测是交汇在一起,共同发挥作用的整体,通过对搜集来的各种有价值的信息进行监测,发现问题后,进一步搜集相关信息,循序渐进,往复循环。

二、咨询建议、辅助决策

咨询建议是指旅游公关人员向组织领导和各职能部门提供有关公关方面的情况和建议。公关人员将信息进行整理、加工、归类和建档后,为咨询建议打下坚实的基础。可以说,监测和处理信息是信息搜集工作的结尾,同时也是咨询建议的开端。咨询建议是旅游公共关系开展的高层次阶段,主要包括以下几方面的内容。

(一)为公众提供一般咨询

为公众提供一般咨询主要指提供旅游组织与公众关系状态的一般情况说明。这里所说的"公众",不仅仅指社会公众,也有旅游组织内部的公众。包括组织员工的归属感、政府部门对组织的评价、同行对组织的看法和新闻媒介对组织的舆论导向等方面都是咨询的对象。这些咨询可让组织领导及时、准确地了解和掌握公众的一般情况,以便为今后的公关工作创造有利条件。

(二)为公众提供专门咨询

为公众提供专门咨询是指为使旅游组织举办的各类专题活动顺利开展而向有关部门或人员提供的建议和说明。例如旅游组织在举办庆典活动前,公关人员可以提供庆典场所、时间、预算、邀请人员的基本情况,还可以确定和建议庆典主题、活动程序、会场布置、接待工作和材料准备等。

(三)针对公众心理和行为变化提供专业咨询

针对公众心理和行为变化提供专业咨询是结合旅游组织的发展规划,在长期观察和积累的基础上,形成的对公众心理和行为变化的分析意见。公众受到社会环境的影响,其行为方式、消费心理、兴趣爱好和价值取向处在不断的发展变化之中,旅游业的发展趋势也将随之改变,这种改变将给没有应对措施的旅游组织带来负面影响。因此,旅游公关人员应该对公众的心理和行为变化进行科学分析和及时预测,并向领导层报告,防患于未然,为组织的战略规划的确定提供可靠的依据。

(四)针对旅游组织提供决策咨询

旅游组织在谋求自身发展时,应从客观的角度出发,制定出既能体现组织利益,又能符合公众利益的发展目标和各项管理制度。公关人员在向组织提供决策咨询建议时,不应该片面地考虑自身利益,应该从大局出发,采取换位思考的方式,尽可能地满足公众的利益和需求,找到两者的平衡点。此外,公关人员为旅游组织形象提供的意见和建议也是决策咨询的一个重要方面,比如在如何提高产品的质量、如何完善产品的服务、如何增强组织的知名度和美誉度等方面的组织形象咨询,可以全面树立组织在公众心中的形象,有利于领导层和各职能部门的工作产生良好的实施效果。

决策就是组织针对目前存在的问题,确定未来行动的方案和实现目标的步骤。由于旅游组织环境涉及因素众多,决策者往往无法保证决策既符合组织利益又同时符合公众利益,因此,旅游公关部门必须参与组织决策的全过程。只有这样,才能赋予决策更加民主化、规范化的科学内涵,才能使旅游组织的形象更加完善,才能使旅游组织与公众的关系更加密切、和谐。

公关部门参与组织决策通常分为提供决策信息、确定决策目标、拟定决策方案和实施决策方案四个环节。提供决策信息就是要为旅游组织提供第一手的准确信息,进而延伸到与组织内部各部门和人员密切沟通,为组织提供内部各方面的信息。确定决策信息就是要求公关人员从社会公众的角度出发,综合评价对各职能部门的决策目标,敦促它们制定出既能反映组织发展的要求,又能反映公众切身利益的决策目标。拟定决策方案是通过设计方案和选择方案,权衡实施方案会遇到的各种可能性,制定灵活的应变措施后,在考虑公共关系的前提下,把公众作为最有权威的评议者,以保证旅游组织总体利益的实现。实施决策方案是指公关部门不仅要为组织提供咨询建议,还要作为组织的执行部门,帮助每一个部门或员工全面理解决策方案,具体帮助组织实施决策方案,并及时将反馈信息传达给决策部门,以便决策部门做出必要的调整,或为新的决策提供信息。

三、服务沟通、优化环境

公关工作本身就是一种服务工作,其工作成效要以服务质量的优越程度作为衡量标准,这是由公共关系的宗旨所决定的。公关人员所开展的一系列公关工作的目的,就是以实际行动让公众得到实惠,通过提高公众满意度,争取公众更多的支持,从而塑造旅游组织的良好形象,增强旅游组织的市场竞争力,促进旅游组织的稳步发展。

旅游组织在运行过程中,不可避免地与周围环境和现实生活中的方方面面建立广泛的联系,始终处在一个开放的关系网之中,如旅游组织内部的员工关系、股东关系,旅游组织外部的顾客关系、社区关系、政府关系、媒体关系、同行关系等。沟通旅游组织与公众之间的各种关系,使往来于彼此之间的信息更加通畅、真实,对内可以提高组织的向心力,增强组织的凝聚力,对外可以赢得公众的好感,优化和谐的社会环境。所以,公关活动的过程,主要是组织与公众之间进行信息传递与沟通的过程,小到旅游组织的人际关系、内部关系,大到旅游组织的外部关系,乃至整个社会政治环境和经济环境,最终都要依靠公关部门服务沟通的核心功能,架起旅游组织与公众之间的桥梁,实现社会环境的优化与和谐。

在旅游组织内部,包括纵向的上、下级关系和横向的平级关系。一方面,公关人员要经常向领导反映员工的要求和建议,让领导可以倾听员工的心声,掌握员工的思想动态,还要积极做好上传下达、左右沟通的工作,及时向员工传达领导的精神和意图,并向员工介绍组织的各项管理方针、政策;另一方面,还要沟通组织内部各个职能部门之间的关系,旅游组织各职能部门配合是否默契,很大程度上影响着它们的工作效率。有时各部门之间各自为政,缺乏大局观念,给组织带来不必要的麻烦,主要是信息沟通不畅所致。此时,公关部门应充分发挥自己的"润滑油"作用,通过建立和完善组织内部各种沟通渠道,加强部门间的了解,使之相互信任、相互理解、信息共享、降低内耗,提高部门的工作效率,实现组织的目标效益。

在旅游组织外部,公关人员要处理包括旅游组织与上级主管部门、竞争对手、社区公众的各种关系,对外的交流、沟通、服务是公关工作经常性的工作内容。一方面,旅游组织需要社会提供必要的市场、资金、人力、技术、原材料和各种社会服务,保证组织正常运转,就必须处理好与诸如旅游局、公安局、工商局、银行、教育、卫生、科技、新闻媒体、消费者、供应商之间的关系;另一方面,旅游组织也只有在一个稳定、和谐的社会环境里,才能求得自身的生存和发展,公关部门可以通过各种与外部环境的交际手段和沟通方式,比如围绕社会赞助活动、联谊活动、座谈会等活动,参与解决一些社会问题,消除彼此间存在的误会和矛盾,创造和谐的外部环境,赢得社会公众的好感,树立自身良好的社会责任感形象,提高组织的知名度和美誉度。

四、信息交流、宣传推广

市场经济条件下,旅游组织面临的环境是复杂多变的,始终处于不同的舆论背景下。"酒香不怕巷子深"的年代早已过去,旅游组织要想树立良好的形象,赢得更好的生存和发展空间,不仅要建立在自身做得好的基础上,还要大力宣传组织所取得的成绩,以新闻媒介为工具,围绕某个特定主题向公众有意识地实施双向信息传播和沟通,从而创造和引导有利于自身的公众舆论环境。如果旅游组织缺乏对公众的了解,忽略宣传的重要性,始终处在一种高压的舆论监督下,可想而知,它将很难适应现代社会发展的要求,一定会在激烈的市场竞争下举步维艰。所以,旅游组织的成功在于优质的产品、上乘的服务、优良的行为和客观的宣传相结合。作为旅游组织的核心,公关部门的对外宣传交流将贯穿于公关活动的全过程。

旅游组织运用的宣传媒介大致分三种:一是新闻媒介,如电视、广播、报纸、书籍、杂志、期刊、网络等;二是广告媒介,如公关广告、公益广告、车船广告、网络广告、路牌广告、印刷广告等;三是自控媒介,如专门印制的信函和贺卡、用于组织宣传的闭路电视、自办的黑板报、各种宣传资料、建立的网站、产品介绍、专题报告会、展览会等。由于各种媒体宣传的特点、对象、内容、效果和费用不尽相同,所以,公关部门要考虑旅游组织自身的情况和所面对公众的类型等情况具体选择,媒介选择得当,可以取得事半功倍的宣传效果。

旅游组织作为一个经济实体,无论是提高经营管理水平,还是通过公关活动进行广告宣传,最终的目的就是为了获得更佳的经济效益和社会效益,这一目的直接的实现手段就是策划促销。策划促销源于现代市场营销观念的产生,它要求组织以市场为导向,以公众的需求为核心,借助现代化的宣传方式,进而实现扩大市场销售的目的。过去的策划促销观念要求旅游组织的营销着眼点在于组织自身,无需考虑市场环境的变化。随着市场经济的确立,旧式的促销观念完成了向新式促销观念的转变,市场环境已经表现为科学技术、经营方式、信誉度、组织品牌、组织形象等多方面的综合竞争态势,当这种迹象出现的时候,就意味着旅游组织必须运用公关促销来迎接旅游市场的需求。公关促销并不是推荐销售某一个产品,而是利用公共关系的原理和方法,把旅游组织的组织理念、经营目标、组织使命、政策措施等要素传递给社会公众,使公众对组织产生充分的信任和支持,达到树立良好的组织形象,扩大组织的知名度和美誉度,为组织创造一个和谐、宽松、友好的外部环境,从而间接地促进销售,达到旅游组织经济效益和社会效益的最大化。

五、教育引导、全员公关

旅游公共关系是全体员工的公共关系。从提供每一次优质的服务到获得顾客的满意和肯定,从举办的每一场旅游公关专题活动到获得公众的支持和赞誉,无时无刻都离不开公关人员、管理人员和每一位员工共同的和长期的努力。旅游组织的公关人员不仅是公关活动的参与者和实施者,更是公关活动的组织者和策划者。所以,全体员工的公关观念、服务意识、沟通意识、专业知识等在整个公关活动开展的过程中显得尤为重要。只有教育引导和全员公关,旅游组织才能具有良好的公共关系竞争力。

全员公关就是要增强全体员工的公关意识,加强组织整体公关的协调与配合,发动全体员工共同努力，形成全员公关的文化氛围，从而树立组织良好的整体形象。开展全员公关的渠道有两种，一是对全员进行公关意识的教育，全员公关意识教育首先要培养员工的热爱祖国、遵纪守法的道德情操，使他们具备正确的人生观和价值观，端正旅游组织公关工作的指导思想；其次，要使员工树立正确的职业道德观念，忠于职守、爱岗敬业；再次，要求员工从旅游组织的大局出发，按照个人服从集体、少数服从多数的原则，树立全心全意为组织服务的思想，为公众提供最佳的产品和服务；最后，要设法激发员工的主人翁意识，使员工对组织产生强烈的责任感和归属感，真正把自身看做是组织的一员，把个人的前途和命运同组织的发展壮大紧紧联系起来，从内心维护组织的形象和声誉。二是对全员进行公关技能教育，全员公关技能教育着重培养员工从事公关工作的各种实际本领和技能，如外语能力、旅游常识、礼貌礼仪、谈话技巧等，员工基本技能的好坏可以直接影响到旅游组织的服务质量、经营效益、社会声誉和组织形象。

由于每个员工的年龄、文化背景、思维方式、审美取向和性格等因素存在着不同程度的差异，旅游组织公关部门在进行全员公关教育时，应针对员工不同的个人情况和不同的教育背景，围绕因材施教、循序渐进、启发式教育等原则，因时、因地、因人采取不同的教育方法，强化培训效果。此外，公关部门还可以在教育培训中穿插一些竞赛、游戏、联谊和奖励等环节，以此来增加趣味性和生动性，从而感染公众，巩固和强化组织形象。

第二节 旅游组织的形象塑造

随着市场一体化和经济全球化的发展，市场竞争日趋激烈，企业竞争的焦点已经由产品单一的价格战、质量战和品牌战转变为企业之间综合实力的竞争。作为我国日益发展壮大的旅游组织，应该借鉴发达国家的先进的经营理念的管理方法，运用公关手段为组织塑造独特的形象，增强自身综合实力，而要达到这一目的，最为有效的途径就是引入CIS战略。CIS战略作为增强旅游组织综合竞争力的有效途径，通过统一的视觉设计，科学运用整体传播手段，将旅游组织的经营理念和品牌形象有效传递出去，以突出组织自身的个性和精神，提高产品销售和服务质量的同时，还提升组织经营管理水平和整体形象，促进旅游组织经济效益和社会效益的全面提高。

一、CIS的含义

CI有两种解释，一种解释为英文的"Corporate Image"，可译为"企业的形象"，其内容主要是指社会公众对组织外在表现的客观评价和印象；另一种解释为英文的"Corporate Identity"，由于"Identity"在英文中含义丰富，包括同一性、一致性、个性特征、身份、识别等多种内涵，所以通常译为"企业的识别"，主要表现了组织要用同一、一致的形象塑造出企业的个性特征，通过自己的创造、传播，形成与其他品牌间的差异，有利于公众的有效识别，最终使品牌脱颖而出，获得认同，是一种主观能动性的体现和反映。

CIS即为英文"Corporate Image System"的缩写，通常译为"企业形象识别系统"。

CIS 涵盖了从组织成员、各环节、各系统到企业与公众沟通的各个方面，它将企业的经营理念、精神宗旨和哲学思想，通过全员的行为表现和现代设计理念有机地传达给社会公众，塑造企业形象，丰富企业文化，使公众对组织品牌产生好感和信赖，从而达到树立企业的良好形象，促进组织更好地发展的目的。因此，一个成功的 CIS 将成为促进企业产品销售和提升服务质量，协助企业在激烈的市场竞争中制胜的法宝。

随着 CIS 内涵的不断地深化，逐渐形成了 CIS 战略。旅游组织的 CIS 战略就是以经营理念为核心，在组织内部统一员工的价值观，树立员工对组织的归属感，形成一种稳定的向心力和凝聚力，通过一致的视觉设计和行为表现将组织的整体形象传递出去，并突出组织的个性和精神内涵；在组织外部，以媒介、广告等传播手段进行沟通、协调，形成与社会公众的双向交流关系，在公众前展示自身一体化的形象符号，从而塑造良好的组织形象，使公众产生认同感。

二、CIS 的由来与发展

现代 CI 视觉识别设计最早起源于德国的 AEG 电器公司。1914 年，该公司采取了新设计的商标，并将同样的商标运用到了公司的包装、信封和便笺等办公用品上，这可以被称为是 CI 视觉识别的开端之作，但不能称为真正意义上的 CI。20 世纪 30 年代，作为英国科技象征的地铁已经被广大市民所知，为了让更多的人熟悉这一新兴的城市交通运输工具，设计师巧妙地在车票、站牌、指示牌等处使用经过改良的统一字体，此举大大加深了市民对地铁的认知程度，反响强烈。

从理论上讲，CIS 发端于美国。1930 年，美国著名设计师雷蒙特·罗维和保尔·兰德就提出了 CIS 这一术语。1956 年，美国国际商用机器公司总裁小托马斯·维特森意识到电子计算机的大发展时期即将到来，在同行业中树立一个引人注意的公司形象已经成为十分迫切的战略问题，于是，他邀请著名设计师保尔·兰德设计出了简明、清晰、易读的 IBM 字体标志，选用纯蓝色调为标准色，寓意 IBM 高端的科技含量，八条横纹的标准字体代表了"前卫、科技、智慧"的组织理念。而后把标志使用在所有应用系统中，以指导手册的形式推广至各地分公司，最终取得了 IBM 在世界电脑行业中的霸主地位，成为美国公众心中的"蓝色巨人"。直到今天，IBM 标志在消费者心中仍然具有很强的吸引力，充分证实了 CIS 具有的强大生命力。受到 IBM 公司的启发，美孚石油公司、西屋电气公司、克莱斯勒公司、美国东方航空公司、RCA 公司等纷纷效仿，开始了大规模的导入 CIS 计划，并且都收到了良好的传播效果和经济效益。因此，有人将 IBM 公司成功采用识别系统视为 CIS 创立的标志。

另外一个导入 CIS 并且取得巨大成功的是美国的可口可乐公司。1965 年，可口可乐公司提出了"阿登计划"，在正方形中植入飘逸、流畅、动感的"Coca-cola"标志，并将瓶体外部特有的曲线轮廓延伸为波浪线条，在进行应用要素组合实验并经过决策层认可后，1969 年 10 月，可口可乐全美销售商和零售代表共 7000 多人正式发表了新的可口可乐识别系统。可口可乐 CIS 计划适应了新的时代精神，在消费者心目中留下了难以忘怀的印象，成功塑造了"世界软饮料之王"的品牌形象。继美国企业实施 CIS 战略之后，从 20 世纪 60 年代至今，英国、法国、德国、意大利等欧洲国家的企业也相继开始采取视觉识别系统,期间产生了很多畅销世界、极负盛名的老品牌,欧美由此迎来了CIS的兴盛发展时期。

　　日本善于将外来文化的精髓与本土民族文化有效地融合,虽然引用CIS的时间比较晚,但是起点高、发展快,而且成效显著。从20世纪60年代末的TDK公司制作CIS手册开始,在1971年,MAZDA(马自达)公司开始了CIS革命,随后,大荣超市、美能达、劝业银行、小岩井乳业纷纷导入CIS战略,并收到了良好的经济效益和社会效益。80年代初期,日本的CIS发展到高峰阶段,导入CIS的企业已达到21.8%。显然,日本的企业更加注重视觉效果,偏重于将公司的标志、字体、色彩、符号等方面相结合,给人带来清新、简约、自然的感觉。同时,融合理念识别和行为识别两个要素,强调在企业经营理念、精神文化、团队精神和行为准则等方面塑造组织形象,侧重于以人为本的企业文化设计,形成了特有的"CIS日本模式",从而实现了在美国CIS理论基础上的飞跃,从此,CIS理论进入到成熟时期。

　　CIS在我国最初是以理论的形式悄然兴起的,一些高等院校开设了CIS的相关课程,逐渐从传统的图案教学转向现代设计教学。20世纪80年代,随着建立社会主义市场经济体制方针的确立,很多企业开始探索一条塑造企业整体形象的道路,他们需要一种新的发展战略作指导,以便为适应市场经济的发展和参与国际竞争创造条件。1985年以后,在我国的公共关系理论纵深发展的过程中,产业界开展了工业设计运动,CIS在中国迎来了发展的最佳时机。位于珠江三角洲的广东是我国改革开放的前沿阵地,早在1986年,广东神州燃气具联合实业公司就开展了品牌宣传工作。随后,在我国公关事业较发达的地区相继开始推广CIS战略,但是普及程度并不高。1989年5月,武汉油脂化学厂举行了CIS新闻发布会,其拳头产品"一枝花"牌洗衣粉一时间家喻户晓,扭转了经营状况,获得了成功。另一则值得一提的案例是广东太阳山集团成功导入CIS战略的经典案例。在商标和包装上以黑色三角形架起一轮红日,下方配有英文APOLLO(太阳神)字样,再通过大众媒介宣传"当太阳升起的时候,我们的爱天长地久"的营销口号,让每个人过目不忘。1992年,太阳神集团年产值达到12亿元,4年间翻了200倍,完成了从一个乡镇作坊到著名企业的转变,令世人为之一振。另外,在北京举行的第11届亚洲运动会是中国在大型运动会中第一次大规模全面导入CIS,并产生了巨大的影响力。随后,联想集团、科龙电器、三九集团、小天鹅洗衣机、四通集团、李宁运动用品、雅戈尔集团等企业相继开展CIS战略,我国企业在重视产品质量和服务的同时,开始更加关注产品和组织的形象。

　　总体来讲,我国的CIS导入很大程度上借鉴了日本CIS的操作经验,但是全面导入CIS战略的企业所占比重不大。由于客观原因,部分企业对CIS的内涵并不十分清晰,但是许多企业在世界潮流和CIS理论的推动下,逐渐看到并认同了CIS对推动企业发展的功效和价值,开始纷纷导入CIS战略。20世纪90年代中后期,我国的CIS运用体系已经相对成熟。1996年,第二届中国企业CIS战略推广研讨会举行,全国18家著名企业联名发起成立了"中国CIS推进组织",并达成共识,即将到来的21世纪是一个更具个性化的时代,中国企业将推进CIS事业,振兴民族经济,在国际领域寻求更大的发展。

　　进入21世纪,伴随着全球经济一体化的发展,企业间的竞争演变成了更具广泛内涵的品牌竞争,大众消费朝着个性化、特色化的方向过渡,新的市场环境对CIS提出了新的要求,精于谋略、富于变化、个性张扬、趣味性强等多样化要素已成为全世界企业导入 CIS 战略的发展趋势,现代化的 CIS 设计是在规范性框架下的创造发挥,其创新的需求是切实的,具有广大的发展空间。

三、CIS 的构成要素

CIS 由三个子系统构成,分别是理念识别(Mind Identity)、行为识别(Behavior Identity)、视觉识别(Visual Identity),简称分别为 MI、BI 和 VI。从某种角度上讲,一个组织、一个品牌如同一个人,CIS 中的理念识别等同于人的大脑、精神和思维;行为识别等同于人的行为、举止和作风;视觉识别等同于人的穿着、服饰和装扮。三方面综合作用构成一个完整的人。而做人只有言行一致、表里如一,才可以使他人对自身产生好感和信赖感,从而让更多的人认同和赞赏自己。旅游组织的成功的 CIS 同样如此。

(一)理念识别

理念识别是 CIS 的灵魂,是组织个性化内涵在思想或观念中的集中表现,也是整个 CIS 战略运行的原动力和基础,属于组织的意识形态范畴。具体来说,理念识别包括以下两个方面的内涵:从组织外部环境而言,为了在市场竞争中兴旺发达,需要确立长久的战略目标;从组织内部来说,需要全体员工共同追求一个同样的理念,形成一致的行为准则和处事方法,将组织思想整合后传达给公众。所以,组织要在激烈的市场竞争中内求团结、外求发展,必须依赖于组织理念的确立。值得提出的是,组织理念要结合实际从市场定位入手,如果脱离实际,将形同虚设。

理念识别的主要内容包括组织精神、组织价值观、组织发展观、组织文化、组织信条、组织使命、组织风格、市场定位、经营方针、经营理念、社会责任、团队精神、道德情操、工作态度、行为准则、口号、座右铭、广告语等。

知识窗

世界知名公司的组织理念

北京全聚德:"全聚的时候,当然是在全聚德"。
希尔顿饭店:"始终站在时代的最前端"。
可口可乐公司:"与社会交流"。
美国德尔塔航空公司:"亲如一家"。
雅戈尔集团:"装点人生,还看今朝"。
波音公司:"以服务顾客为经营目标"。
丰田公司:"好产品,好生意"。
美国喜来登集团:"在喜来登小事不小"。
百事可乐公司:"胜利是最重要的"。
深圳锦绣中华:"弘扬中国民族文化,创建世界一流景区"。
迪斯尼公司:"使游客欢乐"。
诺基亚公司:"科技以人为本"。

（二）行为识别

行为识别是在理念系统确立的基础上，逐渐培养和规范组织员工的工作方式和行为标准，以及组织对社会的一切行为，它同样反映了组织理念的个性和特殊性，是组织理念的动态识别形式。行为识别作为组织传播信息的渠道和方式之一，几乎涵盖了组织经营管理活动的全过程。

行为识别可以从对内组织管理教育和对外参与开发两方面得以实施。对内主要是指组织建设、组织制度、管理规范、行为规范、教育培训、礼仪规范、工作环境、服务态度、文体活动、福利制度等，对外主要是指市场调研、产品开发、公关活动、促销活动、广告宣传、协对外调等。

（三）视觉识别

视觉识别是组织将一切可视事物通过形象化、具体化和视觉化的形式进行传达。它与社会公众的联系最为密切，影响最为广泛，是组织理念的静态识别形式。视觉识别将组织的经营理念、组织精神、组织文化和服务内容等抽象概念转化为具体的符号，执行效果明显、直接，使公众可以一目了然地掌握组织传达的信息内涵，塑造独特的企业形象，使公众产生认同感。由于视觉识别在 CIS 中最具传播力和感染力，最易被社会公众所接受，具有主导地位，因而有非常严格的使用规定，一旦确定不能随意更改，以免使组织形象模糊不确定，影响传播效果。

视觉识别的主要内容可分为两大部分，一部分为基本要素，包括组织名称、组织标志、标准字体、标准符号、标准图形、标准色、基本组合等；另一部分为应用要素，包括办公事务用品、广告媒体、交通运输、服装设计、室内设计、建筑设计、展示布置、包装设计、视听资料、指示标示和路牌等。

在 CI 设计中，美观、时尚、新颖、富有情趣和个性的视觉识别，可以使组织品牌具有强大的感染力和传播力，获得公众的信赖和忠诚。

案例 7—1

肯德基的 VI 策划

2006 年，面积为 8129 平方米的巨幅山德士上校标志在美国内华达州 51 区沙漠地带揭开了神秘面纱。这是肯德基在全球推出的第五代标志，肯德基成为世界上第一个从太空可以看到的品牌。被大家所熟知的肯德基标志自从 1952 年问世以来，期间历经四次更换，此次变更升级距上次已有 9 年的时间。多年来，肯德基标志中的山德士上校一直遵循与本人相像的原则，他具有亲和力的笑容、醒目的胡须、独特的黑色领结和长者的黑框眼镜，构成了一个热情好客、和蔼可亲的老人形象。无论人们走到世界的任何角落，见到此标志，就知道此地有肯德基的优质快餐和服务。

为了跟上不断变化的市场设计潮流，迎合年轻一代的时尚需求，力求品牌形象有新鲜感，这次推出的肯德基新标志保留了"肯德基爷爷"招牌式的蝶形领结，首次将他经典的白色双排扣西装换成了红色围裙。它告诉全世界的顾客，今天的肯德基依然像山德士上校60 年前一样，在厨房里辛勤为顾客手工烹制新鲜、美味、高质量的食物，预示着肯德基快餐在当年创业时做"厨师"的企业精神指引下,正朝向安全、营养、健康的方向发展。

资料来源:肯德基百度百科 http://baike.baidu.com/view/96258.htm

总之,CIS 的三个子系统是一个有机的整体。其中,MI 位于核心部分,作为最高层次的思想和战略系统,给整个系统奠定了理论基础,它制约着 BI 和 VI 的最终形成,也就是说,有什么样的 MI,就有什么样的 BI 和 VI;BI 作为 MI 的出发点,动态贯彻和实现了以 MI 为目的的一系列具体行动和措施;VI 是最直观、最外在的部分,也是感染力和传播力的集中体现,它与 BI 一起,通过静态的传播表达着组织的经营理念。理念识别、行为识别和视觉识别分别处于不同的层次,相互配合、功能各异、缺一不可,共同构成完整的 CIS 内涵。

第三节 CIS 的特点与功能

根据分析 CIS 在国内外发展的实际情况,我们可以认为,CIS 是企业对自身的经营理念、行为方式和视觉识别作统一的设计和传播,通过塑造富有个性的企业形象,获得社会公众的认可和支持的经营战略,其基本特点如下。

一、特点

(一)系统性

CIS 是由理念系统、行为系统和视觉系统组成的整体,需要有计划地进行周密安排。企业在导入 CIS 时首先要从整体出发,以理念识别为核心,其次要把视觉形式的各种各样的、分散的推广手段整合为一个整体,形成视觉合力,在社会公众面前树立起内外一致的完整形象,从而提升信息传播效率,强化品牌的对外影响力。有的企业把 CIS 系统隔离开,简单认为 CIS 仅仅是一个标志或一本 VI 手册,这样做是不会获得公众的认可的,甚至会造成公众的视觉混乱,适得其反。

(二)差异性

差异性是 CIS 最基本的一个特征,也是"Identity"差异化战略的本质内涵。企业生产的产品之间差异性缩小,产品趋同现象严重,是自由经济发展到一定程度的必然产物。在这种情况下,企业绞尽脑汁,纷纷寻求产品的个性化发展之路。差异性首先表现在不同行业间的区分,如商业与交通业、旅游业与制造业的区分等。更为重要的是,必须突出与同行业间其他品牌的差别,通过市场调查确立与众不同的企业个性,再围绕企业的发展目标、企业理念、行为标准、产品质量等个性要素,利用视觉符号进行放大,使其在激烈的竞争中脱颖而出,把企业生动的个性传达给公众,赢得社会的认可和支持,从而真正实现品牌间的区别。

(三)战略性

任何一个企业的形象都不是一朝一夕就能塑造出来的,它需要把 CIS 提高到企业发展的战略高度加以实施。在企业策划、设计、导入 CIS 的过程中,要注重操作技巧,步步推进,使公众对企业的印象有一个从局部到整体、从模糊到具体的过程。不能过于注重短期效应,一蹴而就,虎头蛇尾,要有一种对企业高度负责的责任意识,将 CIS 看作是企业参与市场竞争的一种战略手段。

(四)动态性

一般情况下,企业的形象标志只有一款,而且在标志的应用环节十分严格,不得对标志的色彩、结构、形态进行随意的变更。但实际情况并非一成不变,对于有独特市场定位的品牌,标志往往不止一个,而是由几个标志组成一组或一套。有时是以一个标志为主体,推出与之匹配的若干个标志,它们之间风格相近、相得益彰,在使用的时候,辅助标志围绕主体标志推出,可以丰富造型,渲染气氛,增加标志表现的深度和广度,更具有鲜明的个性。比如,2008年北京奥运会的吉祥物就是由五个体态相近、内涵不同的福娃组成,他们都有自己的名字,合称"北京欢迎你"。这样的动态性视觉识别设计,既体现了中国博大精深的民族文化,又可以拓宽公众的想象空间,使其过目不忘。

(五)文化性

CIS 的文化性是通过理念识别系统体现的。首先,文化和理念都属于意识形态范畴,它们是构成企业良好形象的思想基础;其次,文化因素是确立企业理念的基础和依据,企业理念的内容和每个员工的价值观念、职业道德、个人品德有着密切的关系,可以说,员工的责任感、忠实度、良好的精神面貌和行为标准都直接影响着企业在公众当中的公信力和认同效果;再次,企业理念寓于文化因素之中,企业的文化功能侧重于赋予内部员工一定的精神内涵,企业理念则更侧重于对外传递信息,从市场定位入手,把握公众心理,塑造企业形象。总之,CIS 在企业经营发展中所表现出的文化性是企业思想内涵的外在表现形式,它和外显的行为识别系统和视觉识别系统结合后可以发挥强大的力量。

二、功能

发挥 CIS 的功能对企业的发展具有强大的推动作用,其具体功能分为内部功能和外部功能两种。

(一)CIS 的内部功能

1. 整合功能

CIS 可以建立一套客观的约束机制,通过制定科学的规划将原本分散的个体有机结合在一起,达到一体化运行状态,彼此间支持、协作、沟通,成为一个有序的整体。同时还可以节省各子公司、各部门、子产品各自为政的设计制作费用,避免因产品包装不一致、营销宣传不统一而无法一致表现企业的经营理念和整体形象,造成视觉混乱、相互干扰的不良现象。

2. 凝聚功能

CIS 对内部的凝聚功能主要表现在企业文化的建立,产品竞争力和企业应变能力的加强等方面,更重要的是,可以有效提高企业员工的工作热情和积极性,发挥他们的主人翁意识,使全体员工有一种自豪感和归属感,进而激发员工无限的潜能,保持企业旺盛的生命力。例如张裕集团"实业兴邦"的企业理念和独特、新颖的识别设计每时每刻都在鼓舞着每一个员工的斗志,激发员工的成就感和使命感,进而产生强大的凝聚力。

3. 增值功能

企业品牌形象是一种有着巨大潜能的无形资产,它可以帮助企业增加公众的认知度和可信度,最终将创造出来的社会效益转化为经济效益。随着品牌价值的增长,品牌本身也可以作为商品的一部分转让和出售,为企业带来额外的财富。据国际广告协会1987年的资料显示,企业在形象塑造上投入1美元,就可以有227美元的收益。

(二) CIS 的外部功能

1. 识别功能

识别功能是 CIS 最基本、最原始的功能。CIS 主要通过语言、图形、色彩三个识别要素共同发挥作用,并将经营理念、企业文化、产品服务等进行全方位、多角度的传播,激发公众的视觉、听觉及想象力,无论从哪个渠道都可以使公众获得一致的信息,有效地将组织的产品与其他同类产品区分开来,减少公众购买过程中的环节和时间。

2. 传播功能

企业导入 CIS 后,要通过各种手段和渠道将组织形象以及产品特色有效地传达给公众,争取获得更多公众的关注和信赖,从而扩大组织品牌的认知度和美誉度,最终促进品牌的市场份额,取得经济效益。此外,CIS 要注重使用视觉符号和形象符号的可传性、可知性和可视性,力求将组织整体信息直观醒目、简洁大方地展示在公众面前,这样才更有利于 CIS 的对外传播。

3. 保护功能

随着科学技术的进步和生产规模的不断扩大,企业在产品和服务质量之间的差距不断缩小,这种趋同现象势必导致企业间的竞争日趋激烈,一些企业为了谋求更大的生存和发展空间,不惜以牺牲道德、信誉为代价,严重破坏了稳定、和谐的商业环境。在法律体制的框架下,CIS 实施的品牌化战略可以给公众留下安全和诚信的良好印象,企业可以在很大程度上规避商标侵权现象的发生,保护自身合法权益的同时,也维护了公众的消费利益。

第四节 CIS 要素在旅游组织形象中的应用

旅游组织形象是 CIS 在旅游活动中的具体表现形式。正确掌握 CIS 的含义、特点及功能,不仅可以塑造旅游组织品牌的良好形象,而且能够体现旅游组织独特的经营理念和文化氛围。旅游组织的 CIS 要素应用围绕着以下三方面开展。

一、旅游组织理念识别系统

旅游组织理念识别是指个性化的旅游组织经营活动在思想和观念方面的具体体现,是组织文化在意识形态领域中的再现,其主要内容包括组织精神、组织使命、组织目标、组织宗旨、组织行为准则等。

旅游组织精神是现代意识和组织个性相结合的一种群体观念。现代意识有市场意识、服务意识、竞争意识和文明意识等,组织个性包括组织风格、价值观、经营特点等方面。简言之,旅游组织精神是服务精神、创新精神、奋斗精神、学习精神和追求精神的统一体。由于各种原因,不同的旅游组织会有不同的组织精神,关键是组织领导如何引导、示范、宣传、教育。通常情况下,组织以标语、口号等形式来激励和统一每个组织成员的意志。

旅游组织使命是在一定的历史发展阶段中,旅游组织根据自身的宗旨所开展的各项经营活动,是旅游组织最高决策层对企业所有员工规定的一种责任要求,这种要求一旦确定下来,就会在相当长的时期内稳定存在。组织使命体现的是一种最有价值的、最崇高的目标任务,一般有三个层次:组织的使命是什么,组织为什么有这样的使命,组织怎么完成这样的使命。旅游组织使命同旅游组织的价值观和组织目标是一致的。

旅游组织目标是在经营发展中期望达到的目的和结果,它是组织识别系统最基本的出发点。如果没有目标,旅游组织就会失去发展的方向。旅游组织目标有远期目标、中期目标和近期目标之分。远期目标是长远发展的重大战略问题,它体现了旅游组织对长期发展的追求,目标的实现需要5～10年的时间;中期目标是围绕远期目标而制定的具体实施目标,时间一般在5年以内;近期目标是根据当前旅游市场、热点线路、公众需求而制定的目标。旅游组织的目标制定要科学、客观、合理,具有可行性和可操作性。

旅游组织宗旨指的是体现在旅游组织经营活动中的主要目的和意图,它表明了旅游组织依据何种思想观念来开展组织的各项生产经营活动。从长期发展来看,旅游组织的宗旨表现为组织的总体目标;从近期发展来看,旅游组织的宗旨表现为组织近期想达到的目的。旅游组织的经营宗旨本质上反映了组织的价值观、思想水平、经营方针和经营思想等方面。马里奥特公司是美国餐饮界规模仅次于麦当劳的第二大宴会承包商,它的更为著名的产业当属酒店业。其组织宗旨包括:坚信员工是公司最大的资产;关心好马里奥特的员工,员工会关心好马里奥特的客户;不断地克服困难,保持乐于奉献、勤劳工作的优良传统,并且乐于工作等。正是马里奥特公司遵循着"能够为离家在外的人提供任何他所需要的服务"的中心宗旨,才使它在激烈的市场竞争中,达到了巅峰。

旅游组织行为准则是对组织和员工提出的最高标准的行为规范,是一种在特定理念指导下形成的对行为的约束。行为准则不同于工作守则和岗位职责,它是旅游组织自上而下、由个人到部门都必须遵守的行为理念。比如迪斯尼乐园的全体员工有一条共同的"SCSE"基本行动准则,即安全(safe)、礼貌(civility)、表演(show)、效率(efficiency),其含义是,在保证游客安全的基础上,全体员工用热情、礼貌、高效的服务,进行完美的表演,为客人带来难以忘怀的快乐体验。表面上看似平淡无奇的四个单词,实际上包含着极其丰富的内涵和价值,再通过简明、扼要的概括,最大限度地保证了这一组织行为准则在全体员工中有效的落实。

总之,要使旅游组织理念识别在形象塑造的过程中发挥核心和原动力的作用,并成为组织的灵魂和精神的具体体现,就必须在整个旅游组织中统一思想、统一认识,让每个员工都能感受到组织的激励和鼓舞,把自己的命运与组织的命运紧紧连接在一起,做到同舟同济、荣辱与共。这需要通过多种手段进行渗透实施,一般的实施方法有下面几种。

楷模示范法,即组织领导以自己的言行举止给员工做出表率,通过上行下效严格贯彻旅游组织的经营理念,并培养一些英雄模范来形成强大的感召力,对员工起到潜移默化的作用。

环境熏陶法,将旅游组织的理念转化为标语、牌匾、壁画、图案,并把这些展品放置在组织相应的地方,营造独特的组织文化氛围,使员工置身于充溢着组织经营理念的人文环境之中,耳濡目染、身临其境,从而规范自己的言行,接受并认同组织的理念。

培训教育法,部门领导可以通过与员工谈心、交友等方式,倾听员工的心声,让员工感受到自己是组织的组成者,同时也是组织的主人;也可以尽可能地改善员工的工作、生活条件,让他们真正感受到组织每时每刻的关心;另外,还可以举行一些诸如联谊活动、文艺活动、研讨活动等形式的公关专题活动,请员工积极参与,以此来激励他们的集体荣誉感,形成巨大的向心力,这有利于旅游组织树立良好的形象,获得社会公众的广泛支持。

典礼仪式法,通过在旅游组织的周年庆典或每个营业日举行升旗、领导讲话、员工代表发言、播放组织歌曲等形式,促进组织员工对组织理念的理解和接受。

二、旅游组织行为识别系统

旅游组织行为识别系统是对组织行为、员工行为实行标准化、规范化的统一设计和管理,它受旅游组织理念识别系统的支配和指导,作为动态的表现形式,它贯穿了整个旅游组织经营管理活动的全过程。旅游组织行为识别系统可以分为对内和对外两个方面。

一是对内行为识别,主要有组织机构、部门协调、工作环境、设施设备、服务水平、服务态度、敬业精神、员工培训、奖惩制度、员工福利等。

二是对外行为识别,主要有市场调查、广告策划、公益活动、竞争合作、品牌营销、媒体宣传等。旅游组织行为识别系统的导入过程就是系统化地调整、沟通旅游组织的内外活动,充分体现旅游组织的精神理念,向公众传达本组织的形象信息,从而提升旅游组织的知名度和美誉度的过程。

案例 7—2

BIS 在迪斯尼公司的独特运用

在世界品牌价值实验室举办的"2008年世界品牌价值实验室年度大奖"评选活动中,迪斯尼凭借良好的品牌印象和品牌活力,荣获童装类"中国最具竞争力品牌榜单"大奖,赢得了公众的广泛赞誉。作为著名的娱乐品牌,迪斯尼以292亿美元的品牌价值在《商业周刊》评出的世界100强品牌中排名第9位。迪斯尼正是借助自身在创新、品质、共享、故事、乐观和诚信六方面独特的经营理念,成为美国乃至世界娱乐行业的佼佼者。请看迪斯尼如何在员工中运用独特的行为识别系统。

开展快乐培训

迪斯尼的培训分为三个步骤,分别是传统阶段、探索迪斯尼阶段和岗位培训阶段。第一阶段的传统培训是在迪斯尼大学进行的,培训的内容是关于迪斯尼文化、历史、现状、服务水准、待客之道、各项制度、语言培训、消费体验、个人职业发展、受训者须知等内容。培训期间,迪斯尼公司按照课时付给受训者工资。第二阶段是探索迪斯尼的培训,重点是让受训者通过实地考察熟悉迪斯尼的文化环境，比如受训者可以在各项娱乐活动中品尝来自世界各国的二十多种饮料，美国多元文化的一面在此可见一斑。第三阶段是在岗培训，这也是受训者自我展示的好机会。培训的内容包括技能培训、应急处置、游客满意服务等。教师授课时非常注重受训者的参与度，并且强调学习的游戏性，这些细节保证了受训者会有一个快乐的心情，并最终将这种快乐带给每一位游客。当课程结束时，教师会对受训者说："你们即将走上舞台，记住神奇的迪斯尼，创造并分享神奇的每一刻，每天的迪斯尼都非同一般，不一样的天气，不一样的观众，但迪斯尼的服务和演艺水平始终是一样的"。

提高服务水平

迪斯尼大学的基本课程有七大待客规定：一、永远保持微笑，以肢体语言表示对游客的体贴，比如为了重视小朋友，"角色演员"必要时应该跪下来以便使身高与小朋友相近；二、要同游客有视线接触，使他们感到被重视；三、必须尊重游客并主动与游客接触；四、要牢记迪斯尼要求带给所有游客快乐回忆的组织使命；五、经常保持友善的态度，主动协助每一位游客，最好在游客提出请求前就给予及时的帮助；六、主动与所有游客打招呼；七、一定要向游客说声"多谢"，即使游客的要求有时难以满足，也要谢谢他们的谅解。在迪斯尼的员工手册上，有一条关于"平等就业机会"的条文，即对所有员工、求职者，公司不以种族、宗教、肤色、年龄、性别、国籍、生理和智力缺陷作为聘用、提升的考虑因素，大家相互理解、相互尊重，正是这种包容性的文化保证了迪斯尼的活力和服务水平的提高，并最终成为最宝贵的竞争力。

重视公益活动

迪斯尼公司每天晚上都有一项叫做"迪斯尼收获"的主题活动，员工将收集到的未售出食品封好送到周边地区，以供慈善机构在第二天发放给需要帮助的人们。2000年，迪斯尼员工向慈善机构捐款达300万美元，受到了社会公众的一致称赞。长期以来，迪斯尼与当地红十字会机构合作，在员工中提倡无偿献血活动，还为各地成绩优秀的学生进行旅游奖励，以此鼓励他们学习的积极性。迪斯尼的领导人知道，一个企业要生存发展，一定要融入到整个社会中去，让社会认可，才有发展前景。

增强奖励机制

迪斯尼招募新员工时的口号是："跟着我，你会得到一份世界上最好的工作"，员工有着很多激励机制和很好的福利。迪斯尼每年都会召开一次"员工论坛"，借此机会向员工颁发R、A、V、E奖，即R—respect（尊重）、A—appreciate（欣赏）、V—value（价值）、E—everyone（每个人）。迪斯尼对工作一年以上、五年以上、十年以上的员工都会颁发米老鼠勋章，以此来表达对员工的肯定和表彰。此外，每年对工作一年以上、有子女的员工，给他们的子女设立迪斯尼奖学金。工作满三个月的员工可以得到公司发送的四张可全年使用的能进入任何一个主题公园的门票，而且每次能带三人入内。此外，员工还可以凭工卡享受预定酒店的五折优惠。员工居住的地方除了配备有健身设备、游泳池外，还有篮球场、足球场、网球场、赛艇、烧烤设施等，供员工度假、休闲之用，每年迪斯尼都在这里为员工举行各种联谊娱乐活动。

此外，迪斯尼作为全美十大品牌公司之一，组织机构健全、部门协调畅通、工作环境优越,并拥有自己强大的美国广播公司以及迪斯尼电视频道,可以随时随地在社会公众中开展双向信息交流,在经营理念、社会责任、公司使命、团队精神等MIS要素的指导下,将取得更丰硕的商业价值,赢得社会公众的普遍赞誉。

资料来源:http://wenku.baidu.com/view/77abffacdd3383c4bb4cd2c9.html

三、旅游组织视觉识别系统

旅游组织视觉识别系统是借助文字、形态、色彩来反映组织经营方针、策略、理念和精神等主题内容的一种可视符号。它是旅游组织形象识别系统的基础内容,是实施CIS战略的重要环节。虽然旅游组织视觉识别系统能使公众一目了然地了解品牌信息,但是它不能脱离CIS而独立存在,如果夸大其作用,甚至用旅游组织形象识别系统取代整个CIS,将使形象识别系统成为无源之水、无本之木。所以说,视觉识别系统是理念识别系统的形象体现,将它广泛运用到旅游组织的经营发展中,进行统一传播、充分展示,可以有效提高旅游组织形象的知名度,从而使组织走上品牌化发展的快车道。

通常,旅游组织视觉识别系统可分为要素系统和应用系统两部分。

要素系统包括旅游组织的名称、标志、标准字、标准色、图案、造型等,要素系统是旅游组织在视觉识别系统中使用的标准,在应用方面有着极为严格的标准,一经确定后,不能随意更改。

旅游组织的应用系统主要包括以下几个方面。

办公事务用品:信纸、信封、便签、名片、明信片、文具、旗帜、茶具、证书等;

交通运输工具:飞机、轮船、大客车、中巴车、轿车、电瓶车等;

建筑物内外设计:办公室设备、室内造型、标志牌、公告栏、外观装饰、风景设置等;

包装:包装纸、包装盒、产品标牌、密封袋等;

广告:报纸、电视、杂志、网络、海报、广播等;

衣着服饰:领导制服、员工制服、服饰配件等;

识别标志:展示牌、指示牌、路牌、路线标志等。

(一)旅游组织视觉识别系统的设计原则

1. 差异性原则

差异性原则是旅游组织视觉识别系统设计的首要原则。在世界一体化、经济全球化高速发展的今天,旅游组织在产品功能和性质方面的差异越来越小,它们为了追求利润,纷纷将视觉识别系统作为可以最大限度突出组织特性、强化品牌形象,使组织在众多竞争者当中脱颖而出的重要手段。比如,2000年德国汉诺威世界博览会的视觉识别一改往届没有任何特色的球型符号,聚焦于"人、自然、技术"三者之间的关系,通过一个能根据不同场合改变结构与色彩的波纹图形,在整体结构不变的情况下,时刻呈现出不同的运动状态,巧妙地组成一个看似会呼吸的有机生物的造型,独特地展现了静态与动态、时间与空间完美的结合,给公众留下了深刻的印象。

2. 民族化原则

由于各个民族在思维方式、宗教信仰、价值观念、历史文化、语言类型上存在着差别,因而旅游组织在进行视觉识别设计时,应该加入带有民族特色的元素符号,将组织的视觉形象融入到当地的文化中。同时,还要了解世界各地的风俗民情,尊重各国、各民族的传统文化,视觉识别所体现出的形态和意境不能与别国文化、传统和禁忌相冲突。只有符合民族化特征的设计,才能够被公众认同,被世界认同,正所谓民族的才是世界的。例如,北京奥运会的徽标是一方极具民族特色的中国印,再配以竹简汉字笔体书写的"Beijing2008",更浸透着中国博大精深的书法艺术,诠释着一个拥有东方古老文明和现代时尚风范的民族对于奥林匹克精神的崇尚,世人一看便知它是中国的。

3. 统一性原则

视觉识别系统的差异性存在于旅游组织间的横向比较,而统一性原则倾向于组织利用视觉语言体现品牌的各项应用设计,形成视觉合力,提高品牌识别度的纵向延伸。旅游组织应根据组织形象的规范性和系统性要求,紧紧围绕组织的经营理念、组织文化、产品特点等要素,在与组织标志、图案、文字、色彩等视觉元素相互融合、相互贯通的设计过程中,将分散、多样的推广手段通过统一的视觉形式整合为一个整体,强化视觉识别效果,从而保证品牌的一致性和连贯性,提升信息传播的效率,达到加深公众印象的目的。

4. 艺术性原则

视觉识别系统设计是一种通过形象表达出来的视觉艺术,旅游组织在进行视觉识别设计时,应当将内容美与形式美有机融合,遵循对称、均匀、比例、色调、韵律、变化等美学原理,按照艺术性原则进行设计,通过独创性的符号表现旅游组织的个性,使公众在视觉接触中感受到美的刺激,从而唤起共鸣。公众对真、善、美的追求是永恒的,富于美感和个性的品牌形象更容易被公众所接受。

(二)旅游组织视觉识别系统要素设计

1. 组织名称

古人云,名不正则言不顺。如何命名是旅游组织的一件重要的事情。在组织创建之初,命名往往是组织迈向成功的重要的第一步。一个好的名称可以涵盖旅游组织的经营理念、组织使命、产品特色和员工风貌,而如果命名不合时宜,就会给组织的形象塑造和经营管理带来不利。首先,旅游组织的名称反映出组织的经营思想,要能够充分体现组织文化;其次,要做到好听、好看、好记,读起来响亮、顺口、简练、节奏感强,念上几遍就能牢记在心;再次,传统性与时代性相结合,有创意、有新意、有特色,易于从心理上使公众产生共鸣,还要避免近似或雷同的现象;最后,要开辟国际化视野,让外国人也能很容易读出,还要避免在外语发音中产生的误解。如北京饭店、广州白天鹅宾馆、南方航空公司、东方航空公司、中国青年旅行社、中国国际旅行社、清明上河园、锦绣中华等,都具有以上的特点。

2. 组织标志

组织标志是具体、生动、形象地将组织精神、品牌价值等要素转换为视觉符号,传达给公众,达到识别、认同的目的,传播品牌,树立旅游组织的良好社会形象。它是整个CIS要素的核心。在视觉识别系统中,组织标志应用最广泛,出现频率最高,是旅游组织具有商业价值的形象符号。

旅游组织的标志设计按视觉要素主要可以分为字形设计、图形设计和字图组合设计。字形设计由中文、拼音或外文构成,阅读性强,传播的准确性很强,如VISA卡、Google、

NOKIA手机等。图形设计通过几何或象形图案来表达含义,其视觉冲击力较强,更具审美性,与字形设计相比较,它的指向性相对模糊,由于传播渠道较复杂,它的传播效果往往会受到影响,如奔驰汽车、奥林匹克五环旗等。字图组合设计是字形标志和图形标志相互结合、优势互补的统一,发挥了两者的长处,弥补了两者的不足,具有很强的可视性、可读性和实用性,成为现代旅游组织视觉设计的主流,如迪斯尼乐园、福特汽车、Hormel食品、Maxwell House咖啡、麦当劳等。

标志设计的主要表现形式有以旅游组织名称、品牌名称为题材,以组织品牌名称的字首为题材,以组织名称、品牌名称或字首与图案的组合为题材,以组织名称、品牌名称的含义为题材,以组织文化、经营理念为题材,以组织品牌的传统历史或地理环境为题材。

标志设计要遵循平衡、简洁、自然、大方等规则,重在标志形态的把握,其次是色彩,善于利用形式展示美感,塑造标志的品质感,提升公众的信赖感。

3. 标准字

标准字是一种不同于普通字体的特殊图形文字,是旅游组织视觉识别系统的三大要素之一,类型繁多,运用广泛,常与组织标志一起组合运用,其重要程度不言而喻。标准字说明性强,能够通过视觉和听觉的方式同步、明确、清晰地表达组织名称、产品内容及补充说明组织标志的内涵,强化组织品牌形象的诉求力,所以具有很强的传递作用。需要指出的是,标志中的字形设计与标准字是两个概念,前者属于标志设计范畴,在允许的范围内,可以采用夸张、简化、概括等手段做较大幅度的变形。而后者是经过设计加工的专门用于表现旅游组织或产品名称的字体,字体设计很有控制,要具有良好的可读性、规范性和延展性等特点。

标准字要根据旅游组织的经营内容、产品特性、活动主题精心设计,成为组织的经营哲学。组织文化生动、形象的表达,对线条粗细、笔画搭配、字体距离、字体造型等要素都要有周密的规划。通常,旅游组织选用标准字的渠道有三种:一是在电脑文字库中直接选用符合品牌定位并与标志风格相匹配的字体,一般选择选用醒目度较高,笔画较粗的字体,中、小型旅游组织多用此方法;二是为了强化品牌视觉要素的可识别性,特意为组织量身定做经过设计、改良后的专用标准字体,例如,高档酒店或高知名度的风景区为了赢得高端客户,获得较高的市场占有率,往往要在标准字的选用上做精致、严谨的设计;三是可以邀请政府领导、社会名流、知名人士为旅游组织书写,汉字书法汇集了中国传统文化的精髓,具有很高的审美价值和收藏价值,适用领域广泛。

4. 标准色

标准色是指组织为了塑造自身形象,根据行业和产品特性确定的某一特定色彩或一组色彩系统,即标志所使用的颜色。颜色对公众心理和视觉的影响大于文字和图案,是旅游组织视觉识别系统的又一重要符号。旅游组织的标准色一般为一至两种颜色,不宜超过三种,这样可以提升品牌色彩的识别度和醒目度,但由于旅游产品趋同化严重,单靠几种标准色已经无法满足组织宣传、公告推广等实际需求,必须引入辅助色弥补色彩单一、乏味的不足,标准色和辅助色共同组成旅游组织视觉识别的色彩系统。

标准色要根据旅游行业的属性来确定,这样可以突出旅游组织的特征,创造出与众不同的效果,比如宾馆、餐饮业多以红、橙、黄等高纯度色彩为主流,再配以淡绿色或淡蓝色,可以使游客有喜悦、轻松、振奋、温馨、幸福的感觉。此外，标准色的选用要适应国际化的潮流，与其他设计元素和谐、统一，还要兼顾公众的心理感受、喜好和禁忌。

5. 品牌角色

品牌角色，即吉祥物，是旅游组织品牌性格的人物化形式。在市场经济背景下，旅游方式已经由过去的简单观光型过渡到了现在的主动参与型，旅游组织树立自身的良好形象，提高知名度和美誉度的同时，需要通过CIS策划出活灵活现的品牌角色作为载体，保持着与公众之间的紧密联系，与公众展开互动，使公众参与其中，乐在其中。

吉祥物是由旅游组织产品造型演变而来，经过拟人化处理后，可以是人物，也可以是动物，可以是单个形象，也可以是一组形象。某些时候，吉祥物也是组织品牌的识别符号，甚至可以取代标志成为品牌的象征物。与标志包括的多层整体内涵相比，吉祥物具有讨人喜爱、个性张扬、活泼生动、亲和力强的优点。

案例7—3

中国桂林国际旅游博览会的VIS要素设计

图7—1　中国桂林国际旅游博览会标志　　　图7—2　中国桂林国际旅游博览会吉祥物

2010年中国桂林国际旅游博览会会徽的上方是抽象的"山"字和"水"字，山水相容即是桂林的城市特色，"山"和"水"下面是"一"字，寓意桂林山水甲天下，融合于字形中的象鼻山，是桂林市的形象标志。标志用色与桂林城市清新自然的感觉相契合，象征绿意盎然的桂林市充满了活力，充分展示了"山水桂林"的独特魅力。旅博会的举办旨在以桂林的山水吸引各国宾客相聚在此，进而打造具有国际影响力和较强辐射力的权威旅游交流、展示、交易平台，桂林通过旅博会展示了桂林优越的投资环境。

吉祥物"桂桂"寓意说明，桂花是桂林市的"市花"，桂林因桂花树众多而得名；桂林又因山水甲天下而闻名天下，所以吉祥物由桂花和水滴组合构成，充分体现了桂林的旅游特色，蕴含了桂林的历史文化。同时，桂桂名称源于"桂林"的第一个汉字。会徽和吉祥物能够充分体现旅博会的基本内涵、典型特征和文化精髓，具有识别性、独特性、创意性和观赏性。

资料来源：http://news.guilinlife.com/zt/cgite2010/

（三）旅游组织视觉识别系统应用设计

当旅游组织的名称、标志、标准字、标准色确定以后，就要开发应用项目将它们运用到具体的实物上,要素设计通过完整化、规范化、统一化的传播成为组织品牌的形象载体,给公众以生动、具体、真实的感觉。适时、适地、适度地开展视觉识别应用设计可以使旅游组织的品牌形象鲜活起来,使组织形象焕发出强大的生命力。所以,旅游组织的应用设计是对要素设计的拓展和延伸,包括以下几方面。

1. 办公事务用品设计

办公事务用品是旅游组织对外开展业务、传播组织形象的重要环节。办公事务用品的设计系统化地将组织标志、组织信息和辅助元素进行再加工,通过印刷将其附着在纸张、材料、工具、卡片上,使办公事务用品呈现出庄重、精致、完整的美感特点。

2. 交通运输工具

旅游组织开展交通运输工具设计的车辆有两类,一种是组织自己拥有的各类车辆,另一种是专业运输企业的车辆。组织依据以上两类交通工具,围绕组织名称、标志、图形展开设计规划,以达到扩大组织影响力,树立组织形象的目的。设计时应充分考虑到交通工具的快速移动性,尽量使用清晰醒目、易于识别的图案、文字。此外,由于各种交通工具的体积、结构存在差异,设计时要根据它们不同的外形特征,因地制宜地开展工作,充分发挥其移动广告的识别效果。

3. 建筑物内外设计

建筑物内外是一个开阔的、复杂的开放空间,也是开展旅游组织视觉识别应用设计难度较大且尤为重要的环节。例如,在高大的建筑物外墙体上进行设计,除了要体现组织的名称、标志、字体的组合效果外,还要考虑到墙体的构造、采光和选材等综合因素,采取平面化、造型化和立体化等综合手段,扩大品牌形象传播力的同时,更要塑造出立体的、生动的品牌个性,才能全方位、多角度刺激公众的感官,使人们留下难以忘怀的印象。

4. 包装

在风景区购物商店、酒店和公共关系专题活动的现场,都会对旅游纪念品进行包装,这正是旅游组织进行包装设计的好时机。现代包装设计不仅仅是便于携带、保护、美化产品,更是一种兼产品销售和品牌推广于一体的营销手段。小到手提袋,大到包装箱,都是旅游组织提升产品服务、整合品牌形象的重要的视觉要素。

5. 识别标志

在旅游景区、道路、酒店、会展等环境下,识别标志对于公众有着重要的意义,它可以指示车辆和游客按规定的方向和地点行驶,在紧急情况下,对于救援、逃生、疏散等更是发挥着至关重要的作用。所以,旅游组织进行识别标志设计时,应将指示功能作为首要因素,做到直观醒目、简洁易懂,避免误导公众,引起误解。

6. 广告

广告宣传是旅游组织向公众传递信息、提升知名度和美誉度的有效手段。旅游组织在进行广告宣传时,要将组织设计风格与不同的媒体特点相结合,保持连续性和系列性,将组织经营理念、产品特点等要素转化为视觉合力,并且贯穿于所有的广告形式当中,从而提高品牌传播的力度,扩大组织的社会影响力。

7. 衣着服饰

旅行社、酒店、饭店、景区等服务场所统一着装,可以强化旅游组织的管理,增强组织的凝聚力,激发员工的归属感。同时,也便于公众识别组织形象,监督员工行为规范,使公众对组织产生整齐划一、步调一致的好感与信任感。首先,服饰风格要求稳重大方、亲切得体,同时,服饰设计要能体现出旅游行业的特点与要求,即亲和、温馨、舒心、轻松等;其次,服饰设计要利用对色彩和款式的把握,严格区分出旅游组织员工的岗位、职责和工种,例如,较鲜明、亮丽的颜色往往给人轻松、明快的感觉,可用于一般员工的制服,而较低沉的颜色可以给人稳重、深沉的感觉,可在管理人员或公关人员的制服中使用。

第五节 旅游组织导入CIS的时机和程序

自从我国加入世界贸易组织后,旅游企业处在由计划经济向市场经济过渡的关键时期,此时,科学、合理地导入CIS是旅游组织实施CIS战略的必然选择,它对增强旅游组织的竞争力,树立旅游组织的良好形象,促进旅游组织的持续发展,都有着十分重要的意义。对旅游组织而言,导入CIS的初衷是为了增强组织的竞争实力,提升组织的整体形象,赢得公众的更多的支持,以保证旅游组织在激烈的市场竞争中立于不败之地。

一、旅游组织导入CIS的时机选择

在正式导入CIS之前,不仅要明确导入的动机和目的,谋求组织的长远发展,还要确定导入的最佳时机,才能取得事半功倍的功效。所以说,必要的动机确立结合适当的时机选择,对于旅游组织能否取得CIS战略的成功关系极大。实践证明,导入CIS的最佳时机有以下几种选择。

1. 旅游组织成立时

旅游组织刚成立时是导入CIS的第一个时机,也是最好的时机。新的旅游组织充满了生机和活力,一切从零开始,没有约束组织发展的陈规旧俗,对社会公众来讲更是毫无知名度可言。在这种时机导入CIS的特点在于,可以围绕"新"字做文章,明确市场定位后,集中CIS的优势资源,抓住公众的视觉焦点,迅速、彻底地导入CIS战略,制定出标新立异、富有个性的形象识别系统,从而将组织的理念识别、行为识别和视觉识别快速、有效地传递给公众,树立良好的组织品牌形象,让公众产生新意。在当前的旅游市场背景下,相当数量的旅游组织CIS导入属于这种类型。

2. 旅游组织并购、重组时

旅游组织并购、重组时也是旅游组织导入CIS较常见的时机。当前,我国旅游组织在经营中存在许多问题,如规模小、秩序混乱、竞争手段不当、经济效益低下,究其原因,旅游组织竞争能力弱、产品同质化、地方保护主义等是主要因素。所以,将旅游组织重组为规模大、实力强的大集团、大企业,是旅游业的发展趋势。但一些酒店、旅行社、交通公司、旅游景区合并、重组、集团化改制后会面临业务多元化的局面,很多组织往往只重视人员、财产、物资、技术的共享等问题,而对组织理念、组织文化的融合考虑不多,这是不利于组织发展壮大的。这正是实施CIS战略的大好时机,此时导入CIS,可以通过构建理念系

统、行为规范和视觉识别系统,消除组织间在文化上的差异,激发员工的斗志,改善组织作风,重新诠释品牌的内涵,推动组织向共同的目标发展。

案例 7—4

昆明中国国际旅行社有限公司整合成功

2011年4月,中国国际旅行社总社有限公司与云南世博旅游控股集团公司共同出资整合重组昆明国旅,设立昆明中国国际旅行社有限公司。公司注册资本为1500万元,国旅总公司占总股本的66.67%,世博旅游集团占总股本的33.33%。实力雄厚的中国国际旅行社有限公司是一家集旅游服务、对外贸易、交通物流、电子商务和房地产开发等综合服务为一体的大型旅游企业,品牌价值达178.11亿元人民币,位列我国企业500强,居国内旅游业前列。云南世博旅游集团下属子公司28家,拥有旅行社、酒店、景区、交通、房地产、会展、园林等7大产业板块,注册资金10亿元人民币,总资产45亿元,是云南省规模最大、产业链条最完整、投资和融资能力较强的综合性旅游集团。通过成功整合,国旅总公司通过延伸旅游产业链条和拓展市场空间,进一步加强了对重点旅游城市的战略部署,而新组建的昆明中国国际旅行社有限公司通过导入国际旅行社有限公司总公司先进的CIS战略机制、雄厚的资金和管理优势,使组织在经营理念、组织风格、管理思想、员工规范、品牌标志、广告宣传等形象识别要素的基础上完成了有效整合,提升了自身的品牌实力的同时,令公众耳目一新。

资料来源:《云南日报》,2011年4月21日

在目前,我国旅行社行业在规模、资金、管理、体制方面都不及发达国家和地区的水平,对我国大量"散、小、弱、差"的旅行社进行并购整合已经成为大势所趋。但并购重组后的"双层皮"现象在国内外实例中屡见不鲜,这是因为操作过程中把并购和整合两个阶段隔离开来所致。整合是并购成功的关键所在,也是并购成功的理想归宿。并购不仅仅在于对资产和人员的捏合,更需要实现组织文化、组织理念、组织结构、员工规范、识别标志等软环境的完全整合,只有这样才能使被并购的旅行社在品牌、客源、产品、服务等方面实现资源共享和优势互补,这也是当前我国大旅行社对中、小旅行社进行并购整合的正确选择。

3. 旅游组织开发新产品、新项目时

新产品和新项目的推出代表着组织经营不断创新的具体成果,是组织不断成长的原动力。旅游组织要想在激励的市场竞争中立于不败之地,最大限度地满足公众消费需求,就要不断地对旅游项目和产品进行创新,比如开辟新的旅游景点、开通新的旅游线路、开发新的娱乐项目和推出特色服务等。旅游组织通过对产品和项目的创新,可以在丰富市场的同时,为组织带来可观的经济效益和社会效益。因此,配合新产品、新项目导入CIS,可以使旅游组织取得新产品促销、新项目开发和新形象塑造等多重效益,而且可以引领时尚潮流,受到公众的青睐。

4. 旅游组织经营理念需要重建时

改革开放以来,我国完成了由计划经济到市场经济的转变,一些旅游组织成为市场经济的法人实体。但也有一些曾经辉煌的国有酒店和旅游运输组织,由于在计划体制的禁锢下墨守成规、不思变革,沦为时代的落伍者。究其原因,它们的经营理念、市场意识、经营方针、管理方式落后,跟不上社会的发展步伐,这样的旅游组织势必被激烈的市场竞争所淘汰。经营者重建经营理念之时,正是旅游组织导入 CIS 的良机。无论是对旅游组织的经营理念进行调整、改良,还是对其进行重建、革新,经过重新建构的理念识别系统与行为识别和视觉识别系统的信息传递,可以使旅游组织更富有生命力。

5. 旅游组织举行周年纪念活动时

旅游组织举行周年纪念活动是对过去取得的成就的肯定,也是组织回报社会公众的好机会。届时,旅游组织可以开展各类纪念活动,其中组织创立五周年和十周年的诞辰纪念活动尤为重要,第三个五年计划、第十个五年计划也都是较合适的时机。这时,旅游组织通过导入 CIS 战略,可以增强全体员工的凝聚力和向心力,鼓舞斗志、振作精神,同时还可以举办各类公关活动,将组织的规划、目标、设想、希望和 CIS 的设计、实施等相关信息,通过新闻媒介传播出去,引起社会公众和社区的关注,从而扩大组织的知名度,提升组织的美誉度。

6. 旅游组织发行股票时

对企业实行股份制改造是为了争取到上市的资格,上市公司要求实力雄厚,经营管理完善,通过一系列审批程序之后,可在证券交易所挂牌、发行和买卖股票。在组织发行股票之际导入 CIS,不仅有利于加强内部的凝聚力,提升组织的美誉度,获得社会公众的认可和支持,还可以增强投资者的信心,拓宽旅游组织的融资渠道,为赢得更大的市场的回报打下坚实的基础。目前,我国旅游业上市公司有兰州民百,黄山旅游,东方宾馆,首旅股份,新都酒店,桂林旅游,峨眉山 A,丽江旅游,北京旅游,大连圣亚,锦江股份,张家界,ST 东海 A,华侨城 A,西安饮食,中青旅,世博股份,三特索道,西安旅游,西藏旅游,国旅联合,湘鄂情,金陵饭店,万好万家,华天酒店等。

7. 旅游组织扩大经营范围时

随着时代的进步,旅游组织仅靠单一的产品和服务很难满足市场的需求,要想赢得广泛的公众,获得更大的市场占有率,朝着多元化的经营目标不断发展壮大已经成为它们的必然选择。此时,组织的产业结构在升级中势必发生改变,如经营规模、经营范围、产品特点、服务特色等方面的改变都会使原有的组织名称、组织标志和经营理念等要素发生与组织现有性质和经营内容不相符的现象。因此,旅游组织必须导入新的 CIS,以建立既能符合组织现状,又能满足未来发展的形象识别系统,树立全新的组织形象,并通过新形象向社会公众传递组织扩大经营范围的信息。

8. 旅游组织产品差异性不明显时

随着经济全球化趋势的加剧,旅游组织产品和价格同质化现象愈演愈烈,竞争产品的差异愈发模糊。比如,旅行社在推出旅游项目时,往往存在着产品、服务、线路趋同现象,使整个旅游行业缺乏应有的特色。旅行社产品的差异不明显,旅行社只关注产品的成本和价格,而忽视了产品的质量和性能,更重要的是,过度的价格战会降低组织利润,影响旅行社开发新产品的投入力度,最终加剧旅行社产品同质化的程度,如此便形成了恶性循环。改变这种状况的最好方法是及时导入CIS,进而形成旅游组织产品的差异性和独特的形象识别,消除公众在产品识别上产生的疑惑,加深公众对组织产品的印象,增强旅游组织的市场竞争力。

9. 旅游组织实施国际化战略时

随着世界经济一体化进程的加速,国外旅游企业大量涌入国内市场,而我国一些优秀的旅游组织也在坚持不懈地开拓国际市场,向着国际化方向发展。原有的以国内市场为主的组织的名称、标志、理念等因素有可能不再适应国际化经营的需要,甚至会与有些国家和地区的文化、历史、风俗等特点产生相悖之处,因此,旅游组织导入CIS,建立新的行为识别和视觉识别系统是实施国际化战略的需要。旅游组织要想树立国际化的品牌形象,首先要以国际市场中的消费者的审美标准为依据,修正和设计新的组织标志、标准字和标准色等视觉识别要素;其次要在国际领域中进行商标申请和注册,以符合国际化的运作规则,最重要的是,必须构建符合国际市场机制的新理念,建立新的行为识别系统,应对国际市场经营的需要。

10. 消除危机,化解矛盾时

当组织遇到危机事件时,直接的后果就是社会公众对组织及其产品的不信任,甚至会产生抵触心理和行为,进而影响到组织的整体形象。因此,旅游组织面对危机事件时,为了消除公众心中的阴影,在组织内部求得活力,在组织外部谋求支持,应该科学运用公关手段,及时导入CIS战略,以全新的理念、行为方式和视觉识别展示组织振奋精神、重整旗鼓的新形象,改变公众对组织原有的看法,使公众可以重新认识、接受组织,从而唤起他们对组织的好感,形成良好的印象。

二、旅游组织导入CIS的基本程序

由于导入CIS是一项复杂、周密、循序渐进的系统工程,因此,旅游组织应该制定出可行的CIS导入程序,以便达到所期待的成果。通常,旅游组织CIS导入程序分为设置组织机构、组织实态调查、CIS设计开发、组织CIS实施和CIS效果评估共五个阶段进行。

(一) 设置组织机构阶段

设置导入CIS的机构可以为系统化运作提供组织保障,确保工作顺利开展。导入CIS的组织机构分为核心机构和外围机构两种。核心机构是指旅游组织内部成员组成的CIS委员会,主要负责CIS策略、方针的制定;外围机构是指隶属于CIS委员会的CIS执行委员会,主要负责具体的设计和实施工作。

CIS委员会是导入CIS的最高领导机构,一般由旅游组织高层主管、各职能部门的负责人、公关部经理和CIS专家组成。CIS委员会人员不宜过多,一般以5~10人为最佳。CIS委员会主要包括组织协调、传播沟通、咨询建议和监督管理等职能,其主要任务有确定CIS导入的时间、日程,解决资金、人员等主要问题;统一全体员工的思想认识;协助CIS专家开展各项工作;审定CIS设计的各项方案;组织员工参加CIS导入、运作和培训工作。

CIS执行委员会是具体操作部门,主要负责设计和推广工作,一般由市场调研人员、设计人员、普通工作人员组成。CIS执行委员会具有信息灵通、专业知识丰富、执行能力强等优势,他们的主要任务是预算费用;对市场环境实施调研,将调查结论上报CIS委员会;对组织的理念、行为、视觉识别系统进行设计,提出具体方案并与高层主管沟通;推广传播CIS方案;负责设计效果的评估工作。

(二) 组织实态调查阶段

没有调查就没有发言权。旅游组织必须对自己的历史、现状、未来有一个清晰的认识,从根本上把握市场动向、产品特征、消费者心理等多方面因素。通常,旅游组织实态调查是一项具有复杂性、科学性、目的性的系统工程,它标志着导入CIS进入了实质阶段。实态调查围绕着组织理念、组织文化、组织形象及其相关因素展开工作,选择确定调查目标后,采用问卷调查、采访调查、座谈调查等方式,全面了解组织的运行情况,清楚认识组织取得的成绩与不足,找出组织当前的优势与劣势,从而整体把握组织在社会上的形象状况。所以,实态调查是CIS设计的前提和基础。通常,旅游组织可从组织内部和组织外部两个角度展开调查工作。

组织内部调查的内容包括组织理念、经营状况、方针策略、管理水平、技术含量、产品结构、财务运行、人才储备、行为准则、员工素质、信息沟通等方面,组织外部调查的内容包括市场调查、消费者调查、经营者调查、竞争者调查、组织形象调查等方面。旅游组织调查的对象主要是下面几种类型。

1. 决策者

与决策者进行充分沟通是内部调查的重点,目的是了解组织的经营理念、发展设想、组织使命等高层决策者的真实想法,并且引起他们对导入CIS计划的高度重视。保持与决策者的顺畅沟通,可以更好地领会理念识别、行为识别和视觉识别系统的要点,不仅可以把握导入CIS的整体思路和目标方向,而且可以准确预测组织今后发展的趋势。

2. 内部员工

内部员工是组织的主人,绝不能忽视他们在导入CIS中产生的价值。可以围绕组织的凝聚力、民主化进程、员工思想状况、员工积极性、领导魄力等中心内容,从员工的角度了解他们对组织发展的建议和设想,以及他们对导入CIS的关心和认知程度,从而有助于在后续的分析报告中有的放矢,取得CIS最佳成果。组织决策者负责宏观方向定位,站得高,看得远,而员工执行具体细节操作,站得近,看得清,所以在组织内部要充分将两者的意见统一结合,充分贯彻旅游组织的民主集中制度。

3. 市场环境

市场环境是组织进行外部调查的首要因素。组织市场环境调查包括两方面的内容:一是目标市场调查,目标市场是导入CIS重要的作用对象,也是组织经营范围的主体,在调查中要搜集目标市场的发展背景、人员组成、区域范围、产品占有率等相关信息,以便了解组织形象在目标市场的当前定位;二是潜在市场调查,潜在市场是指由于受到多种因素影响的当前未成熟、未开发的市场,潜在市场具有巨大潜能,旅游组织不可小视。

4. 消费者

由于消费者在性别、年龄、知识结构、职业类型、经济收入、消费观念等方面存在着巨大差异,所以消费者在对组织产品的评价及认知程度,对组织品牌的关注度、期望目标、提出的意见和建议等方面也不尽相同,如果能在外部调查过程中充分、准确地了解消费者的相关信息,将为成功导入CIS奠定基础。

5. 社会公众

政府机构、新闻媒体、竞争者、社区统称社会公众,在调查它们的过程中,它们各自有着不同的调查内容。政府机构主要是在法律框架下行使对旅游组织的调控、管理和监督职责,组织应在调查中密切与政府的关系;对新闻媒体的调查旨在了解发布信息的渠道是否畅通,对外宣传是否及时、到位;对竞争者的调查主要是了解竞争者的产品特点、产品质量、产品优势、产品市场占有率以及竞争者的公众形象等;对社区的调查主要集中在它为组织提供的场所、水、电、人员的使用和运转情况。

6. 组织形象

旅游组织的形象也是调查的重要指标之一,它是旅游组织调查社会公众对自身的总体印象和评价的综合。组织形象调查以广告调查、知名度调查和信誉度调查等作为评价标准,反映了旅游组织在社会公众心中的位置。

在旅游组织实态调查工作结束后,调查人员必须把调查资料收集、整理,制成调查报告书,以便决策者将它作为CIS设计和推广的重要依据,对组织形象进行具体、客观的分析。

(三) CIS设计开发阶段

在CIS设计开发阶段,需要以旅游组织内外环境的实态调查结果为基础,深入描绘出组织未来的形象定位,重新建构新的组织发展战略,将CIS战略计划转换成具体的、可操作的解决方案。所以说,CIS的设计开发是旅游组织导入和实施整个CIS计划的重点,主要包括以下四个步骤完成。

1. 构建组织理念

构建组织理念是一个系统工程,主要包括组织目标、组织精神、组织作风、组织宗旨、组织哲学、组织文化等要素,针对不同的要素可以有不同的设计程序和方法,既要求内容的完整性,又要注意形式上的多样性,做到多样统一、不取苟同。同时还要将理念设计进行艺术化的加工,做到传统文化与现代文明、民族化与国际化的有机结合,这样才可以提炼出具有个性的组织理念,这也是实现"差异化"组织形象的关键所在。

应当注意统一价值标准和标语口号在构建组织理念过程中的重要性。标语口号是将组织的经营思想、价值追求、产品内涵、服务特色等通过凝练的语言、高度的概括,有效地描述组织形象和追求的价值标准。

2. 规范组织行为

组织理念确定之后,结合导入CIS设计的总要求,要规范和调整组织行为,以便于CIS的实施和推广。规范组织行为可以有效地宣传经营理念,推广产品形象、员工形象和组织形象,全面展示组织形象识别系统,一方面,作为CIS设计的主要内容,规范组织行为是将组织理念具体化;另一方面,要通过管理培训、宣传教育、奖惩机制、日常礼仪等一系列手段,使组织行为达到规范化、标准化和统一化。规范组织行为可以根据实际情况,采用管理手册、员工手册、岗位手册、营销手册等应用手册的形式。员工手册和岗位手册是组织对内开展各项活动的行为准则,营销手册是组织开展外部营销活动的行为规范,管理手册可以使组织的管理制度更加完善，是导入CIS设计成功与否的重要制约因素。由于旅游组织的情况各有不同，组织可以根据原有的管理制度，制定一系列新的、可操作性强的应用手册，以使CIS的实施取得理想的效果。

3. 设计视觉识别

在CIS的设计开发过程中，设计旅游组织的视觉识别系统是非常重要的环节。一方面，视觉识别系统需要依据组织理念和组织行为进行单独创意和设计，具有较强的独立性和特殊性，另一方面，视觉识别系统利用适当的图形、文字和色彩表现出来，形成旅游组织的视觉形象，很难用文字报告的形式表现和推广，因此它可以自成一体。视觉识别设计的核心任务包括对标志、标准字、标准色的创意，既要准确把握组织的精神理念，又要使公众对旅游组织视觉化的形象符号产生深刻的印象。由于设计视觉识别的重点在于从应用角度考虑各设计要素的组合与开发，所以，应全面、系统地对多套方案进行反复比对、筛选，直至敲定符合旅游组织风貌和代表组织精神的最佳方案，加以精细化作业处理后，才可进行应用设计开发。

4. 登记和注册

旅游组织的标志、文字和造型一旦确定后，要到有关部门进行登记和注册。在我国，商标注册是受到法律保护的前提条件，也是确定商标专用权的法律依据，只有登记和注册后的商标和标志才可以成为组织无形资产的一部分，所以，旅游组织应该树立知识产权意识，学会运用法律手段保护组织形象不受侵犯。

5. 编制CIS手册

由于导入CIS的目标是使旅游组织的视觉设计达到标准化、系统化、序列化的程度，表现出统一的形象，便于使用和查阅，所以编制CIS手册是必不可少的。CIS手册不仅决定了旅游组织对公众的识别形象，也规范了全体员工的行为标准，它是组织势力和CIS设计开发水平的具体表现。CIS手册根据组织经营理念、行为识别和视觉设计因素的多少以及组织自身经营状况的不同而各不相同，比如，美国可口可乐公司的CIS手册共有6册9大系统，包括基本设计系统、饮具系统、广告系统、车辆系统、服装系统、陈列展示系统、包装系统、赠品系统、招牌系统等应用设计，是世界上规模最庞大的CIS手册之一。随着计算机的应用和普及，很多组织在编制CIS手册后，还将其内容制作成应用系统软件，更有利于组织各部门、全体员工执行CIS操作的快速化、高效化和统一化。

（四）组织CIS实施阶段

在CIS计划开发完成之后，旅游组织应该向社会公众发布和展示CIS成果，使组织内部员工和外部公众能够认知和接受组织全新的精神面貌和品牌形象。CIS成果发布分为对内发布和对外发布两个部分。

1. 对内发布

CIS对内发布可以通过组织员工教育和培训，组织可以聘请CIS专家分期分批对员工进行集中和分散培训，培训内容包括组织导入CIS的意义、原因、方向和进展，理念手册、岗位手册、员工手册的讲解和答疑，VI手册的展示和讲解等。还可以举行由组织最高领导或CIS设计专家召开的CIS报告会，以便使全体员工提高对导入CIS的关注度，加深他们的感性认识，达成共识，报告会规模大、震撼力强，具有巨大的引导功效。此外，还可以通过内部媒体传播的形式进行发布,即利用组织内部的广告、专栏、海报、宣传报、服装、标语、CIS 说明书等形式宣传组织理念和组织标志等,以在组织内部形成一种积极向上的 CIS 氛围,潜移默化地影响每一位员工对 CIS 内涵的认同感和荣誉感。

2. 对外发布

旅游组织通过对外发布 CIS 成果,可以有效地感化社会公众,赢得他们的好感,使他们理解、认同、支持组织的 CIS 系统及相关的各项工作,从某种意义来讲,对外发布是组织开展的一项专门的公关活动。旅游组织可以利用广播、电视、报刊、网络等大众传媒或新闻发布会、庆典活动、联谊活动、公益活动等公关专题活动方式,发布 CIS 的日期、内容和意义;导入 CIS 对消费者、对行业发展的意义;宣扬组织新理念识别系统的内涵及达到的效果、组织新名称和新标志的象征意义、组织员工焕然一新的精神风貌等,以达到旅游组织内部统一认识、激发员工热情和主人翁意识、外部和谐发展、提升品牌形象和美誉度的根本目的。

(五) CIS 效果评估阶段

旅游组织在导入 CIS 实施后,必须进行 CIS 效果的评估。通过评估,可以检测导入 CIS 是否达到了组织期望值的最大化,总结经验,发现问题,缩小差距,为塑造旅游组织形象,完成导入 CIS 的最终目标提供有价值的参考依据。所以,CIS 效果评估对旅游组织来讲是一个长期的、不间断的过程,要反复总结、反复循环,为下一阶段的形象塑造工作奠定基础。CIS 评估分为以下三个步骤。

1. 组织内部评估

旅游组织内部评估是 CIS 执行委员会或最高决策层为了检测 CIS 导入效果对部门主管和一般员工进行的测评过程,通常采用问卷调查或专题座谈的方式,围绕理念识别系统、行为识别系统和视觉识别系统三个要素,对整个导入过程进行全面、深入的了解。这些问题集中表现在以下几个方面:

(1) 你是否喜欢新的组织标志?新标志和组织形象是否保持一致?
(2) 新标志是否具有现代感、冲击力和独特的风格?
(3) 导入 CIS 后,员工的精神面貌有改善吗?
(4) 导入 CIS 后,组织的公共关系专题活动是否受到公众的关注?
(5) 你能否将理念识别系统的要素记在心中?
(6) 广告传播是否有效?
(7) 组织名称内涵是否丰富?
(8) 你对新的管理制度是否认同?
(9) 导入 CIS 的新闻发布会是否收到了良好的社会效果?
(10) 当你佩戴着组织的新标志时,你是否有自豪感和成就感?

在问卷中,将以上问题按照是、否、不确定三种评估标准发放、收集并分析相关信息,利用统计方法将事实量化,得出结论。

2. 组织外部评估

外部评估是选择与组织有关、对组织导入 CIS 比较熟悉的人员,对组织形象的视觉印象、设计风格、认知度、美誉度以及对组织的整体看法等内容进行的全面了解和评估。

具体来讲，测评的对象包括消费者、代理商、政府部门、社区公众、新闻媒介、竞争对手、金融机构等，评估的主要方式与内部评估类似，包括民意测验法、座谈法、访问调查法等。在评估过程中，旅游组织可以针对不同对象和不同的项目进行测评，当发现问题未找到对策时，不要盲目乐观，也不能过于悲观，应该对症下药、有的放矢地采取各种可行的方法，掌握第一手资料，科学地对其进行分析和总结。

3. 营销情况评估

导入CIS的实效是通过组织产品的市场占有率、销售额、利润等指标来显示的，所以说，销售情况是评估导入CIS最直接、最有效的途径。通常可以对比组织导入CIS前后几年的营销情况了解导入效果。如果导入CIS以后，组织的市场占有率、销售额和利润较以前明显上升，且广告费上升率较小，则说明CIS导入效果显著；市场占有率、销售额、利润增幅不大，但广告费上升率明显，则说明CIS导入效果不佳。诚然，由于市场经济背景下的旅游组织处在复杂的竞争环境中，组织在一定时期内取得的优良业绩不能完全归功于CIS的导入，要具体情况具体分析，应该根据相关资料制定出详尽的评估报告，提交领导层，为总结成功经验、吸取失败教训提供决策参考。

三、旅游组织导入CIS的注意事项

客观地讲，CIS对于我国旅游业来说还是一种舶来品，可供借鉴的经验相对较少。因此，一些旅游组织在实施CIS战略时，由于缺乏正确的理论指导，常常会出现认识或操作上的误区。归结其原因，特提出以下几点注意事项。

（一）坚持长期性，循序渐进

尽管导入CIS可以有效地塑造组织形象，提高组织的知名度和美誉度，但赢得公众的好感和信赖需要一个过程，这就要求导入CIS应该步步为营、循序渐进，旅游组织应该围绕组织精神、经营理念、市场信息、产品特点等方面的内容，严格按照既定的目标和措施按部就班、一步一个脚印地运作，才能达到预期的目标，切不可操之过急、一蹴而就。此外，旅游组织的CIS运作又是一项长期的、持续的工作，它并非有些人想象中的具有立竿见影的奇效，一次投资、终身受益的可能更是微乎其微。国际知名企业的CIS实施都经历了由低级到高级，由不完善到完善的发展历程，旅游组织应该学习它们成功的经验，注重培育和积累组织的各项发展要素，谋求组织长远的发展。

（二）发挥能动性，全员参与

导入CIS仅仅有组织领导的示范作用是不够的，必须依靠全体员工的智慧和力量，动员全体员工共同参与其中。只有当组织文化、行为规范、视觉识别等要素获得员工认可，并成为自身价值观和行为准则的一部分时，员工才能发挥自己的主观能动性，将积极的工作态度、饱满的工作热情融入到具体的行动当中，更好地为组织工作。把导入CIS的总体计划分配给各个部门，落实到每一个人，可以提高员工的积极性和主动性，增强组织内部的凝聚力。因此，一定要注意激发全体员工的自觉性和主观能动性。

（三）注重整体性，多元整合

CIS是一个集理念识别、行为识别和视觉识别于一身的系统工程，需要有计划、有步骤地进行周密的安排，以发挥其整体性为基础，建立一个完整的识别体系。所以，旅游组织在导入 CIS 的过程中,不仅要在视觉形象上下功夫,追求外表美,更要以组织文化、组织使命和发展战略为核心,完成与外形的有机融合,形成"内在美"和"外在美"的统一,在公众心中树立起内外一致的组织形象。这就要求 CIS 专家在设计开发阶段,将传播学、广告学、公共关系学、美学、社会学、经济学、计算机科学和管理学等多种学科融会贯通,为导入 CIS 提供有力的科学依据。

(四)集约化运作,效益优先

在激烈的市场竞争中,旅游组织导入 CIS 的目的在于规范组织行为、提高员工素质、传播组织信息,谋求组织发展,从而树立组织良好的社会形象,扩大组织品牌形象的知名度和美誉度,赢得公众的信任和支持,总而言之,就是获得最佳的经济效益、社会效益和环境效益。正因为如此,旅游组织在导入 CIS 时,必须以市场为导向,集约化运作,充分考虑到市场状况、组织规模、组织实力、组织销售额、市场占有率、利润率和人员构成等方面的因素,因为组织的规模是 CIS 战略的重要依据之一,导入 CIS 应量力而行,在保证效益的情况下,尽力节约投资,这是旅游组织普遍要考虑的一个现实问题。

(五)克服盲目性,因地制宜

有些旅游组织在策划 CIS 战略的过程中,往往会凭想象设计组织形象,盲目模仿他人的 CIS 成果,甚至照搬照抄其他组织的理念精神、标语或口号以求尽快"脱颖而出"的不良现象,只考虑眼前利益地导入 CIS,或许在某些时期会获得一些短期效应,但缺乏本质内容的创新与变化,终将遭到公众的否认和市场的淘汰。所以,从组织自身实际情况出发,围绕着切实可行的、符合组织发展状况的宏观规划制定自身合理的导入方向,因地制宜地开展 CIS 策划,才可以顺应市场需求,赢得公众赞誉。

知识窗 7-1

旅游组织 VI 设计主要项目细则

一、基础系统

(1) 旅游组织的名称
(2) 旅游组织的品牌标志
(3) 旅游组织的标准字
(4) 旅游组织的标准色
(5) 旅游组织的辅助图形
(6) 旅游组织的 VI 组合系统
(7) 旅游组织的宣传标语、口号

二、应用系统

(1) 旅游组织的办公用品:请柬、邀请函、信封、便笺、笔记本、贺卡、明信片、名片、鼠标垫、票据夹、茶杯、纸杯、杯垫、桌旗、坐席牌、贵宾卡、会员卡、工作证、奖状、入场券、岗位聘用书、通行证、档案袋、介绍信、文件夹、合同书、备忘录、财务单据、意见簿、组织内部期刊、视听材料、VI 手册等。

(2) 旅游组织交通运输工具:大小型货车、大巴、中巴、轿车、移动宣传车、电瓶车、观光车、平板车、脚踏车、手推车、游艇、飞机等。

（3）旅游组织外部建筑：建筑外观、建筑群落、庭院环境、大门外观、旗帜、招牌、平面示意图、绿化设置、立式灯箱、墙面式灯箱等。

（4）旅游组织内部建筑：欢迎标语牌、大厅风格、接待台及背景板、各部门标志牌、方向指示标志、楼层标志牌、色彩立体识别、组织形象牌、镜子、公告栏、资料架、垃圾箱、踏垫、橱窗展示、展览展示、陈列物品展示、玻璃隔断风格、常用标志牌等。

（5）旅游组织服装服饰：经理制服、主管人员制服、公关人员制服、职员制服、保安员制服、保洁员制服、礼仪制服、文化衫、帽、鞋、袜、手套、领带、领带夹、纽扣、皮带、肩章、胸卡、徽章、领巾、毛巾、雨具等。

（6）广告媒介：电视广告、报纸广告、杂志广告、网络广告、POP 广告、路牌广告、海报、传单、组织介绍、线路产品简介、营业用卡等。

（7）旅游品及包装：手提袋、包装贴纸、包装封笺、密封胶带、包装绳、产品标牌、瓶、罐、玻璃容器、塑料包装、树脂包装、纸袋包装、纸盒包装、木箱包装、金属包装。

（8）公关礼品：广告衫、宣传手册、台历、挂历、纪念笔、钥匙链、钥匙牌、手机链、U 盘、玩具、表、包、杯子、打火机、纪念章、礼品袋、餐具、礼品盒、绣品、字画等。

（9）识别标志：名称标志牌、入口指示牌、停车场指示牌、方向指引标志、路牌、路线标志、警告标志、禁止标志等。

知识窗 7-2

CIS 设计流程

一、CIS 计划的开始

（1）导入 CIS 的计划被批准后，CIS 计划正式得到组织高层认可；
（2）组织高层与 CIS 专家及相关人士确定执行；
（3）确定 CIS 概念、规划目的、规划效益、导入重点、导入时机。

二、CIS 委员会设置

（1）成立 CIS 委员会和执行委员会；
（2）选举委员会负责人。

三、现状摸底

（1）征集部门负责人和员工对 CIS 的现状认识、提案；
（2）回收、整理、分析、加工。

四、确认导入 CIS 方针

（1）CIS 执行委员会介入；
（2）以现有体制和收集材料作为依据，使 CIS 方针日趋明朗。

五、启动组织内部 CIS 信息传递

（1）进行内部启蒙培训，唤起员工的 CIS 意识；
（2）发放相关 CIS 学习材料，举行说明会。

六、调查规划
(1) 设计调查方法、调查对象、调查设计;
(2) 选定调查对象和方法,设计有关调查细则和问卷;
(3) 确定调查顺序,制定明细计划表。

七、调查准备
(1) 取样、印制问卷,分配调查工作;
(2) 预约访问对象。

八、实际调查
(1) 实施对组织内、外环境的调查工作;
(2) 回收整理调查问卷。
(3) 完成从定量到定性的分析、整理。

九、沟通访谈
(1) 了解访问负责人所持意向,探讨有关视觉识别问题;
(2) 与中层管理者和员工座谈,了解他们对导入 CIS 的看法。
(3) 与此同时,完成对消费者、经营者、媒体和竞争者的调查工作。

十、分析调查结果
(1) 以结果为依据,分析所表现出来的问题所在;
(2) 找出组织目前形象塑造方面的长处与不足,以此作为以后发展的依据。

十一、制定总概念报告书
(1) 对于组织理念、组织行为和识别等问题,做充分检查并得出结论;
(2) 综合整理调查结果,确定 CIS 立案。

十二、发布总概念
(1) 通过 CIS 委员会向组织董事会说明总概念;
(2) 审议通过后,决定执行。

十三、组织理念体系的建构与再建构
(1) 根据总概念,检查组织新的理念体系存在有何问题;
(2) 修正后,由董事会正式通过;
(3) 根据总概念和组织新的理念体系决定组织名称、标志、字体和色彩等问题;
(4) 必要情况下,办理必要手续后,可在几个备选方案中,调整组织新名称。

十四、制定 CIS 设计开发计划书
(1) 提前制作"开发要领"和"开发指引书";
(2) 根据总概念,梳理设计概念,制订开发计划。

十五、初定设计基本形态
(1) 设计方完成设计基本形态后,上报董事会和 CIS 委员会,并审议;
(2) 在受众中进行新设计方案的测试,查看效果。

十六、确定设计基本形态及再细化
(1) 从若干备选方案中,经讨论挑选出设计基本形态;
(2) 再讨论、再修改,反复进行。

十七、应用系统设计开发

（1）将识别系统运用于实体上；

（2）检验效果如何。

十八、编制 CIS 手册

（1）编制、印刷 CIS 手册，并广泛发送。

十九、对内、外发布

（1）对内发布 CIS 成果，实行执行者和员工教育，并统一对外口径；

（2）确定时间、发布形式、公众对象以及媒体广告，对外发布 CIS 成果，进行全方位沟通，迅速建立组织文化的外部认知。

二十、实施监督、评估和反馈工作

（1）设定评估尺度、收集和分析相关信息、制作出翔实的分析报告，以便查找问题，分析原因。

【小结】

旅游公共关系的功能是指公共关系对旅游业及其各组织所发挥的积极、有利的作用和效能。主要包括信息搜集、参与监测、咨询建议、决策辅助、服务沟通、优化环境、宣传交流、策划促销和教育引导、全员公关。

塑造组织形象是旅游组织公共关系功能的目标任务，CIS 和公共关系有着密切的联系。CIS 由 MI、BI、VI 构成，分别代表组织理念识别、行为识别、视觉识别三个系统，具有系统性、差异性、战略性、动态性、文化性等特点，还具有整合功能、凝聚功能、增值功能、识别功能、传播功能和保护功能。旅游组织的 CIS 战略就是以经营理念为核心，通过一致的视觉设计和行为表现将组织整体形象传递出去，借助传播手段与社会公众的信息进行双向交流关系，从而塑造良好的组织形象，赢得公众的支持和信任。

旅游组织理念识别是指个性化的旅游组织经营活动在思想和观念方面的具体体现，是组织文化在意识形态领域中的再现，主要内容包括组织精神、组织使命、组织目标、组织宗旨、组织行为准则等。旅游组织行为识别是在理念识别系统的支配和指导下，对组织行为、员工行为实行标准化、规范化的统一设计和管理，可以分为对内识别和对外识别两个方面。旅游组织视觉识别系统是借助文字、形态、色彩来反映组织经营方针、策略、理念和精神等主题内容的一种可视符号，可以分为要素系统和应用系统两部分。

导入 CIS 要选择适当的时机，基本程序依次为设置组织结构、组织实态调查、CIS 设计开发、组织 CIS 实施和 CIS 效果评估五个阶段。

【关键术语】

CIS、旅游组织理念识别、旅游组织行为识别、旅游组织视觉识别、标志、标准字、标准色、品牌角色、组织精神、组织使命、组织目标。

【习题】

一、名词解释
CIS、旅游组织理念识别、标准色、标志、旅游组织行为识别。

二、简述题
1. 旅游公共关系的主要功能有哪些？
2. CIS 产生和发展的过程是什么？
3. CIS 的特点和功能是什么？
4. CIS 要素在旅游组织形象中的构成情况是什么，它们的相互关系如何？
5. 旅游组织应如何选择导入 CIS 的时机？
6. 组织实态调查的内容是什么？

三、思考题
1. 为什么说塑造形象是旅游公共关系的主要目标任务？可以从哪些方面塑造组织形象？
2. 旅游组织导入 CIS 需要经过哪些阶段？
3. CIS 在我国的发展现状如何？
4. 任意选择一家旅游组织，针对其综合情况，制作一份理想的 CIS 设计开发计划书。

第八章　旅游公共关系专题活动

【教学要点】

知识要点	掌握程度	相关知识
旅游公共关系专题活动	了解	旅游公共关系专题活动的意义、原则
新闻发布会	熟悉	新闻发布会的特点及实施过程
展览会	熟悉	展览会的作用、类型及准备工作
庆典活动	重点掌握	庆典活动的特点、类型、活动程序
赞助	熟悉	赞助的作用、类型、工作步骤及注意事项

【导入案例】

实力公关——上海申办 2010 年世界博览会

世界博览会被誉为是当今国际经济和科学技术界的奥林匹克盛会,它是能够全方位展示举办国综合实力的大型国际活动。成功举办世博会,可以给举办国和举办城市带来巨大的经济效益、社会效益和环境效益,因此,世博会一直是世界各国争相举办的热点活动。上海申办世博会的公关工作可谓精彩纷呈、独具特色,成为值得大家品位的经典公关案例。让我们共同回忆一下上海世博会的申办历程。

一、步步为营,环环相扣

1999 年 12 月 8 日,中国代表团在国际展览局第 126 次成员代表大会上宣布中国上海申办 2010 年世博会主办权以后,中国政府和上海市政府围绕着"充分显示上海这一世界级城市的形象,赢得各国的赞誉,并打动评委来投上海一票,吸引参展国来上海建馆、设展"的公关目标,开始了紧锣密鼓的申博公关策划。

2000 年 3 月 17 日,中国政府成立了 2010 年上海世博会申办委员会,随后成立了上海世博会申办工作领导小组。

2001 年 1 月 16 日,确定了世博会的徽标。9 月 7 日,确定了申办口号和海报。

2001 年 6 月 6 日,上海市主要领导在国际展览局第 129 次成员国代表大会上进行了申博首次陈述,确定了申博主题以及选址方案。

2001年7月,上海确定了世博会主题——"城市,让生活更美好"。

2001年9月前后,举办了世博会知识网络竞赛、"万人支持申博网上签名"、"上海市民骑车申博万里行"、"长江三角洲申博之旅"、上海2010名市民代表宣誓、世博会知识巡回展等众多大型群体性活动,奠定了巨大的群众基础。

2001年11月30日,上海市主要领导在国际展览局第130次成员国代表大会上进行第二次陈述。

2002年7月2日,在国际展览局第131次成员国代表大会上,中国代表团作了长达半个小时的第三次陈述,外交部长承诺我国将投入1亿美元支持发展中国家和地区前来参展。

2002年12月3日,在国际展览局第132次成员国代表大会上,中国代表团作了最后一次陈述,再次肯定了中国政府对于承办2010年世博会的信心和态度。当日,国际展览局成员国对2010年世博会主办国进行投票表决,中国获得2010年世博会的主办权。

二、独具特色,六大实力

(1)"城市,让生活更美好"的主题引起各国广泛关注。

(2)选址符合世博会的宗旨,做好了合理的选址场馆规划。被选中的滨水区今后将成为经济、科技和文化的交流中心。

(3)上海社会稳定,秩序良好,交通顺畅,经济发达,完全有条件举办世博会。

(4)政府全力支持,体现承办决心。中国政府承诺将投入1亿美元的援助基金和25%的建馆资金补贴,并为参展国建立永久性展馆,设立奖励基金。

(5)民众热情参与,上海申办世博会,民众的支持率在90%以上。预计如果2010年世博会在上海举行,将有破纪录的7000万人次的参观者。

(6)来自第三方的声音,在沪外商表示:"选择上海就是选择最佳。"

三、精心策划,三个切入点

(1)上海申博决赛片。通过张艺谋导演的精品申博影片,在20分钟内将现代化上海所独具的精、气、神和品格魅力呈现在公众面前。

(2)四次关键性的陈述。次次有新意,次次有诚意。

(3)国际展览局代表团的实地考察。抓住这一机会向考察团充分展示上海承办2010年世博会的能力,及时互通信息,将各项准备工作做得更好。

四、面向国际,多方传播

(1)通过征集申办徽标、口号、招贴画等活动,提高市民的参与热情。

(2)举办世博会的知识网络电视竞赛,普及世博知识。

(3)组织万人网上签名、长江三角洲申博之旅、市民代表宣誓等一系列的大型群体活动,形成全民参与气氛。

(4)成立中国申博"企业后援团"。

(5)组织外交部牵头,调动海外媒体的积极性,赢得国际舆论的支持。

资料来源:《大型活动公关》,陈一收

【思考】上海是如何征服国际展览局,取得2010世博会承办权的?成功的关键是什么?

回顾上海整个申办世博会的公关过程,我们可以发现,上海申博的公关活动抓住上海自身的优势,扬长避短,策划了多项公共关系专题活动,发动民众参与,并且通过国内外媒体的宣传,充分展示了中国政府、中国人民和上海市政府、上海市人民对世博会的支持和热情,塑造了上海国际化大都市的形象。由此可知,旅游公共关系专题活动的开展是旅游组织在激烈的竞争中取胜的有效手段,也是旅游组织塑造形象的重要途径。

第一节 旅游公共关系专题活动概述

旅游公共关系专题活动是一项具有很强的技术性和操作性的工作,是组织为了实现公共关系目标而开展的各种专项主题活动。常见的公共关系专题活动有新闻发布会、庆典活动、展览活动、赞助活动和联谊活动等。组织以大众新闻媒体为传播手段,通过策划各式各样主题鲜明的公关活动,有目的地影响公众的心理和行为,增加公众对组织的好感,达到活动的预期目的,形成有利的内外环境,从而提高组织的知名度和美誉度,为旅游组织树立良好的形象。旅游公共关系专题活动的成败,需要公关人员对活动规律的把握,以及自身的开拓和创新。

一、旅游公共关系专题活动的意义

(一)推广优势内涵,促进组织发展

组织举行公共关系专题活动,可以借助时尚和设计和富有人性化、个性化的操作平台,通过场景设置和环境营造,让公众亲自接触到组织最新推出的优势产品、服务和信息,使公众在身临其境的体验中,逐步认识、认可组织的品牌,提高组织的知名度,扩大社会影响力。同时,组织也可以了解市场,掌握公众需求,展示组织的综合实力和社会责任感。公关部门通过主动开展各项工作,将组织各方面的优势展现在公众面前,使组织与公众之间的关系更加融洽和谐,以求得公众的信任、理解和支持。

(二)整合媒体资源,提升品牌形象

电视、广播、报纸、杂志和互联网等传播方式有各自不同的特点,在传播的范围和实效性方面也不尽相同,这就造成了不同地区、不同时间的媒体资源的相对不均衡性。所以,对于旅游组织来讲,应该通过公关部门策划推出公共关系专题活动,通过明确的目标、鲜明的主题、合适的场所和时间以及公关人员细致、周密的工作,同时辅助以横幅、标语、宣传材料、剪贴画等宣传手段,形成立体的信息传播局面,协调新闻媒体进行多视角、深层次、全方位的报道,整合各种媒体资源优势,强化宣传效果,使旅游组织和公众形成的双向传播交流,从而树立组织品牌形象,完成组织形象的塑造和提升。

(三)健全协调机制,营造和谐环境

在旅游公共关系专题活动中,一方面,公关部门利用人力、物力和财力等各方面的资源,在传播沟通的基础上,对公关策略进行部署,对公关计划进行安排,对公关人员进行组织,在实施的过程中,严格把握每一个细节,保证公关工作的顺利连接,做到科学策划、周密安排、齐心协力、组织到位。另一方面,组织开展全员公关策略,运用公关方法做好了解、联络、协调等工作,与公众建立长期的、良好的关系,赢得公众的信任与支持,提高社会的美誉度,营造社会环境的和谐发展。

二、旅游公共关系主题活动的原则

（一）可行性原则

可行性原则是确定是否举行公关活动的必要条件,在公关活动开始前,必须组织专家和相关责任人对它的必要性进行讨论和论证。通常可围绕以下几个方面进行,如组织的经济实力、组织所处的发展阶段、时间是否紧迫、组织是否有重大举措、是否处于信息发布的最佳时机等。所以,只有确认公共关系专题活动的必要性和可能性,才可以决定举行公共关系专题活动。否则会既浪费人力、财力,又影响组织的形象。

（二）合作性原则

合作性原则是公共关系专题活动的组织策划要注重内部关系、外部关系、横向关系和纵向关系之间的协调,保持一种良好的合作意愿,使其朝着有利于组织自身发展的方向,通过有效的配合达到活动的目的。组织内部各部门之间需要合作,员工之间需要合作,同时,组织和社区、政府、媒体、公众之间也需要合作,所以,合作存在于多个领域和环节,各个部门、各项工作之间需要合作,人与人之间的交流过程更需要合作。总之,旅游组织公关人员在举行专题活动的过程中,要灵活运用公关知识和原理,加强彼此之间的合作精神,以求团结合作和共同发展。

（三）统筹性原则

开展旅游公共关系专题活动,会涉及方方面面的内容,各项环节之间相互连接,相互联系,彼此交叉,必须统筹安排,科学管理,多管齐下,同时进行。以公关人员为例,既要和相关部门和领导、专家参与专题活动的决策、制定活动策略,又要通知邀请参加活动的嘉宾、媒体记者和部分公众,同时还要落实活动的各项准备工作,如发言稿、宣传材料和人员培训,甚至要亲临活动现场,搞好接待服务,做好专题活动后续的评估工作等,可谓千头万绪、纷繁复杂。所以必须分清主次、合理安排、统筹兼顾地开展各项工作,才能保证专题活动的成功举行。

（四）有效性原则

组织作为公共关系专题活动的主体,目的就是通过举行活动沟通协调公众、扩大社会影响、塑造自身形象。因此,开展专题活动时,公关部门应考虑如何才能更加有效地吸引或激发公众的注意力和参与兴趣,使专题活动成为开展旅游公关工作的有效的渠道,这对专题活动的成功与否尤为重要。为了能够争取公众积极地参与其中,组织应该借助各方面的力量,协调各方面的关系,尤其是借助新闻媒体的传播力量,扩大自身影响,达到活动策划的目的,收到最佳的效果。

三、旅游公共关系专题活动的要素分析

（一）目标

制定准确的目标是成功举行专题活动的先决条件。一般来讲，公共关系专题活动的目标应与其公关总目标一致，增强公众的信任度，提高组织的知名度和美誉度，塑造良好的组织形象。具体包括建立与新闻媒体的密切关系，引起公众的广泛关注；发扬主人翁意识，提高公关人员的业务素质和水平；坚持传播的真实性，维护公众利益；积极参加公益活动，向公众展示勇于承担社会责任感的形象；果断处理，解决公关危机等。

（二）主题

主题是旅游公共关系专题活动的核心，也是吸引公众关注的亮点。所以，确定一个积极的、健康的、富有时代意义的主题对于公关部门乃至旅游组织都是至关重要的。旅游公共关系专题活动主题的选择，往往需要组织围绕社会环境、公众需求和创新点三个方面的因素进行，使主题既能突出旅游的时代气息，符合组织公关目标，又可以契合公众心理，引起参观者心灵上的共鸣，取得经济效益的同时，更要注重社会效益。主题活动的大忌，就是喧宾夺主、偏离主题，公关部门应该尤其注意这一点。

（三）筹备

旅游公共关系专题活动涉及的环节多，邀请的部门多，参加的人员多，所以需要进行细致的筹备工作以保障活动有序地展开。主要包括由公关部门编制活动的策划方案，根据活动主题设计宣传标语和口号；通知参加活动的部门和人员，落实好接待工作；确定举行活动的地点和时间，准备活动所需要的背景资料和宣传材料；培训工作人员，增强他们的实际操作能力；安排场地的设置，布置相关设施和器材；设置专门机构，进行有关费用的预算等。

（四）传播

加强与社会公众的沟通与联系，促进彼此之间的交流，是公共关系专题活动的一个重要环节。旅游组织在开展公关活动时充分发挥传播的作用，及时通过各种传播媒介，将有关信息准确、有效地传播出去，可以争取公众给予专题活动更多的关注。所以，传播是专题活动和公众之间的桥梁和纽带。为了扩大专题活动的影响范围和力度，组织公关部门应力邀重要媒体记者参加报道，同时，还应邀请一些社会名流、专家学者和热心公众的参与。此外，组织也可以利用杂志、报纸、宣传手册和产品说明等向公众及时发布有关活动的信息，使公众充分了解专题活动的内容。

（五）人员

一方面，公共关系专题活动的主持人应该具有较强的组织能力、控制能力和心理素质，他们既要充分熟悉旅游产品和组织的整体情况，使专题活动可以按策划方案进行，又要维持活动现场的秩序，调动活动现场的气氛，提高专题活动的感染力。如遇到意外情况，应保持镇定的状态。另一方面，作为公共关系专题活动的主力军，公关人员的素质和能力直接关系着公共关系专题活动的成败，关系着组织良好形象的塑造，应该经过一系列科学、系统的培训和教育加强思想觉悟、职业道德和专业技能方面的学习。此外，主持人和公关人员的服饰设计要统一、得当，应与专题活动的主题相协调。

（六）时间

俗话说："做事不如造势，造势不如借势，借势不如借时"，由此可见，选择一个最佳的时间举行专题活动，是成功的先决条件之一。如果主题活动过早进行，赶不上最佳时机，会白白浪费时间；如果举行的晚了，就会时过境迁，错失良机。所以，组织应根据自身的实际情况，全面考虑社会环境、公众意愿等相互作用的综合结果来决定开始的时间，要不失时机，因时制宜，争取最佳效果。组织应紧跟重要节日、旅游热点动向和社会突发事件等线索开展公共关系专题活动。

（七）地点

中小型的专题活动可以在旅游组织所在地区举行，大型的专题活动可以在省会城市或首都举行，这样可以获得更大范围的影响。公关部门可根据自身的实力和活动的目标来选择开展的地区，通常，公共关系专题活动一般在大型会议中心、酒店、广场、公用开阔地、体育馆和旅游景区等场所开展。公关部门可在以上备选方案中选择那些环境优雅、交通便利、设备完善和价位适中的场所举行公共关系专题活动。

（八）经费

公共关系关系专题活动涉及的环节众多，每个环节都要有充足的经费作为前提。而且，根据专题活动的规模和档次的不同，预算经费也可能会有较大的差别，因此，公关部门科学有效地管理经费显得十分必要。要想把钱花在刀刃上，就必须提前做好经费预算工作，并在活动期间严格执行，开源节流，量力而行，避免浪费，以保障组织取得可观的经济收益。公共关系专题活动的费用主要有人工费、租金、广告费、接待费和其他费用等。

（九）接待

高质量、高标准的接待工作是公共关系专题活动顺利进行的有力保障。对政府领导、知名人士、媒体记者和社区代表等重要公众，应由旅游组织的负责人或公关经理专程出面接待。在活动结束后，应对他们的出席表示谢意，希望下次可以继续合作。尤其对于新闻记者，应由专人接待、陪同，配合他们进行现场采访，并主动向他们提供一些有利于宣传报道的材料和信息，为他们的工作提供力所能及的方便。总之，为了在公众中树立起组织的良好声誉，公关人员应对所有参加活动的来宾提供热情、周到、及时的服务。

（十）评估

评估工作是公共关系专题活动不可缺少的重要环节，有效地做好评估工作是对整个专题活动的总结和提高。专题活动结束后，公关部门可以通过报刊、电视、广播、网络或回访公众等渠道对主题活动的总体效果进行分析、对比，如策划方案是否合理、主题是否明确、经费预算是否严格执行、传播是否达到了预期效果等，并将形成的评估报告交送组织领导，最后将评估报告存档，作为参考依据，为今后的专题活动服务。

第二节　新闻发布会

新闻发布会又称记者招待会，是旅游组织邀请记者参加，通过发布信息和现场问答的形式,借助媒体传播的力量协调组织经营管理的一种公共关系专题活动。新闻发布会是组织与公众沟通的有效方式,也是搞好媒体关系的重要手段,它可以引导媒体舆论,提升旅游组织形象。

一、新闻发布会的特点

新闻发布会是宣传旅游组织公关工作的重要手段之一,具有以下特点。

(一)沟通及时

新闻发布会都是公开举行的,并有业内人士和多家媒体参与,借助电视、广播、报纸、杂志和网络等大众传播手段,为广大公众服务。会议上除了发言人发布相关信息外,记者还可以就当前旅游市场瞩目的热点和焦点问题进行当场提问和现场交流,通过答记者问的形式,旅游组织不仅可以向外界传播组织观念和最新信息,无形中也增强了旅游组织与新闻媒体之间的沟通,这是其他传媒方式无法比拟的。

(二)策划周密

组织新闻发布会是一个相当繁琐的过程,需要方方面面的策划和配合。首先,要考虑到发布会的主题、流程、规模等活动概况。其次,要指定时间进度表,明确会议召开的时间、会议资料要在哪天完成、会场布置要在哪天结束等。最后,最重要的是会议日程安排,如通知媒体、邀请记者、选择发言人和主持人、何时结束会议、会后安排哪些工作等。此外,还要注意一些包括迎宾签到、座次安排、车辆接送和回答技巧等在内的细节问题,可谓内容繁多,事无巨细。组织新闻发布会要考虑到各种各样可能出现的情况,马虎不得。

(三)一致高效

与公关活动中的其他活动相比,新闻发布会的成本和规格较高,社会影响力大。发布会上的现场布置、装饰设计、环境气氛以及发言人的言行举止等方面,都要力求风格一致,这样可以提高旅游组织的可信度和美誉度,树立良好的品牌形象。会后,公众可以通过新闻媒体记者的报道,方便、及时地在第一时间掌握组织发布的旅游信息。可以说,新闻发布会是一种高效、迅速、灵活、深受公众欢迎的旅游公关活动。

二、前期准备工作

新闻发布会需要大量人员的参与,而且正规、隆重、规格较高,因此,旅游公关部门必须精心策划、统筹安排。新闻发布会的组织和策划工作主要包括:前期准备工作、会议现场调控工作和会议后续工作三个环节。

(一)选择时机

旅游组织举行新闻发布会有其紧迫性,所以要选择最佳时机。新闻发布会时机的选择主要是在不影响旅游组织公关活动实施的情况下,根据社会信息相互作用的结果来决定的。遇到社会重大新闻事件发生时,如北京奥运会开幕、上海世博会开幕等,发布会的新闻价值就会变小;而遇到旅游淡季的时候,发布会的新闻价值会相对变大。所以,必须抓住公众对旅游组织关注的最佳时机趁热打铁,扩大信息的能量。对于旅游组织来讲,通常新线路的开通,新项目的开发,组织对社会所做的重大益事,组织重要的庆典日和纪念日等,都可以举行新闻发布会。在日期的选择上,发布会应和发生的事件在时间上贴近,还要避开节假日和重大的社会活动。总之,只有选择恰当的时机,才能保证新闻发布会取得好的效果。

(二)安排地点

新闻发布会在何处举行,要根据发布信息的内容和影响而定。如果是一般情况,可在旅游组织的会议室、接待室举行,或租用宾馆、酒店,或赴外地举行,如果希望在全国造成影响,则可以在直辖市或首都举行。同时,应根据发布会的内容和规模选择不同风格、经济实用的酒店,现场布置要营造出与旅游组织相匹配、让记者感到舒适的环境。此外,交通是否便利,周边环境能否确保不受干扰等细节问题都应该在安排选择地点时考虑到位。

(三)选定发言人和主持人

新闻发布会是发言人的舞台,不仅考察发言人对旅游产品和项目的熟悉程度,更考验发言人的知识、思维、语言表达和心理素质,所以,新闻发言人是一个富有挑战性的角色。发言人一般由旅游组织的高层领导担任,他们对本组织的整体情况了如指掌,发言更具权威性。

主持人要善于打破冷场,引导记者踊跃提问,控制好发言时间,不可让提问偏离主题;要维持会场秩序,安排会议议程按时进行,不要拖拉。要懂得尊重记者的提问、发言,不能以任何方式打断记者提问和阻止记者发言。主持人一般由公关部门的负责人担任。

发言人和主持人要注意仪表仪容,要精神饱满,注意礼貌,全方位增强发布会的影响力,树立良好的组织形象。

(四)确定主题

策划新闻发布会的关键在于确定一个好主题。公关部门应根据旅游市场的实际需要,结合游客在一段时期对旅游事件关注的焦点,来确定新闻发布会的主题及内容。一般应选择当前旅游市场的热点方向作为线索,在语言文字上加以修饰,形成一个鲜明、简洁、富有号召力的主题。而且,一个发布会要突出一个中心,不宜太分散,不能在一个发布会上同时发布几方面互不相关的信息,这样容易分散新闻媒体的注意力,达不到预期的效果。而且,发布会组织者要做到口径统一,尤其是几个人共同回答问题的大型新闻发布会,更应做到口径一致。否则,主题不突出,口径不统一,意见有出入,极易引起记者的反感,也容易导致报道出现偏差。总之,确定主题是新闻发布会的核心内容,公关部门要注意主题的重要性。

(五)邀请记者

邀请记者的范围要广,各类新闻机构都要考虑周全。不仅要有报社记者,还应有电视台、电台、网站记者;不仅要有文字记者,还要有图片记者和音像记者;不仅要有当地记者,也要有全国记者甚至国外记者。对待记者要做到一视同仁,不能厚此薄彼。对于旅游组织的新闻发布会,公关部门在邀请旅游、交通和服务方面的记者外,也应邀请一些财经和文化专题方面的记者,这与旅游业的综合特点密不可分。要特别注意,在邀请与会记者时,应力邀一些旅游专栏方面的著名记者参加。

(六)准备材料

围绕旅游主题,新闻发布会在一般情况下需要准备的材料包括两方面:一是组织会议的公关部门和发言人应该掌握的基本材料,由新闻背景资料和发言稿组成;二是为与会记者准备的材料,即新闻通稿。注重旅游产品和项目推介的发布会,背景资料应包括:旅游产品和项目涉及的新闻点、特点、优势、推介目的、旅游环境、地理位置、交通状况等。发言稿要结合发布会的主题,做到要素完备、重点突出、简明扼要、内容翔实,一篇好的发言稿往往可以收到较好的发布效果。新闻通稿事先应经过部门审核,在发布会召开前发放到记者手中,以便让记者了解发布会的主题和具体问题。此外,还要准备一些图片、实物和模型,以增强发布会的感染力。

(七) 费用预算

新闻发布会的费用支出多而细,大到餐饮酒水,小到一份请柬,都要体现在预算中。另外,发布会的规格不同,开销也有所不同,公关部门要根据旅游组织的实际情况,量力而行,避免造成浪费。新闻发布会的预算项目主要包括:①会场布置的费用,②资料制作的费用,③嘉宾住宿和交通的费用,④租用会场和各种设备的费用,⑤摄影、摄像的费用,⑥茶点和就餐的费用,⑦送请柬和稿件的邮资费用,⑧礼品费用,⑨其他费用等。

(八) 模拟演练

不打无准备之仗,旅游组织召开新闻发布会前应进行模拟演练,以做到有备无患。在发布会举行的前一天,公关人员可以设想记者可能提出的各种问题,组织一到两次模拟演练。如果次数过多,反而容易使现场人员工作状态松懈,不利于第二天的发挥。模拟演练对发言人很有必要,因为发言人是整个发布会的中心人物,他们的角色非常重要。组织有针对性的现场模拟演练,有利于发言人熟悉会场环境,找到自身的欠缺,应对自如地回答提问。

(九) 其他工作

1. 通知方式

邀请工作应该提前一个星期开始,为了让被邀请的记者有充足的时间赴会,至少要提前3~4天通知对方。请柬送得过早,对方容易忘记,送得过晚,对方来不及安排日程。也可以通过电话询问的方式,了解请柬是否如期送达,对方是否与会等。如果可以派专人送达请柬,效果最为理想。

2. 会场布置

旅游组织召开的新闻发布会要根据行业特点布置会场,要在发布会的标题中充分体现出主旨内容,如:"某某旅行社红色旅游新线路发布会"。结合推出的旅游品牌特色,会场布置要体现出大方、庄重的格调。准备好与会记者的胸章、名牌,这样可以增加与会者的荣誉感。桌子上的名牌主次排列分明,避免造成混乱和不愉快。主流媒体的嘉宾要安排在突出的位置上以便扩大影响力。此外,会场布置还包括音像设备调试。

3. 安排车辆

如果旅游组织在异地举行重要的、大型的新闻发布会,参加者人数较多,且地位身份较高,安排车辆十分必要。通常由当地的代理公司考虑安排车辆的数量和线路,所以,旅游公关部门应该提前将与会人员数量、所需车辆标准、抵达时间等信息告知对方。

三、会议现场调控工作

(一) 迎宾、签到

在会场的入口或大厅设立签到处,请参加发布会的人员在签到簿上留下姓名、单位、职务和联系方式等信息,并领走胸章。作为让与会记者感知旅游组织总体形象的第一个场景,礼仪人员的个人气质、文化素质、热情程度在此时尤其重要,他们应该注意自身的语言、声音、仪表、姿态是否礼貌得体,还需要统一穿着与旅游产品格调一致的服装,并佩戴工作身份牌。

(二) 发送资料

在来宾签到后,工作人员可将准备好的资料袋有礼貌地发至来宾手中。

新闻发布会的程序是:来宾就座,待会场秩序稳定后,主持人宣布会议开始,首先逐一介绍发言人及出席会议的其他相关人员和新闻单位,然后由发言人宣读发言稿并详细介绍发布的旅游产品和项目的情况,最后是记者提问环节,发言人逐一解答问题。发布新闻和解答提问的时间比例一般为3:1。新闻发布会的时间一般在1小时左右,最长不超过2小时。

(三) 其他活动

公关部门可根据具体情况,在新闻发布会结束后准备现场互动环节,但时间不可过长。利用这个时机让记者采访、摄像、合影,增加彼此之间的感情,加强记者对会议主题的感性认识。这种活动一要安排周到,二要注意不能勉强。还可举办小型的餐会和酒会,以便记者可以对重要人物进行专访,增进交流的效果。

四、会议后续工作

(一) 收拾整理会场

记者和媒体退场后,相关人员要打扫会场卫生,收拾现场的设施、设备、会务用品及会议材料,以便会场环境恢复如初。

(二) 收集总结材料

将新闻发布会的记录材料和来宾建议做一个系统整理,组织全体人员对会议前期的准备工作、会中的进展情况等环节做一番总结和反思,及时查漏补缺,并将总结材料归档,以备今后使用。

(三) 分析对比报道

将发布会的全过程制作成资料集,包括来宾姓名、工作单位、联系方式、发布会的留言献策和总结报告等,以便宣传报道之用。并将新闻单位的记者在电视、广播、报纸、杂志和网络等媒体上发布的报道进行分析对比,明确各类记者的态度和倾向,评估宣传效果,作为今后召开新闻发布会邀请记者的范围依据。

(四) 及时纠正偏差

在了解和追踪记者在媒体上发布的新闻之后,对于如实报道了组织旅游信息的记者和新闻媒体,应通过电话或书信表示感谢。如果发现失实报道,应立即采取措施,向媒体提出实事求是的更正要求。若报道是真实的,但是对旅游组织不利,应该立即通过媒体,向公众表示歉意和虚心接受批评的诚意,这对于树立旅游组织形象至关重要。

（五）经常联络媒体

除了及时总结发布会的经验教训以外,旅游公关部门平时还应注意与记者和新闻媒体经常联络沟通,保持一种良好的关系状态,为今后召开新闻发布会做积极的准备。

五、新闻发布会的注意事项

1. 提前做好举行新闻发布会的可行性分析,在确认召开的必要性和可能性后,才可决定策划,避免造成人力、物力和财力的浪费,破坏组织形象。

2. 新闻发言人着装的基本要求是,整洁得体,庄重大方,要遵守 TPO 原则,T(time)、P(Place) 和 O(Occasion),分别代表时间、地点和场合,即因时制宜、因地制宜、因会制宜。

3. 发言稿要求运用大量短语,少用书面语,善于运用语气词和动词,符合新闻发布会发言稿口语化的特征。

4. 发言人应针对话题和时机,适当运用幽默的语言,缓解紧张的会议气氛,以便增强组织的亲和力和吸引力,扩大影响力。

5. 事先准备好回答问题的方式和技巧,即什么该说,什么不该说,什么应该详细说,什么应该简单说,发言人应做到心中有数。

6. 新闻发布会不能危害国家政治、经济的安全,不能泄露有关商业机密。

7. 掌握媒体和记者的立场,正视旅游危机事件。

案例 8－1

青岛啤酒百年庆典暨第 13 届青岛国际啤酒节新闻发布会方案

为向来青岛的中外记者和社会各界进一步宣传推介青岛啤酒百年庆典暨第 13 届青岛国际啤酒节的盛况,经市委、市政府批准,定于 2003 年 8 月 14 日 15:00～17:00 在青岛国际新闻中心三楼新闻发布厅,举行青岛啤酒百年庆典暨第 13 届青岛国际啤酒节新闻发布会。为做好此次发布会的准备工作,特制定以下工作方案。

一、时间、地点、出席范围

时间:2003 年 8 月 14 日 15:00～17:00。

地点:青岛国际新闻中心三楼新闻发布厅。

出席领导:副市长于冲,重大节庆办负责人荣学证,青岛啤酒集团总经理金志国,市政府新闻办公室主任王海涛,崂山区委常委、宣传部部长任宝光。

出席新闻发布会的中外新闻媒体预计九十多家、记者近二百名（名单附后）。

二、新闻发布会的主要议程

(1) 于冲副市长简要介绍青岛市综合情况(10～15 分钟)；

(2) 市重大节庆办负责人荣学证介绍第 3 届青岛国际啤酒节情况(10～15 分钟)；

(3) 金志国介绍青岛啤酒百年的情况(7～8 分钟)；

(4) 回答记者提问；

(5) 新闻发布会由王海涛主持。

注：于冲副市长、荣学证同志的介绍材料由市外办提前翻译好发给国外记者（金志国同志的介绍材料由青岛啤酒集团负责翻译），主持词和答记者问由市外办工作人员进行现场翻译。

三、新闻发布会的组织筹备工作

新闻发布会由市委宣传部、市政府新闻办公室、市政府重大节庆办公室、市外办、青岛啤酒集团和青岛啤酒节办公室共同举办，市政府新闻办公室、市政府重大节庆办公室统一组织协调，具体工作分工如下。

（1）市政府新闻办公室负责发布会的前期筹备，包括组织各新闻单位的报道、出席发布会的记者，发放青岛市的对外宣传材料和管理发布会现场。

（2）市重大节庆办负责出席新闻发布会的领导与相关单位的领导的通知与落实，负责起草于冲副市长的讲话、发布会主持词和新闻通稿（印200份）。（注：于冲副市长的讲话稿、发布会主持词、荣学证同志的介绍情况稿，请于13日上午提供给外宣办；新闻通稿请于1日上午提供给外宣办。）

（3）市外办负责将国外记者邀请到会场，负责于冲副市长的讲话稿、发布会主持词和荣学证同志的介绍情况稿的翻译，并负责现场翻译工作。

（4）青岛啤酒集团负责落实金志国同志到会发言、发言稿的翻译，各种会议材料的装袋（14日13:00在新闻中心三楼新闻发布厅装袋）。

（5）青岛啤酒节办公室负责提供有关宣传材料200份，并于14日13:00前送到新闻中心三楼新闻发布厅（14日13:00在新闻中心三楼新闻发布厅装袋）。

（6）请奥帆委负责提供奥运筹备工作情况、奥运行动规划材料各200份，并于14日13:00前送到新闻中心三楼新闻发布厅（14日13:00在新闻中心三楼新闻发布厅装袋）。

新闻发布会筹备工作联系电话（略）

市政府新闻办公室毛某某，联系电话（略）

市重大节庆办公室赵某某，联系电话（略）

附：出席新闻发布会的媒体名单（略）

2003年8月10日
资料来源：青岛国际啤酒节组委会

第三节　会展活动

会展是利用会议和展览等集体性活动进行宣传的一种传播方式，通过实物、模型、图片、文字、产品、资料的展示，使公众对旅游组织的产品和服务有一个直观、具体的了解。同时，会展也是旅游公共关系专题活动的一种重要形式，是旅游组织实现双向交流，扩大组织影响，树立组织形象的有效手段。旅游组织的会展不是孤立的"展"或"展览"，而是有将展览与会议、节事相结合的趋势,它大大丰富了展览的内容,增加了展览的吸引力,也为旅游的公关工作开辟了更为广阔的平台。

一、会展的特点

(一)综合性

会展借助声、光、电三种现代传播技术,利用传播媒介、文字媒介和图像媒介三种传播媒介,以特有的活动环境作为背景,以立体交叉的复合方法作为手段,可以调动公众的多种感官,给公众留下深刻的印象。

(二)直观性

会展活动运用录像、幻灯片、宣传手册、介绍资料、照片、交流、讲解、广播、音乐等方式,具体、生动地展示旅游组织所推出的参展主题,对公众具有很强的吸引力。公众在参观展品时,可以借助直观的实物、造型和讲解,对旅游展品的功能、特点、价位等方面一目了然,便于选择最佳展品。

(三)高效性

所谓会展的"会"和我们通常所说的开会、会议有所不同,它主要是旅游组织借会展与其他组织进行交流,与公众进行交流。会展可以为前来参观的公众提供与旅行社、酒店、景区等旅游组织相互交流、直接沟通的机会,使公众与旅游组织之间的沟通更加畅通、高效。此外,会展可以集中展示同一行业的不同产品或不同行业的同一产品,为公众提供选择和比较的机会,对于公众和旅游组织来讲,都节省了大量的时间和费用。

(四)新闻性

会展往往是由多个参展组织和多人参加的大型公共关系专题活动,在广告宣传、新闻发布会的协助和配合下,往往会成为社会舆论的焦点、新闻报道的热点,从而吸引着新闻媒介的注意力,具有重要的新闻价值,能够对公众产生极大的影响力。

二、会展的作用

会展作为一种多层次、多功能的大型公关营销活动,通过和公众进行产品和服务的双向交流,可以在经济、政治、文化和教育等方面产生一定的效应。其作用主要表现在以下几个方面。

(一)开阔视野,增长公众知识

会展具有知识性、真实性和趣味性的特点。公众参观的过程也是学习、提高的过程,形象的图片、翔实的材料、细致的讲解以及逼真的模型直观展示了旅游组织的产品和成就,同时也可以让公众开阔视野、增长见识。尤其对于喜爱旅游的公众,可以把会展变成提高专业知识的课堂。

(二)增加销售,促进经济发展

会展能使旅游组织了解公众不同方面的旅游需求,将旅游组织的产品、服务、信息等及时传达给公众,增加组织的销售量,加强与公众的联系,促进经济发展。据国际会议协会的统计,每年全世界仅会议收入约在2800亿美元以上,其中,国际会议收入为76.2亿美元。会议业和会议相关产业的联动效应为1:9,会议业的收入每年以8%~9%的速度增加。

（三）提供平台，促进多方交流

大规模、多层次、多种类的会展活动可以带来源源不断的物资流、资金流、信息流、客流和文化流，从而吸引投资、创造商机、推动旅游业的发展。此外，充分利用会展这一方式，可以使世界各地的客商通过旅游这一重要的载体，了解我国在政治、经济、文化等方面日新月异的变化，也可以促进国家与地区间的合作与交流。

三、会展的类型

从内容看，会展可以分为综合型会展和专题型会展。综合型会展是全面介绍一个国家或地区的情况，具有品种多、部门多、人员多和规模大的特点，由于概括性较强，能让公众从宏观方面认识会展的价值，如世博会。专题型会展是围绕某一个专题举行的展览活动，与综合会展比较，它的规模较小、内容较少，但主题鲜明，内容有深度，专业性较强，如杭州休闲博览会。

从性质看，会展可以分为贸易型会展和宣传型会展。贸易型会展以打开产品的销售局面和提高市场占有率为目的，向公众推销产品。如旅游贸易展览会，旅游组织往往把举办地的旅游消费者作为目标公众，引导游客去目的地旅游观光。如果是旅游商品交易会，则带有浓厚的交易性质，其特点在于，参观者以各地旅游代理商或旅游行业专业人士的身份参加交易会，签订合同，达成交易。宣传型会展则是侧重于没有商业目的的单纯宣传行为，以和公众交流沟通为目标，一般没有贸易活动，如平遥国际摄影大展等。

从规模看，会展可以分为大型、中型、小型和微型会展。大型会展通常由国家级甚至国际级行业主管部门组织发起，同时还有协办和承办部门，参展部门多，展品丰富，影响力强，如国际旅游博览会等。小型会展通常由几个社会组织主办，规模小，参展单位少。中型会展在规模、展品和参展单位方面居于前两者之中。微型会展往往通过橱窗、陈列室和流动车进行展览活动，有方便、灵活的优势。

从场地看，可以分为室内和露天会展。室内会展在酒店大厅、展览馆或其他建筑的室内进行，不受天气因素的制约，可以精心布置会场，而且不受外界干扰，容易制造现场气氛。露天会展则在广场、公园等开阔地举行，受天气因素影响较大，需要作充分的准备，而且时间不宜过长。

从时间看，可以分为长期性、定期性和一次性会展。长期性会展时间较长，最长可以长达数月。定期性会展则有一定的时间规律，定期更换内容，名称和地点均不变。一次性会展通常没有固定的地点，根据组织的需要灵活地进行展览。

四、会展的准备工作

旅游组织举行成功的会展活动可以更好地满足公众的旅游动机，为组织带来客观的经济收入，提升组织形象，赢得公众的支持。会展应做好以下准备工作。

（一）分析参展意义

会展是一项大型公关销售活动，需要耗费大量的人力、物力、财力和时间。旅游公关人员要从组织的目标定位、发展方向、产品特点等指标，全面分析参加展览会的意义所在，不可盲目参展、无目的参展或仓促参展。

（二）明确参展目标

制定准确的目标是会展取得成功的必要条件，是会展策划、统筹和后续工作的方向。旅游组织应根据会展的具体情况、当前市场条件、组织所处的发展阶段等，来明确参展的目标。确切来说，就是以促进销售为目标，还是以扩大宣传为目标，所以说，明确组织的参展目标尤为重要。通常，国际性的重大会展的参展目标要考虑到政治因素、经济因素和文化因素。

（三）确定会展类型

对于参加会展活动的旅游组织来讲，确定会展的类型尤为重要。会展涉及的领域是交通业、酒店业，还是娱乐业等，组织都要进行充分的了解，结合自身的实际情况和产品特点决定是否参展，防止盲目参展、得不偿失。

（四）确定参展主题

一个好的主题对于会展活动来讲就好像一面鲜明的旗帜。旅游会展活动通常要根据旅游产品、地域优势、交通位置和城市形象等要素确定参展主题。主题是会展活动的焦点，鲜明的主题可以使会展的有关信息在公众的脑海里留下深刻的印象。主题语言应尽可能简单化，要用生活化的语言，而不是行业术语。主题一旦确定，就要通过新闻媒介、展台、会展衍生品等传播工具影响公众，要保持主题的一致性。

（五）选择时间地点

选择会展的时间应该考虑个三方面：一是什么时间开始，二是展期多久，三是周期多长。以展期为例，展期越长，各项费用支出就越大，成本就越高，效益就越低；反之，周期越短，成本就越低，但由于交流的时间有限，效益未必就好。旅游会展活动的展期一般在3天左右。另外，由于春秋两季是旅游的旺季，气候宜人、利于出行，所以旅游会展通常都在每年的3～6月或9～12月举行。展览会地点的选择应考虑交通便利、设备齐全、环境优雅、经济适用的展览馆或会务中心，这样既可以方便展品运输，又利于公众出行。

（六）联系新闻媒体

会展的新闻宣传可信度高，可以收到很好的社会效应。会展应在活动前期设立专门的新闻宣传部门，利用会展前期、中期和后期进行连续的报道，使公众可以通过多个渠道了解到旅游组织的有关信息。部门下属的宣传人员应该具有完备的新闻报道素质，并能和专业新闻工作者进行有效的交流，宣传人员与记者、编辑、摄影师之间应保持良好的人际关系，这有助于他们获得媒体的最大支持。此外，公关部门还应邀请新闻记者参加会展的开幕式、闭幕式和其他联谊活动，为新闻记者提供方便的和有价值的信息。

（七）明确观众类型

一般来讲，公关部门可以根据会展的性质、规模和所涉及的领域等方面，对公众的层次、数量和类型有一个大致的了解。但是由于公众的复杂性和多样性，以及信息传播渠道的影响因素，公众的类型往往难以确定。所以，旅游组织公关人员应该在会展开始前，对观众类型进行深入的了解和调查，以便在接待、洽谈、讲解和材料方面有的放矢，展开高效的公关工作。

（八）预算会展费用

通常情况下，会展的费用包括场地租金、设计费、广告费、水电费、宣传费、运输费、保险费、接待费、资料费和人工费等，要实现会展的经济效益，公关部门必须制定一个经济、合理的会展预算，并在会展活动中严格按照预算进行操作，以保证参展组织获得预期的经济效益。

（九）培训工作人员

旅游会展最终的服务对象是社会公众，高质量的服务是保障会展顺利进行的重要因素，所以，工作人员的素质高低会起到至关重要的作用。通常，培训工作人员应围绕着提高他们的知识能力、组织能力、沟通能力和创新能力四个环节进行。此外，工作人员的仪表仪容、公关素质、讲解技巧等，都会影响会展活动的效果。因此，在会展开始前，必须围绕上述环节对工作人员进行培训和教育。

（十）准备各种材料

会展需要的材料很多，如宣传标语、展牌、图片、徽标、广告等，还有一些要发送给公众的材料，如景点简介、参观地图、吉祥物、纪念品、宣传画册等，这些都应提前准备好，而且数量要充足。

（十一）完善相关设施

旅游会展涉及环节众多，应该准备好音响、照明、摄影、通讯和电力等辅助设施，还应该准备邮政、卫生、银行、运输和住宿等配套设施和服务，保证展览会顺利进行。

五、会展的注意事项

（一）做好会场和展台设计

旅游组织的会场和展台设计是赢得公众认可和支持的重要因素，好的设计可以吸引公众的注意力，充分反映出旅游组织的整体形象。做好会场和展台设计应注意做到展台小环境与会展大环境相协调；设计不能突出展台、忽略展品，喧宾夺主；展台设计不能过多地占用工作人员和参观者的空间，要兼顾展示、咨询和休息等基本功能。

（二）做好广告宣传

据统计，比起没有做广告宣传的参展企业，在展前连续刊登6次广告的参展企业要多50%的参观者，刊登12次整版广告的参展企业要多70%的参观者。由于广告宣传是一种高投入的宣传手段，所以公关部门应该明确广告覆盖的目标范围和公众类型，有针对性地做好广告宣传工作，以便收到最佳效果。

（三）提高接待质量

接待人员应该具有良好的公关能力、语言表达能力和接待能力，同时可以提供咨询方面的服务。在接待参观者时，应热情讲解、服务到位、主动交流，使对方可以及时了解产品的信息。在接待重要的参展商时，要在机场、车站、码头迎接，还要做好住宿安排、餐饮服务、旅游考察和预定返程票务等服务工作，使对方可以在活动期间安心参展。

（四）重视展后公关

会展结束不代表公关工作的结束。公关人员应及时与潜在公众保持联系，可以通过打电话询问、邮寄组织的相关材料、预约座谈和发电子邮件的方式开展各种后续公关工作。同时,要充分把握好与公众联络的时间,最好在会展刚刚结束的2~3天联系,这样可以趁热打铁,增强效果。

(五)运用会展技巧

为了使会展气氛更加活跃,内容更加别致,公关部门还可以运用一些会展技巧来丰富会展内容,比如可以邀请有关业内人士出席开幕式、举办旅游知名人士的签名售书活动、举行小规模的艺术表演等,以吸引更多公众的注意。

案例 8—2

第六届海峡旅游博览会活动方案

一、宗旨

认真贯彻落实胡锦涛总书记今年春节期间视察福建重要讲话的精神,顺应两岸和平发展的新形势,进一步发挥福建独特的旅游资源和对台区位优势,培育"海峡旅游"品牌,深化两岸交流合作,加快建设海峡西岸旅游区,全力打造世界知名的旅游目的地和富有特色的自然和文化旅游中心。

二、主题

海峡旅游　合作共赢

三、活动名称、时间、地点

名　　称:第六届海峡旅游博览会

时　　间:2010年9月6日~11日

地　　点:福建厦门

四、组织机构

(一)举办单位

主办单位:国家旅游局、福建省人民政府

承办单位:海峡两岸旅游交流协会、福建省旅游局、厦门市人民政府

协办单位:台湾观光协会、香港旅游发展局、澳门旅游局、中华两岸旅行协会、台湾旅行业品质保障协会、台北市旅行商业同业公会、台湾省旅行商业同业公会联合会、高雄市旅行商业同业公会、高雄市观光协会和金门、马祖、澎湖地区旅游机构

(二)第六届海峡旅游博览会组委会(略)

五、展会规模

(一)展馆面积8000平方米,展台406个(新增86个)

(二)邀请嘉宾及参展商1500人(其中国家有关部委领导30人,台港澳旅游业界嘉宾250人,兄弟省、市政府及旅游部门嘉宾120人,东南亚、日、韩等客源国嘉宾100人,境内、境外参展商1000人)

六、主要活动

(一)组委会领导会见重要嘉宾

(1)时间:2010年9月6日16:00

(2)地点:厦门国际会展中心

(3) 参加对象：国家旅游局、国务院台湾事务办公室和福建省人民政府领导，台港澳重要嘉宾，新闻媒体

(二) 开幕式暨欢迎晚宴
(1) 时间：2010年9月6日17:30
(2) 地点：厦门国际会展中心
(3) 参加对象：国务院领导、国家旅游局等国家有关部委领导、福建省领导、部分与会嘉宾

(三) 参展单位旅游推介会
(1) 时间：2010年9月7日09:00～12:00
(2) 地点：厦门翔鹭国际大酒店
(3) 参加对象：海峡旅游博览会参会嘉宾、旅行商、新闻媒体

(四) 海峡旅游"1＋1"（旅行商对接）洽谈会
(1) 时间：2010年9月7日14:30～17:30
(2) 地点：厦门翔鹭国际大酒店
(3) 参加对象：海峡旅游博览会参会旅行商、新闻媒体
(4) 主要内容：旅游线路对接、组接团签约

(五) 旅游精品会展
(1) 时间：2010年9月8日～11日
(2) 地点：厦门国际会展中心
(3) 主要内容：(1)旅游资源展示，(2)旅游产品展销，(3)旅游项目招商，(4)旅游商品展示，(5)民俗风情演出

(六) 重大旅游项目签约仪式
(1) 时间：2010年9月8日10:00
(2) 地点：厦门国际会展中心
(3) 参加对象：旅行商、投资商、新闻媒体

(七) 第八届海峡客家旅游欢乐节
(1) 时间：2010年9月9日～11日
(2) 地点：福建省长汀县

(八) "太姥山·2010中国青年喜爱的旅游目的地评选活动"颁奖仪式
(1) 时间：2010年9月8日10:30～11:00
(2) 地点：厦门国际会展中心
(3) 参会对象：团中央、福建省政府、省旅游局、《中国青年报》报社领导，大学生代表，获奖单位代表，海峡旅游博览会部分嘉宾

(九) 首届泉州·南安郑成功文化旅游节
(1) 时间：2010年9月5日～7日
(2) 地点：泉州、南安

(十) 精品线路考察
(1) 金门、马祖、澎湖旅游线路考察（时间：海峡旅游博览会期间）

(2) 旅行商海峡西岸行(时间:9月9日～10日)

(十一)海峡旅游自行车嘉年华

(1) 时间:2010年9月5日

(2) 地点:厦门(主赛场)、武夷山(分赛场)

(3) 活动以市场化运作为主

附件:(1) 第六届海峡旅游博览会主要活动安排表

(2) 各设区市和平潭综合实验区展位分配计划表

资料来源:海峡旅游博览会官方网站 http://www.stfair.com.cn/FJTIS/Stfair/NewDetail.aspx?id=228848

知识窗

会展参观调查表

一、关于您

1. 您的性别是

　　□男　□女

2. 您的年龄是

　　□20岁以下　□20～29岁　□30～39岁　□40～49岁　□50～59岁

　　□60岁以上

3. 您的文化程度是

　　□小学　□初中　□高中　□中专　□大专　□本科　□研究生

4. 您的职业是

　　□职员　□工人　□农民　□公务员　□教师　□军人　□医生　□学生

　　□其他

5. 您的年收入是

　　□2万以下　□2万～4万　□4万～6万　□6万～8万　□8万～10万

　　□10万以上

二、关于旅游

1. 您是否喜欢旅游活动

　　□非常喜欢　□喜欢　□一般　□不喜欢

2. 您觉得参加旅游的作用是

　　□锻炼身体　□寻求放松　□实现人生价值　□追求刺激　□挑战极限

　　□增进交流　□满足好奇心　□其他

3. 您认为旅游市场存在的问题是

　　□费用太高　□交通安全　□宣传力度不够　□购物欺诈　□餐饮卫生

　　□酒店住宿　□导游人员素质　□目的地交通不便　□时间设置不合理

　　□其他

三、关于展会

1. 您参加过几届本展览会
   □2002 □2004 □2006 □2008 □本届
2. 本届展览会期间,您参观了几天
   □1天 □2天 □3天 □4天 □每天
3. 您平均每天参观几小时
   □1 □2~3 □4~5 □6~7 □全天
4. 您来展览会的路程有多远(千米)
   □本市 □100~300 □300~500 □500~1000 □1000以上
5. 您从何种途径知道本展览会
   □报纸杂志 □电视电台 □宣传手册 □旅行社 □网络 □其他
6. 您以什么身份光顾展览会
   □代表个人 □代表公司
7. 您参观过其他同类展览会吗
   □是 □否
8. 您是否将参观下一届展览会
   □是 □否 □待定
9. 您的参观目的是
   □收集信息 □寻找代理 □随便看看 □订货
10. 展台吸引您注意的原因是
    □展会主题 □展台设计 □资料 □人员服务 □产品 □其他
12. 您认为展览会存在的问题是
    □空间太小 □噪音太大 □卫生不好 □交通不便 □宣传不够
    □时间不合适 □缺少休息场所 □缺少互动环节 □开幕式不精彩
    □人员服务不佳 □主题不突出 □其他

为了展览会能给您提供更多的信息和方便,请提出您的宝贵建议,谢谢。

填表日期: 年 月 日

第四节 庆典活动

庆典活动具有悠久的历史,是人类社会发展的结果。顾名思义,"庆"即庆祝、庆贺;"典"即典礼、代表,庆典活动就是旅游组织为了引起公众的关注,庆祝重要节日和重大活动的一种方式。组织可以借助庆典活动来表达喜悦之情,抒发情感,渲染气氛,它在传播组织产品和信息,树立组织形象方面发挥着重要的作用。

一、庆典活动的特点

与其他形式的旅游公共关系专题活动相比,庆典活动具有以下特点。

(一)隆重性

庆典活动需要一定的场地,而且参加的人员众多,有部门领导、新闻机构、业内人士、组织员工和社会广大公众等。在活动现场有大量庆典用品的使用,如拱形门、气球、充气卡通造型、礼炮、灯笼和烟火等,气势恢宏,大大烘托了活动隆重的气氛。在庆典活动的高潮阶段,现场礼花齐放,锣鼓齐鸣,彩球齐飞天空,给人以无尽的回味,使观众留下深刻的印象。

(二)特殊性

庆典活动是丰富多彩、别具风格的仪式,典礼要注意挖掘具有特殊性的人物和事件,用别具一格的策划手段造成轰动效应,通过媒体传播获得关注度和知名度,取得社会效应和经济效应。此外,庆典活动的特殊性还体现在主题词的运用上。主题词是对庆典活动目的的提炼,包含的信息很多,主题词要在短短几个字的表达中体现新意,突出特色,要能够蕴含活动宣传的旅游产品、企业宗旨、文化背景等信息,只有这样才能够通过庆典活动创造出具有鲜明个性的旅游组织形象。

(三)纪念性

旅游组织举行不同主题的典礼仪式,如开业典礼、落成典礼、奠基典礼、周年纪念仪式和庆功仪式等,都是在特定的时间点进行的,是对旅游组织发展阶段性成绩的总结和回顾,具有很强的纪念意义。由于典礼具有拓展和延伸的功能,能引起公众对以往发展过程的怀念,回顾过去,展望未来,全方位、多角度对典礼进行观赏、体验和思考,每一次庆典活动都会成为铭刻在公众心中的永恒回忆。

(四)民族性

庆典活动有着丰富的仪式内容,尤其是带有民间特色的传统庆典活动,往往通过一个标志性符号渗透出深厚的民族文化内涵。比如春节、端午节、中秋节等节日,更是通过某些仪式得以体现。一到春节,万家团聚,举国同庆;到了端午节,人们吃粽子,赛龙舟;中秋节的时候,大家纷纷赏月,吃月饼。这些都是民族集体文化记忆中的重要符号,与源远流长的历史一脉相承,是一份宝贵的精神文化遗产。旅游组织举行庆典活动,应该利用公众表达情感的愿望,强化民族记忆和文化的认同感,重视和再现以往被遗忘的有价值的庆典方式,同时给它们注入新的内容。

二、庆典活动的类型

庆典活动形式多样,种类繁多。包括开业庆典、周年纪念庆典、庆功典礼、节日庆典和其他活动庆典等。

(一)开业庆典

开业庆典是旅游组织在成立时的庆祝活动,是组织形象广告的第一步,在组织树立形象的过程中扮演着"打头炮"的角色。客观上讲,开业庆典是组织整体实力和社会地位的全面展示。一个好的开业庆典可以使组织获得较高的关注度和认同感,通过开业庆典活动,组织可以扩大影响力,打开知名度,吸引更多的潜在顾客。通常,在开业庆典之后,一般都会举行开业促销活动。

(二) 周年纪念庆典

周年纪念庆典是旅游组织在开业纪念日举行的庆祝活动。一般来说,可以每年举行一次,也可以在成立五周年、十周年以及它们的倍数的时候进行。周年纪念庆典不单单是一个简单的程序化庆典活动,而是旅游组织开展公关活动的有利时机。周年纪念庆典可以抓住这一时机,充分展示组织的风范与实力,并告知公众自己在近些年取得的成就和对社会做出的贡献,从而提高旅游组织的知名度和社会声望。

(三) 庆功典礼

庆功典礼是旅游组织取得战略性成绩或员工在行业评比中获得佳绩时举行的庆祝活动。庆功典礼可以较好地体现旅游组织的人文关怀,对于健全部门建设、树立员工的主人翁意识、提升组织的社会形象等方面都能起到锦上添花的作用。

(四) 节日庆典

旅游组织利用重要节日,如国家法定节假日(元旦、清明节、五一国际劳动节、端午节、中秋节和国庆节等)、民间传统节日(元宵节、七夕、重阳节等)、国际性节日(情人节、三八妇女节、愚人节、圣诞节等)以及其他重大节日,利用这些节日举办的各种联谊活动(游园活动、团拜会、促销活动等)和庆祝活动统称节日庆典。旅游组织举行节日庆典活动,有利于通过多种渠道融洽社会关系,宣传组织形象。

(五) 其他活动庆典

其他活动庆典是指国家相关部门或旅游组织举行的重大赛事或专项活动庆祝典礼。如哈尔滨冰雪节、洛阳牡丹节、广西泼水节、潍坊风筝节、大连服装节、广东荔枝节等。旅游组织可以根据具体情况,开展相关的公关活动。

三、庆典活动的准备工作

(一) 组织策划

组织策划是对整个庆典活动的统筹规划,是在活动开始前提出的组织实施庆典和检验庆典成果的计划。庆典活动要想取得成功,组织必须做好大量的前期准备工作,以保证庆典能够顺利进行。通过策划突出庆典活动的特点,力求新颖、有创意、有突破。公关部门要充分重视活动准备工作的重要性,力争制定完备、翔实的组织策划。

(二) 邀请宾客

首先,旅游公关人员要控制好来宾的范围,在庆典活动前应邀请政府官员、部门领导、社会名流、社区负责人、新闻媒体、优秀员工代表等参加。庆典活动能否取得轰动效应在很大程度上同邀请嘉宾的人数、身份有直接的关系。拟定好名单后,印制精美的请帖,并提前两周左右分别寄送给嘉宾,对一些贵宾应派专人将请帖专程交送至他们手中。通常在庆典活动开始的前三天,公关人员要打电话核实,确定活动有无变化。请帖的制作应喜庆、别致、大方,并写明活动时间、地点和事由。

(三) 确立主题

主题就是对庆典活动的指导思想、宗旨、目的、要求等内容,做最简练的概括和总结。

主题是整个庆典活动的中心思想,它是活动的精髓,在一定程度上影响着庆典活动的形式和内容的安排以及其他要素的设计。作为让社会公众了解庆典活动的窗口,主题应体现时代背景,彰显旅游组织的实力、企业精神和企业文化,一个具有吸引力的主题可以引起更多的潜在公众对庆典活动的关注。公关人员应将主题与活动形式有机结合在一起,因此,确立主题在庆典活动的准备工作中显得非常重要。

(四)拟定程序

庆典活动的程序包括来宾入场、主持人宣布活动开始、介绍重要嘉宾、部门领导和重要嘉宾讲话、剪彩、参加座谈或晚会等活动。各类庆典活动一般都遵照大致的程序进行,但具体到每一次活动,由于主办组织的性质、特点以及举办目的、主题不同,所以活动程序不尽相同。公关人员要围绕活动的统一性、严谨性和创造性原则,尽量避免活动的无序性、随意性,做到隆重热烈、有条不紊、秩序井然,最大限度地实现活动目的。

(五)选择时间

对于一些庆典活动,主办方可以在一个阶段内自由选择活动开始的具体时间,为做到万无一失,圆满成功,公关部门应提前咨询当地气象部门,查阅历史气象资料,选择天气晴好、气候宜人的好日子,这样会有更多的公众走出户外,参加庆典活动。对于固定日期,无法改变活动举行时间的情况,比如五一劳动节、国庆节、春节等,公关部门应尽量安排在上午9:00~10:00之间最为妥当。

此外,确定庆典活动的时间要充分迎合公众的消费心理,在日期上尽量选择吉利好听的数字,如6、8、9等数字;特别是面向国际举办的大型庆典活动,应特别注意尊重不同民族特有的风俗习惯和民族倾向,不要在外宾忌讳的日子举行活动,如来宾大多为西方人,则要避开数字13和星期五。

(六)选择地点

活动的场地可以设在主体建筑门口、公众集中地或大型会务场所,空间要以符合活动的规模为标准,空间过大,则难以聚集人气,影响现场的热烈程度;空间过小,则会有损组织整体实力的展示,也会给与会者带来不便。同时还要考虑交通的通达和停车位等因素。

(七)布置场地

结合天气因素,活动场地可以选择在室外或者室内进行。如果选择在室外场地进行庆典活动,要准备好一定数量的防雨、防风用具,以防天气不测给活动带来不便,影响现场热烈的气氛。在场地上方悬挂庆祝和欢迎标语,下方设置红地毯,可以烘托气氛,以示对嘉宾的尊敬。场地两旁可摆放花篮和盆花,花篮和盆花可为庆典注入鲜活、清新的气息,可以柔化庆典现场生硬的几何形状和建筑实体,呈现出亲切的格调。还要准备和调试好音响和照明设备,还可以放飞彩色气球和信鸽,穿插锣鼓和舞龙、舞狮表演等。

(八)确定致辞和剪彩人员

致辞和剪彩人员分为客方和己方。客方人员应为政府官员、部门领导和知名人士,己方人员应为组织的负责人。公关人员应及早通知致辞和剪彩人员,在征得他们同意后,由本组织的负责人亲自出面或委托专人前往邀请,必要时还要委派专人接送。此外,还要为己方准备好祝贺词。

（九）安排接待

对于外地的嘉宾，可能会在庆典活动开始前到达本地入住，公关部门一定要安排专人负责来宾的接待工作。重要的嘉宾应由组织高层领导亲自接待，安排食、宿、行等一切事务，以示礼貌和重视；在接待其他来宾时，也应由公关部门的专职人员负责。为了树立组织的良好形象，全体员工要热情服务，做到及时到位、有求必应。此外，还要注重来宾在住宿方面的细节问题，如饮食习惯、生活习惯等。

（十）准备物品

除了上述准备工作以外，还要为庆典活动准备一些必要的物品。

1. 准备礼品

为参加活动的嘉宾准备礼品是很有必要的，它可以作为一种组织信息的载体表现出旅游组织款待宾客的诚意。公关部门准备礼品时应遵循实用性、价值性和宣传性的原则，在礼品的包装上制作出旅游组织的宣言、标志、庆典日期，借此宣传组织的形象，同时使嘉宾能在今后能对庆典活动产生美好的回忆。

2. 准备留言册

应使用红色或金色锦缎面制作的高级留言册，同时准备好签字笔或毛笔。尊贵嘉宾的签字留言，经旅游组织妥善保管后，往往具有一定的纪念和收藏价值。

3. 其他物品

现场使用的主席台、讲台、座椅，剪彩仪式所需的剪刀、托盘、彩带、绶带，宴会的就餐用品、茶水、糖果、指示牌，公关人员统一的制服等。

四、庆典活动程序

（一）签到

宾客进入现场前，要安排专人请他们签到。公关人员在会后把签到人的姓名、单位和联系方式进行汇总，便于及时联系。工作人员应面带微笑，热情服务，借助庆典活动的第一个环节开展公关活动。

（二）接待

来宾签到之后，由工作人员引领至接待室，进行短暂的休息，期间备有饮料。随后，工作人员应返回到自己的岗位，让来宾自行交流。

（三）开场

待来宾在主席台上列队完毕后，主持人宣布庆典活动正式开始，礼炮齐鸣、锣鼓喧天之后，主持人宣布与会重要领导和来宾姓名。

（四）致辞

首先，由上级领导和重要来宾依次致贺词，可以通过贺词表达对活动的祝贺之意，对组织的作用和价值给予肯定。随后，由组织领导致辞，主要介绍本组织的基本情况、发展历程和经营宗旨等，同时对各位宾客的光临表示感谢和欢迎。

（五）剪彩

在热烈的音乐伴奏下，礼仪小姐托着带有红布的托盘，将与彩带相连的彩球同剪刀一起放于托盘上，等待剪彩的开始。参加剪彩者在礼仪小姐的引领下走向剪彩位置，如果同时有多位剪彩者,应让主剪者走在最前方的中间位置,其他人员紧随其后各自就位。主持人宣布剪彩仪式正式开始之后,主席台上的人员要位于剪彩者身后一米开外的位置。剪彩者接过剪刀,全神贯注、表情庄重地将彩带一刀剪断;如果是有多位剪彩者,则要协调一致,力争同时剪断彩带。在礼仪小姐的配合下,彩球落在托盘上。在全场的掌声下,剪彩者放下剪刀向四周鼓掌致意,然后在礼仪小姐的引导下退场。

(六)节目

剪彩完毕,通常可以安排一些精彩热烈的节目,如盘鼓震天、狮子滚绣球、乐队演奏等。

(七)组织参观

庆典活动正式结束后,公关人员可以引导宾客参观景区、酒店。参观的过程也是交流沟通的过程,组织领导和公关部门负责人要利用这个有利的时机,融洽与来宾的关系,尤其是重要领导和媒体记者。之后,还可以安排宴会答谢来宾。

五、庆典活动的注意事项

(一)善于抓住切入点和结合点

任何一个庆典活动都必须以旅游业发展的时代和旅游组织的发展历程作为背景,这就要求旅游公关部门在策划庆典活动时,必须抓住一个切入点,将庆典活动的目的和旅游组织的目标有机结合在一起,保证旅游品牌与活动的有效关联,实现借机提升旅游品牌的知名度和美誉度,树立良好的组织形象的目的。比如,2008年北京奥运会的核心理念是人文奥运,这与"百年奥运风云变幻,唯一不变的是始终如一的人文精神"巧妙契合,从某种意义上说,北京奥运会坚持"以人为本"的理念,也是中国政府成功塑造自身形象的一个公关策略。

(二)重视各环节的连贯性

庆典活动是一个完整的体系,需要每一个环节的密切配合。一次成功的庆典活动要求每个环节之间能够流畅衔接,不能更改和重复,任何一个环节的脱离都将使庆典黯然失色,甚至失败。这就要求在进行庆典策划时,应该确保每一个环节都井然有序、紧凑无误,尤其在来宾致辞、剪彩、合影等关键的环节,要做到人员随时到位,物品及时到位,切不可有丝毫失误。这样才能保证庆典活动隆重开始,顺利进行,精彩结束。

(三)注意活动后的总结工作

旅游公关部门应及时总结庆典活动中的缺点与不足,吸取成功的庆典活动的经验,建立旅游组织和庆典活动之间有机的逻辑联系,避免庆典活动过分偏重于形式,确立正确的构思,把握庆典活动的走向。同时加强对公关人员在组织大型活动方面的培训与教育,增强他们全员公关的意识,以便在今后的工作中增长知识和经验,这对于旅游组织扩大市场影响力,提升知名度,获得高美誉度,有着重要的作用和意义。

案例8—3

通过系列节庆活动　　树立贵阳形象品牌

贵阳市位于西南云贵高原,是贵州省政治、文化、经济、交通、科教中心和西南地区的工业基地及商贸旅游中心城市之一,有"高原明珠"的美誉。近年来,贵阳结合贵州省委省政府推出的"多彩贵州"系列宣传活动,推广"森林之城·避暑之都"城市形象品牌,提升了贵阳市的知名度和美誉度,取得了良好的社会效益和经济效益。贵阳市的整个宣传活动分为两个阶段。

第一阶段,初步启动"避暑节"专题活动

利用2007年6~9月共三个月的时间,贵阳市举办了"森林之城·魅力贵阳——2007首届中国·贵阳避暑节",通过电视、广播、报刊、网络等众多媒体的全方位报道,树立起贵阳"绿色环保"的城市形象,强化了贵阳"宜居宜业"的城市功能。期间,在北京、重庆、深圳和贵阳等地邀请国内外专家和各界人士到贵阳旅游,体验避暑之都的惬意仲夏。此外,分别举办了大型避暑旅游推介会、中国·贵阳避暑旅游经济论坛、贵阳避暑之都文化展和旅游文化电视展播等一系列节庆活动,陆续推出"中国·贵阳宜居体验暨避暑旅游活动"和"中国·贵阳避暑体验游DV大赛"、"中国·贵阳乡村体验游"、"贵阳美食博览会"和"清镇红枫湖旅游节"等十余项专题活动。

借助首届中国·贵阳避暑节,开辟了天河潭、百花湖、红枫湖、甲秀楼、文昌阁、阳明祠、南江峡谷等重点旅游线路,还推出了多个核心避暑旅游资源、名牌避暑旅游景点和系列避暑观光度假休闲产品。同时,贵阳市还将当地旅游资源和民族文化有机地结合在一起,陆续推出"相约林城·避暑欢歌"歌曲征集推广大赛、南明"一杯清茶、清凉一夏"茶文化节、乌当阿栗杨梅节、白云"六月六"菠萝戈布依歌会以及"贵阳城市记忆·美术文献展"等联谊活动。这些极富地方特色的文化旅游活动与在城市形象推广活动中新近评选出的"八大风景名胜"、"贵阳十八彩"和"十大珍稀植物"等一起赋予了贵阳旅游更多的文化内涵。

第二阶段,全面推广"避暑季"公关活动

2008年,随着首届避暑季活动的成功举办,贵阳市通过"走出去"和"请进来"的方式,全方位、多渠道地进行积极的公关宣传,同时策划了新一轮的"避暑季"系列公关活动。从2009年5月开始,以营销城市为目的,围绕避暑旅游文化的主题,拉开了2009年度避暑季暨第四届国际阳明文化节的序幕,来自海内外的6000名嘉宾和游客参加开幕式。以在"避暑季"活动中受到媒体广泛宣传的南江大峡谷为例,在2009年"避暑季"活动期间,几十项节庆活动和专题展会纷纷推出,主要包括开幕式和闭幕式、第四届国际阳明文化节、贵阳市第三届旅游产业发展大会、生态文明贵阳峰会、第七届中国舞蹈荷花奖舞蹈大赛、第五届医药博览会暨中国民族医药交易会等。尤其是在"避暑季"的闭幕仪式上隆重推出了又一个旅游亮点——"温泉月",将"温泉月"的开始和"避暑季"的结束紧密结合,实现了冬季游与夏季游的完美衔接,突出了贵阳四季都有旅游品牌,四季都有旅游策划的旅游发展新格局。

贵阳引进了先进的公关理念,围绕着众多特色各异的节庆活动,通过两年的精心策划,增强了与社会公众的交流和沟通。尤其是针对贵阳独特的旅游资源,结合现代传媒手段和方式,通过一系列环环相扣的旅游公共关系专题活动,成功树立起"中国避暑之都"的旅游形象品牌,从而向世界递交了一份承载着贵阳旅游综合实力的城市名片。

资料来源:贵阳避暑季官方网站 http://bsj2011.gywb.cn

第五节　赞助活动

　　赞助活动是旅游组织以资金、物资或服务等形式，为社会提供的无偿支持和援助，并获得形象传播效益的社会活动。赞助活动是旅游组织公共关系的一种行为，也是一项战略性的投资活动，其目的是通过有效的策划，提高旅游组织的影响力，使其在公众心目中树立起具有高度社会责任感的品牌形象，赢得社会公众对组织的好感，提高组织的知名度和美誉度。

一、赞助活动的特点

（一）间接性

　　从赞助活动开始，旅游组织就必须为赞助对象提供无偿的资金和服务，这似乎与获取利润的组织经营目的相背离。但是，组织的无偿付出不会付诸东流，成功的赞助活动，往往可以获得意想不到的收获。其间有一个运转的周期，组织不能通过赞助活动直接得到回报，而是在周期结束后，间接地获得经济效益和社会效益的双赢。

（二）针对性

　　任何一个赞助活动都是组织同某项社会事业或事件密切联系在一起的，旅游组织往往会根据自身情况制定一个赞助宗旨，专门针对社会的某一类或某一部分公众开展相应的赞助活动，这部分公众所处的领域，往往同旅游组织在经营发展过程中有千丝万缕的联系，他们相互依存、彼此依赖。组织有针对性地与其合作，有助于开展高效的赞助活动，也有助于在稳定的群体中树立良好的形象。

（三）情感性

　　与旅游组织公共关系专题活动的其他方式不同，赞助活动可以体现出人与人之间浓浓的情感。尤其是旅游组织支持社会福利、社会公益和慈善事业等活动的时候，人间最真挚的感情在此时得以升华，一幕幕动人的场面演绎着一场又一场人间大爱。旅游组织可以借此机会奉献自己的关心、热心和爱心，表明组织肩负的社会责任，赢得社会公众对组织的好感。

二、赞助活动的作用

（一）有助于增强广告效果，树立良好形象

　　旅游组织在赞助活动的现场，公关部门通常都会在不同的位置安排公益广告作为背景，新闻媒体在报道赞助活动的时候，也会把公益广告传播给社会公众，所以，旅游组织可以借助赞助活动来实施广告策略，通常可以获得比做广告投入少、收效高的回报。同时，通过赞助活动加深了公众的了解，有利于树立良好的组织形象。

（二）有助于旅游产品销售，取得经济效益

　　通过赞助活动可以提高组织的知名度和影响力，证明组织的经济实力，赢得社会公众

的信任,加深与各类公众之间的情感。此外,通过成功地实施广告策略,可以给公众留下深刻的印象,增加组织产品的销量。

(三)有助于改善社会环境,取得综合效益

组织可以开展特定的赞助活动,如建设希望小学、捐助公共设施、资助失学儿童、赞助文体活动、帮助下岗职工等,通过这些活动赢得社会公众的认可。同时,在更多组织的参与下开展多种赞助活动,可以形成一种融洽和谐的社会环境,旅游组织共同发展、共同进步,取得综合社会效益。

三、赞助活动的类型

(一)赞助慈善事业

赞助慈善事业是旅游组织为社会最需要照顾的人提供资金和物质的一种公益活动,它是旅游组织回报社会的最佳方式,如赞助养老院、福利院、残疾人、失学儿童和灾民等活动,都可以体现组织关心社会、关心人类的美好形象,从而在社会公众中引发强烈反响,增加组织的亲和力,提高组织的可信度和美誉度。

(二)赞助教育事业

百年大计,教育为本,教育在国家发展战略中具有重要的地位。组织通过赞助教育事业,可以推动教育事业的发展,有利于培养人才和推动社会进步,具体赞助形式有设立奖学金和资助社会办学、学校建设经费等。组织公关部门在赞助教育事业时,应遵循培养人才、以人为本的教育理念,尤其是在冠名权的使用或其他环节,应酌情处理,点到为止,尽量避免添加带有浓厚商业气息的名字,以免引起社会公众的舆论,被认为有大做广告之嫌,产生不必要的麻烦。

(三)赞助文化事业

文化事业的影响面较大,涉及的公众范围很大,赞助文化事业可以丰富公众的文化生活,培养与公众的感情,提高组织的知名度。赞助文化事业的内容很多,如赞助广播、电视节目的制作,赞助文艺演出、大赛,赞助发行图书,赞助学术期刊、征文活动等。

(四)赞助体育运动

体育赞助是最常见的一种公共关系专题活动。由于体育事业在现代社会中商业化的运作模式日趋成熟,人们对体育活动的关注度越来越高,体育活动对社会的影响力也越来越大,重大的体育赛事,如奥运会、亚运会、世界杯、NBA等,都已经成为全世界的焦点。通过对体育活动进行赞助,并围绕赞助活动展开一系列的营销工作,可以借助所赞助体育项目的良好社会效应,提升组织的品牌形象和知名度,获得社会公众广泛的支持和好感,为组织创造出有利的生存和发展环境。成功的体育赞助可以达到"名利双收"的效果。体育赞助的具体形式有媒体节目赞助、队伍冠名和赛事赞助等,如安踏、李宁、阿迪达斯、耐克等企业都在很多体育赛事中提供赞助,使产品销量大增。组织公关部门应合理选择体育赞助的形式,注重赞助的连续性、科学性、开阔视野,不断创新,才能够取得成功。

(五)赞助奖励基金

旅游组织赞助各类奖励基金是公共关系专题活动的一个重要内容。旅游组织针对某个专业设立奖励基金,对于教育员工、引导员工和扩大社会影响有积极的作用,如旅游奖励基金、旅游安全奖、旅游摄影奖等;也可以面向社会,弘扬社会主义文化建设,比如见义勇为奖、精神文明奖等。

四、赞助活动的工作步骤

(一)明确赞助对象

赞助活动可以由旅游组织主动选择赞助对象,也可以应被赞助者的请求来确定,但无论以何种方式赞助,旅游组织公关部门首先应该明确赞助的对象是谁。组织可以根据自身发展所处的不同阶段,也可以按照不断变化的市场需求,制定出科学合理的、最适合自己的赞助对象。如果以形象推广为目的,可以赞助文化事业;如果需要赢得公众的良好声誉,则可以赞助慈善事业;如果以追求经济效益为目的,可以进行体育赞助等。

(二)制订赞助计划

明确赞助对象后,需要制订一份详尽的赞助计划。赞助计划一般包括赞助目的、赞助范围、赞助对象、赞助费用、赞助形式、赞助主题、赞助步骤等内容。赞助计划是赞助目的的书面表现形式,对组织成功开展赞助活动具有重要的意义。

(三)实施赞助活动

在大型的赞助活动开始之前,通常要举行一个正式的仪式。为了扩大赞助活动的影响力,公关部门应邀请相关政府部门的负责人、媒体记者、各界朋友以及赞助对象的代表等参加,并在仪式上宣布资助金额,展示捐助物品,以增强赞助活动的公信力。此外,旅游组织应该委托专人对赞助款的使用和落实进行跟踪调查,这样可以监督受赞助单位的行为,有效地维护受赞助者的利益,赢得公众的好感和支持。

(四)评估赞助效果

在赞助活动结束后,可通过报刊、广播、电视、网络或走访受赞助公众等渠道,了解他们对此次活动的看法和评价。并根据先前制订的赞助计划进行对比、分析,明确完成了哪些指标,哪些指标未完成,发扬成功经验,找出失败原因,同时上报组织领导。并将评估结果形成书面文字作为第一手资料存档,为以后开展赞助活动提供参考依据。

五、赞助活动的注意事项

(一)抓住时机

在激烈的市场竞争中,谁抢占了先机,谁就会赢得公关活动的主动权。尤其是自然灾害或突发事件发生时,旅游组织针对它策划赞助活动,有效地抓住"第一时间",在别人最需要帮助的时候,迅速做出反应,挺身而出。雪中送炭,在突出组织的社会责任感和扩大社会影响力方面,往往可以起到事半功倍的效果。如果没有抓住有利时机,总是步别人的后尘,即使投入再大的人力、物力和财力,也可能仍然无法引起新闻媒体的报道和舆论的关注,赞助活动的影响力就会大打折扣,达不到预期效果。

(二)形式新颖

当前,不同领域的社会赞助活动比比皆是,公众对不同形式的赞助活动已经失去了新鲜感。所以,赞助活动的形式要别具一格,富有创新意识,才可以加深公众对旅游组织的印象,赢得社会更多的赞誉。旅游组织应精心设计出具有创意的赞助活动,展示出活动的独特性和创造性,才能够焕发活力,引起公众和媒体的关注,以达到投资效益的最大化。

(三) 量力而行

如果旅游组织出于对社会负责的态度,举行的赞助活动的范围过大、资金投入过多,即便出发点再好,也会对组织的经营和发展造成不利影响。所以,赞助活动的范围和赞助的对象要以组织可以达到的经济承受能力为标准,量力而行地开展规模合理、赞助力度适当的活动,避免组织陷入不堪重负的困境。

(四) 实事求是

在赞助活动中,有关领导和专家要对赞助数额和方式进行审核与评定,组织应该按照承诺,及时兑现。但由于某些公益事业的赞助机制不健全,监管力度不够,致使一些组织在举行赞助活动时,公布的善款数量与实际的赞助款不一致,多报少捐或不捐、迟捐的情况客观存在,新闻媒体对此也有报道。应该注意的是,蒙混过关是暂时的,事实真相终究会被公众知晓,这些手段会使组织失信于受赞助者和广大公众,让组织形象在公众面前大打折扣,这对今后开展各项公关工作极为不利。旅游组织公关部门应该遵守实事求是的原则,杜绝此类现象的发生。

案例 8—4

公益旅游渐成时尚

随着旅游市场发展的日趋多元化,很多国家的旅游公关组织策划了一种新颖的旅游方式——公益旅游,这种方式是让游客在游览的同时,身兼旅游者和慈善大使两职,既能够了解当地的生活情况,又能通过一系列的公益活动,成为改善当地人生活状况的捐赠人和支持者,从而把旅游活动和公益工作巧妙地结合在一起。

在美国,有多家旅游公司开展了公益旅游的业务。旧金山的高雅旅游公司就是其中之一,总经理张伯伦表示:"在偏僻的非洲草原上,我们也可以为游客提供豪华的别墅,每天的费用可以高达 1000 美元,旅游者仍然可以观光和探险。但旅游者还有另外一个目的,就是去走访被资助的当地人,了解自己的捐助所起到的作用。采用这种旅游方式,每个游客都能给旅游地带来巨大的变化。"

2006 年,麦当劳公司的退休总裁查克进行了一次为期 9 天的坦桑尼亚公益旅游。他在旅行中参观了坦桑尼亚的野生动物保护基地,为基地提供了资金援助,还帮助了一个保护组织饲养一只受伤的羚羊,并让康复后的羚羊重回大自然。

2007 年,通过旅游经营商阿蒂桑斯休闲公司参加公益旅游的游客的数量和范围不断扩大,其中包括一些著名歌手和影视明星等公众人物。他们在非洲旅游时,对当地的医院、学校和孤儿提供资助和捐赠,公益旅游活动通过新闻媒体的宣传取得了良好的公众效应。

此外,国际援助团体也组织公益旅游活动,比如加利福尼亚州的乡村事业基金就是一个专门从事培训工作的慈善团体。2008 年 7 月,他们的会员在肯尼亚、坦桑尼亚和乌干达旅游期间,在当地专程走访了经过乡村事业基金培训的农民、工人和裁缝,了解他们的生活水平,给他们送去了关心和爱心。旅游经营商雅趣旅游公司还组织游客去博茨瓦纳进行旅游捐赠,旅游者为一个大象保护组织捐赠了10万美元,同时,雅趣旅游公司还鼓励在肯尼亚旅游的游客购买种子植树,并在访问坦桑尼亚的时候为一个小学提供资金援助。

在加拿大也有一些慈善团体纷纷为落后地区设置了慈善基金。麦凯基金的创办者约翰·凯在柬埔寨旅游期间,为当地的一所小学捐赠5万美元用于购买计算机和书籍,并为小学的教师支付工资。约翰·凯还和他的妻子在坦桑尼亚参与保护非洲野生动物和食品银行的援助。

近年来,这种"边旅游,边行善"的公益旅游在国内也悄然兴起。我国"5·12"汶川大地震发生后,四川旅游业遭到重创,景区和交通设施损失严重,大量旅游经营者和从业人员陷入困境。随后,很多对口援建省市对四川开展了"爱心之旅"活动,组织当地民众前往对口扶持的地方进行公益旅游,为振兴四川旅游业做出了积极的贡献。2009年,香港一所学校的42名学生来到都江堰市虹口镇进行了为期6天的旅游公益活动,除了第一天进行旅游观光以外,其余5天都开展了不同形式的公益活动,其中包括在深溪村修建6座生态厕所和在成都大熊猫基地做义工等,为灾区重建贡献了力量,也给当地人民送去了精神安慰。

对于旅游组织来讲,公益旅游是一种值得提倡的旅游方式。它既可以向公众展示承担社会责任的勇气,又可以提升组织品牌价值的含金量,从而达到塑造组织形象的目的。

【小结】

旅游公共关系专题活动是一项具有很强的技术性和操作性的工作,是组织为了实现公关目标而开展的各项专门主题活动。旅游组织借助新闻媒体的力量,与社会生活紧密结合,有目的地影响公众的心理和行为,从而达到活动的预期目的,树立旅游组织良好的社会形象。常见的公共关系专题活动包括新闻发布会、庆典活动、展览活动、赞助活动等,它们相互联系、相互协调,共同构成旅游公共关系日常业务的重要内容。

新闻发布会是旅游组织邀请记者参加,通过发布信息和现场问答的形式,借助媒体传播的力量协调组织经营管理的一种公共关系专题活动。举办新闻发布会可以引导媒体舆论的方向,增强旅游组织与公众的沟通,达到宣传组织,提升组织形象的目的。

会展是利用会议和展览等集体性活动进行宣传的一种传播方式,通过实物、模型、图片、文字、产品、资料的展示,使公众对旅游组织的产品和服务有一个直观、具体的了解。从内容、性质、规模、场地和时间等方面划分,会展包括多种不同的分类。

庆典活动是组织利用重大事件、节日和纪念日,举办的各种仪式和庆典活动的总称,包括开业庆典、周年纪念庆典、庆功典礼、节日庆典和其他活动庆典。通过庆典活动可以抒发情感,强化组织的社会影响力,从而提高组织的知名度和美誉度。

赞助是旅游组织以资金、物资或服务等形式,为社会提供的无偿支持和援助,并获得形象传播效益的社会活动。赞助活动类型多样,主要包括赞助慈善事业、赞助教育事业、赞助文化事业、赞助体育运动和赞助奖励基金等。通过有效的策划,可以使旅游组织在公众心目中树立起具有高度社会责任感的品牌形象,赢得社会公众对组织的好感和支持。

各种旅游公共关系专题活动围绕分析调查、组织策划、活动实施、效果评估四个环节得以开展。

【关键术语】

旅游公共关系专题活动、新闻发布会、会展、赞助活动、庆典活动、展台设计、节日庆典、赞助慈善事业。

【习题】

一、名词解释

新闻发布会、赞助活动、庆典活动、会展、节日庆典、赞助慈善事业。

二、简述题

1. 如何开展新闻发布会的前期准备工作？注意事项包括哪些？
2. 比较新闻发布会、展览会、庆典活动和赞助活动的基本特点。
3. 庆典活动主要包括哪些程序？
4. 剪彩的时候应注意哪些细节？
5. 展览会的类型有哪些？参加展览会有哪些注意事项？
6. 赞助活动的类型和注意事项是什么？

三、思考题

1. 如何在庆典活动中挖掘其民族性内涵？
2. 赞助活动产生的社会价值在于哪些方面？
3. 公关人员在新闻发布会的现场调控工作中需要做好哪些工作？
4. 确定主题在各种旅游公共关系专题活动中的重要性表现在哪里？

第九章 旅游危机公关管理

【教学要点】

知识要点	掌握程度	相关知识
旅游危机公关	了解	旅游危机公关的含义和特点
	熟悉	旅游危机公关管理的作用
旅游危机公关的预防和处理	掌握	旅游危机公关的预防措施
	掌握	旅游危机公关处理的程序和原则
	掌握	掌握旅游危机公关处理的策略
旅游投诉的处理	了解	旅游投诉者的心理
	掌握	旅游投诉处理的要领和程序

【导入案例】

台湾苏花公路 10·21 事件

2010年10月21日,受台风"鲇鱼"的影响,当日下午台湾东部地区降雨量超过180毫米,苏花公路多处地段发生严重塌方,导致32辆各式车辆以及461名游客被困,其中大陆游客约120人,多来自广东珠海;19名大陆游客及台湾的创意旅行社游览车驾驶员郭铭麟和导游曾庆华等21人死亡。

台湾风光美丽,但地形险峻,是自然灾害的多发地区,其中,台风是威胁台湾地区最严重的自然灾害,可能引起暴雨、崩石和泥石流。苏花公路事件,引起了民众的强烈反应,使旅游者及潜在旅游者产生了不良印象,造成了台湾旅游业的一个危机。台当局立即采取以下措施进行危机公关。

1. 实施危机救援,稳定社会秩序

灾害发生后,抚慰受害者、实施心理救援成了当务之急。台湾空勤总队、国防部直升机及地面搜救人员共救出435人,仍有4辆车26人失踪。海、陆、空继续进行全面大搜索,寻获了残缺遗体与尸块,搜救人员说,从未经历过这种惨状。台湾军方表示,台军已派遣各型舰艇8艘,兵力757人,包括2艘诺克斯级舰。

家属们对台湾相关单位在救援及善后事宜上的努力表示感谢。多数家属提出,希望台湾能在事发地点(苏花公路114.5千米处附近)竖立纪念碑。

2. 积极赔偿

海峡交流基金会已请旅行社和保险公司、律师等共同商讨并提供协助,让家属们获得应有的权益保障。与家属协调后,每位罹难大陆游客能领取合计510万元新台币的赔偿费用,还可以获得大陆组团社旅行社保险金30万元人民币。珠海市政府已召集相关单位召开会议,要求认真对待失踪人员家属提出的合理要求,相关单位做好理赔及善后工作。

3. 充分利用媒体做好正面宣传,维护目的地形象

对信息的封锁或粉饰会增加流言蜚语的可能性,从而加剧危机的恶化。为了保证危机沟通的有效性,政府应该建立统一的危机应急信息中心并及时对外传递信息。事件发生后,政府建立"台湾苏花公路发生塌方事故"专门网站,对事件救援工作进行跟踪报道。媒体在旅游危机事件中扮演了十分重要的角色,因为媒体有能力使公众对某一问题形成一种看法。很多事情都是媒体作现场报道,并播放给全世界的观众的,通常,生动的现场直播会对公众产生深刻的影响。通过媒体的炒作,游客对旅游业开始怀疑,原来美好的旅游形象往往被不安全的旅游目的地形象所代替,由此引起的公众和旅游者的恐慌,并对旅游业产生巨大的消极作用。因此,媒体做好正面宣传可以为台湾旅游业带来积极的影响。

此次事件尽管由于及时进行社会救援,弥补灾害造成的部分损失,使灾难中的财产损失最小化,为市场恢复打下了物质基础,但仍给我们以下几点启示。

1. 应进一步完善危机预警系统

对于此次外界质疑台湾当局为何不封闭苏花公路,台湾"交通部"表示,当雨量增大后,已按规定封路,只是当时已有不少车辆进入苏花公路。看来,岛内的封路规定存在"灰色地带"。在此次大陆旅行团失踪事件后,台湾当局确实应该再仔细斟酌应何时封路、是否等雨大后才下指示。尤其对于苏花公路、阿里山、太鲁阁等这些风景优美的"高危地区",在遇到恶劣天气的情况下,预警机制是否能更严谨、更及时?建立"早期预警系统"有助于防范自然灾害,将损失降低到最小。因此,在旅游规划中,加强环境因素影响评估是旅游危机管理中最重要的部分。

2. 加强危机后的特别促销

危机后想要立刻回到危机前的水平几乎不大可能,因此,加强危机时的特别促销,在促销中突出安全信息,有助于旅游业的恢复。台湾当局立即动工兴建"苏花改",增强苏花公路未来的安全性。同时,政府和旅游组织开展主题促销活动对于加快恢复的进程能够起到重要作用。

危机出现后的第一个24小时是非常关键的。不合理的反应会进一步加重对目的地的破坏,而合理的危机管理可以强化与客户间的关系并帮助目的地更快地从危机中恢复。重点在于保护生命安全和减少财产损失,同时应启动沟通战略程序,以确保利益相关者和公众的利益以及信息的畅通。

3. 帮助和抚慰受害者,维护旅游者未来消费信息

采取一切措施帮助受害者。设立热线,保持与旅游者及其家人的信息畅通显得尤为

重要。

最后,向旅游企业提供金融援助和财政支持,建立有效的危机管理沟通机制。建立旅游危机信息披露制度,采取适宜的沟通策略,促进危机管理的多边合作。

资料来源:《中外公关案例宝典》,何春晖

【思考】旅游危机事件的发生是任何一个旅游组织都不愿意看到的,但危机又是不可避免的,当危机发生时,旅游组织应该如何处理和应对呢?

第一节 旅游危机公关概述

一、旅游危机公关的含义

(一)旅游危机事件的含义

世界旅游组织把旅游危机定义为:影响旅游者对一个目的地的信心和干扰旅游业继续正常经营的非预期性事件。这些非预期性事件严重损害旅游组织形象,甚至危及公众生命及财产安全,给旅游组织带来严重的后果。旅游危机既包括自然发生的恶性事故、人为形成的工作事故、不利的社会舆论、公众的强烈谴责,也包括恐怖主义活动、政局动乱、犯罪活动、战争以及疾病等,处理和化解危机事件是旅游公共关系管理的一项重要任务。

(二)旅游危机公关的含义

旅游危机公关是指旅游组织在发生危机或预测到即将发生危机时,所采取的一系列减少损失的公关运作过程,包括消除影响、恢复形象、重新建立与旅游者的正面沟通关系等。

就旅游业来说,旅游目的地之间的市场竞争日趋激烈,旅游组织面临各种压力与挑战,而目前旅游市场并不十分规范,游客在吃、住、行、游、购、娱等方面容易与其他各个方面产生矛盾,因此危机在旅游行业时时刻刻存在着。

(三)旅游公关危机事件的类型

从国内外一系列危及旅游业发展的危机事件的动因、成因和空间范围等方面来看,危机事件可分成不同的类型。

1. 根据动因性质划分

根据动因性质划分,可分为自然危机和人为危机。自然危机主要包括不可抗力的自然灾害或其他自然现象造成的重大伤亡事故,如地震、海啸、火灾、洪水、恶劣气候等,这是人们难以预料的,一旦发生,对旅游业影响极大。如 2003 年的"非典"、2004 年 12 月发生在东南亚的海啸等。

人为危机主要包括由于管理失误或产品质量等人为因素造成的服务及产品质量危及游客或旅游组织生存的事件。

2. 根据主要成因性质划分

根据主要成因性质划分，可分为政治性危机、经济社会性危机和安全性危机。政治性危机主要包括国内政治形势混乱、战争、国际关系不稳定等；经济社会性危机是指国内或国际经济秩序的动荡、经济形势的恶化等。例如1997年始于泰国的东南亚金融危机蔓延到东北亚的韩国，波及日本、香港、台湾等地区，造成货币纷纷贬值，对中国旅游业产生了冲击，致使旅游接待人次持续下降。安全性危机主要包括流行病、灾害、恐怖袭击等，例如2001年美国"9·11"恐怖袭击严重打击了美国的旅游业，据统计，事件发生以后3个月，到美国旅游的欧洲和东南亚游客人数减少了30%，赌城拉斯维加斯和度假胜地好莱坞的街上冷冷清清，豪华饭店空空荡荡，人们担心遭到恐怖袭击，宁愿待在家里，致使美国旅游业遭受前所未有的重创。

3. 根据影响的空间范围划分

根据影响的空间范围划分，可分为国际危机和国内危机，主要包括影响旅游客源地与目的地的全面性国内外危机和局部性国内外危机。

不同性质和类型的危机事件，对旅游业造成的负面影响的程度有所不同。无论是自然发生的灾害事故、人为形成的工作事故，还是不利的社会舆论、公众的强烈谴责，都会使旅游组织陷入巨大的舆论压力之中，小则失去公众的信任，大则丢失旅游市场份额，甚至威胁整个旅游市场的生存和发展，给旅游业带来恶性影响。因此，认清危机事件的性质、类型是十分重要的。

二、旅游公关危机的特点

（一）突发性

旅游公关危机的突发性表现在旅游业是受各类突发事件影响较大的产业。危机事件常具有"出其不意、攻其不备"的特点，旅游公关危机往往是在人们意想不到、没有做好充分准备的情况下突然爆发，让当事人和旅游组织措手不及。这种突发性危机事件表现为爆发的时间、规模、态势和影响都始料未及，在短时间内给旅游业及其相关行业造成一系列的连锁性破坏，甚至使行业陷入混乱。如东南亚金融危机、2001年美国"9·11"事件、2003年中国的"非典"、2008年春中国雪灾，都给中国的旅游业造成巨大的损失。

（二）不利性

旅游业是一个十分敏感的产业，旅游产品的无形性决定了旅游业是一个受国际或地区政治、经济、社会发展影响较大的行业，不论什么性质和规模的危机，都必然对旅游业产生不利的影响。危机一旦爆发，旅游组织的经营活动与外部环境都会发生变化，并破坏旅游设施以及危害旅游目的地的形象，导致人们的预期和行为可能发生重大变化，从而影响旅游愿望和出游行为，引起旅游供给和需求的重大波动，使本来稳定与均衡的旅游市场陷入危机。如2008年汶川地震，在短短的几个小时内重创约50万平方千米的土地，造成6.9万人遇难。整个四川的旅游业因此遭到重创，各大景区门可罗雀。随着旅游业的不断发展，危机事件呈现高频次、大规模的趋势，不仅危害性加大，事件的国际化程度也逐渐增大。在目前国内政治经济持续稳定的大环境下，也要重视国内危机事件对旅游业造成冲击的可能性。

（三）复杂性

旅游业属于综合性服务行业，涉及的服务项目和服务环节众多。某次旅游服务行为是否会引发公关危机，事前人们很难预测，危机发生的时间和破坏程度，也都是未知的。产生危机的原因往往是复杂多样的，因而对于可能造成危机的事件需要小心防范，危机产生后，需要谨慎应对，以消除危机的负面影响，如安全隐患造成的火灾等。

（四）受关注性

旅游公关危机事件的突发性和破坏性使危机事件往往成为社会舆论关注的焦点，成为新闻传播媒介的素材，牵动了社会各界公众，特别是伴随事件而来的强大舆论压力，更成为危机处理中的复杂问题。如2011年日本地震，在非常短的时间内成为国内外大小新闻媒体关注的焦点。

基于以上特点，旅游公关危机处理起来不仅复杂，而且具有相当大的难度，因此，危机公关越来越被人们视为公关活动中最具挑战性的工作，越来越被旅游业所重视。

三、旅游危机公关管理的作用

旅游危机发生后，会对旅游目的地和旅游组织造成经济、信誉上的严重影响，甚至形成关系旅游业生死存亡的重大问题，因此，加强对旅游业公关危机的管理具有重要意义。

旅游危机公关管理是指为避免和减轻危机事件给旅游业带来的威胁，通过危机研究、危机预防和危机处理达到恢复旅游经营环境、恢复旅游消费信心的目的而进行的非程序化决策过程。旅游危机公关管理的作用表现在以下几个方面。

（一）有利于预防危机发生

旅游公关危机的产生虽有突发性、人力不可控制的一面，但是，就多数危机来讲，又都是可以预见的，在一定程度上是可以避免的。危机公关管理可以针对组织自身情况和外部环境，分析、预测可能发生的危机，然后制定出有针对性的措施，一旦发生危机，就能有条不紊地将危机化解，重新恢复消费者的信心。

（二）有利于减少危机造成的各种损失

给组织带来直接或间接的经济损失是旅游危机的后果之一。危机事件一旦发生，如果不及时加以妥善处理，必然对组织造成巨大的损失，如何降低损失、稳定人心，便成为处理危机事件的一项重要任务。当危机突然来临时，进行旅游危机公关管理，并及时、认真地处理危机，可以使危机给组织造成的损失降低到最低，甚至会"转危为机"。

（三）有利于维护组织形象

旅游产品的特性，决定了旅游品牌形象对于旅游业的发展有着至关重要的作用。只有旅游景区的对外形象完整、系统、良好地表现出来，并被有效地传达到消费者时，才有可能获得旅游者的认可。

危机事件发生后，会在公众的心目中对组织的形象、声誉造成不良影响，组织应该通过危机事件的处理，控制公关局面，解决公关问题。在危机事件发生后，公关人员要总结经验，吸取教训，进一步开展公关活动，改善服务质量，以改变公众对组织的不良印象，恢复和矫正旅游形象。

（四）有利于协调旅游组织与公众的关系

旅游危机公关管理可以协调组织与公众的关系，保护公众的利益。在危机发生后要主动承担损失和责任，确保公众的利益，安抚公众的情感，及时同公众进行交流和沟通，采取有效措施补偿损失。

对公关危机进行处理，目的在于尽力协调组织与公众的关系，形成组织发展的良好环境。当面临公关危机时，组织与公众的关系就处于不协调的状态。在这种情况下，有关公众就会成为组织的首要公众，组织要认真对待，主动沟通，积极互动，只有这样才能得到公众的理解和支持，为组织营造和谐的生存环境。

认识旅游危机公关管理的作用和意义，还在于能够消除侥幸心理，使旅游组织决策层不仅"识危"，而且"防危"、"治危"。

案例 9-1

火车晚点——多么快乐的事

作家陈祖芬曾在报纸上发表文章，记叙她在美国坐火车旅行的一次经历。文章中说道，当火车驶到爱丁堡附近时，突然间火车头出现了故障，乘客得下车换乘火车，走下站台绕点路才能到达另一列车。但是乘客们却毫无怨言，因为列车广播员说，刚才的事件很对不住大家，现在冷热饮料一律免费供应。然后乘务员们一个个端着移动电话走来，让乘客们打电话告诉亲友，火车原定 20:40 到站，改为 21:22 到。乘客们有话没话地故意打电话给亲友玩。一位女士笑道，打个电话给梅杰吧，又有人说，打个电话到北京吧，乘客大笑，乘务员也大笑，安静的车厢变成了喜剧剧场。

资料来源：《旅游公关关系》，银淑华

第二节 旅游危机公关事件的预防

旅游危机的产生虽具有突发性、人力不可控制的一面，但对于旅游公关部门来说，又是可以预见的。危机管理的重点在于预防，危机的预防有两个环节，一是预测危机，即及时发现危机产生的"萌芽"；二是确定处理危机的原则，制定处理危机的预备方案，危机一旦发生不至于手忙脚乱，而是从容不迫地采取有效措施，"转危为机"。

一、树立危机管理意识

旅游业是一个关联性极强的产业，需要多个部门协调合作，其中任何一个环节出现差错，都可能给旅游业带来意想不到的损失。因而，发展旅游业必须具备风险意识，在制定旅游规划时，就必须考虑危机管理，做最坏的打算，并做好处理、应对最坏结果的心理准备和机制，以免在危机来临时措手不及，一蹶不振。

二、设立危机管理机构

设立固定的危机管理机构有利于旅游管理部门在危机出现时迅速做出反应,制订出有效的危机处理计划和较成熟的危机处理方案,及时控制局面。旅游危机管理机构的主要任务是负责收集各种危机信息以及相关知识,预测危机可能发生的频率和损失程度,找出可能影响旅游业的各种不利因素。

在危机发生前,设立危机管理机构有利于旅游管理部门制订危机应急处理方案,以指导对可能发生情况的处理,并按计划根据相关信息对员工进行危机管理教育和模拟训练,增强危机处理的信心和处理经验。在危机发生时,设立危机管理机构有利于旅游管理部门迅速做出反应,执行处理战略。

(一)做好危机预报

危机管理的专业性很强,信息和经验的持续累积对应对危机非常重要,危机管理机构要根据本组织建立以来或其他组织发生过的类似危机,对可能发生的危机作出预测和分析,对危机发生的可能性及其性质、规模和影响范围作出适当的预报。

(二)设立"新闻发言人"制度

为了杜绝谣言,维护组织形象,在危机发生前组织必须设立"新闻发言人",即代表组织对内、对外介绍事实真相,告诉公众组织在处理危机中所做的努力,通常由组织的高层人员担任,特殊时期由一把手担任。要通过"新闻发言人",建立并维护良好的媒体合作平台,以恰当的方式及时公布事实,让公众了解情况,从而掌握管理危机的主动权。

(三)组织内部的公关培训

旅游组织可以将危机预测和处理的设想编印成通俗易懂的小册子,发给组织内每一位员工,同时通过多种方式向组织员工介绍应对危机的方法,让他们对危机的可能性和应对方法有足够的了解,这样即使发生了危机,员工也能从容应对。北京喜来登长城饭店在《公共关系培训指南》中培训员工"发生火灾怎么办","发生自杀、炸弹、精神病患者的失常行为怎么办",对员工进行处理危机的模拟培训,以锻炼员工在紧急情况下冷静处理问题的能力。

三、建立危机预警系统

建立危机预警系统可以有效分析危机发生的频率和影响力,了解危机管理的难度和公众的关注度。一般而言,除了一些自然灾害、车船失事等非人为的、突发的危机事件外,大多数旅游公关危机事件都有一个潜伏期,潜伏期内无论如何隐蔽,总有一些先兆表现出来。因此,建立危机预警系统可以使旅游公关人员及时发现危机的早期征兆,对危机潜伏期的信息、情报及时处理,使旅游组织将危机消除于萌芽状态。

旅游危机预警系统可以把许多分散、零星的信息组织到一起,对旅游组织的行为进行监测,包括旅游组织的生产、经营、管理等环节,分析危机发生的概率以及危机发生后可能造成的负面影响,做出科学的预测和判断,并及时向旅游组织决策者通报所发现的问题。

2004年印度洋海啸后,泰国立即启动了灾害预警系统,可以在泰国南部旅游城市启用,预警系统可以在海啸一类灾害发生前30~60分钟发出全方位预告,包括媒体通告、景点告示、灯光指导、有声通知、文字与图示,卫星传播至整个东南亚等。

四、建立危机协作机制

建立一套危机协作机制是做好旅游危机公关的关键,在全球化的条件下,危机的应对必须是全球化的,不能仅依靠某个国家或地区来独自承担,更需要世界各国的配合与协作。同时,旅游管理部门与其他管理部门的配合与协调,可以提高资源与信息的利用水平和决策的科学性、时效性,提高旅游组织危机管理的能力和水平。

五、设立危机风险储备基金

危机尤其是重大危机的爆发,导致旅游市场需求急剧下降,旅游者消费紧缩,可能使旅游组织流动资金出现困难,成本增加,进而陷入困境,遭受重创的旅游组织急需救助。目前,国家主要通过财政渠道减免旅游组织的一些税费,暂时退还质量保证金,提供紧急贷款等措施,例如在"非典"来临时向遭受"非典"重创的旅游组织进行紧急"输血"式救急,以使组织能够运转。但税费的减免也意味着国家税收的减少,给国家财政增加负担,进而会影响到整个国民经济。因此,可以设立旅游业危机风险储备基金,在危机爆发时向那些受到严重影响的旅游组织提供资金援助,减轻经营压力,确保旅游组织正常运转。

六、进行危机防范模拟演习

进行危机防范模拟演习可以不断完善危机管理的预警和预控体系,也能够培养政府和公众的危机意识,掌握危机管理的知识和技巧。演习时借助大众媒介向公众和旅游者宣讲如何防范、预防以及避免危险,既不会造成公众和旅游者的猜疑和恐慌,又可以隐晦地提醒公众和旅游者,在危机来临时避免间接的损失。

危机并不可怕,只要有科学的管理,就能从容应对,把危机造成的损失减到最低程度,平安度过危机。

第三节 旅游危机公关的处理

一、旅游危机公关处理的原则

旅游危机多由突发事件引起,处理起来难度大,无章可循。为了避免危机给组织造成损失,或者争取把损失减少到最低程度,在处理危机时必须遵循以下原则。

(一)公众利益优先原则

公众利益优先原则是处理公关危机的第一原则,也是危机处理的核心原则。当危机出现的时候,旅游组织会受到损失,作为公关人员,首先考虑的应该是公众的利益,应当把公众的利益放在第一位。只有得到公众的支持,保证了公众利益不受损害,才会给旅游组织带来声誉。

如因产品质量、环境污染等给旅游者和社会公众造成人身伤害和经济损失，旅游组织应根据公众利益优先的原则，不仅要承担道义上的责任，而且要根据所造成的损失大小和组织的承受能力，尽可能地为受害者提供经济补偿，而不能推卸责任，置公众利益于不顾。

（二）真诚原则

真诚原则是处理危机的基本原则之一，即诚实、诚恳、诚意。

1. 诚实

在处理危机的过程中，无论是对新闻记者、受害者还是上级领导等，都要实事求是，向各方面的公众如实反映和汇报事件发生的原因、经过、可能造成的后果和处理的态度，而不能含糊其辞，更不能置公众意愿于不顾，封锁消息，自行其是。

2. 诚恳

在处理危机时要以一切以公众利益为重，不回避问题，及时与媒体和公众沟通，诚恳地向公众说明事情的进展，重拾公众的信任和尊重。

3. 诚意

事件发生后应在第一时间向公众说明情况并致以歉意，体现勇于承担责任、对消费者负责的态度，从而赢得同情和理解。

（三）及时性原则

及时性原则是指第一时间对发生的危机事件采取有效措施，及时地予以控制。加拿大企业危机管理专家唐纳德·斯蒂芬森曾说过，危机发生的第一个24小时至关重要，如果你未能很快地行动起来并准备好把事态告诉公众，你就可能被认为有罪，直到你能证明自己的清白为止。由于突发事件往往是组织不能预见的，没有处理类似事件的经验和规章制度可循，而且势态发展迅速，因此要求迅速决策，根据不同的情况采取不同的措施和手段，决不能够因循守旧，犹豫不决。

因此，对各种可能出现的情况应分别制订应急计划和措施，对正在发生的危机事件要及时处理，及时报告上级有关部门，并与新闻媒体取得联系，做好报道工作。

（四）维护声誉原则

维护声誉原则是危机处理的出发点和归宿。在处理危机时，一切都是围绕维护组织声誉进行的。2003年5月，世界卫生组织宣布解除对中国广东省和香港特别行政区的旅游警告后，国家旅游局对"非典"给旅游造成的巨大损失展开全面公关工作。2003年6月，亚太地区危机管理旅游部长峰会在菲律宾召开，国家旅游局充分利用此次会议，开展公关沟通工作，争取亚太地区国家和组织恢复对中国的旅游信心。国家旅游局领导代表中国在会议上提出了"关于消除'非典'对亚太地区旅游业影响应采取的综合性措施的建议"，包括建立《中华人民共和国政府与东盟国家政府关于控制非典型肺炎传播的出入境检疫管理行动计划》，希望相关国家尽快解除赴华旅游禁令，在适当的时候在北京举行东盟10国和中国、日本、韩国"10＋3"旅游部长特别会议，共同研究"非典"过后促进亚太地区旅游业恢复发展的方案等，这些建议和措施都是在恢复对中国的旅游信心，维护中国的旅游声誉。

（五）主动性原则

主动性原则是指在危机发生后，要主动向上级主管部门汇报情况。如发生危及公众利益的环境污染、火灾、爆炸等事故时,要主动向环保、消防、安全等部门和新闻媒体通报情况,进行信息沟通,寻求理解、支持和合作。不能消极地等待上级来调查处理,更不能等上级有关部门出面干预后才勉强被动地做工作。如果已经给社会公众造成损失,应主动登门道歉,并承担相应的责任。

（六）补偿性原则

如因产品质量、环境污染等给旅游者和公众造成人身伤害和经济损失,旅游组织应根据公众利益优先的原则,不仅要承担道义上的责任,而且要根据所造成的损失大小和组织的承受能力,尽可能地为受害者提供经济补偿和物质补偿。不能推卸责任,置公众利益于不顾,抱有投机取巧、侥幸过关的心理。

案例 9-2

当预订出现问题时

正值旅游旺季,两位外籍专家出现在杭州某宾馆的总台前。总台服务员小刘是个新手,他查阅了一下订房登记单,马上简单地对客人说:"你们预订了一个标准间B档的客房,明天一早退房。"客人听后脸色陡然一变,很不高兴地说:"接待单位在为我们预订客房时,曾经问过我们要住几天,我们明明说好住三天,怎么现在变成了仅住一天呢?"小刘仍用呆板的毫无变通的语气说:"我们这两天房间特别紧张,明天已经没有标准间B档的房间了,当时你们接待单位来订房时已经跟他们说过了,他们也同意了。"

客人听罢更加恼火,大声讲:"你们要解决我们的住宿问题!现在我们根本没有兴趣也没有必要去追究预订客房差错的责任。"

正当小刘与客人形成僵局之际,前厅值班经理闻声前来,首先向客人表明他是代表总经理来听取意见的。他先让客人慢慢地把意见说完,然后以抱歉的口吻说:"你们提的意见是正确的,眼下追究接待单位的责任并不是主要的。这几天正值旅游旺季,标准间B档很紧张,我设法安排一间套房,请你们明天和后天继续在我们宾馆做客。虽然套房房价要高一些,但设备条件还是不错的,我可以给你们打个六折。"客人觉得这位值班经理的态度是诚恳的,提出的补救办法也是符合情理的,于是同意照办了。

应该将客人的感受放到第一位,对待有抱怨的顾客,一定要以礼相待,耐心听取他们的意见,并尽量使他们满意而归。即使碰到挑剔的顾客,也要婉转忍让,至少要让客人在心理上有如愿以偿的感觉,要尽量在少受损失的前提下满足他们的合理要求。小刘作为前台的新人,应尽快提高各项业务技能,为客人提供高质量的服务。前厅值班经理对客人的投诉做到了诚恳、耐心地处理,消除了不良影响,重新赢得了客人的信任。

资料来源:170一起游网 http://www.17u.com/news/shownews_102234_0_n.html

二、旅游危机公关处理的程序

（一）快速反应、控制损失

1. 快速做出反应

快速做出反应是危机公关处理的第一步，危机发生后，应根据危机发生的实际情况，快速做出反应，立即启动危机预警机制，迅速展开危机救助工作。成立危机处理临时机构，由组织的主要领导人负责，由公关管理人员和有关部门组成，为危机事件的有效处理提供强有力的组织保证。

2. 控制危机蔓延

在严重的恶性事件爆发后的一段时间里，危机不会自行消失，相反，它还可能进一步恶化并迅速蔓延，因此，必须采取有力措施，控制危机蔓延，努力使公关危机所造成的损失降到最低。这就要求旅游公关部门真诚对待公众，并表明处理事件的态度，在第一时间通过媒体将相关信息告知公众，尊重公众的知情权，避免由于信息不通畅造成恐慌和谣言。媒体的相关报道须着重强调政府和地方机构如何消除危机影响、确保危机不再发生、如何处理危机造成的危害，给旅游地树立正面、积极的形象。

（二）深入现场、了解事实

1. 第一时间深入现场

旅游组织应及时组织人员深入危机现场，了解危机事件各方面的情况，掌握第一手资料，为处理危机事件提供基本依据。还要立即与公安、消防、卫生、旅游主管部门联系，取得他们的支持和帮助。

2. 了解事实

组织的公关人员赶到现场后，主要了解以下情况：危机事件发生的时间、地点、原因，人员伤亡程度和人数，事态的发展趋势、危害程度，公众在事件中的反应情况等，危机期间的旅游情况、当地媒体报道的主要方向，对旅游目的地形象的影响等。调查相关公众在危机事件中的要求，找出处理危机事件的关键。

3. 做好记录

将在现场听到、看到的所有情况记录下来，如果有可能，可以用照相机、摄像机拍摄现场，用录音笔录下相关内容，以便帮助分析，从而找出危机发生的真正原因，并形成危机事件调查分析报告，然后迅速将这些信息反馈给宣传和沟通部门。

（三）查清原因、确定对策

1. 查清原因

在了解危机事实的基础上，组织成立的危机处理机构要查清原因，制定处理危机事件的基本方针和对策，确定一套完整的危机处理方案。

2. 确定对策

首先，要把事件发生的原因、经过和组织对策告知全体员工，使他们了解实情，齐心协力，共渡难关，同时，组织要向外界公布危机的真相。其次，要准备好一份技术性较强的情况介绍，以准确的数据和标准的技术解释，向有关技术人员和专家介绍危机情况的真相，也要及时向组织直属的上级领导部门汇报情况，通过新闻媒体如实地传达事件发生的实时信息,对前来询问的旅游者也不应拒绝会见。

(四) 有效行动、转危为机

在查清原因、确定对策的基础上,要积极采取有效行动,"转危为机"。这是危机处理的核心环节,要针对不同的对象采取不同的行动,具体有以下几种情况。

如果是服务不当引起的危机,应立即制订方案改进服务方式,并向受害人道歉或进行相应的补偿;如果是不合格产品引起的恶性事故,如旅游饭店的食品安全问题等,应立即组织检验小组,对不合格产品逐个检验,通知销售部门立即停止出售此种产品。

如果是由于外界误解或人为破坏造成严重的组织信誉危机,要立即查清原因,通过新闻界澄清事实,反驳谣言,消除误解。

如果在事件中有人员伤亡,必须立即通知其家属,为他们提供一切必需的条件,满足他们探视或吊唁的要求,并做好医疗和抚恤工作。

对受害者予以损失赔偿。如果旅游组织出现严重的异常情况,特别是出现重大责任事故,如火灾、爆炸等事件,使公众利益严重受损,组织必须承担责任,给予公众一定的精神补偿和物质补偿,以赢得公众的理解与支持。总之,不同性质的危机要采取不同的措施加以处理。

(五) 做好善后、重塑形象

危机妥善处理后,需要认真处理善后事宜,重新树立组织形象。

1. 做好善后

为了继续获得公众的支持,应选派公关人员回访,了解公众的需求与合理化建议。同时,为了挽回社会影响,可以利用新闻媒介公布事件经过、处理方法和今后的预防措施,必要时组织还要利用新闻媒体刊登致歉广告,唤起公众的同情和理解。最后,要写出书面报告,预防此类事件再次发生。此外,在重大灾害事件的纪念日,如一百天,六个月,一周年,两周年等,媒体通常会在这些时间回顾灾害造成的伤亡、损失等,而这些日子公众也会着重留意这些地区实行的措施。如能够利用这些时机,充分提供积极、正面的消息,可以帮助受危机影响的地区吸引游客。

2. 重塑形象

公关危机的处理,说到底是重新树立组织形象的过程。因此,在危机处理之后,要针对组织形象受损的内容和程度,重点展开弥补形象缺陷的公关工作。

3. 继续保持与公众的联络与交往

危机期间,要积极通过各种方式与公众保持沟通,向他们汇报组织的情况,争取公众的理解和支持,保持旅游者对组织的信心。必要时,给予游客价格等方面的优惠,并感谢旅游者对组织的长期支持。

4. 充分发挥媒体的宣传作用

通过报纸、杂志、电视、网络等媒体,积极宣传旅游地的安全形象,尽快恢复国内外旅游者的信心。可以调整促销策略,举办一些相关的专题促销活动来吸引旅游者,进而恢复旅游者对旅游地的信心。

三、旅游危机公关处理的策略

尽管旅游危机事件的发生对旅游组织来说十分不利,但是如果采取适当的策略,也可以"转危为机",树立和塑造良好的组织形象。公关危机处理的策略是指在对危机事件的真相调查分析的基础上,针对不同的对象确定相应的对策,采取相应的措施。公关人员要善于根据不同诱因、不同情况选择不同的策略,具体可以归纳为以下几个方面。

(一) 加强多方沟通,重建信任感

在危机发生后,与公众进行沟通,保持良好关系,尽量满足公众利益和要求,这对于重建旅游者的信任十分重要。与公众的沟通包括以下几个方面。

1. 及时与公众和旅游者沟通

对于旅游组织来说,危机爆发后,沟通越及时,危机处理得就越好。公关危机处理的一项主要任务就是与公众沟通,积极处理组织与公众的关系,使组织与公众的关系处于和谐发展状态。

危机发生后,要及时召开新闻发布会告知公众真相,让公众了解组织,为争取公众的谅解和支持做好准备。满足公众对信息的渴望,经常发布一些对他们有价值的信息,避免出现信息真空。

为了在旅游者心目中树立旅游组织的良好形象,组织要积极与旅游者沟通,比如通过给旅游者打电话、写信等方式与之沟通、交流。在危机发生后,可以通过媒体发表一封"致旅游者"的公开信,及时告知社会各界,包括公司股东、主管部门、经销商最新消息,如公司正在和政府合作,调查正在进行中,或正在做出某种选择,等等。

2. 让员工享有知情权

员工不应仅仅知道公开的信息,而且应该让他们知道得更多一些。如果员工处于对组织现状了解得不全面的尴尬状态,组织不太可能从员工那里得到更多的支持,会在内部产生不稳定因素。因此,员工不仅要了解现状,还应了解事态的进展,组织应随时与他们沟通。当然,还应要求员工不要对外散布信息,只有组织的新闻发言人才是组织对外发布信息的唯一渠道。

(二) 正确利用媒体进行公关

旅游组织发生危机时,媒体是一定会面对的。由于媒体是公众利益的代言人,具有受众多、宣传面广、传播迅速、可信度高等特点,因此媒体是危机爆发的出口,同时也是危机控制的关键。

媒体在报道企业危机事件时有两个特点:一是媒体没有义务按照企业的理解和希望去确定报道角度或者重点,二是媒体可能因为不准确的语言描述而背离了企业所表达的内容。要尊重媒体报道,把媒体的报道作为对企业的监督,避免挑战媒体,因为挑战媒体,就是挑战公众的知情权。进行媒体公关时要注意以下几点内容。

1. 真诚面对公众,积极与媒体合作

组织不仅要对所有的媒体记者都坦诚相待,还要及时、准确、有效地把自己的信息告知公众,通过多种渠道获取公众的看法,以调整自己的决策。要真诚与公众和媒体沟通,达到塑造自己形象的目标。有时媒体就某一问题提出猜测,旅游组织要及时回复;有时媒体提出了批评,组织要认真思考媒体的批评是否正确,然后调整自己的行为。危机发生后,恢复旅游业的核心是恢复旅游者对旅游目的地的信心,而政府和新闻媒体的宣传对于恢复旅游者的信心尤为重要。因此,组织要掌握主动,与新闻界建立良好关系,由专门的部门与媒体进行沟通,积极与新闻媒体合作。

2. 统一口径,对外形象保持一致

统一口径。确保组织发布的信息客观、严谨,不给公众留下"欲盖弥彰"印象,避免由于口径不一致给企业带来更大的损害。非指定发言人不得接受采访,应该礼貌地告知媒体新闻发言人的联系方式。

每个媒体都有一群忠诚的阅读群和追随者,不同立场的说辞会让公众产生不一样的看法。因此,组织在进行媒体公关时要统一口径,由指定的新闻发言人对外发布信息,对外形象保持一致。新闻发言人一般应该是组织公关部门的负责人,必须具备一定的专业知识,必须经常与组织管理层保持密切的联系,掌握相关情况,了解危机的最新进展及组织的应对措施,以便及时、准确地向公众通报。在发布信息时,要出口谨慎,避免使用含糊不清的语言,尽可能用一些通俗易懂的语言来表达。发言人要耐心地回答记者的提问,由于职业的缘故,记者的提问往往语言比较尖锐,这就要求发言人表现出合作、主动、自信的态度,耐心、平和地回答记者提出的各种问题,不可采用隐瞒、搪塞、对抗的态度,对于一些不便发布的信息,也不能简单以"无可奉告"来拒绝。

(三) 兑现危机中对公众的承诺,做好善后工作

危机事件处理后,危机管理工作并没有结束,还有很多的善后工作需要进行。否则,危机事件就有可能死灰复燃。

善后工作主要包括:继续与媒体合作,并通过媒体发布危机事件的善后处理情况,及时向新闻媒介通告旅游业的复苏计划和具体措施;尽量控制危机的影响面,避免负面影响产生连带效应;开放现场,邀请媒体重返目的地,向他们展示所取得的成绩,表明旅游组织对公众的坦诚,以抵消危机在旅游者心目中形成的不良印象;善待危机被害者,诚恳、周到地做好伤亡者的救治和善后的安置工作,耐心听取受害者关于赔偿损失的要求以确定如何赔偿,并尽量避免因法律诉讼而带来的组织形象再度受损。

(四) 调整促销策略,开拓旅游客源市场

危机过后会产生新的旅游需求,因此要针对新的市场需求调整促销策略,进一步开展促销活动,恢复旅游业的生机。这时的旅游促销讲究灵活的方式和技巧,促销时要努力提升旅游业的服务质量,提高旅游产品的性价比。在客源地促销时,集中针对危机发生地或周边地区会比较好,因为那里的居民对该地区的状况比较熟悉,不易受到负面报道的影响;在游客类型上主要针对休闲游客,因为有经验的旅游者和经常往返某地的旅游者往往最不容易被危机吓跑。同时,促销内容的可信度至关重要,因为过度推销或宣传材料中不恰当的表述都将导致严重的错误,不仅损失旅游地的美誉,甚至可能制造咎由自取的信任危机。

(五) 重塑旅游组织形象

危机过后,它所带来的负面影响仍会在旅游者心中保持较长一段时间,因此要重塑旅游目的地的形象,恢复旅游者的信心。可以有组织、有目的地邀请记者重新回到受灾现

场,让他们亲眼见证一下,并用正面的电视画面去消除此前的不良印象。

在中国旅游业发展的三十多年中,国际上出现的诸多危机为我们提供了一个良好的发展机会,在很多情况下我们是因祸得福,是受益者而不是受害者。震惊世界并对全球旅游业产生重大影响的"9·11"恐怖事件、印度尼西亚巴厘岛爆炸事件、阿富汗战争、波黑战争和伊拉克战争,造就了中国是"世界上最佳投资沃土、最为安全的旅游目的地"的形象。即使是在对世界经济影响最大的亚洲金融危机发生时,中国的旅游业也保持了令世界嫉妒的成就。

新西兰前总理詹妮·希普列曾提到:危机就是有危有机,危险之后就是机会。因此,重要的是利用遭到重创之后的恢复振兴期,使中国旅游业跃上一个新台阶。

案例 9—3

坐失良机——不该发生的危机

美国纽约一个著名的饭店,一位叫鲍勃的客人在饭店订了一个星期的高档房间,但只住了一夜就拂袖而去。临走时他留下了一封投诉信,信中写道:"贵店徒有虚名,饭店的服务态度和设施与三年前相比大相径庭。昨天我房间里的抽水马桶响了一夜,使我通宵未能睡眠。今早起来一看,污水浸透了房间,我马上去找服务员,可谁都不管,并且熟视无睹,真叫人伤心。"三个月后,鲍勃收到一封信,里面有他原来的投诉信和饭店经理的批复,上面写着:"把这个该死的家伙的投诉信退回去!"而且,其中还附了一张令人哭笑不得的传单:"竭诚感谢你的批评指正,我们一定改进,望下次再次光临鄙店。"看完信后,鲍勃怒不可遏,当即提笔撰文,将此事公诸报端,产生了广泛的社会影响,该店因声誉骤降而陷入生存危机之中。

任何一个旅游组织,在发展过程中,都难免会因为自己的过失或其他的问题而损害公众利益,酿成事故性危机。此时,纠正失误,诚恳道歉,控制事态,弥补公众损失,恢复公众信任,及时化解危机,成了组织的当务之急。而缺乏危机对策,就会坐失良机。该饭店的危机处理方式无异于给本来就十分紧张的公共关系火上浇油,最终燃起了危机的熊熊大火,饭店声誉一落千丈。

资料来源:《现代宾馆酒店公关秀》,梭伦

第四节 旅游投诉的处理

旅游投诉是指旅游者、海外旅行商、国内旅游经营者为维护自身和他人的合法权益,对损害其合法权益的旅游经营者和有关服务单位,以书面或口头形式向旅游行政管理部门提出投诉,请求处理的行为。

一、旅游投诉处理的原则

旅游投诉是基层管理工作质量和效果的晴雨表,是提高基层管理质量的推动力。处理旅游投诉时,应遵循以下原则。

(一)真诚原则

客人投诉,说明管理及服务工作尚有漏洞,说明客人的某些需求没有受到重视。工作人员应理解客人的心情,同情客人的处境,努力识别及满足客人的真正需求,满怀诚意地帮助客人解决问题。

(二)客观、公正原则

对待旅游投诉一定要客观、公正。首先是客观面对投诉给组织造成的损失与影响;其次要公正地拿出解决旅游投诉的措施,当旅游者投诉其利益受到危害时,要诚心诚意地道歉,提出补偿危害造成的损失,最大限度地维护公众的利益。这样,公众和媒体就会积极配合,帮助组织渡过难关。

(三)有理、有利、有节原则

接待旅游投诉者时,态度要保持平和、冷静。对于一些较复杂的问题,在弄清真相之前,不应急于表达看法或采取处理措施,应当有理、有利、有节。投诉者可能情绪激动、言语粗鲁、举止无礼,接待人员都应给予谅解,保持冷静和耐心,决不能与投诉者争辩或反驳,也不能无动于衷,冷落投诉者。即使是不合理的投诉,也应保持冷静,注意礼貌,既要尊重他们,不失投诉人的面子,又要做出正确、合理的处理。

(四)维护旅游组织利益原则

处理投诉不能以无端损害旅游组织的利益为代价,尤其是对于一些复杂的问题,切忌在真相不明之前,急于表达看法或当面贬低旅游组织及其员工。应在查清事实后再诚恳道歉,并作相关处理,时刻以维护旅游组织利益为前提。

二、旅游投诉者心理分析

许多情况下,顾客投诉的目的是综合性的,既有经济上的需求,又有心理上的需求。当客人前来投诉时,不仅要礼貌问候客人,对其遇到的问题表示关心,还要了解客人投诉时的心理,这样才能在处理投诉时更具有针对性和可行性。

(一)求尊重心理

求尊重心理即投诉者希望通过投诉来改变某些不满的情况,从而享受到被尊重、被重视和被关心的感觉。当他们投诉后,希望有关人员重视他们的意见,认为他们是对的,并立即采取行动。听客人投诉时,不要急于辩解,否则会被认为是对他们的指责和不尊重。工作人员要与客人保持目光交流,身体正面朝向客人以示尊重,先请客人把话说完,再适当问一些问题以求弄清详细情况。为了表示对客人的尊重,应把客人投诉的内容详细记录下来,必要时将整个过程写成报告、存档,利于今后工作的完善和预防。

(二)求发泄心理

求发泄心理即投诉者在碰到令他们恼怒的事情之后,或者被讽刺、挖苦甚至被无礼对待、辱骂之后,心中充满怒气,要利用投诉的机会发泄出来,以维持他们的心理平衡。这类客人往往情绪激动,处理时要耐心地听他们投诉,同他们说话时要注意语音、语调、语气及音量的大小。这样做一方面是为了弄清事情的真相,以便恰当处理,另一方面让客人把话说完可以满足他们求发泄的心理。

（三）求补偿心理

求补偿心理即投诉者在遭受了一定的损失后,向旅游投诉管理机关投诉,希望被投诉者能补偿他们的损失,这是一种普遍的心理。对于某些投诉者来说,他投诉的目的是为了获得赔偿,来减轻他买到不好的商品或享受到不满意的服务而带来的麻烦。通常这类客人容易交涉,只要满足了他提出的不太过分的要求,他还可能会再来消费的,如在旅游饭店餐厅吃到食物不卫生希望退换或打折等。

三、旅游投诉处理的要领

（一）认真对待、详细记录

在处理投诉时要认真对待投诉者,冷静倾听他们讲的内容,不要打断客人。客人在投诉时,心中往往充满了怒火,要使客人"降温",不能反驳客人的意见,更不要与客人争辩。对那些情绪激动的客人,为了不影响其他客人,不便在公共场合处理,可请客人到办公室或其他地方个别地听取意见,这样容易使客人平静。在听的过程中,应适当点头,目视客人,表现出我们的真诚。

详细记录客人讲的关键点。把客人投诉的要点记录下来,不但可以使客人讲话的速度放慢,缓和客人的情绪,还可以使客人确信饭店对他反映的问题是重视的。另外记录的资料可以作为解决问题的根据。

（二）调查核实、采取行动

根据客人所说的情况马上进行调查核实,并且判断什么是对的,而不是谁是对的。如果是自己能够解决的,应迅速回复客人,告诉客人处理意见;对饭店服务工作的失误,应立即向客人致歉,在征得客人同意后,做出补偿性处理;对于一些较复杂的问题,不应急于表态或处理,而应礼貌、清楚地列出充分的理由说服客人,并在征得客人同意的基础上做出恰如其分的处理;对一时不能处理好的事,要注意让客人知道事情的进展。

（三）汇报请示、积极补偿

要设身处地地为客人着想,要站在客人的角度上对他们表示同情、关心和理解;对客人的投诉要真诚致谢;告诉客人我们将采取的措施,并且告诉客人什么时候给予补偿。如果超出了自己的能力,必须汇报给上级来处理,要据调查情况以最快的速度答复客人,同时通知相关岗位跟进,对给客人带来的不便表示歉意。

积极补偿,果断地解决问题,这是最关键的一个环节。为了节约时间,不使问题进一步复杂化,以示我们的诚意,必须认真抓好这一环节的工作。

四、旅游投诉处理的程序

旅游投诉处理的程序,是指旅游投诉管理机关受理投诉案件后,调查核实案情,促进纠纷解决或作出处理决定所必须经过的程序。

（一）认真倾听

认真倾听投诉者的意见是处理投诉的第一个环节，对于节约时间、提高处理的效率十分重要。处理投诉是从听取投诉者的讲话开始的，投诉者希望他的意见能引起旅游组织的充分重视，但投诉者由于情绪激动，在表述时会杂乱无章，公关人员可以在认真倾听后通过提问的方式来弄清楚问题，设身处地为客人着想，采取"大事化小、小事化了"的态度，对投诉者表示关心，并记录投诉的要点，作为解决问题的依据。

（二）查明事实

在接到旅游投诉者的投诉状或口头投诉后，旅游投诉管理机关应该首先对投诉内容进行调查核实，对符合受理条件的投诉应及时调查处理，在认为事实清楚、证据充分的基础上做出处理决定。对不符合受理条件的，应当在7日内通知投诉者不予受理，并说明理由。

（三）进行调解

《旅游投诉暂行规定》第十八条规定：旅游投诉管理机关处理投诉案件，能够调解的，应当在查明事实、分清责任的基础上进行调解，促使投诉者与被投诉者互相谅解，达成协议；调解达成协议，必须双方自愿，不得强迫。旅游投诉中的调解协议在加盖了旅游投诉管理机关的公章后，其效力应该等同于旅游投诉管理机关所作出的处理决定。

（四）作出处理决定

旅游投诉管理机关查明事实后，依据有关法律、法规判定投诉与被投诉双方的责任，并作出处理决定，处理决定有以下几种。

属于投诉者自身过错的，可以决定撤销立案，通知投诉者并说明理由。

属于投诉者与被投诉者共同过错的，可以由双方各自承担相应的责任。双方各自承担责任的方式，可以由当事人双方自行协商决定，也可以由投诉管理机关决定。

属于被投诉者过错的，可以决定由被投诉者承担责任。责令被投诉者赔礼道歉或赔偿经济损失，以及承担全部或部分诉讼费用等。

属于其他部门过错，可以决定转送有关部门。

（五）投诉处理决定书

旅游投诉处理决定书，是指投诉管理机关对投诉做出处理决定的书面文书。旅游投诉管理机关作出受理决定后，应当及时通知被投诉者。被投诉者在接到通知之日起30日内作出书面答复，这是被投诉者的义务。

旅游投诉处理决定书应当包括以下内容：投诉者、被投诉者的基本情况，被投诉事由和处理方式，基本事实与证据，责任及处理意见。旅游投诉管理机关对被投诉者的处理决定书要进行认真的核实和复查。

【小结】

旅游危机事件是影响旅游者对旅游目的地的信心和干扰旅游业继续正常经营的非预期性事件。旅游公关危机事件从动因、成因和空间范围等方面来分析，可分成不同的类型。不管是何种原因引起的危机，都要认真对待，以挽回不良影响。

旅游公关危机具有突发性、不利性、破坏性、未知性、关注性的特征，危机一旦发生，如果处理不当,将可能严重影响旅游组织形象。要进行危机公关管理,才能预防危机发生、减少危机造成的各种损失、维护组织形象、协调企业与公众的关系。

面临可能发生的危机,旅游组织应树立危机管理意识,设立危机管理机构,建立危机预警系统和危机协作机制,设立危机风险储备基金,同时进行危机防范模拟演习。旅游公关危机发生后,旅游组织可遵循一定的原则和程序进行妥善处理,以重塑组织在公众心目中的形象,并恢复旅游业的正常运营。旅游公关危机对不同的公众有不同程度的影响,因此,在处理时要讲究一定的策略。

旅游投诉作为旅游公关危机的一部分,旅游组织应引起高度重视,掌握一定的投诉处理的要领,按照正确的程序及处理原则积极应对,从而"转危为机"。在日常公关管理中,充分认识旅游危机公关管理的重要意义,才能在日益激烈的旅游竞争中立于不败之地。

【关键术语】

旅游危机、旅游危机公关、旅游危机公关管理、旅游投诉。

【习题】

一.简答题
1. 什么是旅游危机事件?其特征和类型是什么?
2. 简述旅游公关管理的作用。
3. 旅游危机公关的预防应包含哪几个方面?
4. 处理旅游公关危机有哪几个步骤?
5. 什么是旅游投诉?在进行旅游投诉处理时有哪些要领?

二.思考题
1. 结合一个旅游危机公关事件,谈谈旅游危机公关处理的策略和要领。
2. 为什么要把旅游投诉作为旅游危机公关来认识?

【案例分析】

希尔顿的"双树旅馆事件"

两位在西雅图工作的网络顾问——汤姆·法默和沙恩·艾奇逊在美国休斯敦希尔顿饭店的双树旅馆预订了一个房间,并被告知预订成功。

尽管他们到饭店登记的时间会是在凌晨两点,这实在是个比较尴尬的时间段,但他们仍然很安心,因为他们的房间已经预订好了。但在登记时,他们立刻被泼了一桶凉水,一位晚间值班的职员草率地告诉他们,饭店客房已满,他们必须另外找住处。这两位客人不仅没有得到预订的房间,而且值班人员对待他们的态度也实在难以用言语表达——有些轻蔑,让人讨厌。甚至在他们的对话过程中,这个职员还斥责了他们。

这两位网络顾问当时就离开了,然后制作了一个严厉但又不失诙谐、幽默的幻灯片文件,标题是《你们是个糟糕的饭店》。在这个文件里记述了整个事件,包括与那名员工之间不可思议的沟通。他们把这个幻灯片文件电邮给了饭店的管理层,并复制给自己的几位朋友和同事看。

这一幻灯片文件立刻成为有史以来最受欢迎的电子邮件。几乎世界各地的电子邮箱都收到了这份文件,从美国休斯顿到越南河内,还有两地之间的所有地区。这份幻灯片文件还被打印和复印出来,分发到美国各地的旅游区。双树旅馆很快成为服务行业内最大的笑话,成为商务旅行者和度假者避之不及的住宿地。传统媒体的评论员们也将这一消息载入新闻报道和社论中,借此讨论公司对消费者的冷漠和网络对于公众舆论的影响力。

接着,法默和艾奇逊收到了 3000 多封邮件,大部分都是支持他们的。对此,饭店的管理层也迅速、有礼、大度地作出反应。双树旅馆毫不迟疑地向他们俩道歉,并用他们两个人的名义向慈善机构捐献了 1000 美元以示双树旅馆的悔过。双树旅馆的管理层还承诺要重新修订旅馆的员工培训计划,以确保将此类事件再次发生的可能性降到最低。另外,双树旅馆的一位高级副总裁在网络上与法默和艾奇逊就此事展开讨论,以证明饭店认真对待此事。

资料来源:中国公共关系网 http://www.17pr.com/viewnews－80565.html

案例思考:
1. 你认为饭店职员的哪些做法存在不妥?为什么?
2. 按照危机公关原则"一个中心,两个重点,六项原则"对案例进行分析。
3. 为什么说危机公关对于重塑旅游饭店形象至关重要?

案例解析:

首先,互联网无孔不入的威力挑战着传统的口口相传的传播方式,挑战的程度在该"双树旅馆事件"中表现得再清楚不过了。互联网强大的传播能力已成不争的事实,对此我们要给予充分的关注,对互联网的所向披靡之势要有足够的心理准备。

其次,两位客人和负责预订房间的服务生的互动,证明了饭店雇员的个人行为会严重影响到公司的声誉。这显然是个别雇员恶劣服务的丑闻成了公众的关注点而引起的公关危机事件。

结合公关中著名的唐松定律($100-1=0$),个别雇员的"1"已经破坏了企业的整体形象。这一事件中的关键性的教训在于,品牌的形象取决于消费者与这一品牌每时每刻的互动,可见平时强化全员危机意识是何等重要!强化居安思危意识,加大培训力度,注重服务细节,才能防患于未然。

对双树旅馆来说,两位客人在旅馆中的经历为双树旅馆的服务引发了广泛的信誉危机。但同样重要的是希尔顿饭店管理层的态度和反应,他们与客人保持对话,采取这样的方式,又可以保证品牌声誉的损害得到补救。

危机公关原则中,所谓"一个中心",即以维护、展现当事人良好的社会形象为中心。发生危机事件后,一切处理都应该围绕此中心展开,千万不可"无理狡三分"。双树旅馆对待自己员工的不当言行及时表态,即以一位负责任的家长的姿态出现,不偏袒,坦诚认错,很好地展示了自身良好的社会形象。

"两个重点",即"关心、保护利益相关群体"和"真正解决问题"。获知此事后,双树旅馆毫不迟疑地向当事人道歉,并用当事人的名义向慈善机构捐献 1000 美元以示双树旅馆的悔过,同时双树旅馆的管理层还承诺要重新修订旅馆的员工培训计划,以确保将此类事件再次发生的可能性降到最低,以及双树旅馆的一位高级副总裁在直播网络上与法默和艾奇逊就此事展开讨论,以证明饭店认真对待此事,这些举措充分体现了"两个重点"的公关原则。

"六项原则",即真诚原则、公众利益优先原则、及时性原则、维护声誉原则、主动灵活原则和补偿性原则。遇到危机事件,万万不可拖拖拉拉,指望事件会自然平息或采取"鸵鸟政策",这样只会使事态越来越糟,企业越来越被动,处理起来难度越来越大。双树旅馆可能无法阻止他们的员工所造成的这一公关灾难,但双树旅馆事后的道歉,真诚悔过的表现,愿意做出惩罚和修订员工培训计划的补救性措施,正在修复消费者的信心,这些都是在出丑之后迅速做出的反应。希尔顿在该事件的处理上能按照危机处理原则办事,值得称道。

【课后阅读】

墨西哥旅游业是这样走出地震危机的

旅游业是个非常朝阳而又非常脆弱的行业,任何一种灾害(如强烈地震、森林大火、政治动乱、战争等)都会严重危及一个国家和地区的旅游业。但是正如世界旅游组织秘书长弗朗加利所言,旅游业本身又具有很强的恢复能力,经历过一次危机后会变得更加成熟。

从"9·11"恐怖事件、巴厘岛爆炸事件、阿富汗反恐战争、亚洲金融危机等事件到1991年海湾战争都没能把旅游业拖垮。值得一提的是,经历过严重地震灾害的墨西哥旅游业,在沉寂7个月后又重新兴旺起来。墨西哥是世界上著名的旅游国家,旅游业发达,居世界前五位,目前已成为继美国、加拿大后美洲第三个重要的旅游胜地。旅游业成为墨西哥经济的重要支柱不是偶然的,墨西哥有着丰厚的旅游资源。

墨西哥首都墨西哥城是世界最大的城市之一,它是举世闻名的古玛雅文化、中美洲阿兹特克族人文化和托尔特克文化的发祥地。墨西哥城的查普尔特佩克公园是全城的旅游中心,这个被人们称为"墨西哥城市之肺"的幽静的地方,建有露天音乐厅、儿童园地、动物园,这里四季如春、景色绮丽、气候宜人。

这样一个受到世界各国游客喜爱的著名旅游国家,1986年发生的一场大地震却使它的旅游业骤然遭受到空前的打击。人们当时"谈墨色变",墨西哥的旅游人数由之前的几千万人,一下子几乎降为零。当时已订好了机票、饭店的游客,纷纷取消了出游的计划。

在这万分危急之中,墨西哥出资邀请了美国的著名公共关系专家来到墨西哥进行策划,意在挽救旅游业这一国家重要经济支柱。美国专家通过一系列深入的调查和努力,了解了真实的墨西哥地震后的形象,通过电视、新闻等诸多媒体向外如实地报道,使游客对墨西哥地震后的现状有一个正确、直观、现实的了解,摆脱了对墨西哥地震后惨状的猜测、疑虑和可怕的想象。

然后则是出巨资到美国、日本等发达国家邀请文艺、体育和政界名流到墨西哥旅游。在他们下榻的饭店客房里,在著名的景区和街头巷尾,到处留下这些名人的身影,然后由墨西哥新闻界将这些录像在世界各地播放,用名人效应解除人们对来墨西哥旅游的顾虑,引起外国游客对墨西哥的探究心理。这在短时间内取得了极大的效果,一个多月的沉寂之后,墨西哥的旅游业又兴旺起来,游客人数竟超过了地震前。墨西哥的旅游业不但没有因此而崩溃,反而通过努力使诸多相关的行业也兴旺起来,获得了丰厚的盈利。

资料来源:《中国旅游报》,2003年4月12日

第十章 旅游公共关系礼仪

【教学要点】

知识要点	掌握程度	相关知识
旅游公共关系礼仪	了解	旅游公共关系礼仪的内涵和作用
旅游基础礼仪	掌握	旅游公共关系人员仪表礼仪和举止礼仪
	掌握	旅游公共关系人员交谈礼仪和通讯礼仪
旅游服务礼仪	了解	旅游服务礼仪的概念和重要性
	掌握	旅游交际礼仪、旅游接待礼仪和旅游涉外礼仪
	掌握	旅游业主要岗位服务礼仪的工作规范和基本技巧

【导入案例】

客人为什么又留下了

一个下雨的晚上，机场附近某一大饭店的前厅很热闹，接待员正紧张有序地为一批误机团队客人办理入住登记手续，在大厅的休息处还坐着五六位散客等待办理手续。此时，又有一批误机的客人涌入大厅。大堂经理小刘密切注视着大厅内的情景。

"小姐，麻烦你了，我们打算住到市中心的饭店去，你能帮我们叫辆出租车吗？"两位客人从大堂休息处站起身来，走到小刘面前说。"先生，都这么晚了，天气又不好，到市中心去已不太方便了。"小刘想挽留住客人。

"从这儿打的士到市中心不会花很长时间吧，我们刚联系过，房间都订好了。"客人看来很坚决。

"既然这样，我们当然可以为您叫车了。"小刘彬彬有礼地回答道，她马上叫来行李员小秦，让他快去叫车，并对客人说："我们饭店的位置比较偏，可能两位先生需要等一下，我们不妨先到大堂等好吗？"

"那好吧，谢谢。"客人被小刘的热情打动，然后和她一起来到大堂休息处等候。

天已经很黑了，雨夹着雪仍然在不停地下，行李员小秦始终站在路边拦车，但十几分钟过去了，也没有拦到一辆空车。客人等得有些焦急，不时站起身来观望有没有车。小刘安慰他们说:"今天天气不好,出租车不太容易叫到,不过我们会尽力而为的。"然后又对客人说:"您再等一下,如果叫到车,我们会及时通知您的。"

又是十五分钟过去了,车还是没拦到。客人走出大堂门外,看到在风雪中站了三十多分钟脸已冻得通红的行李员小秦,非常抱歉地说:"我们不去了,你们服务这么好,我们就住这儿吧,对不起。"还有一位客人亲自把小秦拉进了前厅。

资料来源:豆丁网 http://www.docin.com/p-576668532.html

【思考】优质的服务不是简单地"欢迎光临",小刘和小秦用自己的行动作了诠释,尊重客人,处处为客人着想,不但有"仪",更有"礼"。

第一节 旅游公共关系礼仪概述

旅游公共关系礼仪对旅游活动的开展有着极大的影响,了解旅游礼仪的概念和作用,学习和掌握旅游公共关系礼仪的基础理论知识,有助于旅游工作者提高自身修养,塑造良好形象,成功进行人际交流,促进我国旅游业健康发展。

一、礼仪的内涵

礼的含义比较丰富,它既可以指为表示敬意和重视而举行的仪式,也可泛指社会交往中的礼貌、礼节,是人们在长期的生活实践中约定俗成、共同认可的行为规范。

仪是指表率、标准,兼含仪容、仪表、仪态、仪式等多重意思。

礼仪是礼和仪的统一,是人们在社会交往中形成的一种律己、敬人的行为规范、准则及程序。礼仪在广义上泛指人们在社会交往中的行为规范和交际艺术,狭义上指在较大或隆重的正式场合,为表示敬意、尊重、重视等所举行的合乎社交规范和道德规范的仪式。礼仪在层次上要高于礼节、礼貌,所表现的是对人的尊重、敬意和友好。

公共关系礼仪是指一个组织所应具有的、与其自身形象相适应的行为规范。公共关系礼仪按行业分包括旅游业礼仪、餐饮业礼仪、商业礼仪和公关谈判礼仪等。其中旅游业礼仪除了具备一般社交礼仪的形象塑造、感情联络、关系协调、和谐维护的作用外,由于旅游业自身的特点,它还具备服务创新、多元体验、绿色公关等功能。

二、旅游公共关系礼仪的作用

旅游公共关系礼仪是旅游工作者在社会交往与旅游活动中共同遵守的行为准则,是对旅游者表示尊重和友好的一系列行为规范,是礼仪在旅游公共关系中的具体运用。

学习并应用旅游公共关系礼仪是每一个旅游工作者的需要,它不仅可以反映一个国家的形象,还决定了旅游工作者是否能够提供优质的服务,使旅游者获得满意的出游体验。旅游工作者必须精通旅游公共关系礼仪的理论知识,明确旅游公共关系礼仪的主体,能够针对不同区域、不同国度的旅游者,提供与他们的需求相适应的礼仪接待。

(一)旅游公共关系礼仪反映了一个国家的形象

现代旅游市场的竞争除了旅游产品的竞争外,还体现为形象的竞争,一个具有良好形象的国家和旅游组织,就容易获得各方的信任和支持,进而创造品牌效应。旅游者大多来自五湖四海,不可能有较长的时间来了解某一地区或者国家,他们往往通过与其接触较多的旅游公关人员的仪容仪态、言谈举止来评判一个国家或一个地区的文明程度和精神风貌。在旅游公关过程中,旅游工作者良好的礼仪修养会产生积极的宣传效果,能为所在城市、国家树立良好的形象,赢得荣誉。

美丽的花园岛国新加坡是很多旅游者首选的旅游目的地,原因之一是它的国民养成了良好的礼仪习惯,具有世界公认的良好素质,使新加坡成为一个"富而有礼"的国家,这种礼仪习惯也成为新加坡吸引旅游者的手段。

(二)旅游公共关系礼仪是解决旅游服务纠纷的润滑剂

旅游服务接待工作接触面广,不同国家、不同民族甚至不同个人的信仰与生活习惯都不相同,在旅游服务过程中,发生一些纠纷是不可避免的。要处理好纠纷,需要旅游工作者能够讲究礼貌,具有较高的礼仪修养水平。无论纠纷是物质性服务引起的还是精神性服务引起的,也不管是我方的原因还是旅游者的原因,处理纠纷的第一原则是有理、有节。不管发生什么情况,都要发扬"礼让"的精神,以平息事态,不允许有任何与旅游者争吵、打斗的不礼貌言行。因为旅游工作人员的不礼貌行为只会激化矛盾,使事态进一步恶化。

(三)旅游公共关系礼仪有利于提高服务质量

旅游业的竞争,实际上是服务质量的竞争。在旅游活动中,旅游者除了物质需求外,更重要的是想要得到精神上的满足。旅游公共关系礼仪是提供优质服务的关键,研究表明,在旅游组织硬件设施相同的情况下,影响旅游服务质量的主要因素是服务意识和服务态度。旅游工作者"宾客至上"的服务意识,热情、友好、真诚、和蔼的服务态度,优雅的举止,得体的言谈,会对旅游者的心理满意程度产生积极的作用,直接使客人在感官上、精神上产生被尊重感和亲切感,留下美好的印象。因此,旅游公共关系礼仪决定着旅游服务质量的高低,关系到旅游业的声誉。

(四)旅游公共关系礼仪有利于游客体验多元化旅游

旅游者前往旅游目的地旅游,一方面是为了领略当地的优美风光,另一方面更多的是为了了解和体会当地的人文风情。因此,"入乡随俗,出国问忌"便成为旅游者共同遵守的一项不成文的原则。旅游公共关系礼仪正是在充分挖掘旅游地的人文风情、民俗礼节的基础上教育和感召旅游者,使旅游者能充分认识和体验当地的生活,获得最大程度的满足。同时,通过良好的礼仪训练,旅游从业人员的仪表、服饰和交谈礼仪能将本地的民风民俗与现代科技相结合,使旅游者的体验多元化。

(五)旅游公共关系礼仪有利于旅游工作者加强自我监督,提高自身修养

礼仪修养反映出一个人的学识、教养、品格和风度,是一个人人格的外在体现,是现代社会的通行证。古人强调"吾日三省吾身",也表明旅游工作者只有加强自我监督,经常自我检查,才能发现缺点,找出不足,不断提高自身修养。礼仪规范可以使旅游工作者在从事服务时明白应该怎样做,不应该怎样做,成为符合旅游业要求的人才。我们要顺利地步

入社会、走向世界,求得个人发展,就必须有良好的礼仪修养,自觉遵守旅游规范,做一个有教养、有礼貌、受欢迎的现代人。

知识窗

不懂礼俗闹尴尬

美国前总统克林顿出访韩国时,按妇女出嫁后从夫姓的美国习惯,称呼韩国总统金泳三的夫人为"金夫人",成了国际笑料,因为在韩国,女性婚后是保留本姓的。在国宴上克林顿要发表演说前,突然叫翻译走近他身边,站在他本人和坐着的金泳三之间,又是一次失礼。因为在韩国,任何人站在两国元首之间都被认为是一种侮辱。克林顿两次不经意的失礼,原因在于他的公共顾问未能及时弄清韩国的风俗习惯以提醒他。可见,学礼仪、用礼仪是十分重要和必需的。

第二节　旅游基础礼仪

一、仪表礼仪

仪表是指人的外在形象,"仪表者,外观也",通常包括容貌、服饰、举止和风度等方面,是一个人修养、素质、性格内涵的外在体现。旅游工作者端庄大方的仪表,和蔼可亲的笑容,能够给旅游者留下美好的第一印象,不仅满足了旅游者追求审美的需求,还能反映出旅游组织的管理水平、服务质量和整体形象。

（一）容貌

容貌即人的相貌,是仪表的基础,多指不着装的部位,包括头发、面部、手臂和手掌等。旅游工作者由于其工作性质、承担角色的要求,必然对其仪容仪表有相应的规定。

例如,旅游饭店工作者必须着装整洁大方、面带微笑、主动热情地接待客人。许多饭店规定,为杜绝容貌上的脏、乱、差,保持整洁,饭店服务员上岗前要洗头、吹风、剪指甲,保证无胡须、头发整齐、清洁。餐饮业直接和食物接触的厨师要戴帽子,经常修剪指甲。男士要经常刮胡子,女士必要时化淡妆,保持朴素、优雅的外观,浓妆艳抹不适合旅游工作者的职业需求;平时勤洗脸、勤洗头、勤洗澡、勤更衣,注意眼部保洁、耳部护理,使自己永远显得干净、整洁。

（二）服饰

服饰即人的穿着打扮,包括服装和饰物。俗话讲:三分长相七分打扮,这说明了服饰不仅是遮体御寒的一种手段,同时也是一种无声的语言,是对仪表的发展、创造和补充。旅游工作者服饰的具体要求如下。

1. TPO原则

"T"即Time,指服饰打扮要考虑时代、季节以及一天中各个时间段的变化,做到"随时更衣";"P"即Place,指服饰打扮要与场所、地点、环境相适应,以获得视觉与心理上的和谐感,例如导游在进行景点讲解时,穿着要时尚而利落,给游客以清新干练的感觉;"O"即Object,指服饰打扮要符合公关活动的目的,选择与之相配的服装,实现人景相融的最佳效应。TPO原则是旅游组织在设计工作人员服装时应首先遵循的原则。

2. 服饰的搭配

旅游工作者上班时间应注意服饰的协调搭配,对于女士来说,应选择保守的服装,必要时要穿着规定的制服,保持整洁、挺括,鞋袜要干净、无破损、无油渍,注意衣服与鞋袜颜色、质地的搭配。对于男士来说,着装应遵循三色原则,即西装、衬衫、领带、腰带的颜色一般不超过三种,穿西装要搭配深色皮鞋和袜子,要求以接近皮鞋颜色为宜,首选黑色。

知识窗

西装纽扣的系法

双排扣西装比较庄重,一般要把扣子系好,不宜敞开。单排扣西装,一粒扣的,系上端庄,敞开潇洒;两粒扣的,只系上面一粒扣是正式,只系下面一粒扣是俗气,两粒扣都扣上是土气,都不系敞开是潇洒。

3. 配饰的选择

饭店工作者要求上班时要按规定佩戴姓名牌,不宜佩戴戒指、项链等饰物。对于其他旅游工作者,适当佩戴如胸针、戒指、耳环等,可以起到锦上添花的作用。在选择饰物时,应选择那些做工考究、小巧精致、简洁大方的,并要考虑与自己的服装、脸型、年龄、身份以及时间、场合等相协调。

总之,仪表端庄体现了一个人的素质、修养和品味,也是对人和周围环境的尊重。旅游工作者的仪容仪表、礼仪礼貌直接影响旅游组织的形象,关系到服务质量、客人的满意度,甚至影响到组织的经济效益。

案例10—1

重要的服务仪容

某报社记者吴先生为作一次重要的采访,下榻于北京某饭店。经过连续几日的辛苦采访,终于圆满完成任务。吴先生与两位同事打算庆祝一下,当他们来到餐厅,接待他们的是一位五官清秀的服务员,接待服务工作做得很好,可是她面无血色显得无精打采。吴先生一看到她就觉得没了刚才的好心情,仔细留意才发现,原来这位服务员没有化工作淡妆,在餐厅昏黄的灯光下显得病态十足,这又怎能让客人看了有好心情就餐呢?当开始上菜时,吴先生又突然看到传菜员涂的指甲油缺了一块,当下吴先生第一个反映就是"不知是不是掉入我的菜里了?"但为了不惊扰其他客人用餐,吴先生没有将他的怀疑说出来。

但这顿饭吃得吴先生心里很不舒服。最后,他们唤柜台内的服务员结账,服务员却一直对着反光玻璃墙修饰自己的妆容,丝毫没注意到客人的需要。到本次用餐结束,吴先生对该饭店的服务十分不满。

看来服务员不注重自己的仪容、仪表或过于注重自己的仪容、仪表都会影响服务质量。

资料来源:《商务礼仪实务》,孙金明,刘繁荣,王春凤

二、举止礼仪

举止即一个人的行为,是后天习惯养成的结果,是构成一个人仪表的动态因素。职业上的成功,一方面取决于一个人的潜力、能力和工作态度,另一方面取决于平常的举手投足,行为举止。

（一）站姿

站立是人最基本的姿势,是一种静态的美。旅游工作者站姿是否优雅得体,体现了个人的气质、修养和风度。"站如松"是对站姿的基本要求,站立时,身体应与地面垂直,重心放在两个前脚掌上,挺胸,收腹,抬头,双肩放松,双臂自然下垂或在体前交叉,眼睛平视,面带笑容。女士双脚应呈"V"字行或"丁"字形;男士应双脚分开,与肩同宽。站立时不要歪脖、斜腰、屈腿等,在一些正式场合不宜将手插在裤袋里或交叉在胸前,更不要下意识地做些小动作,那样不但显得拘谨,给人缺乏自信之感,而且也有失仪态的庄重。

导游员站立讲解时,上身要稳,不可摇摇摆摆、焦躁不安。在车上讲解时,应面对游客,不能背对游客坐着导游;在实地导游时,为了体现对游客的尊重,同时让客人清楚领会,一般不要边走边讲,应停止行走,面对客人讲解。

（二）坐姿

坐,也是一种静态造型。端庄优美的坐姿,会给人以文雅、稳重、自然、大方的美感。正确的坐姿应该腰背挺直,肩放松。女性应两膝并拢,男性膝部可分开一些,但不要过大,一般不超过肩宽,双手自然放在膝盖上或椅子扶手上。在进行旅游社交活动时,入座时要轻柔和缓,起座要端庄稳重,不可猛起猛坐,弄得桌椅乱响,造成尴尬气氛。不论何种坐姿,上身都要保持端正,如古人所说的"坐如钟"。若坚持这一点,那么不管怎样变换身体的姿态,都会优美、自然。

（三）步态

步态可以显示一个人的精神风貌、健康状况以及性格特征。行走时步态要轻盈、自然、平稳,不走时装步、小碎步,不甩臂,双手自然摆动。在旅游饭店中,除特殊情况外,一律不能急走,更不能跑。男士行走要抬头挺胸,收腹直腰,上体平稳不动,双肩齐平,目光平视前方,步履稳健大方。标准步幅约为40厘米,每分钟约110步,速度适中,不能过快或过慢,显示出英武豪迈的阳刚美。

女士着裙装时,步子前进在一条直线上,使裙子的下摆随着步伐显出韵味;着裤装时,步幅稍大,走成两直线,显得生动活泼。标准步幅约为30厘米,每分钟约120步,注意前方,防止与人冲撞,显示出端庄文静的窈窕美。

(四)谈吐

旅游工作者在交谈时必须具备优美的语言、令人愉快的声调、恰当的内容和灵活的语言技巧。首先双方要互相正视、互相倾听,不能东张西望、看书看报、面带倦容、哈欠连天,否则会给人心不在焉、傲慢无理等不礼貌的印象。导游员讲解时目光要环顾四周,尽量照顾每位游客,要以自然的微笑使客人有宾至如归的感觉,说话以能听到对方声音为宜,不可谈论个人私事。

(五)手势

手势是人际交往中不可缺少的姿态语,与人交谈时,要能够恰当地运用手势表达真情实意,姿态要端庄大方,手势宜少不宜多,动作幅度也不宜过大。手势运用要正确、规范、优美、自然。例如,饭店服务员为客人指引方向时正确的手势是右手五指并拢,掌心斜向上,指尖和手臂保持正直,以肘关节为轴,大臂自然摆开水平摆向所指方向,眼望目标指引方向,这样的手势不仅能明确所指的目标,更显得端庄、大方。

知识窗

会说话的手

手是传情达意的最有力的手段,正确、适当地运用手势,可以增强情感的表达。有的接待人员在服务过程中,表现出手势运用不规范、不明确,动作不协调,寓意含混等现象,给宾客留下漫不经心、不认真、素质不高等印象。

不同的手势有不同的含义,以下面几种常见的手势为例。

"O"形手势。即圆圈手势,19世纪流行于美国。"OK"的含义在所有讲英语的国家内是众所周知的,但在法国"O"形手势代表"零"或"没有",在日本代表"钱",在一些地中海国家用来暗示一个男人是同性恋者,在中国这个手势用来表示"零"。

翘大拇指。在中国,翘大拇指是积极的信号,通常是指高度的赞扬。在英国、澳大利亚、新西兰等国,翘大拇指代表搭车,但如果大拇指急剧上翘,则是侮辱人的信号;在表示数字时,他们用大拇指表示5。

"V"形手势。第二次世界大战期间,英国首相丘吉尔推广了这个手势,表示胜利,非洲大多数国家也如此。但如果手心向内,在澳大利亚、新西兰、英国则是一种侮辱人的信号。在欧洲各地也可以表示数字"2"。

塔尖式手势。这一手势具有独特的表现风格,自信者、高傲者往往使用它,主要用来传达"万事皆知"的心理状态,是一种消极的人体信号。

背手。英国皇家的几位主要人物以走路时昂首挺胸、手背身后的习惯而著称于世。显然这是一种拥有至高无上的权威、自信或狂妄的人体信号。将手背在身后还可起到一定的镇定作用,使人感到坦然自若,还会赋予使用者一种胆量和权威。

三、交谈礼仪

旅游工作者提供的服务是人对人的服务,因此,在旅游基础礼仪中,交谈礼仪尤为重要,直接决定了客人的满意度。

(一) 交谈的语言

1. 准确恰当

导游讲解时必须以事实为依据,准确反映客观事实,做到就实论虚,入情入理,切忌空洞无物,或言过其实。如把二百年历史的古迹夸张为有五百年的历史,动不动就是"全中国最美的"、"最高最大的"、"独一无二的"等,这类没有依据的信口开河会使稍有见识的游客产生反感。在讲解时,语言、语法、用词要恰当、准确,多用敬语和谦语。

2. 鲜明生动

在讲解内容准确恰当、情感健康的前提下,语言还要力求鲜明生动,切忌死板、老套、平铺直叙。要善于运用修辞手法,如对比、夸张、比喻、借代、映衬、比拟等来"美化"自己的语言。只有这样才能把导游内容亦既故事传说、名人轶事、自然风物等讲得有声有色,活灵活现,吸引游客去领会讲解的内容,体验创造的意境。

3. 浅显易懂

语言要简洁明了,表达清楚,浅显易懂。导游讲解词多源于书面语言,这就要求导游人员在讲解之前或讲解之中把它改换成口头语。口语化的句子一般比较短小,虽然也有长句,但一般要在中间拉开,分出几个小句子来,如:"这座大佛高17米,他的头发就有14米长,10米宽,头顶中心可以放一个大圆桌,大佛的脚背有8米多宽,站100个人,一点也不拥挤。"

知识窗

一段生动有趣的欢迎辞

一日,一位河南的导游接待了一个外省的旅游团,下面是她所致的欢迎辞。

各位朋友,大家好!欢迎您走进风光无限、人杰地灵的河南省,来观赏这里诗画般的秀丽山水,来领略这里五千年的古老文明。首先呢,请允许我以南阳美玉的典雅、信阳毛尖的回甘、白象方便面的鲜美、双汇火腿肠的芳香、龙门的豪情、牡丹的富贵、少林寺的博大、黄帝故里的厚重,代表河南旅行社欢迎大家来到我们厚重、美丽的河南。我是你们的导游员小闫,大家可以叫我小闫或者闫导。希望河南秀美的山水、舒适的气候、厚重的文化、美味的菜肴能给大家的中原之旅留下美好的回忆!

(二) 交谈的内容

在旅游活动中,与游客交谈是日常的主要工作,交谈双方都有意无意地希望达成某种结论性意见。在旅游接待过程中,旅游公关人员主要通过语言交流来完成任务,要注意交谈的内容,有意识地运用友善、和蔼的语言获得旅游者的好感。谈话和回答问题要实事求是,对于客人提出的问题,没有把握不要给予肯定的答复,要留有余地。谈话时如非办理手续的必要,不问及客人的私事。不问女士年龄、婚姻、有无子女等,不打听客人的职业、履历、财产、收入、服装的质量和价格、所携带物品的有关情况,不以客人的生理特点为话题,如胖、瘦、高、矮等。

（三）交谈的态度

旅游公共关系人员应树立"微笑即工作"的观念，在交谈时要专心倾听，与说话人交流目光，以示专心静听。聆听者宜在对方谈话时注意自己的反馈，显示出热情、友善、和蔼、礼貌的态度。

旅游者大多来自全国各地或异国他乡，不同的生活习惯、不同的知识与修养都会有不同的表现，对每一位客人都要微笑，热情服务，这样才能引发旅游者产生愉快的情绪和美好的联想。具体要求是：与客人谈话时不要随便打断和插话，如果出现了误会，有必要插话解释，但一定要注意礼貌，先征得客人允许才能讲，对于弄不清、拿不准的问题，和同事商量一下是可以的，但是不要只顾商量，让客人长时间等待。

四、电话礼仪

在旅游公关活动中，电话使用频率非常高，旅游公关人员每天要接打大量的电话，掌握电话礼仪十分重要。俗话讲：闻其声可知其德，阅其辞可知其人。电话礼仪看似简单，却能够反映出工作人员的思想素质和工作作风。我们接听电话时应该热情，因为电话礼仪可以说是一门学问、一门艺术，代表着旅游组织的形象。

（一）接听电话的礼仪

1. 迅速准确接听

电话铃一响，要求在电话铃声响过三声之内接起电话。左手持听筒、右手拿笔。大多数人习惯用右手拿起电话听筒，但是，在与客户进行电话沟通时往往需要做必要的文字记录，在写字的时候一般会将话筒夹在肩膀上面，这样，电话很容易夹不住而掉下来发出刺耳的声音，从而给客户带来不适。为了消除这种不良现象，应提倡用左手拿听筒，右手写字或操纵电脑，这样就可以轻松自如地达到与客户沟通的目的。

2. 自报家门，询问意图

接听电话第一声很重要，拿起听筒首先应问好，然后自报家门，并询问对方来电意图，对谈话作必要的重复和附和，以示尊重。

3. 记录内容并复述来电要点

准备电话记录本，重要的电话应做记录。随时牢记"5W1H"技巧，即 when（何时）、who（何人）、what（何事）、where（何地）、why（为什么）、how（如何进行），只有记清楚这些资料，电话记录才会既简洁又完备。电话接听完毕之前，不要忘记复述一遍来电的要点，防止记录错误而带来的误会，提高整个工作的效率。例如，餐厅预订人员在接受预定时应详细询问顾客订餐的时间、人数、订餐人联系方式、有无特殊要求，并做记录，最后要复述一遍来让客人确认。

4. 注意声音和表情

说话必须清晰，正对着话筒，发音准确，并尽量用热情和友好的语气。还应该调整好表情，因为微笑可以通过电话传递。

5. 保持正确姿势

接听电话过程中应该始终保持正确的姿势。一般情况下，当人的身体稍微下沉，丹田受到压迫时容易导致丹田的声音无法发出。大部分人讲话使用的是胸腔，这样容易口干舌燥,如果运用丹田的声音,不但可以使声音具有磁性,而且不会伤害喉咙。因此,保持端坐的姿势,可以使声音自然、流畅、动听。

6. 道谢

最后的道谢也是基本的礼仪。来者是客,以客为尊,客户是企业的衣食父母,企业的成长和盈利的增加都与客户的来往密切相关,因此对客户应该心存感激,向他们道谢和祝福。

7. 让客户先收线

电话内容讲完,应等对方结束谈话再以"再见"为结束语。对方放下话筒之后,自己再轻轻放下,以示尊敬。因为一旦先挂上电话,对方一定会听到"咔嗒"的声音,这会让客户感到很不舒服。因此,在电话即将结束时,应该礼貌地请客户先收线,这时整个电话才算圆满结束。

(二) 拨打电话的礼仪

在打电话时,由于你的姿态、笑容、动作、表情,对方完全看不见。因此,你的善意、亲切、好感,完全依靠你的语言和声音来表达。

选择合适的通话时间。除非是紧急事务,一般应在工作时间通话,避免在他人休息时和就餐时通话,如每日早上 7 点之前,晚上 10 点之后以及午休时间一般不打电话。打公务电话不要占用他人的私人时间,尤其是节假日。打电话应尽量选择在比较安静的场所,以免造成通话干扰。

妥善组织通话内容。在你拿起电话听筒之前,首先应理清自己的思路,确定要拨打的号码、要找的人以及要谈的内容,并准备好纸和笔,随时准备记录。

注意通话语言,记录通话内容。拨通电话之后,要先说"您好",然后询问是否是自己所要找的单位或个人,措辞和语法都要切合身份,不可太随便,也不可太生硬,称呼对方时要加头衔,如"经理"、"教授"等。确认后自我介绍,开始礼貌交谈。如果所要找的人不在,也不应立即挂断电话,而应向接电话者表示感谢,告知以后再打或请其转告。

当你正在通电话,又碰上客人来访时,原则上应先招待来访客人,此时应尽快和通话方致歉,得到许可后挂断电话。不过,电话内容很重要而不能马上挂断时,应告知来访的客人稍等,然后继续通话。

知识窗

融入笑容的声音

即使你看不到和你通话的人,你也要像他们就在你面前一样对待他们。他们一直注意着你的声音,包括语调和心情,你需要把你全部的注意力投入在电话中。你的态度应该是有礼貌的,声音是适中的、清晰的、柔和的,不要在电话里喊叫或声音很尖。有趣的是,如果你要使你电话里的声音好听,试一试带着微笑说话,你会发觉,虽然对方看不到你的微笑,但他听到你的声音时就像你在微笑,人们能通过你的声音辨别你的心情是快乐还是烦恼。

第三节　旅游服务礼仪

一、酒店服务礼仪

服务是酒店的核心工作,内容非常复杂、繁琐,又十分具体,事无巨细都关系到服务的质量和企业的形象,稍有疏忽就可能给企业造成不可估量的损失。在进行酒店服务时,应本着热情周到、礼貌待客的原则。所以,从事服务工作的人员,应当积累经验,把服务工作程序化,做到周密细致,有条不紊。

（一）礼宾部接待礼仪

见到宾客光临,应面带微笑,主动表示热情欢迎,问候客人:"您好！欢迎光临！"并致15度鞠躬礼。

对常住客人应尽量称呼他（她）的姓氏,以表达对客人的礼貌和重视。

宾客乘车抵达时,应立即主动迎上,引导车辆停妥,接着一手拉开车门,一手挡住车门框的上沿,以免客人碰头。

客人离店时,要把车子引导到客人容易上车的位置,并为客人拉车门请客人上车。看清客人已坐好后,再轻关车门,微笑道别:"谢谢光临,欢迎下次再来,再见！"并挥手致意,目送离去。

（二）行李服务礼仪

客人抵达时,应热情相迎,微笑问候,帮助提携行李。当有客人坚持亲自提携物品时,应尊重客人意愿,不要强行接过来。在推车装运行李时,要轻拿轻放,切忌随地乱丢、叠放或重压。

陪同客人到总服务台办理住宿手续时,应侍立在客人身后一米处等候,以便随时接受宾客的吩咐。

引领客人进房时,先按门铃或敲门,停顿三秒钟后再开门。进入客房,将行李物品按规程轻放在行李架上或按客人的吩咐将行李放好。与客人核对行李,询问客人是否有其他要求,如客人无要求,应礼貌告别,及时离开客房。

（三）前台接待服务礼仪

客人离总台三米远时,应予以目光的注视。客人来到台前,应面带微笑热情问候,询问客人的需要,并主动提供帮助。如客人需要住宿,应礼貌询问客人有无预订。

接待高峰时段客人较多时,要按顺序依次办理,注意"接一顾二招呼三",即手里接待一个,嘴里招呼一个,通过眼神、表情等向第三个传递信息,使顾客感受到尊重,不被冷落。

验看、核对客人的证件与登记单时要注意礼貌,"请"字当头,"谢"字收好,确认无误后,要迅速交还证件,并表示感谢。当知道客人的姓氏后,应尽早称呼姓氏,让客人感受到热情亲切和尊重。

如果客房已客满,要耐心解释。此外,如果客人需要,还可为客人推荐其他饭店。

及时做好宾客资料的存档工作,以便在下次接待时能有针对性地提供服务。

(四)前台结账服务礼仪

客人来总台付款结账时,应微笑问候。为客人提供高效、快捷、准确的服务,切忌漫不经心,造成客人久等的难堪局面。

确认客人的姓名、房号及押金单号,当场核对住店日期和收款项目,以免客人有被饭店多收费的猜疑。

递送账单给客人时,应将账单文字正对着客人;若客人签单,应把笔套打开,笔尖对着自己,右手递单,左手送笔。

当客人提出饭店无法满足的要求时,不要生硬拒绝,应委婉予以解释。如结账客人较多时,要礼貌示意客人排队等候,依次进行。避免客人一拥而上,造成收银处混乱引起结算的差错并形成不良影响。结账完毕,要向客人礼貌致谢,并欢迎客人再次光临。

知识窗

金钥匙服务

1929年10月30日,来自法国巴黎Grand Hotel饭店的11个委托代办人建立了金钥匙协会。金钥匙是指饭店内礼宾部职员为实现其所在饭店创造更大的经营效益的目的,按照国际金钥匙组织特有的金钥匙服务理念和由此派生出的服务方式为客人提供的"一条龙"个性化服务,这种服务的高附加值区别于一般的饭店服务,具有鲜明的人性化特点,因此被称为金钥匙服务。

图10-1 世界金钥匙酒店联盟标志

饭店金钥匙的"一条龙"服务是围绕着宾客的需要而开展的。接客人订房,安排车到机场、车站、码头接客人;根据客人的要求介绍特色餐厅,并为其预订座位;联系旅行社为客人安排好导游;当客人需要购买礼品时帮客人在地图上标明各购物点等等。最后当客人要离开时,在饭店里帮助客人买好车、船、机票,并帮客人托运行李物品;如果客人需要的话,还可以订好下一站的饭店并与下一城市饭店的金钥匙落实好客人所需的服务。

我国于1997年加入该协会,众多会员分布在全国数百家高星级饭店,广州的白天鹅宾馆是我国第一个加入金钥匙组织的饭店。现在在中国的高星级饭店里,经常出现这样一群年轻人:他们身着一身考究的西装或燕尾服,衣领上别着一对交叉的"金钥匙"徽号,永远彬彬有礼,永远笑容满面,永远机敏缜密。

(五)餐厅接待礼仪

餐厅是旅游饭店向宾客提供膳食的场所,是旅游饭店重要的接待部门。餐饮服务人员必须全面了解和运用餐饮服务礼仪,使宾客在品尝美味佳肴的同时享受富有人情味的和主动、热情、周到、耐心的服务,达到生理和心理的满足。

1. 餐前准备

餐前要做好清洁卫生工作,创造一个整洁优雅的就餐环境。服务员应打扫餐厅卫生,以符合卫生要求,打扫时讲究效率和质量;按照餐厅规定铺设餐台,要求整齐美观;准备好各种用餐物品、餐具,如杯、碟、碗、筷、匙、烟缸、牙签等;召开班前会,餐厅服务员必须在规定的上班时间前到达餐厅,换好工作服,精神饱满地列队战立,接受领班或主管检查仪容仪表,并认真听取领班或主管介绍当日客情及菜肴情况,接受分配的任务。

2. 开餐服务

热情迎宾,宾客来临时,餐饮服务员要面带微笑,主动迎上前去跟客人打招呼,并礼貌询问客人人数;合理领座,引领宾客时,应在宾客左前方一米左右,并不时回头示意宾客,伴之以规范的手势指引。安排座位时要掌握"先里后外,尊重选择,合理调整"的原则,尽可能使每一位客人满意;拉椅让座,在客人入座前将座椅轻轻移到舒适的位置;递巾送茶,宾客入座后,应及时递上香巾,可用毛巾夹从每位宾客右边递送,并说请用香巾。

接受点菜,右手拿菜单上部,恭敬地递给客人,并备好笔和点菜单,站在与客人相距一臂远的地方,腰部稍弯,微笑倾听与应答。当宾客征询意见时,可详细介绍本餐厅的特色菜和时令菜,同时注意观察客人的反应,不要勉强或硬性推销。记录客人所点内容并复述,以免出错。点菜完毕要及时向客人介绍推销酒水。

3. 就餐服务

快速领取所点酒水,并为客人斟倒。上菜时要从宾客右侧的空隙中送上,严禁从宾客头上越过,放置餐盘要轻,摆放时要注意整齐有形。为客人报上菜名,如有佐料的要同时跟上。菜上齐后,要告诉客人一声,并询问是否还需要其他帮助;经常巡视客人的就餐情况,为客人撤换烟缸,及时收去餐台上的空瓶、空盘和更换骨碟;当客人提出结账时,应先递送香巾,呈递账单,同时告诉应付金额数,接受款项要点清数目。

4. 送客服务

在客人用餐完毕即将离开餐厅时,要主动征求客人的意见,包括菜点质量、环境卫生、服务态度等方面,并虚心、认真地听取;热情送客,客人餐毕起身离座时,应上前为其拉椅,并提醒客人携带好随身物品。根据不同的情况采取不同的方式与客人道别,并以热情的语言欢迎再次光临。

二、旅游导游礼仪

导游是旅游工作者与旅游者接触最多的人,是旅游者的"指南针",导游的言谈举止都会给旅游者留下深刻的印象。在旅游者心中,导游往往是一个地区、一个民族乃至一个国家的形象代表。因此,导游人员要对业务技能有一个全面的掌握,对于导游过程中待人接物等礼仪知识也必须加以强化。

(一)导游接团礼仪

1. 接团准备

(1)陪同接受接待任务后,要认真阅读接待计划,从中掌握所陪团队的基本情况,包括人数、姓名、性别、年龄、国籍、民族及领队情况等,了解该团的费用标准和住宿情况,掌握团队的日程安排和抵离时间、航班车次、接站地点等。

(2) 了解旅游团所在国近期政治、经济、文化方面的情况以及宗教信仰、风俗习惯和主要禁忌，掌握国家有关法律、政策方面的规定。

(3) 熟悉景点介绍，团队如有专业交流、考察、参观、座谈、访问活动安排，须认真阅读相关的专业活动资料。全陪还要了解沿途城市有关历史、地理、人口、风土人情等多方面的情况。

(4) 地陪要适时核对接待车辆、就餐安排、交通购票等落实情况，要确定与司机的接头时间和地点；做好接团的物质准备，如领取和备齐各种票证、导游图、导游胸卡、导游证、喇叭、导游旗、接站牌等。

2．接站服务

(1) 陪同要按规定着装，并至少提前十分钟抵达机场、车站、码头迎接客人。地陪要佩戴导游胸卡、打社旗和接待站牌，还要与司机约好客人上车地点。

(2) 客人抵达后，陪同要主动持接站牌上前迎接，要和客人共同核对团号、实际抵达人数、名单及特殊要求等。陪同待客人全部到齐后，可带往乘车地点，扶助客人上车，并认真清点人数。

(3) 在适当场合或客人上车坐稳后，导游要向客人进行自我介绍，并介绍全陪、司机等。随后要向客人致欢迎辞。欢迎辞要力求简短、精彩、热情洋溢，不可千篇一律，也不可过于拘谨或夸夸其谈，要视不同国家、不同团队而有所区别。

(4) 在前往饭店的途中，导游除了要介绍沿途景观外，还要主动向客人发放导游图，介绍日程安排、游览项目等。在宣布日程安排前，应主动与领队交换意见，并询问客人有无其他要求。

(5) 抵达饭店前，导游应向客人介绍所住饭店的基本情况，如饭店历史、建筑面积、地理位置、娱乐设施、客房餐厅等。

3．入住服务

(1) 团队进入饭店后，导游要办理住房登记手续，协助饭店接待人员分配房间。

(2) 导游应了解客人的房间位置、领队房号和安全通道，并提醒客人注意安全，外出要锁好房门。

(3) 将客人送至房间后，适时带客人到餐厅用餐。

(4) 向客人收取要确认的机票或车票和所需办理的签证、护照等，并向客人询问有无其他委托办理事项。根据客人的要求，尽力提供帮助，须转交内勤办理的事宜，要做到转交及时，交代清楚。

4．行李服务

(1) 旅游团队客人抵达机场后，导游要协助客人提取、集中和清点托运行李，如发现行李丢失、破损、被盗，要立即与机场联系交涉追查和索赔。清点行李无误后，认真填写行李交接单，记录团号、国籍、人数、行李件数、破损情况等，随行李一并交给司机运离机场。对于乘火车的团队客人，导游要向全陪或领队索取行李托运单，交给司机后方可离站。

(2) 行李运抵饭店后，导游要同客人一起认真清点核对，并协助运抵客人的房间；提醒客人检查内部物品是否完好无损，如有丢失或损坏应立即报告，还要提醒客人将贵重物品存放饭店贵重物品寄存处，或次日游览时随身携带，不要放在房间内，否则损失自负。

（二）带客游览礼仪

出发前,导游应在客人用餐时向客人表示问候,并了解客人身体情况,重申出发时间、乘车或集合地点,提醒客人带好必备用品,如手提包、摄像机、照相机及贵重物品、身份证明等。

出发乘车时,导游应站在车门口照顾好客人上车,待客人落座后要清点人数,示意司机开车。车行驶后,导游要向客人问好,报告天气情况和简短新闻,重申当天的活动日程和旅游须知等。

去景点的途中,导游要向客人介绍本地基本情况并回答客人的问题,简要介绍即将参观的项目的情况,还可根据客人的特点、兴趣、要求,穿插介绍一些历史典故、风土人情、社会风貌等,以增加游客的兴致。若路途较远,可教客人唱山歌,与客人一同做游戏,以驱散旅途的疲惫。

到达景点后,要向客人宣布集合时间、停车位置等。游览过程中,要认真组织好客人的活动,做到服务热情、主动、周到。讲解时要运用不同导游手法和艺术,通过穿插历史典故、传说等形式增加客人的兴趣。讲解内容要准确,数字、事实无误,条理清楚,语言生动。到具体景点应提醒客人照相,给客人留出摄影时间。途中要提醒客人注意人身安全,看管好所带财物,防止发生丢失、被盗现象。在行路困难的地方,要陪伴、照顾好年老体弱者,以防发生意外。客人提出需要帮助时,应尽自己最大的努力使客人满意。

游览结束后,应清点客人人数,组织客人上车,一旦发现客人丢失,要按导游路线返回寻找。

全天活动结束后,在返回饭店的途中,导游要向客人宣布第二天的活动安排和出发时间、地点等。抵达饭店后,导游要主动征求领队的意见,对白天遇到的问题,要与领队和客人共同协商解决。

（三）带客购物礼仪

根据旅游团队客人的要求,合理安排客人购物。

带团购物必须去旅游定点商店,客人下车前,要向客人讲清停留时间和有关购物的注意事项。客人购物时,可陪同客人并介绍商品。

如遇小贩强拉强卖,导游有责任提醒客人不要上当受骗。导游本人不向客人直接销售商品,不要求客人为自己选购商品,不从购物商店私拿回扣或变相索取小费。

商店不按质论价或抛售假冒伪劣商品,导游有权维护团队消费者的权益,向商店经理直接反映情况,要求商店向客人赔礼道歉,并退还、赔偿所购商品。

（四）送客离站礼仪

客人结束旅游活动准备离去时,导游要提醒客人应分开整理托运行李和手提行李,客人的贵重物品如现金、首饰、支票、护照等不得放入托运行李中,并通知客人交送行李时间。同时提醒客人付清所住房间的酒水、洗衣等费用。

准确通知客人用餐时间、集合地点、离去时间以及航班车次,若次日早上离店,可提前通知饭店叫早服务。

导游应确认以下事项:凡乘国际航班的旅游团,须检查每张机票的起飞时间,同时取走有关确认证件;凡乘火车的团队,除核对火车车次、开车时间、车厢外,还应领取站台票。

客人交送行李时,导游要与领队一起核对行李件数,检查是否符合托运标准,同时在行李卡上填清团名、国籍、团员姓名、航班车次、目的地、行李件数等,交与有关人员办理托送手续。

出发临行前,要提醒客人不要遗忘个人物品,不要带走饭店物品和房卡。导游应将客人的各种证件、护照和机票、车票等亲手交给客人或领队。客人上车后,要认真清点人数,一旦发现有客人在规定时间没到集合地点,应立即下车寻找。

三、旅游涉外礼仪

旅游涉外礼仪是指在对外交往的旅游活动中,用以维护自身和本国形象,向交往对象表示尊敬和友好的国际通用礼节规范。随着出境游与入境游人数的逐年增长,旅行社接待的游客也越来越多样化,这就需要我们通晓异国之礼仪以增进友谊,促进合作。另外,掌握涉外礼仪,也有助于维护自身形象和我国尊严,体现我国礼仪之邦的美称。

（一）旅游涉外礼仪的基本原则

1. 维护形象原则

第一是维护国家形象,捍卫国家尊严。在涉外旅游活动中,无论是出境游还是入境游,都要时刻注意自己的言行,应当端庄得体,堂堂正正。在外国人面前,既不应该表现得畏惧自卑、低三下四,也不应该表现得自大狂傲、放肆嚣张。在尊重对方国家民族利益、风俗习惯、宗教信仰的同时,也要自觉维护国家、民族的形象和尊严。

第二是维护个人形象。在国际交往中,人们普遍对交往对象的个人形象倍加关注,并且都十分重视塑造和维护自己的个人形象。这是因为个人形象真实地体现着个人的教养与品位、精神风貌与生活态度,也如实地展现了对交往对象的重视程度。

2. 真诚、守信原则

真诚、守信是公关人员的信条,在一切正式的国际交往中,都必须认真而严格地遵守真诚友善、信守承诺、主动周到、理解宽容的原则。在旅游涉外活动中,如果做出了某种承诺和保证,就必须努力兑现。"言必信,行必果",要信守自己的所有承诺,说话务必算数,许诺一定要兑现,约会必须要如约而至。在一切有关时间方面的正式约定之中,尤其要恪守不怠,唯有如此,才能取得公众的信任和支持。

3. 尊重隐私原则

在涉外交往中,尊重对方,不仅要尊重对方所有的风俗习惯,还要尊重个人隐私。尊重隐私主要是提倡在国际交往中主动尊重每一位交往对象的个人隐私,主要包括收入支出、年龄大小、恋爱婚姻、身体健康、家庭地址、个人经历、信仰政见等,不询问个人秘密,不打探其不愿公开的私人事宜。

4. 不卑不亢原则

在涉外旅游活动中,应时刻意识到在外国人眼里,自己是国家、民族、单位组织的代表,要做到不卑不亢。在外国人面前应表现得热情友好、乐观坦诚、从容不迫。既不能畏惧自卑、低三下四,也不要狂傲自大、放肆嚣张,而应当堂堂正正、从容得体。

中国传统文化形成的热情好客、宾至如归以及谦逊等美德,在国际交往待人接物中必须有所适"度"。所以,在涉外礼仪中遵循热情有度、不必过谦原则尤为必要。如果确有必要,在实事求是的前提下,要敢于并且善于对自己进行正面的评价和肯定。

5. 入乡随俗原则

在涉外交往中,要真正做到尊重交往对象,就必须了解和尊重对方所独有的风俗习惯。这就要求,首先必须充分地了解与交往对象相关的习俗,即在衣食住行、言谈举止、待人接物等方面所特有的讲究与禁忌;其次必须充分尊重交往对象所特有的种种习俗,既不能少见多怪,妄加非议,也不能以我为尊,我行我素。

案例 10-2

谦虚也有错的时候

一位英国老妇到中国游览观光,对接待她的导游小姐评价颇高,认为她服务态度好,语言水平也很高,便夸奖导游小姐说:"你的英语讲得好极了!"小姐马上回应说:"我的英语讲得不好。"英国老妇一听生气了:"英语是我的母语,难道我不知道英语该怎么说?"老妇生气无疑是导游小姐忽视东西方礼仪的差异所致。西方人讲究一是一,二是二,而东方人讲究的是谦虚,凡事不张扬。

资料来源:硅湖学院国际合作部 http://home.usl.edu.cn/gjhzb/cjzk-show.asp?id=256

(二)旅游涉外基本礼仪

1. 女士优先

女士优先原则是国际社会公认的第一礼俗。西方文化中非常尊重女性的社会地位,都遵从女士优先的原则。看一个男士有没有绅士风度,关键是要看他是否懂得尊重女士。它要求男士在任何时候、任何情况下,都要主动在行动上尊重、照顾、体谅、保护女士,为女士们提供种种方便和排忧解难,不论是年轻的还是年老的女士,也不论是熟识的还是陌生的女士。

在公关活动或社交聚会中,男宾见到男女主人时,应首先问候女主人,然后再问候男主人。男宾进入室内时,应主动问候先到的女士,女士已落座则不必起立。女宾进入室内时,先到的男士均应起立迎接,绝不允许男士坐着而与站着的女士交谈。在介绍男女相识时,应先把男士介绍给女士。握手时只有女士伸出手,男士才能伸手。

与女士同行,男士应主动把墙的一侧让给女士,请女士走内侧。如果两男一女同行,让女士走中间;如果两女一男同行,年长或较弱的女士走中间。在不能并行的情况下,应让女士走前面,但是在开门、上楼、下陡梯、遇到障碍或危险时,男士必须先行一步,为女士开道。在门口、窄楼梯、电梯口等处与女士相遇,无论认识与否都应侧身相让一步,让女士先走。

乘坐小轿车时,男士应首先走向汽车为女士拉开车门,照顾女士先坐进去,自己才能上车。抵达目的地之后,男士需要先下车,以便为女士拉开车门,帮助女士下车。

出外用餐时,男士应帮助女士落座,即先把椅子轻轻拉出来,等女士就座时再轻轻把椅子移向餐桌,然后自己坐在女士左侧或对面。点菜时应先把菜单递给女士,由她根据自己的口味选择,并且只有当女士拿起餐具进餐时,男士才能"动手"。男士也有"特权",这就是在用餐完毕后付账,除非女士坚决要求自己买单,否则男士就必须行使这一"特权"。

男士不可以在有女士的情况下抽烟,即使问一下女士是否介意自己抽一支烟都是不应该的。若女士本人也吸烟,则又另当别论。如果看到女士取出香烟,男士应眼明手快为之打火点烟。

知道了上述女士优先的原则,我们在公共关系活动或社交场合,就知道如何体现自己的气质和风度了,也更加容易被人接受和认同。

案例 10—3

女士优先应如何体现

在一个秋高气爽的日子里,迎宾员小王,穿着一身剪裁得体的新制衣,第一次独立地走上了迎宾员的岗位。一辆白色高级轿车向饭店驶来,司机熟练而准确地将车停靠在饭店豪华大转门的雨棚下。小王看到后排坐着两位男士,前排副驾驶座上坐着一位身材较高的外国女宾。小王一步上前,以优雅的姿态和职业性的动作,先为后排客人打开车门,做好护顶关好车门后,小王迅速走向前门,准备以同样的礼仪迎接那位女宾下车,但那位女宾满脸不悦,使小王茫然不知所措。通常后排座为上座,一般凡有身份者皆在此就座。优先为重要客人提供服务是饭店服务程序的常规,这位女宾为什么不悦?小王错在哪里?

在西方国家流行着这样一句俗语:"女士优先"。在社交场合或公共场所,男子应经常为女士着想,照顾、帮助女士。诸如人们在上车时,总要让女士先行;下车时,则要为女士先打开车门;进出车门时,主动帮助她们开门、关门等。西方人有一种形象的说法:"除女士的小手提包外,男士可帮助女士做任何事情。"迎宾员小王未能按照国际上通行的做法先打开女宾的车门,致使那位外国女宾不悦。

资料来源:《旅游社交礼仪》,陈刚平、周晓梅

2. 称呼礼仪

称呼主要是指人们交往中对彼此的称谓语。国际通用的称呼要求有以下几个方面。

(1) 在涉外交往中,一般对男子统称"先生",对已婚女子称"夫人"或"女士",对未婚女子统称"小姐",对不了解其婚姻状况的女子可泛称"小姐"或"女士",对地位较高、年龄稍长的已婚女子称夫人,夫人称呼之前可以加丈夫的头衔和姓名,而不是夫人自己的姓。近年来,女士已逐渐成为对女性最常用的称呼。这些称呼前均可冠以姓名、职称、头衔等,如"施密特先生"、"张先生"、"露西小姐"、"护士小姐"、"怀特夫人"等。

(2) 对于地位较高的官方人士,一般指政府部长以上的高级官员,按其国家情况可称"阁下",如"总统阁下"、"主席阁下"等;对君主制的国家,按习惯对其国王、皇后可称为"陛下";对其王子、公主或亲王可称为"殿下";对其公、侯、伯、子、男等有爵位的人士,既可称呼其爵位,也可称呼"阁下"或者"先生"。但是美国、墨西哥、德国等国却没有称"阁下"的习惯,因此对这些国家的贵宾可称先生。

(3) 对有学位、军衔、技术职称的人士,如医生、律师、教授、博士等,均可单独称其职

务或学位,也可加上姓氏或"先生",如"法官先生"、"里奇教授"、"杰克逊博士先生"等。

(4) 对社会主义国家和兄弟党,如朝鲜民主主义人民共和国等国家、越南共产党等,他们的各种公职人员都可称作"同志",有职衔的可另加职衔。

(5) 在旅游涉外礼仪中,由于各国历史背景和风俗习惯的区别,人的姓名排列顺序大体上分三类:第一类姓在前名在后,如中国、朝鲜、越南、日本、蒙古、阿富汗、匈牙利和一些非洲国家;第二类名在前姓在后,如欧美各国等;第三类有名无姓,如缅甸、印度尼西亚。

3. 涉外宴请礼仪

接待外国游客时,饮食问题至关重要,如果在饮食安排上稍有不周之处,会直接影响外国游客在我国的旅游情绪。安排宴席的具体要求包括下面几个方面。

(1) 确定规格。涉外交往中宴请的目的有多种,可以是宴请某人,也可以是为某件事宴请。宴请可以采用家宴、小型宴会、大型宴会。时间一般安排在主、客双方均较方便的时候。宴请宾客,不宜铺张浪费;发出请柬,请柬上应注明时间、地点,以方便宾客,若所选的地点不易找到,应在发出请柬时详细向客人说明。

(2) 礼貌迎宾。客人到达时,主人在门口迎接,如无法抽身离开,也可安排其他人员迎接。安排菜单。以本地特色菜为主,可先向宾客介绍特色菜,供其选择;要注意对方的饮食禁忌。安排客人座上首,由主人陪同;一般以主人右方为尊,可以根据宾客的身份、地位做适当安排。若双方需要在席上讲话或致祝酒词,主宾入座后即可发表讲话。一般是主人先讲,主宾随后。祝酒时,主人和主宾先碰杯,人多时也可同时举杯示意。主人或主宾致辞或祝酒时,其他客人注意聆听,以示尊重。

(3) 举止端庄、吃相文雅。嘴内有食物时,闭嘴咀嚼勿说话;喝汤忌啜,吃东西不发出声音;剔牙时,用手或餐巾遮口;嘴内的鱼刺、骨头不可直接外吐,用餐巾掩嘴取出,或轻轻吐在叉上,放在菜盘内;吃剩的菜,用过的餐具、牙签,都应放在盘内,勿置放在桌面上。

(4) 宴会进行中,如由于不慎遇意外情况发生,应妥善处理。餐具碰出声音,可轻轻向邻座(或向主人)说一声"对不起";餐具掉落,可由招待员另送一副。酒水打翻溅到邻座身上,应表示歉意,协助擦干;如对方是女士,只要把干净餐巾或手帕递上,由她自行擦干即可,忌自己手忙脚乱地帮助别人,效果适得其反。

4. 介绍礼仪

在涉外场合与初次见面的人士认识,可由第三者介绍,也可做自我介绍相识。为他人介绍时,要先了解双方是否有结识的愿望,不要贸然行事。无论自我介绍或为他人介绍,做法都要自然。正在交谈的人中,有你所熟识的,便可趋前打招呼,这位熟人顺便将你介绍给其他客人。在这些场合亦可主动自我介绍,讲清姓名、身份、单位(国家),对方则会随后自行介绍。为他人介绍时还可说明与自己的关系,便于新结识的人相互了解与信任。介绍具体人时,要有礼貌地以手示意,而不要用手指指点点。

应把身份低、年纪轻的先介绍给身份高、年纪大的,把男子先介绍给女士。介绍时,除女士和年长者外,一般应起立,但在会谈桌上、宴会桌上可不必起立,被介绍者只要微笑点头示意即可。

5. 握手礼仪

交际场合中,一般是在相互介绍和会面时握手;遇见朋友先打招呼,然后相互握手,寒暄致意；关系亲切的则边握手边问候，甚至两人双手长时间握在一起；在一般情况下，握一下即可，不必用力。但年轻者对年长者、身份低者对身份高者时应稍稍欠身，双手握住对方的手，以示尊敬。男子与女士握手时，应只轻轻握一下女士的手指部分。

握手也有先后顺序，应由主人、年长者、身份高者、女士先伸手，客人、年轻者、身份低者见面先问候，待对方伸出手后再握。多人同时握手，切忌交叉进行，应等别人握手完毕后再伸手。男子在握手前应先脱下手套，摘下帽子。握手时应双目注视对方，微笑致意。

此外，有些国家还有一些传统的见面礼节，如在东南亚信仰佛教的国家见面时双手合十致意，日本人行鞠躬礼，我国传统的拱手行礼。这些礼节在一些场合也可使用。

公共场合远距离遇到相识的人，一般举起右手打招呼并点头致意，也可脱帽致意。与相识者在同一场合多次见面，只点头致意即可；对一面之交的朋友或不相识者，在社交场合均可点头或微笑致意。

6. 付小费礼仪

现在国外包括国内一些开放城市的服务业，十分讲究给服务员小费，这已经成了一种礼仪。在国外被认为是一种对服务的认可和客人对服务员的尊敬，是一种正常的付费方式，但是对于我国的普通旅游者却感到陌生。随着我国游客出境旅游的人数日益增加，了解付小费礼仪至关重要。

付小费这一礼仪起源于18世纪英国伦敦。当时各家饭店的饭桌之上摆有写着"保证服务迅速"的碗，顾客将零钱放入碗中，便会得到招待员迅速而周到的服务。后来，此法逐渐传入世界各地，成为一种感谢招待员或服务员的习惯方法和礼仪，人们称此为付小费。中国古代也有给"赏钱"的习惯，赏赐对象有店小二、奴仆、书童等。

不同的国家付小费的方式也不同。其一，列入账单，除宾馆、餐厅外，把小费打入账单，这比较少见；其二，不取找零；其三，多付现金当做小费；其四，私下将小费给服务人员，经常是消费者悄悄将小费塞到服务人员的手里；其五，将小费放在床头、茶盘或者酒杯之下；其六，有的国家禁止收小费，如在新加坡，付小费是说明服务质量差，但是消费者可以送些小礼物给服务人员。

每个国家的具体情况不同，付多少小费也是有讲究的，在到达这个国家时问问当地导游最为妥帖。小费数目不会太大，一般情况下，客人大致按照明码标价的10%作为小费是比较合适的。在给小费的时候一定要注意"五要"：要尊重对方，要悄悄给对方，要掌握给小费的时机，要按质付费，要注意区别不同地方的付费方式。

知识窗

涉外禁忌

一忌不遵时守约。不遵时守约是国际交往中最忌讳、最失礼的行为。

二忌不尊重老人、女士。世界上大多数国家把尊重老人和女士视为一种美德。

三忌不尊重他国风俗习惯。不同的国家、民族，由于不同的历史、宗教等因素，各有特殊的风俗习惯和礼节，均应予以尊重。如伊斯兰教徒不吃猪肉；佛教徒不吃荤；天主教徒忌讳"13"这个数字，尤其是"13日星期五"等。

四忌言行不礼貌。公共场所偶遇外宾后,不能围观、追随,或背后指点、议论;不可贸然要求与外宾合影或索要名片;未经外事部门安排,不得擅自邀请外宾到家作客或私受礼品;当着他人的面,不要提裤子、掏鼻孔、挖耳朵、打哈欠、脱鞋等。

五忌用"你吃了吗?""你去哪儿?"同外宾打招呼。

六忌询问对方的年龄和生活问题,尤其是女士的年龄、婚姻、收入等个人隐私。

七忌随意吸烟。在国外,抽烟的危害已越来越引起人们的关注,在很多地方和场合是不允许吸烟的。非禁烟场所,如有女士或不吸烟的男士在座,吸烟应征得他们的同意。

八忌轻易应允。对外交往中,要讲究信誉,办不了的事切忌轻易应允。只要答应的事,一定要想尽办法去做。确因客观条件办不成,也要说明情况,表示歉意。

九忌不讲卫生。参加涉外活动要保持整洁美观的仪表。不要随地吐痰、乱扔垃圾等。

【小结】

本章详细介绍了旅游公共关系礼仪的内涵、作用以及基本要求。旅游工作者需要在短时间内得到公众的接受和认可,在社交场合的举手投足都会影响到个人或所在旅游组织的形象。因此无论是仪表、举止、交谈还是电话礼仪都至关重要,旅游工作者应按照旅游公共关系礼仪的标准要求自己。

旅游业作为服务性的窗口行业,良好的礼仪培养与锻炼应当作为旅游工作者素质提高的一个重要的环节,了解旅游服务礼仪在旅游各部门、各岗位的具体要求,认识服务礼仪在旅游服务中的重要性至关重要。

旅游接待服务工作,必须按照礼仪的要求去规范和约束自己的行为,应该掌握在日常的旅游公关工作中的服务礼仪,包括旅游交际礼仪、旅游接待礼仪和旅游涉外礼仪,作为旅游接待与服务人员,只有熟悉和了解了这些礼仪规范,才能使旅游服务工作得到客人的接受和认可。

【关键术语】

公共关系礼仪、旅游公共关系礼仪。

【习题】

一、简答题

1. 什么是旅游公共关系礼仪?其作用有哪些?
2. 旅游工作者在进行交谈时应注意哪些方面?
3. 接听和拨打电话的程序和礼仪要求是怎样的?
4. 饭店总台接待服务中应注意哪些礼仪?
5. 导游接团服务中应注意哪些礼仪?
6. 旅游涉外礼仪的基本原则有哪些?简述称呼礼仪和宴请礼仪的要求。

二、思考题

1. 如何理解旅游公共关系礼仪的作用?

2. 谈一谈旅游工作者仪容、仪表的具体要求。
3. 结合旅游服务工作中的实际情况,谈谈服务人员应如何正确使用手势。
4. 如何理解女士优先礼仪?

【案例分析】

如此服务

　　一个深秋的晚上,三位客人在南方某城市一家饭店的中餐厅用餐。他们在此已坐了两个多小时,仍没有去意。服务员心里很着急,到他们身边站了好几次,想催他们赶快结账,但一直没有说出口。最后,她终于忍不住对客人说:"先生,能不能赶快结账,如想继续聊天请到酒吧或咖啡厅。"

　　"什么! 你想赶我们走,我们现在还不想结账呢。"一位客人听了她的话非常生气,表示不愿离开。另一位客人看了看表,连忙劝同伴马上结账。那位生气的客人没好气地让服务员把账单拿过来。看过账单,他指出有一道菜没点过,但却算进了账单,请服务员去更正。这位服务员忙回答客人,账单肯定没错,菜已经上过了。几位客人却辩解说,没有要这道菜。服务员又仔细回忆了一下,觉得可能是自己错了,忙到收银员那里去改账。

　　当她把改过的账单交给客人时,客人对她讲:"餐费我可以付,但你的服务态度却让我们不能接受。请你马上把餐厅经理叫过来。"这位服务员听了客人的话感到非常委屈。其实,她在客人点菜和进餐的服务过程中并没有什么过错,只是想催客人早一些结账。"先生,我在服务中有什么过错的话,我向你们道歉了,还是不要找我们经理了。"服务员用恳求的口气说道。

　　"不行,我们就是要找你们经理。"客人并不妥协。

　　服务员见事情无可挽回,只好将餐厅经理找来。客人告诉经理他们对服务员催促他们结账的做法很生气;另外,服务员把账多算了,这些都说明服务员的态度有问题。

　　"这些确实是我们工作上的失误,我向大家表示歉意。几位先生愿意什么时候结账都行,结完账也欢迎你们继续在这里休息。"经理边说边让那位服务员赶快给客人倒茶。在经理和服务员的一再道歉下,客人们终于不再说什么了,他们付了钱,仍面含余怒地离去了。

资料来源:《商务礼仪实务》,孙金明、刘繁荣、王春凤

案例思考:
1. 你认为服务员哪些地方做的不妥,如果是你会怎么做?
2. 在进行点菜服务时应注意什么?
3. 结合本案例,谈一谈礼仪在餐饮服务中的重要作用。

案例解析:

　　送客是礼貌服务的具体体现,表示餐饮部门对宾客的尊重、关心、欢迎和爱护,在星级饭店的餐饮服务中是不可或缺的项目。在送客过程中,服务人员应做到礼貌、耐心、细致、周全,使客人满意。其要点包括下面几个方面。

(1) 宾客不想离开时绝不能催促,也不要做出催促宾客离开的错误举动。

(2) 客人离开前,如愿意将剩余食品打包带走,应积极为之服务,绝不要轻视他们,不要给宾客留下遗憾。

(3) 宾客结账后起身离开时,应主动为其拉开座椅,礼貌地询问他们是否满意。

(4) 要帮助客人穿戴外衣、提携东西,提醒他们不要遗忘物品。

(5) 要礼貌地向客人道谢,欢迎他们再来。

(6) 要面带微笑地注视客人离开,或亲自陪送宾客到餐厅门口。

(7) 领位员应礼貌地欢送宾客,并欢迎他们再来。

(8) 遇特殊天气,处于饭店之外的餐厅应有专人安排客人离店。如亲自将宾客送到饭店门口、下雨时为没带雨具的宾客打伞、扶老携幼、帮助客人叫出租车等,直至宾客安全离开。

(9) 大型餐饮活动的欢送要隆重、热烈,服务员应穿戴规范,列队欢送,使宾客真正感受到服务的真诚和温暖。

【课后阅读】

丽思·卡尔顿饭店集团的服务礼仪和准则

丽思·卡尔顿饭店是一家世界著名的饭店连锁企业,分布在24个国家的主要城市,总部设于美国马里兰州,是1992年美国国家品质奖服务类奖得主。

近年来,卡尔顿以巨大的集团品牌优势,稳步抢占中国市场,通过委托管理、特许经营及有选择的带资管理等方式,已在中国的大都市和著名旅游城市营业。为休闲度假旅游者提供着宾至如归的服务。卡尔顿饭店的承诺,即为宾客提供广受欢迎、独一无二和意想不到的服务。

卡尔顿饭店服务的三个步骤:第一,温暖而真诚的问候,有可能的话,使用客人的名字;第二,猜测并满足客人的需要;第三,令人温暖的离别,向他们友好地挥手再见,有可能的话,使用客人的名字。

卡尔顿饭店的座右铭:我们是为淑女和绅士服务的淑女和绅士。如果您用相应的态度对待我们,我们会非常感谢您,然而,如果客户不能够调整自己的行为,我们饭店的领导者就会请他去其他饭店住宿。实际上,我们甚至会为他或她保留预订的房间,如果他或她的态度好转的话,我们依然欢迎他们入住。

卡尔顿饭店服务的服务礼仪和基本准则:

(1) 注意个人仪表并努力做到引以为豪。遵守卡尔顿饭店的着装和修饰标准,传递专业形象是每一位员工的责任。

(2) 制服要整洁,要符合礼仪的标准。穿着合适和安全的鞋袜,并且佩戴名字标牌。表情要充满自豪,还要带有关心他人的态度。

(3) 每一个员工都要不断体察整个饭店的不足之处。

(4) 任何一个收到客户投诉的员工,都要"自己拥有"这个投诉,也就是说他有责任去帮助客户解决这个问题。

(5) 每一个员工都要确保自己能立即解决这个问题，在20分钟内以电话进行追踪，以证实问题已经解决，客户因此而感到满意。做好每一件你可以做到的事，不要失去任意一位客户。

(6) 向客户微笑，对客户保持正面的眼神接触，使用恰当的词汇与客户谈话，诸如"早上好""我很高兴……""乐意为您效劳"等。

(7) 使用卡尔顿饭店的电话礼仪。电话铃响三声以内接起电话，并使用可视"微笑"的口气应答。必要时称呼客户的姓名，需要时询问来电方："我为您接通好吗？"不要为来电方接通饭店的可视电话，尽可能地消除呼叫转移，遵守语音邮件的通话标准。

(8) 为了能给我们的客户提供贴心的个性化服务，识别和记录客户的个人偏好是每一个员工的责任。

卡尔顿饭店的24万个秘密：

韩国一家大集团副总裁到澳大利亚出差。当他住卡尔顿饭店后，他打电话给该饭店客房服务部门，要求将浴室内原来放置的润肤乳液换成另一种婴儿牌的产品，服务人员很快满足了他的要求。事情并没有结束。三周后，当这位副总裁住进美国新墨西哥的卡尔顿饭店时，他发现浴室的架子上已摆着他所熟悉的婴儿牌乳液，一种回家的感觉在他心中油然而生。

"凭借信息技术和多一点点的用心，卡尔顿饭店使宾至如归不再是口号。"卡尔顿饭店澳大利亚地区品质训练负责人琴道顿女士道出了卡尔顿饭店成功的秘密。在卡尔顿全球联网的电脑档案中，详细记载了超过24万个客户的个人资料，这是每一个顾客和卡尔顿员工共同拥有的小秘密，以使顾客满意在他乡。

资料来源：《金牌标准——丽思卡尔顿酒店如何打造传奇客户体验》，约瑟夫·米歇利

【课后阅读】

中国主要客源国旅游禁忌

1. 日本

日本人注重礼节，讲究礼貌。鞠躬礼是日本人的传统礼节。日本人在与人交往谈话时，经常使用自谦语，特别是女士，与人交谈时总是语气柔和，面带微笑，躬身相待。日本人忌讳"4"和"9"（在日语中与"死"、"苦"同音），上菜道数、安排客房均要避开这两个数字。在日本，荷花常用于丧事，因此一般不要送荷花，也不要赠送带有荷花图案的物品。菊花是日本皇室专用花卉，一般不得随便使用。

2. 韩国

韩国人的民族自尊心很强，反对崇洋媚外，倡导使用国货。在赠送礼品时，最好选择鲜花、酒类和工艺品，最好不选日本货。和韩国人交谈，最好是谈韩国悠久的历史和文化，少谈政治问题，特别是当地政治。切记不要提起朝鲜。不要把汉城称作京城。韩国有男尊女卑的讲究，进入房间时，女人不可以走在男人的前面，女人须帮助男人脱下外套，坐下时，女人要主动坐在男人的后面。不可以在男人面前高声谈论。韩国人忌讳的数字是"4"和"13"，"4"在朝鲜语中的发音、拼音与"死"字完全相同，是不吉利的数字，所以，韩国楼房

没有四号楼、旅馆不称第四层等。

3. 泰国

泰国是佛教王国,有"千佛之国"、"黄袍佛国"之称。泰国人很讲礼貌,传统礼节为合掌礼。政府官员和知识分子有时也行握手礼,但男女间不能握手。与泰国人交谈要回避政治、王室等话题,绝不能讲对佛教、国王不敬的话语。可以询问个人情况,接受礼品不当面打开。泰国人认为左手不洁,不能用左手递物或接物。泰国人认为头是最神圣的部位,不能随意摸别人的头,小孩子的头只能让国王、高僧或父母摸,别人是不能摸的。

4. 美国

美国人多数信仰基督教新教和天主教。美国人谈吐幽默、性格开朗,对人有礼貌,但没有过多的客套,以不拘小节而著称。美国人独立性很强,充满自信。他们讲话没有自谦之词,从来不谈自己不行。美国人崇拜强者,不同情弱者。美国人站立谈话时,习惯保持一定的距离。在表示惊讶时,不要伸舌头,否则会被看做是侮辱人的举止。美国盛行女士优先。美国人大多怕热不怕冷,旅游时喜欢房间设备齐全,注意室内外卫生。美国人忌讳"13",反感别人打听他们的年龄、收入等个人问题。视蝙蝠为凶恶之物,厌恶带蝙蝠图案的物品。

5. 英国

英国人见面时,互相握手问好,一般不行拥抱礼。有女士第一、女士优先的社会风气。英国人墨守成规,少言寡语,不爱交际,忌打听私事,也不喜欢将自己的事情随便告诉别人。尤其是女士的年龄,从不许别人过问。议论天气和新闻是英国人见面时最普遍的话题。当英国人给你提意见或谈正经事时,要态度严肃,认真听讲,否则会引起误会。安排英国客人的住房时,要注意他们喜欢住大房间并愿独住的特点。在英国忌讳数字"13"和"星期五",忌一根火柴点三枝烟。忌用大象的图案,认为大象是愚蠢的象征。

6. 法国

法国人开朗热情,讲话直率,讲究礼貌,在举止行动上处处体现女士第一。法国人见面时常亲面颊或贴面颊,长辈对小辈亲额头。法国人如同信奉天主教的其他欧洲人一样,对结婚纪念日颇为重视。法国人与陌生人交谈时,和欧美其他国家的人一样,一般不询问年龄等个人私事,忌讳数字"13"。

7. 俄罗斯

俄罗斯是一个好客的民族,用面包和盐接待贵宾,以示热烈的欢迎和崇高的敬意。面包要放在铺着绣花面巾的托盘上,面包上面放一小包盐。亲吻、拥抱和握手是俄罗斯的重要礼节。尊重女士是俄罗斯的社会风尚。"13日"和"星期五"被俄罗斯人认为是不祥之日。俄罗斯人喜欢用单数,如送花要送一枝、三枝、五枝等,双数为不吉利。数字"7"意味着幸福或成功。

资料来源:《商务礼仪实务》,孙金明、刘繁荣、王春凤

第十一章 案例赏析——云台山景区

第一节 云台山景区简介

云台山位于河南省西北部的焦作市修武县境内,是太行山脉的一部分,由于山间常有云雾缭绕,山势陡峭险峻,多奇峰怪石,得名云台山。2004年2月13日,云台山以全国第三、世界第五的名次,被联合国教科文组织命名为世界地质公园,成为全球首批28个世界地质公园之一。云台山世界地质公园北依太行,南临华北平原,总面积约556平方千米,其中核心景区面积323平方千米,分为云台山、青龙峡、神农山、峰林峡和青天河五大园区,包括小寨沟、红石峡、潭瀑峡、子房湖、茱萸峰、泉瀑峡、猕猴谷、百家岩、叠彩洞、温盘峪、万善寺等多个景点。云台山是一处融自然景观和人文景观为一体,集科学价值和美学价值于一身的综合性地质公园。

到目前为止,云台山景区已经先后被国土资源部、水利部、国家旅游局、国家建设部等多个部委分别命名为国家地质公园、国家水利风景区、国家5A级旅游景区、国家首批自然遗产、国家森林公园、国家文化产业示范基地和国家级猕猴自然保护区,是河南省唯一一家同时拥有一个世界级头衔和七个国字号荣誉的景区。在旅游市场竞争日益加剧的今天,云台山世界地质公园在短短数十年间以备受瞩目的速度发展着,已经成为河南省旅游业的龙头。之所以能在激烈的市场竞争中立于不败之地,成为河南旅游业中的佼佼者,云台山景区的管理层和公关部门发挥了重要作用。

第二节 云台山景区案例分析

一、分析六大要素,认清自身定位

俗话说:"知己知彼,百战不殆"。云台山景区从"食、住、行、游、购、娱"六大要素入手,在每个环节上分析自身具有的特色和优势,以及存在的差距与不足,认识自我,准确定位。

1."食"的要素

在"食"的方面,景区公关部门有追求特色的意识。对于吃惯了大鱼大肉的现代都市人来讲,吃当地的土特产食品,是他们前往云台山旅游的又一个重要目的。俗话说"靠山吃山,靠水吃水",景区依靠得天独厚的自然资源,为每个游客准备了一道纯天然大餐。目前,景区各大型、小型饭店已经开发了以怀药药膳为核心的农家菜系,另外还有山木耳、山鸡蛋、野山药、野菜、红薯粉条、土鸡、野兔、野鸭、修武黑山羊等野味和美食。

2."住"的要素

以云台山景区所在的岸上乡为例,全乡拥有5个新建的旅游综合服务区。目前,有农家旅馆366家、农家饭店53家、旅游商品零售摊位156家、土特产品超市45家,可同时容纳1.3万游客住宿就餐。其中,仅云台山庄总建筑面积就达5500平方米,内有高、中、低档客房300个床位,服务设施齐全,服务质量上乘。每个房间内都安装了闭路电视、电话和空调。还建有车辆维修处、大型停车场、大小会议室、餐厅、歌舞厅、美容美发厅、商务会所和银行等。全方位、多角度、多功能地接待各种会议和商务洽谈,而且是休憩疗养的理想场所。

3."行"的要素

焦作市位于河南西北部,仅有焦枝线一条铁路,陇海和京广两大铁路枢纽均不从此处通过,铁路交通不够方便。除山西、内蒙古游客可以延太原、晋城方向直达外,大部分游客都要经过郑州中转后,乘火车或汽车前往景区,所以景区的可进入性不强,这在一定程度上制约了旅游业的发展。而出行要素主要表现在道路的通达性、乘车的便捷性和服务的舒适性三方面,景区的道路交通必须做到"进得去,散得开,出得来"。景区公关部门经过多方努力,协同有关部门开通了市区至云台山的旅游专线,一年四季都有大巴通行,旺季每半个小时一趟,行驶30分钟到达,交通十分便利。或者在市区乘坐3路车到方庄,然后打车上山,游客可以自由组合,更为方便。景区内设有快捷、便利、舒适、环保的观光电瓶车,深受游客欢迎。

4."游"的要素

云台山旅游资源丰富,类型复杂。主要以水域景观、裂谷构造和地质遗迹为主。景区内瀑布泉水众多,水体景观在我国北方地区极为罕见,可谓"三步一泉、五步一瀑、十步一潭"。亚洲第一高瀑,飘飘洒洒,蔚为壮观,堪称天下奇观;二十四名泉,潺潺溪流给群山带来生机一片;湖光山色,仿佛人间仙境。奇峰秀岭36座,天然溶洞20余个,深沟峡谷,生态植被点缀其间。此外还有摩崖、造像等丰富的人文景观,唐代诗人王维就曾在此留下"独在异乡为异客,每逢佳节倍思亲。遥知兄弟登高处,遍插茱萸少一人"的千古佳句。

5."购"的要素

游客的购物内容主要围绕着四大怀药地黄、牛膝、菊花、山药(云台山景区所在的修武县,历史上属怀庆府管辖,因此称它们为"四大怀药"),另外,还有海蟾宫松花蛋、武陟油茶等。总的来讲,购物要素的缺陷,是当地乃至全国各大景区普遍存在的一个问题。景区公关部门不断推陈出新,注重挖掘文化,提炼出具有自身特色的产品,满足广大游客的购物需求。

6. "娱"的要素

云台山景区是一处以地质景观为主、人文景观为辅的综合性地质公园。如何实现观光游和体验游的完美结合，不仅要让游客吃好、住好、玩好，还要让游客玩高兴，景区的公关部门着实在"娱"这一要素上下了番功夫。首先是云台山地质博物馆的开工建设，该工程总投资4700万元，具有科普教育、文化交流、会展接待等多项功能，将成为云台山景区的标志性建筑。依托焦作固有的文化资源，景区开发的陈式太极拳表演，全天免费循环表演，每场大约半个小时，游客来到太极拳的发源地可以一睹太极风采。此外还有猕猴表演、竹筏渡江、水上乐园等节目，受到了游客的青睐，获得了社会广泛的赞誉。

二、打造"以人为本"的服务理念

云台山景区在各方面独具竞争优势的前提下，提出了"走科学发展道路，开拓创新，掀起云台山二次创业的新高潮"的口号，树立了"三个观念"，主要概括为以下几个方面。

（一）培养员工的组织认同感

1. 树立"全员公关"的观念

完整的公关活动是渗透在每个细节中的，员工是联络游客的重要触角，每一个员工的一声亲切的问候、一次优质的服务和一个真诚的微笑，都会给游客留下深刻、良好的印象，为景区平添一丝暖意。景区领导层对全员公关十分重视，经常围绕着坚持"崇尚优质、追求卓越"的经营理念，为1500多名员工普及公关知识，灌输文化理念，增强员工的归属感，提升景区的凝聚力，从而塑造一种良好的公共关系状态。

2. 树立"人人爱护旅游环境"的观念

景区每个工作人员见到垃圾就会自觉捡起，见到不文明行为就会及时纠正，保护景区、爱护环境的理念深入人心。投资1亿多元建设了占地35万平方米、5000个车位的大型生态停车场，购置了180辆尾气排放达到欧Ⅲ标准的绿色豪华观光巴士，建立了便捷、高效的内部交通网络，实现了景区的人车分流。

3. 树立"敢为人先，勇争一流"的观念

"金杯、银杯、不如游客的口碑，金奖、银奖、不如游客的夸奖"，为此，景区从细节入手，大力提高从业人员的素质，规范旅游市场，严厉打击不法商贩，将规范化、人性化、个性化和亲情化体现在旅游服务中，实现了超常规发展。

（二）充分发挥员工的主人翁意识

著名的企业家山姆托伊说，若能使员工皆有归属之心，这种精神力量将胜于一切，只有靠整体作业人员的向心力，以企业的兴衰为己任，才能使企业臻于成功之路。这里的"归属之心"、"精神力量"就是主人翁意识，就是全体人员发挥工作积极性的不竭动力。

2006年12月，景区围绕着创建国家5A级旅游景区，在全体员工中开展了"比先进，找差距，争做景区主人翁"大讨论活动。在为期20天的活动中，员工以各种形式参加讨论和座谈，在景区树立起了"时时以先进人物为榜样，处处以游客满意为标准，一切为游客着想，一心为游客服务，待游客如亲人，不让一个游客在景区受委屈"的优质服务理念，为广大游客创造一个优质的旅游环境。

（三）运用有效的激励手段

在云台山每天都会有专人通过游客意见本、游客随机问卷调查、走访旅行社等方式分析客源市场的分布和消费结构；为每个员工打分，汇总后作为每个员工的年终考评依据，员工的转正、定级都是和考评挂钩的。此外，景区还根据员工不同的年龄结构、学历结构、家庭结构等，制定出一套针对员工的不同需求的激励方式，对于能保质保量完成任务的员工给予有效的激励，员工的工作态度更加主动和积极。

（四）重视员工教育培训

景区充分认识到，教育和培训是提高人员素质的重要手段。公关部门大力提倡员工利用业余时间自学充电，包括引导员工学习公共关系学相关理论；向员工发放学习手册，提高综合知识和能力；请专家和教授亲临景区作相关主题的报告；经常选派员工前往国内各大旅游景点进行考察参观等。这些举措提高了员工的业务素质和文化道德修养，强化了景区的向心力和凝聚力。

三、特色鲜明的旅游宣传

为满足市场需要，旅游宣传促销方式日趋多元，寻求多元化促销方式，提升营销效果，成为云台山景区旅游发展的又一个核心目标。通过不懈努力，多种手段、多种形式、特色鲜明的旅游宣传促销方法起到了四两拨千斤的效果。

为了开发北京市场，2009年7月3日，在国家旅游局、铁道部和河南省人民政府的协调下，由北京开往焦作的"云台山号"旅游专列正式开通运营，每周末北京和焦作两地往返一次，暑期高峰每周为2列，每趟列车800余人，共开行18趟，接待游客近15000人，云台山已在京津唐地区拥有了稳定的客源市场。同时，建立了云台山景区驻北京旅游服务中心，为北京游客提供相关信息咨询服务。今后，将再开通南京、武汉等地至焦作的"云台山号"系列旅游专列，充分发挥这些中心城市对周边市场的辐射带动作用，充分提升云台山的市场影响力。

航空方面，2007年全年共接待七架韩国包机。从2010年10月1日开始，景区迎来了上海至焦作的"青天河号"系列旅游包机的首航，围绕上海世博会建立了云台山景区驻上海旅游服务中心，上海航线的开辟预示着云台山景区的大门已经向长江三角洲地区敞开。2009年11月，云台山已经同台湾中华航空公司就开行"云台山号"旅游航班签订合作备忘录。"云台山号"开行后，该旅游航班上将播放云台山风光片、发放云台山宣传资料，在航班坐椅套、登机牌、行李卡、旅行杂志、配餐用品上印制"云台山号"标志。这是继北京至焦作云台山号系列旅游专列之后，云台山在创新入境旅游市场营销上的又一次积极尝试。

近年来，云台山景区还先后6次派出宣传队伍赴台湾进行旅游推介，持续的市场促销取得了良好的效果。

2007年，云台山景区与美国大峡谷国家公园缔结为姐妹公园，云台山景区成为继黄山之后，全国187个国家级风景名胜区中第二个与美国国家公园建立友好关系的公园。结成姐妹公园之后，两地在公园的管理模式、市场运作和人员培训等方面开展交流，组织双方管理人员互相学习，增进了两国的友谊，云台山景区的名字传向世界。

从宣传的形式上看,云台山景区公关部门除了策划声势浩大的活动以外,还采取借助互联网和主攻强势媒体的营销策略,先后在《人民日报》《河南日报》《中国旅游报》和多个旅游期刊杂志上发表文章和相关报道,全面介绍云台山的旅游资源,取得了良好的收益。

四、开展多种主题的公共关系专题活动

云台山景区的公关策略,除了包括清晰的定位、以人为本的服务理念、声势浩大的宣传和有特色的促销外,还和各种形式的公共关系专题活动分不开。

(一)以乒乓球为平台,传递城市名片

2000年4月,中国乒乓球协会与中央电视台共同创办了"U17中国乒乓球挑战赛",焦作市将承办U17作为提升城市形象的窗口。云台山是焦作地区的龙头景区,能成为U17乒乓球挑战赛的赞助商,对景区乃至对焦作市旅游业的发展不可估量。机不可失,时不再来,云台山景区决定出资500万元赞助U17乒乓球挑战赛。在每场比赛的现场直播中,CCTV-5反复播放焦作市的风土人情和城市发展,主持人多次介绍云台山秀丽的山水资源和悠久的历史文化,一时间,焦作这个名字响遍了全国。经过媒体七年的运作,云台山景区已经从知名度不高的旅游企业一跃成为在国内外颇有美誉度的旅游景区,实现了"云台山景区,传遍世界"的宣传目标。借助举办"云台山杯"U17乒乓球挑战赛,景区所在的焦作市也获得了中国旅游竞争力百强城市和中国旅游魅力城市的称号。

(二)以文化为纽带,深化景区内涵

2008年10月,云台山景区迎来了清华大学、中国社会科学院、南京大学、扬州大学、台湾成功大学和河南省社会科学院等著名大学和研究机构的专家学者20余人,成功举办了"第二届中国·修武云台山竹林七贤学术研讨会"。与会专家对竹林七贤与魏晋社会、魏晋风度、魏晋玄学的关系,"竹林七贤"与中国休闲文化、隐逸文化的关系,"竹林七贤"的代表人物阮籍和嵇康的文学创作、美学思想、哲学观念和心路历程等领域展开了学术交流,并就如何开发利用"竹林七贤"这一珍贵文化遗产,充实云台山悠久的旅游文化含量,进行了深入探讨。研讨会取得了丰硕的成果,在推动"竹林七贤"研究的同时,也为云台山的宣传注入了新的文化活力,树立了自身良好的旅游形象。

(三)以艺术为载体,宣传景区风光

国内外很多风景区是以本地的风景摄影作品的传播才得以广为人知的,此举可以促进当地旅游资源与外界的交流,提升当地旅游品牌的知名度,从而最终成为世界著名的旅游胜地。2010年1月,云台山景区在韩国首尔世界文化中心举办风光摄影展,邀请韩国的摄影家到云台山走线、采风、拍摄作品,并在韩国和云台山两地分别举办"韩国摄影家眼中的云台山"专题风光摄影展。此次摄影展有效提升了云台山在韩国的知名度和市场影响力,引起了韩国旅游界和摄影界的强烈关注。

2011年8月,焦作云台山旅游发展有限公司与中国艺术研究院中国摄影家杂志社联合主办了"2011摄影与旅游·云台山国际高端论坛暨'人与山'中外摄影名家作品邀请展"。论坛以"摄影与旅游"为主题,邀请中外摄影家以自己的拍摄实践进行个案展示,就摄影技术与旅游事业发展的关系作出分析和论述。会后,景区公关部门精心安排与会的

几十位中外摄影家乘车前往云台山风景区进行实地采风创作,由于恰逢天台天池——峰林峡景观开景,中外摄影家成了峰林峡的第一批游客,他们用自己的镜头将云台山美轮美奂的山山水水变成了永恒的瞬间。优美的云台山景色和精彩的摄影作品相得益彰,为论坛主题做出了完美诠释,也成为一道宣传云台山景区的亮丽风景线。

(四)以太极拳为切入点,架起对外交流的桥梁

作为太极拳的发源地,焦作当地共有130万人练习太极拳,现有太极拳馆、武馆和学校50余家,基层太极拳协会200多个。目前,太极拳已传播到150多个国家和地区,全世界的太极拳爱好者达到1.5亿人,80多个国家和地区建立了太极拳组织。当地政府充分利用这一重要的文化资源,从1992年开始,首届国际太极拳年会在焦作市温县举办。2000年,年会易地焦作,2005年起,更名为"中国·焦作国际太极拳交流大赛",2009年,第五届中国焦作国际太极拳交流大赛,升格为国家体育总局、河南省政府主办,单项赛事由国家体育总局主办,为全国首次。大赛的升格,对促进打造太极拳品牌,扩大焦作山水的影响力,都产生了重要影响。

2011年8月20日晚,第六届"中国·焦作国际太极拳交流大赛"如期开幕。开幕式大型文艺晚会《印象太极》,分《太极源》、《太极美》、《太极和》三个篇章,由著名主持人刘芳菲、任鲁豫联袂主持。宋祖英、李丹阳、水木年华、黑鸭子组合纷纷一展歌喉,为观众倾情演出,将现场气氛推向高潮。本届大赛参赛国家和地区达到33个,共有345支代表队,3585名运动员,参赛规模远远超过历届。大赛以"健康太极·和谐世界"为主题,主要内容包括:太极拳、太极剑、太极器械和太极推手比赛,国际太极拳高峰论坛,太极拳名人名家展示交流,陈家沟太极文化游,焦作山水游等活动。其中,国际太极拳高峰论坛是一次全球范围的高端太极理论研究学术盛会,包括太极拳发展战略论坛、太极拳博导沙龙、太极拳国际论坛、太极拳名家网谈、陈家沟研学活动和太极拳论文评选等六项主题活动。以太极拳论文评选为例,国际太极拳高峰论坛共收到来自西班牙、法国、澳大利亚、日本以及国内的太极拳学术论文91篇,论文的质量、数量均达到了国际学术会议的水平。

除此之外,景区公关部门集思广益,全面出击,开展了题材多样、有声有色的公共关系专题活动。比如,以"云台宝宝"命名的志愿者吉祥物征集活动,借助导入CIS战略,体现"奉献、友爱、互助、进步"的志愿者精神,进一步提升了景区的对外公益形象。

每年国庆前夕,为给游客营造温馨、热闹的旅游环境,景区公关部门都举办"贺国庆·迎重阳"相关主题的文艺演出,工作人员和游客朋友携手联欢,激情互动,给五湖四海的宾客留下了深刻的印象。

金秋送爽,每年的农历九月初九重阳佳节,景区都会组织老年游客来到云台山脚下,登上茱萸峰顶,眺望群山。景区还开展了丰富多样的健身休闲活动,体现了尊重老人的中华传统美德,浓浓亲情,溢于言表。

这些公关活动使风景区的知名度和美誉度迅速攀升,云台山取得了经济效益和社会效益的双赢。

第三节　云台山景区的成功经验

　　25年的圆梦之路,云台山员工发扬"敢为人先,勇争一流"的精神,上下一心,共闯难关,终于取得了成功。在获得旅游界羡慕的同时,也让我们感受到了在新的形势下,全新的经营观念和经营思路是每一个旅游企业通往成功的必由之路。

一、注重品牌塑造、树立精品意识,是云台山成功的捷径

　　旅游经济既是一个眼球经济,又是一个品牌经济。品牌是一种无形资产,有了知名度就具有扩散力和凝聚力,就可以更大范围地吸引社会公众的目光。近年来,云台山围绕"建精品景区、树全国文明、闯国际市场、树世界品牌"的工作目标,加快基础设施建设,完善内部管理机制,强化市场营销力度,创造了业内人士瞩目的"云台山速度"和"云台山效应",极大地发挥了品牌效应。从2001年开始,云台山景区先后荣获"全国旅游系统先进集体"、"世界杰出旅游服务品牌"、"全国青年文明号"、"全国工人先锋号"、"全国巾帼文明岗"、"全国文明风景旅游区"和"全国质量工作先进单位称号"等多项荣誉。

　　2010年,"云台山"被国家工商总局认定为中国驰名商标,从而填补了河南省旅游业没有中国驰名商标的空白,同时,云台山也是国内山水景区中唯一一个被认定为中国驰名商标的景区,这对中国旅游业具有重要的意义。

　　据了解,全国各地市知名的云台山就有二十多个,它们分布在四川、江苏、广西、贵州、台湾等地,云台山景区通过精品建设、精细管理、精准营销、精致服务(规模化、集约化发展),在十年内取得了令世人瞩目的成绩。随着景区荣获中国驰名商标,河南云台山已经成为国内"云台山"的代名词。获此殊荣,实至名归。

二、科学的发展战略、合理规划、标准化管理、数字化建设,是云台山成功的关键

　　"凡事预则立,不预则废"。景区规划的好坏直接关系着景区经营的成败,科学合理的景区规划等于成功了一半。云台山景区按照"国内一流、国际知名"的开发目标,围绕"科学规划、统一管理、严格保护、永续利用"的工作原则,重视科学规划和高起点规划。

　　2001年,景区的公关部门邀请国家旅游局、清华大学、南开大学的60多位专家学者,对原景区规划重新定位。2002年,云台山景区聘请北京的规划专家编制完成了《云台山风景名胜区控制性详细规划》,最后又聘请原国家旅游局规划财务司司长魏小安担任组长,为景区编制了《云台山旅游深度开发规划》,景区所有开发建设项目,必须按照规划执行,不得随意更改。

　　另外,按照"设计标准化、造型美观化、设施宾馆化、品位高雅化、管理长效化"的要求,景区内所有的标志、标牌都按照中、英、日、韩四国文字进行制作,所有的道路全面硬化、美化,还铺设了景点观光环线。这些都极大满足了游客的需求,使游客获得了超值的硬件设

施和舒适的旅游环境。

景区投资6200万元,全面实施了数字化景区建设工程。先后建成了国内领先的IC卡指纹门禁验票机、GPS车辆定位系统、智能监控、LED信息发布设施、网上预订等多个系统,这些系统的运行,可以帮助景区及时掌握各景点的客流及车辆、人员工作情况,避免票款流失、合理调控流量的同时,也保证了游客生命和财产的安全。

三、细微处见精神、因人而异、个性化服务,是云台山成功的法宝

服务无处不在,服务在于细节,细节决定成败。对于一个景点而言,细微处的服务可以让游客感受到人性化的温暖,获得舒适、愉悦的旅游体验。景区公关部门充分考虑到了这些问题,不光大处着眼,而且小处着手,给游客送去了无微不至的关怀。比如,景区设有两个游客中心,可以提供旅游指导和咨询服务、专题座谈等;在往返景区的大巴车上都准备有塑料袋,供晕车的游客使用;为照顾残疾人、老年人等一些特殊游客,旅游观光巴士还提供免费的随车讲解服务;公用卫生设施充足,与周围景观协调一致的环保分类垃圾箱基本上每隔10米就可看到;在通往景区的路上,都会看到保洁人员在清理卫生,无论是平整的山路还是崎岖的小道,都干干净净,几乎看不到果皮、烟头和纸屑;景区的水面上没有任何漂浮物;在景区增设120处温馨提示标志和380个生态标志牌,采用规范的公共信息标示,设立救援电话,成立急救小分队,配备医疗救护车,设置人性化的引导和警示标志等;在山路上,每隔一段距离,都会设有与景区浑然一体的凳子,供游人小憩;在厕所内设置了残疾人厕位和无障碍通道。工作人员热情周到的服务,面对面的沟通交流,因人而异提供个性化服务,一个个小小的细节都在打动着游客的心,彰显着云台山景区"用心去经营,用情去服务,不让一位游客在景区留遗憾"的服务理念。

【小结】

旅游公共关系在旅游组织的发展和市场竞争中所起的巨大作用不容置疑,这一点国内外无数的成功案例已经证明。旅游公共关系的内涵非常广泛,涉及社会学、管理学、营销学、传播学、心理学等多门学科,这些学科的研究方法和实践手段被越来越多地应用到旅游公共关系的研究和实践中,并推动其更快发展。在本章云台山景区的案例分析中,我们可以深入地领略旅游公共关系在市场竞争中的作用和在形象塑造中的强大魅力。

参考文献

[1] 熊源伟.公共关系学[M].合肥:安徽人民出版社,1990.
[2] 廖为建.公共关系学[M].北京:高等教育出版社,2000.
[3] 李洁.旅游公共关系[M].昆明:云南大学出版社,2001.
[4] 甘朝有,王连义.旅游公共关系[M].天津:南开大学出版社,1999.
[5] 张国洪.旅游公共关系[M].天津:南开大学出版社,1998.
[6] 廖晓静.旅游公共关系理论与实务[M].郑州:郑州大学出版社,2004.
[7] 史锋.商务礼仪[M].北京:高等教育出版社,2008.
[8] 刘玉玲.新编现代公共关系学[M].北京:中国社会科学出版社,1992.
[9] 居延安.公共关系学导论[M].上海:上海人民出版社,1987.
[10] 王伟.公共关系学[M].青岛:青岛海洋大学出版社,1992.
[11] 钱伟.创造性思维与旅游业[M].北京:旅游教育出版社,1998.
[12] 李兴国.公共关系实用教程[M].北京:高等教育出版社,2000.
[13] 银淑华.旅游公共关系[M].北京:中国人民大学出版社,2002.
[14] 张遒英.公共关系学[M].上海:同济大学出版社,1999.
[15] 方宪玶.公共关系学教程[M].杭州:浙江大学出版社,1998.
[16] 廖晓静.公共关系学[M].郑州:河南人民出版社,1994.
[17] 张广瑞、魏小安、刘德谦.旅游绿皮书2000~2002年中国旅游发展、分析与预测[M].北京:社会科学文献出版社,2002.
[18] MBA核心课程编译组编译.公关经理[M].北京:九州出版社,2002.
[19] 李怀斌.企业形象策划[M].大连:东北财经大学出版社,2008.
[20] 陈一收.大型活动公关[M].北京:北京大学出版社,2010.
[21] 汪秀英.企业CIS战略的策划与实施[M].北京:首都经济贸易大学出版社,2000.
[22] 王元军,方世南.现代企业形象设计[M].苏州:苏州大学出版社,1998.
[23] 梁冬梅,贾红文.旅游公共关系原理与实务[M].北京:清华大学出版社 北京交通大学出版社,2008.
[24] 卢志良.旅游业公共关系[M].北京:中国旅游出版社,2008.
[25] 刘瑛,徐阳.CIS企业形象设计[M].武汉:湖北长江出版集团 湖北美术出版社,2009.

［26］张亚.公共关系——原理与实务[M].北京:北京理工大学出版社,2009.
［27］王丽萍.旅游公共关系[M].北京:北京理工大学出版社,2011.
［28］张秋芬,江五七.旅游管理学[M].北京:航空工业出版社,2008.
［29］谢苏,王明强,王瑞军.旅游企业公共关系[M].北京:旅游教育出版社,2003.
［30］姜华,姜锐.酒店公共关系[M].北京:中国人民大学出版社,2009.
［31］傅生生.酒店管理[M].上海:上海交通大学出版社,2011.
［32］崔凤军.风景旅游区的保护与管理[M].北京:中国旅游出版社,2001.
［33］姚延波,左坚.旅行社经营管理[M].天津:天津人民出版社,2004.
［34］张道顺.现代旅行社管理手册[M].北京:旅游教育出版社,2006.
［35］纪俊超,尹敏,郑坚强.旅行社经营管理[M].广州:华南理工大学出版社,2004.
［36］王瑜,陈健平.旅游景区管理实训教程[M].北京:机械工业出版社,2009.
［37］魏小安.旅游目的地发展实证研究[M].北京:中国旅游出版社,2002.
［38］黄其新,李玺,马彦.旅游景区管理[M].武汉:华中科技大学出版社,2009.
［39］赵黎明,黄安民,张立明.旅游景区管理学[M].天津:南开大学出版社,2002.
［40］刘锋,董四化.旅游景区营销[M].北京:中国旅游出版社,2006.
［41］杜炜.旅游业公共关系理论与实务[M].北京:旅游教育出版社,2005.
［42］王湜.旅游公共关系[M].北京:化学工业出版社,2007.
［43］刘德兵、刘春.旅游公共关系[M].北京:科学出版社,2007.
［44］李祝舜.旅游公共关系学[M].武汉:华中科技大学出版社,2008.
［45］陈姮.旅游交际礼仪[M].大连:大连理工大学出版社,2005.
［46］陈刚平.旅游交际礼仪[M].北京:旅游教育出版社,2006.

打造学术精品　服务教育事业
河南大学出版社
读者信息反馈表

尊敬的读者：

感谢您购买、阅读和使用河南大学出版社的_____一书，我们希望通过这张小小的反馈表来获得您更多的建议和意见，以改进我们的工作，加强我们双方的沟通和联系。我们期待着能为您和更多的读者提供更多的好书。

请您填妥下表后，寄回或发 E-mail 给我们，对您的支持我们不胜感激！

1. 您是从何种途径得知本书的？
　　□书店　□网上　□报刊　□图书馆　□朋友推荐
2. 您为什么决定购买本书？
　　□工作需要　□学习参考　□对本书感兴趣　□随便翻翻
3. 您对本书内容的评价是：
　　□很好　□好　□一般　□差　□很差
4. 您在阅读本书的过程中有没有发现明显的专业及编校错误？如果有，它们是：
_____
_____
5. 您对哪一类的图书信息比较感兴趣：_____
_____
6. 如果方便，请提供您的个人信息，以便于我们和您联系（您的个人资料我们将严格保密）：
　　您供职的单位：_____
　　您教授的课程（老师填写）：_____
　　您的通信地址：_____
　　您的电子邮箱：_____

请联系我们：
电话：0371-86059712　0371-86059713　0371-86059715
传真：0371-86059713
E-mail：hdgdjyfs@163.com
通信地址：河南省郑州市郑东新区 CBD 商务外环路商务西七街中华大厦 2304 室
河南大学出版社高等教育出版分社